本书为教育部人文社会科学重点研究基地重大项目"近世知识群体的专业化与社会变迁——以史家、儒医、讼师为中心的考察"（项目号：12JJD770018）终期成果

群体·社会丛书
QUNTI SHEHUI CONGSHU

明清知识群体的专业化与社会变迁

——以史家、儒医、讼师为个案的考察

吴琦　尤学工　冯玉荣　杜维霞　著

中国社会科学出版社

图书在版编目（CIP）数据

明清知识群体的专业化与社会变迁：以史家、儒医、讼师为个案的考察/吴琦等著. —北京：中国社会科学出版社，2019.10

ISBN 978 - 7 - 5203 - 4969 - 7

Ⅰ.①明… Ⅱ.①吴… Ⅲ.①知识分子—群体—社会变迁—研究—中国—明清时代 Ⅳ.①D691.71

中国版本图书馆 CIP 数据核字（2019）第 200295 号

出 版 人　赵剑英
选题策划　卢小生
责任编辑　刘　芳
责任校对　石春梅
责任印制　李寡寡

出　　版　中国社会科学出版社
社　　址　北京鼓楼西大街甲 158 号
邮　　编　100720
网　　址　http：//www.csspw.cn
发 行 部　010 - 84083685
门 市 部　010 - 84029450
经　　销　新华书店及其他书店

印　　刷　北京明恒达印务有限公司
装　　订　廊坊市广阳区广增装订厂
版　　次　2019 年 10 月第 1 版
印　　次　2019 年 10 月第 1 次印刷

开　　本　710×1000　1/16
印　　张　28
插　　页　2
字　　数　415 千字
定　　价　128.00 元

目　　录

第一章　总论

　　本书为"近世知识群体的专业化与社会变迁——以史家、儒医、讼师为中心的考察"，研究的初衷是希望对知识群体开展一个长时段的考察，同时通过分析知识群体在专业化问题上的表现，探索群体的内部变化及其与社会变动的关联。随着研究的开展，课题组发现研究对象在两方面存在值得重视的问题，一是知识群体的专业化问题在明清时期表现得最为集中、最为充分；二是专业化问题在不同的知识群体内，表现的程度、方式等均有较大的差异，在没有对多数个案群体进行深入研究的情况下，不宜简单妄下总体的评判。此外，史学研究中关于"近世"①的概念，系指从北宋或唐宋之际到晚清的一段时间，而在具体的学术研究中，其主要视点则多聚焦于明清两代。因此，本书的研究立足于明清时期，在对史家、儒医、讼师群体的个案分析中，不乏对早期尤其是宋元时期的追述，但主要笔墨在于揭示明清时期中国知识群体的专业化及其相关问题。课题的终期成果以明清两代为时限，以个案群体为主体，题为《明清知识群体的专业化与社会变迁——以史家、儒医、讼师为个案的考察》，虽然与最初的立项有所修改，但契合该项研究的学术取向，并为后续的进一步研究留下拓展的空间。

---

　　① "近世"的概念出自日本学术界。早在第二次世界大战之前，日本出现了内藤湖南创立的京都学派说，认为唐宋之间的变革是中世向近世的转变。他们把中国含明清之前的中国社会划分为三个阶段，古代（原始社会—东汉时期）、中世（秦汉—五代十国）、近世（宋元明清）。当然，所谓古代、中世与近世的概念，都是在同欧洲历史各阶段相比较的前提下而得出的。

第一节　选题说明

明清时期是中国从传统走向现代的重大社会转型期，社会的变动剧烈而复杂，全面而深刻。这一时期所出现的诸多重要现象、事件、问题具有鲜明的时代特性，影响广泛而深远。考察这一转型期的社会变迁，知识群体是其中最为有效的学术视角之一。这个时期由于人口流动频繁，社会交往剧增，人们因利益、地域、身份等因素而形成身份认同，促使人们更多地以群体的形式活跃在社会的各个领域、层面，群体（包括阶层、集团）与社会的互动关系频繁而紧密。知识群体作为社会群体的一个重要组成部分，既是社会结构的构成要素，也是社会运行、社会变迁的主要推动力量。

"专业化"是一个现代的概念，学术界一直有着广泛的讨论，但并无完全统一的认识。比较有影响的是 1948 年美国全国教育协会论述专业时指出的专业化的八项标准：属于高度的心智活动，具有特殊的知识领域，受过专门的职业训练，经常不断地在职进修，视工作为终身从事的事业，行业内部自主制定规范标准，以服务社会为最高目的，设有健全的专业组织。① 而按照学术界广泛运用的利伯曼关于"专业化"标准的解释，所谓"专业"，应该满足以下基本条件：范围明确，垄断地从事社会不可缺少的工作；运用高度理智性技术；需要长期的专业教育；从事者个人、集体均具有广泛自律性；在专业自律性的范围内，直接有做出判断、采取行为的责任；非营利，以服务为动机；形成综合性的自治组织；拥有应用方式具体化了的伦理纲领。② 包括其他代表性观点在内的这些认识和相关的界定，都是基于

---

① National Education Association , Division of Field Service, National Education Association. The Yardstick of Profession. Washington D. C. , NEA, 1948. 转引自陈永明《教师教育学》，北京大学出版社 2012 年版，第 240 页。

② 筑波大学教育学研究会：《现代教育学基础》，上海教育出版社 1987 年版，第 442 页。

现代的科学发展、学科分类、领域划分、社会分工等提出的。其共性之处在于：运用专门的知识与技能，强调服务理念和职业伦理，经过了长期的培养与训练，享有有效的专业自治，拥有一定形式的专业组织或协会，具有服务和责任意识，开展专业研究且具有权威性。无疑，建立在现代社会发展基础之上的这些认识不宜于完全套用到中国古代社会的具体研究中，但在认识论上也具有一定的指导意义，尤其是在审视从传统向近代转型的明清社会的知识群体变化及其专业化问题时，会发现二者存在相当的契合性。

据此，探讨明清时期的知识群体的专业化，如下方面应该成为重点考察要素：专业知识群体的形成及其知识体系的专业化，知识群体的专业化研究及其社会影响，知识群体的职业状况及其责任意识。

所谓知识群体的专业化，即指知识群体在既有知识体系的基础上，逐渐地集中并致力于某些或某个方面，呈现专业化发展趋向，这种专业化趋向与知识群体的社会化、职业化趋向紧密关联，同时与知识的社会化进程、地域社会的变动、社会阶层的运动等问题联系在一起。近世知识群体的专业化有别于现代意义的专业群体所包含的现代学科知识体系、公共服务特性等内涵，但却是知识群体从传统向现代转化的重要环节和过程。

明清时期知识群体的专业化在诸多领域都有较为明显的体现，一系列专业知识群体形成或正在形成，诸如史家、儒医、讼师、琴师、画帅、私塾先生等。这些知识群体的专业化程度不一，但趋势已成，且引发社会的相关变动。本书重在个案的深入、系统研究，选择了史家、儒医、讼师三个群体作为知识群体的典型。三个群体各有不同的专业属性，故而论证相对独立，自成体系，旨在以个案研究的方式深入探讨知识群体专业化的相关问题，从不同的侧面讨论知识群体专业化以及与此关联的职业化和社会化诸问题，更深刻地揭示不同专业的知识群体在明清社会转型背景下的变动及其与社会的互动关系。全书仅做整体性的特征梳理和趋势揭示，不开展个案之间的硬性、刻意比较，以避免出现以偏概全。

近世中国社会出现了诸多趋势性变化，尤其是明清两代，由于社会交流的扩大与交往的频繁，群体辈出。群体之间产生了更为广泛的互动关系，群体与社会紧密关联。其中，知识群体变化最为突出，也最引人瞩目，这与科举制度的持续发展、科举入仕的深入人心有着密不可分的关系，也与当时整个政治、经济、文化环境密切关联。由此，知识群体（或士人群体，这二者在学术界并无明确的边界，采用哪一个概念主要取决于研究对象的属性趋向）便成为学术界群体研究的重心，学者群集，成果众多。然而，客观而言，这个历史时期的任何一个群体都是我们考察社会变动与发展、社会内部结构性变化的有力视点。

21 世纪以来，明清社会群体日渐为学术界所关注和重视，并取得了不少引人瞩目的研究成果。① 近年来，明清社会群体的研究总体呈现以下特点：第一，社会群体研究多集中于研究生的学位论文选题中，说明学术界新的研究力量在新的学术背景之下，力图改变原来只重视个体研究的状况，广泛地关注社会各阶层、各领域中的社会群

---

① 对于社会群体的关注与研究，是近年来国内人文社会科学研究中出现的一个新的走向，各学科纷纷从不同的视角考察社会群体。就史学而言，对于社会群体的关注得益于社会史的兴起与发展，得益于诸如社会学、文化人类学等相关学科理论与方法的引入，当然也受到了海外汉学研究的直接影响。

社会群体的研究，以中国近现代史领域开展得较早，成果较多。早在 20 世纪 80 年代之后，近代的绅商、绅士、学生、知识分子以及其他一些社会群体便成为学界关注的重要研究对象，尤其是对于近代商人群体的研究，极大地丰富了中国近代史研究的主题。在社会史"眼光向下"的学术趋向之下，社会群体的研究随之不断扩展，上至官绅，下至市民，乃至于大量的社会下层群体、边缘群体，皆被视为社会发展中不可或缺的一部分而纳入研究者的视野。而对于近代中国的自由职业者群体，诸如律师、会计师、医师等新兴社会群体，学人们更是关爱有加，吸引了更多的目光。

与中国近现代史领域的研究比较，中国古代史领域的社会群体研究尚显薄弱。成果不多，且不少成果出自于文学艺术领域。不过，在 21 世纪的这十数年中，明清时期社会群体的研究有了较大的长进，开展得有声有色，出现了不少好的成果，直接以"群体"冠名的诸如柏桦《明清州县官群体》（天津人民出版社 2003 年版），董刚《元末明初浙东士大夫群体研究》（博士学位论文，浙江大学，2004 年），谭坤《晚明越中曲家群体研究》（上海三联书店 2005 年版）、《晚明江南士人群体研究——以陈子龙交游为中心的考察》（硕士学位论文，华中师范大学，2006 年），洪早清《明代阁臣群体研究》（华中师范大学出版社 2007 年版），吴琦《明清社会群体研究》（中国社会科学出版社 2009 年版），蔡明伦《明代言官群体研究》（中国社会科学出版社 2009 年版），崔志伟《元末明初松江文人群体研究》，上海大学出版社 2013 年版，等等，名称上没有冠以"群体"二字的成果则更多，而相关的学术论文则无以数计。限于篇幅，此不一一列举。

体，许多成果即便仍是对于个体的研究，但却是通过个体关照群体。第二，研究对象相对集中于社会精英群体，如士人群体、官僚群体等，对于这些群体的内部结构、群体认同、整体特征以及社会作用进行了全面而整体的研究。第三，越来越重视对于下层群体、边缘群体的研究，这些原来不被主流学术关注的领域正在逐渐成为主流学术，如性别史中的女性群体研究、胥吏群体研究、流民群体研究、琴人群体研究等，都成为学人们揭示明清社会变迁、社会格局变动的视点。第四，区域社会群体研究成为较为常见的研究路径，人们注意群体的区域性差异，并认识到群体在区域社会中的作用，把群体的研究与区域社会、地方社会结合在一起。

　　不过，现有的研究尚存较大的拓展空间，尤其是在群体研究的范围和视野等方面，具体而言：其一，专业（或职业）群体和新兴群体的研究不足，对于下层群体、边缘群体以及其他特殊群体虽有越来越多的关注，但仍有许多没有被学人们关注和研究，这其中有诸如资料的匮乏等客观原因。其二，对于前近代以来的社会变迁，学术界从政治、经济、文化等角度进行了广泛的探讨，然而以社会群体为切入点，通过探讨群体与社会之间的互动关系，揭示社会的变动，这一类成果存在不足，其中尤其缺乏对于明清社会群体近代性的分析。其三，大多数注重对单个群体的考察，而疏于揭示不同社会群体之间的互动及其意义。其四，研究方法相对单一，相关学科理论与方法引入不足，如心理学理论的缺失使群体研究缺乏心理与心态的分析，进而无法全面认识群体的不同心理、心态造成的一系列社会行为后果；地理学、生态学理论的缺失使得人们鲜有关注群体生存的自然和人文土壤；人类学理论的不足，局限了群体研究的资料范围，并导致体验式研究的缺乏。指出这些不足，并非意指已有的研究存在什么问题，而是意在说明清社会群体研究尚有不少可拓展的空间。与此同时，还需申明的是本书的研究也无法完全解决上面所谓的不足，仅只在某些方面开展一点有益的研究。

　　群体研究的最终目标不在于对群体本身的梳理，而在于通过对群体的内部、外部研究，考察社会的动向与变迁，因而，社会群体研究应该实现群体与社会的双向关照。在明清社会的剧烈变动中，社会群体从价值观念到行为方式、群体的分化与组合，无不透露出大量的社会信息，折射出社会的发展变迁。总体了解和把握明清社会群体的发展动向，将是我们认识明清知识群体专业化的基础。

第二节　明清社会群体的变动趋向

明清社会群体出现了新的发展趋向，其中所蕴含的时代信息，应该引起我们的重视。之所以讨论这个问题，是希望为后文探讨知识群体专业化问题（尤其是个案的深入研究）做一个背景的理解与铺陈。虽然每一个历史时期的社会群体都有其时代性，但由于明清时期处于前近代这一特殊的历史时段，其发展中的新动向便具有了十分重要而特殊的意义。明清社会群体的新趋向具有两个方面的含义，一是明清时期出现的、前所未有的新的群体现象，这些新的群体现象成为中国社会由传统向近代转型的重要表征，当为近代性因素；二是伴随着社会变动，社会群体发生裂变，加剧了群体的内部变化及其与外部环境的互动，群体的社会意义因此具有了新的内涵。这两个方面构成明清社会群体时代性特征，并共同勾勒出了明清社会群体转型的重要轨迹以及社会的演变趋势。

一　群体内部的分化与重组不断加剧

明清时期，社会群体生存与发展的外部环境变化巨大，大到王朝的衰兴与鼎革，小到个体命运与价值的变化无常，上到朝廷的持续不断的政治斗争，下到基层社会自主意识与自治功能的不断加强。此外，社会阶层频繁上下流动，以及士商交混，全民逐利，等等。社会环境的持续而不断的巨大变化，无时无刻不在促发群体内部的裂变。当然，所谓的裂变，所谓的分化及重组，并非指外在身份与角色的变化，而主要是指价值观念、思想认识及其所带来的态度、立场等的分裂与变化。例如，在明末清初的社会巨变中，士人群体作为一个整体，其分化及重组与社会的变动紧密关联，具有十分典型的社会象征意义——晚明社会的士人群体中，衍生出了具有强烈政治倾向的士人群体，如所谓"东林党"的政治集团和以社团形式出现的复社文人集团；此外，还有以文逐利的士人群体，这个群体介于雅俗之间，实则由雅入俗，成员不在少数，江南尤其集中；而致仕经商的士人群体的成员也不在少数，他们代表着"逐利"的士人趋向；同时，还有致力于实学研究与实践的士人群体，这个群体不仅保留着中国传统士人的核心精神品质，而且具有敏锐的社会洞察力、脚踏实地的学风以及领先于其他士人的科学意识；而这一时期的启蒙思想家群体群星闪烁，虽然他们没有也无法挽明朝于既倒，但他们的思想代表着时代发展的方向，对于中国历史的演进厥功至大，当然，也影响了一个时代。而明清鼎革之际，士人群体又在新的社会变动中进一步裂变，我们可以看到诸如抗清士人群体，他们在明清易代的大舞台上，掀起了一个又一个的重大事件，将士人的气节体现得淋漓尽致；而贰臣群体虽然留下了不少的骂名，但贰臣的心态与行为，始终成为学人们透视士人心灵的重要视点；不仕清朝的遗民群体是改朝换代直接造成的特殊士人群体，他们的人生选择既是士人的本质反映，同时又带着深深的时代烙印。此外，这一时期的士人群体因社会的剧烈变动和事件的频发，不断地形成各种各样、形形色色的社会群体。社会群体的分化与重组在士人群体中不断地演绎着。

二　群体之间的互动频繁而剧烈

在人类社会的演进中，无时无刻不交织着个体之间、群体之间、集团之间的互动关系，这是人类社会赖以发展和变动的前提条件。然而，在社会发生结构性变化的前夜以及变化的过程之中，尤其是在传统向现代转型的过程之中，由于利益关系的错综复杂，传统因素与现代因素的矛盾与冲突，群体与集团之间的互动关系显得更频繁而剧烈，这是社会重新整合的先兆或过程。

处于前近代的明清时期，随着中央集权的不断强化，自上而下的国家事务越来越多地渗透到各级地方政府和地方社会，与此同时，各种地方社会力量也不断崛起，社会分层越来越丰富，各种利益集团越来越繁杂，因而，社会组织、团体与社会运动不断涌现。在这种社会背景之下，在各种国家事务、地方公共领域以及社会运动中，社会群体介入的力度和深度，远胜以往，社会群体的利益取向也越来越鲜明。常见多个利益群体的分合互动，群体之间的互动频繁而剧烈。而群体的互动往往引领和决定事件的走向和变化格局。

例如，作为在野的政治力量的代表，东林人士以明确的政治立场和利益取向，活跃在晚明社会。可以说，这个士人群体的出现，反映了中国传统政治内部在这个时期的新动向。他们不仅是新的政治力量的代言人，而且在与朝廷各种势力的互动中，在与地方社会的互动中，不断影响晚明时期的政治与社会，并促成了晚明政治发展的新格局。虽然其政治作为限于局部而短暂，但毕竟是传统中国社会地方政治力量的一声呐喊，其意义显而易见。

又如，作为晚明启蒙思潮的代表，王学左派汇集了那个时代的思想精英。他们对于人的价值的发掘，对于主体意识的高扬，并没有停留在书斋和文本上面，而是自上而下和自下而上地言传身教，在社会的各个阶层培养信徒。尤其在民间传播思想的行为，有效地将精英思想与民间知识结合在一起，他们走向乡村，在田间与百姓互动。这种以群体频繁互动的方式完成思想与知识的社会化过程，在中国古代社会当为绝无仅有。

明清时期，国家事务的贯彻与执行多引发各种事件与社会运动，其主要原因在于社会利益群体的广泛存在，并有着强烈的利益诉求，不同的群体因利益的驱动，分合无定，以至于政治格局变化多端、纷繁复杂。以作为国家事务的赋税征派为例，各级地方官员、州县胥吏、地方绅衿、普通民众等形成不同的利益群体，在诸多相关的社会运动和事件中，我们可见这些群体剧烈的互动状态。明清时期，各地出现的众多的抗粮、闹漕事件都对地方秩序产生了极大的影响，不断促动地方政治格局的变化。

近世中国，社会交往范围不断扩大，信息传递与流播更为迅速，人们的社会参与意识也越来越强烈，同时利益群体也日趋增多和细化。这些，都是促成群体之间频繁而剧烈的互动关系的主要因素。

三 社会精英群体向优势区域集中

中国古代在实行科举选仕之后，政治结构乃至于整个社会结构都因此不断发生着变化。在由此而展开的政治与社会资源的争夺与较量中，地区之间的差异逐渐呈现。具有深厚的政治传统、发达的经济水平以及丰富的人文资源的地区，将各种资源优势转化为人才优势，大量人才汇集并沉淀下来，社会精英群体日益壮大，并不断吸引各地精英的云集。这种区域社会精英集中的趋势，在明清时期全面展开，江南地区成为最具有代表性的地区。

大概自隋唐开始，长江下游一带便不断显现其区域优势，经济的发展使其成为朝廷的财富之源，区域文化也日益彰显其巨大的发展潜力。及至明代，由于明太祖定鼎南京，整个江南地区作为近畿地区，不仅保持着经济、文化在全国的领先地位，而且形成了颇具特色并十分浓厚的政治氛围。成祖以后，虽然都城迁移北京，作为陪都的南京及其周围地区仍然保持着政治、经济、文化的领先优势，并在中晚明乃至清代的社会变动中，引领天下之先，其影响力辐射全国各地。明清时期江南具有的这种社会地位和区域特性，在社会流动方面带来了两个直接的后果：一是本地区社会精英群体的滋生与壮大，二是吸引其他各地的社会精英会聚于此。例如，明清时期，不少士人长时间滞留于江南，其诸多的著述以及其他成果都是在此期间完成的。

除了江南，在其他地区，在由明至清的社会变动中，同样也不乏类似于江南的情形，如北京、广东等，虽然其内在动因有所区别，且精英的汇聚也没有江南那么茂密，然而，这种趋势在明清时期一直在发展并影响着中国社会。社会精英集中的趋势，使地方社会具有了强烈的地域认同与群体认同，地域性群体逐渐成为地方社会的主导力量，致使地方的政治、经济、文化、社会等各个领域，逐渐形成相对独立的运行空间。这种地方社会格局的形成直接带来了近代区域社会的崛起与区域社会引领下的社会变革。

当然，明清时期出现的乡绅城居化的风潮，与上述社会精英的区域集中趋势相辅相成，也直接影响着近代中国社会结构的变化与整个社会的变动。

四 群体力量日益成为重要的社会力量

传统中国社会，在很长的历史时期，社会结构中主要组织成分为社会阶层，国家对于社会力量的关注，主要着眼于各个社会阶层，换言之，各种社会力量主要是通过社会阶层体现出来。而群体力量则集中在有限的精英群体，尤其是政治群体，并且多表现为政治的角逐，由于利益关系而构成政治较量。而地方群体力量的出现，一般都是在特殊时空背景下才构成社会力量。

明清时期，在社会的剧烈变动中，人们形成多元的价值取向，原有的社会秩序受到极大的冲击，并趋于瓦解。社会成员的流动性不断加强，这种流动性，既包括空间的流动，也包括社会地位的上下流动，尤其是后者，破坏了一直相对稳定的社会分层，社会阶层的格局由此崩坏。一方面，社会出现了新的阶层，另一方面，各社会阶层衍生出诸多的社会群体，阶层仅是一个空泛的概念，真正活动于社会并对社会发生产生实际意义的，便是其中形成的众多群体。这些群体在不同的时空背景下，代表群体的（并非阶层的）利益，发挥着不同的社会作用，日益成为重要的社会力量。

以小农阶层而言，明清时期，由这一阶层衍变出了专门从事经济作物生产的农民群体，兼事"末业"的农民群体，长期待雇的农业雇工群体，流入城镇的失业待雇群体，进入漕运等水运行业的水手群体……这些群体在明清社会经济的各个领域，发挥着重要的作用，成为明清经济结构性变化不可或缺的重要力量。

又如商人阶层，明中期以后，出现了以十大商帮为核心的商人集团，各商帮大体以地域为纽带，因此，在具体的商业经营中，结合成为地域商人群体。除此之外，明清时期，还出现了众多以血缘关系或以行业为纽带而结成的商人群体。他们维护各自的群体利益，竞争、对立或协作。然而，正是这些商人群体，通过各自的经营，推动了明清时期商品经济的空前繁荣，促进社会风气的更新，构建了具有中国特色的商业文化，成为中国社会经济转型的重要推动力量。

再如士绅阶层，明清时期，无论是城市还是乡村，无论是江南等社会发展领先的地区，还是其他落后地区，士绅都是以群体的面貌出现，他们在地方公共事务的组织与支持、地方社会秩序的建立与维护、地方文化教育的推动与开展等各个方面和领域，都发挥着重大的作用，成为地方社会的重要领导力量。

明清时期，社会群体日益成为重要的社会力量，这既是社会转型的组成部分，又是社会转型的坚实基础。

第三节　关于知识群体专业化的诸问题

本书讨论近世知识群体的专业化，希望通过对典型性群体的深入考察，认识明清知识群体的时代特征及其结构性变化；通过对个案群体社会活动、政治参与、生活样态、群体认同等的探讨，揭示作为整体性的知识群体在近世中国社会的阶层变化、时代特性及其与社会转型的关系。讨论知识群体的专业化问题，如下几个方面需要明确。

一　"专业化"实指专业化发展趋势

知识群体的专业化与社会的变动以及知识群体自身的裂变紧密联系在一起，其基本逻辑就是：社会层面的结构性变化引发知识群体的分化，知识群体的分化促使群体成员致力于不同的专业发展，这种专业发展实质上应该属于一种趋势的变化，并非已经全面的专业化。

知识群体的专业化存在很大的地区差异，江南是知识群体最为集中的地区，各专业领域的知识群体在这个区域也表现最为充分，其他地区则情况不一。知识群体专业化的程度和领域乃至于性质也表现出较大的差异性，比如史家群体，该群体自中国早期便已出现，所以明清时期史家群体的专业化更多地表现在社会责任意识、近代史学观念以及一些具有时代特性的技术方法路线上，这与其他一些知识群体存在较大的差异。

除了频繁的区域性流动之外，群体内部上下流动也比较频繁，同时许多群体成员的专业边界也不是十分清晰，或经常变动，或兼而有之。

二 明清众多职业群体的专业性

明清以前，由于中国社会一直处于一种社会结构相对稳定而缓变的状态，"士农工商"四民，大体也就是社会的主要分工。社会分工简单，国家与社会没有也不可能给人们提供更多的社会性的职业选择，人们局限于有限的领域，普遍缺乏职业选择的条件、机会以及意识。"士"，只有通过一定的途径转变为"仕"之后，才具有了职业的特性。历代历朝的官僚群体虽然带有职业的属性，但并不属于严格意义上的职业群体。因为，官僚与权力、职位结合在一起，官职不具有可选择的属性，换言之，人们不可能根据自己的意愿去选择官职。"农"，虽然是古代中国大部分人作为主要生活来源的工作，但是，农民自给自足的小农特性决定了"农"并不属于可供人们选择的社会性职业。"工商"应该是可供人们选择的社会性职业，但重本抑末政策、官府长期垄断等因素的影响，尤其是工商发展水平的低下直接制约了工商领域给社会提供广泛的职业选择。由此，在明清以前很长的历史时期，社会性的职业十分有限，我们很难发现真正意义的职业群体。

明清时期，由于商品经济的发展，城镇化进程不断推进，人口流动广泛而持续地开展，社会需求急剧膨胀，引发了大量新兴职业的产生和一些社会成员的职业化，中国社会出现了一些新的职业群体。这些群体的生成，契合了时代的变化和社会的需求。明清时期职业群体的出现有两个方面的问题值得我们关注，第一，职业群体所从事的职业都是在士农工商四民结构的基础上衍生和细分出来的；第二，职业群体多依赖于群体的专业性质和能力。

士为中国古代的精英阶层、知识阶层，由于知识传授与人才培养的局限性，长期以来士成为社会唯一的知识阶层，并集各种知识与技能于一身，天文、地理、历史、诗文以及琴棋书画等，都成了士人的种种素养，虽然每人所长各有不同，但知识结构大体相似，士人的职业目标大体也都是入仕。然而，明清时期，尤其是明中期以后，在科举一途仅能吸纳少量士人入仕的同时，大量的士人拥滞地方社会，强烈的生存需要以及自我价值实现的需求，迫使士人们充分审视自我的能力与价值，加之如火如荼的商品经济大潮的不断冲击，使得士人的价值追寻更多地投向了社会,不少士人走出书斋,渐离仕途,而着落于社会,融入社会。于是,我们可见,明中期以后的明清时代,士人阶层分离和衍生出来了诸多的职业群体,这些职业群体具有鲜明的专业特性,在社会开辟和拓展了诸多重要的职业领域。毫无疑问,明中期以后的中国士人,已经充分意识到他们所掌握的专业技术对于实现自我价值的意义,及其所包含的社会意义;同时大量士人开始走上仕途之外的他途,这一变化成为士人阶层知识、技能转化为社会价值的重大契机。

明清时期的士人充分发挥他们的专长,于是在社会上逐渐形成了一系列具有专业技能的职业群体。诸如具有精湛医术、著述行医的医生群体,开设门派、操琴为业的琴人群体,以绘画写字为生的画家群体,以撰文为生的作家群体,此外还有以智慧和学养为生的幕僚群体等,皆是由专业而职业。之所以出现这种现象,概因前近代社会的变动,尤其是商品经济的发展以及由此而引发的价值观念的变化,社会呈现出明显的职业化倾向,原来作为士人雅趣和素养的琴棋书画文等,此时成为其谋生的技能,并由此分化出不同专业的职业群体。

至于农、工、商等领域,在这一大的社会背景之下,也在不断地衍生和分裂出众多的新型的职业群体。比如,农民中的佣工群体,手工业者中的各种自由匠人群体,商人中的地域商人群体,等等。

三 专业化与知识的社会化

知识社会化并非必然伴随知识群体的专业化,但知识群体的专业化必然带来知识的社会化。

长期以来,知识群体的大部分成员都是以科举为终极目标,进行知识的获取和运用,群体知识没有广泛而深入地进入社会,知识的社会价值十分有限。明中期以后,随着社会风气渐开,社会对于一些领域专门知识需求的增强,以及知识群体思想与观念的多元化,知识群体广泛而频繁地接触社会,进入社会,大量的专业性知识开始与社会对接起来,直接落实与运用到社会层面。知识群体逐渐承担着专业知识的示范者、运用者和传播者的角色。近世西式专业知识的引进又往往与传统的知识系谱、思想观念存在冲突。在前近代专业知识的建构过程中，有关专业知识的社会化及知识系谱的建构当为知识群体着力甚多之处。

在知识群体中，少数精英成员通过知识的专业化过程，仍能跻身于知识群体的主流之中，诸如成为官修史家、御医等。但随着商品经济的发展，竞争的增强，生存的危机，为了迎合社会的需求，知识群体中出现了大批平民知识人群或下层知识人群，这是知识社会化的重要因素。知识的社会化直接推动了"知识价值化"，这既是社会变动的反映，又是社会变动的重大内在推动力。

四　明清知识群体社会参与的近代性

明清时期，尤其是晚明与晚清这两段社会剧烈变动的历史时期，个人、群体面临着多元的社会选择。以晚明士人为例，其社会分流现象十分明显和突出，或由士而商的士商混流，或为不理时事、独善其身的山人名士，或致仕求退而回乡归隐，或抛却科举正途转入纯然文艺创作的"文艺社会"①，等等。然而，也有一批士人努力通过各种方式与渠道参与议政甚至于朝廷的党争，积极干预地方乃至中央的政治。士人的这种多元走向的格局，本身便说明社会的变动及其对士人形成的多层面的影响。不过，士人的多元选择与走向中，有一个尤其值得我们关注的现象——士人群体注重社会角色的扮演。从社会发展的角度而言，这是伴随着社会的变化而出现的新的社会现象。

明清时期，社会精英群体十分注重其社会形象与社会角色的扮演。仍以晚明士人群体为例，无论是因为各种原因从朝廷退居地方的大量乡官，抑或是长期滞留于地方的地方士绅，都积极地参与到地方政务与公共事务之中，主动塑造其在地方社会的形象，充当地方社会的领袖集团和核心群体。从大量的文献记载中，我们不难体会到，这个群体不仅成为许多地方的精神领袖，而且名副其实地成为大量地方社会事务的有力组织者、支持者和推动者。明清时期，慈善机构的兴起与发展，道路桥梁的铺设与修建，社学义学书院的兴办与维系，大

---

① 王鸿泰：《迷路的诗——明代士人的习诗情缘与人生选择》，《"中央研究院"近代史研究所集刊》2005 年第 50 期。

型水利工程与设施的兴建及维护……各项地方公共事务的组织与兴办都可见地方士人的核心作用。正是通过组织与推动大量的地方公共事务，地方士人不仅建立起了强烈的地方社会认同，而且树立了他们在地方社会的威望、地位，使得他们拥有了更多的社会资源。群体具有广泛的社会参与意识，注重社会角色的扮演，是为前近代社会一个典型的特征，是为近代社会地方自治的先导。人们广泛的社会参与，社会舆情的发达，地方社会力量的不断壮大与地方意识日益浓厚，文官政治的发达，等等，都是这一现象产生的主要原因。

在精英群体中，商人群体也具有类似特征，此不赘言。

当然，十分重要的是，知识群体的专业化发展直接成为近现代中国社会专业和职业演化的先导，儒医群体、讼师群体实为近代医师群体、律师群体的前身。传统与现代的交织、传统向现代的转换，在近世中国的知识群体中集中体现，一方面，某些社会群体具有了某些近代的因子，另一方面，出现了一些具有近代特质的社会群体。群体与群体之间，群体与社会之间，不断发生着频繁而复杂的互动关系。正是在这种互动关系的不断演绎中，中国社会推演着由传统向现代的重大转型。

第四节　史家、儒医、讼师的专业化表征

本书力图以综合考察与专题研究相结合的方式，对明清知识群体的专业化问题进行研究，专题（或个案）研究主要选取史家、儒医及讼师三大群体作为研究对象。史家群体、儒医群体及讼师群体虽然皆属明清知识群体专业化的重要组成部分，但群体属性多有不同，专业化的路径、程度及其他方面的表现也存在差别。

一　明清史家群体

（一）史家群体专业化的社会、知识及制度因素

明清时期是中国古代史学的总结、批判和嬗变时期，人们的历史意识和史学意识进一步深化，重史传统得到延续和发展。明清史家的

主要来源是传统士人，士人的分化使得史家群体有所扩张，也呈现出不同以往的时代特点。这些史家往往具有多重社会身份，但他们主要以史学为自己的研究领域，以读史、修史、刻史为主要的生活内容，所以史家就成为他们的主要社会身份，其所承担的其他社会角色则退居其次。这个时期，史家群体规模庞大，类型多样。他们不但喜爱史学，有的甚至将修史视为毕生追求的事业。这种爱好与社会的需要结合起来，使得很多史家不但将史学视为个人的必备修养，而且将其视为一种服务社会的专业化知识。他们以历史知识和经验为服务内容，以历史研究、史书纂修刊刻、史学传播为服务手段，以社会各阶层（上达帝王，下至四民）为服务对象，使得这一群体呈现出一种专业化发展的趋势。这一时期，还出现了求购史书、募人修史的现象，史书刊刻开始走向市场，作为一种商品进行流通和传播。这也是专业化的一种表现。

（二）史家群体专业化程度的加深及地方性史学流派的形成

由于社会境遇和地位的不同，史家群体的发展呈现出不断分化的趋势，既有编修官方史书的史家，也有期待"成一家之言"的私修史家，还有以藏史、刻史为趣的史家，甚至还有一些具有商人特点的史家。他们在社会结构中所处的位置跨度很大，所面对的对象和所承担的功能也因此而有所区别。这种分化是史家群体的社会分工日益细化、社会功能日益明确的反映，同时也说明了史家群体专业化程度日益深化的趋势。近世史家群体的地域化是其专业化在地理空间上的表现。据不完全统计，明清时期江浙一带史家分布数量最多，上海、安徽、江西、湖南、湖北等地也有大量史家，他们共同构成了长江中下游史家密集区。广东、福建的史家数量仅次于长江中下游地区，北京、河北、河南等地是另一个集中区。相对而言，文化比较落后的西北、东北和西南地区史家数量较少。这和此期文化发展的分布格局是一致的。同一地理空间内的史家，如果具有相近的治史方法和精神，就会形成地域化的史家群体，表现为各种地方性的史学流派，比如浙东史学。这些史学流派在地方性知识的生产和传播中发挥着重要作用，是地方文化秩序的重要建设者和组成部分，对地方社会变迁尤其是思想文化变迁产生了很大影响。

（三）史家注重史学的专业技能和规范

这主要表现在史家对史家素养和历史编纂理论的认识上。重视史家修养，是中国史学的优良传统，明清史家继承和发展了这一传统。他们不但继承了直书实录的信史原则，也沿袭了书法不隐的良史精神，还在史才、史学、史识的基础上提出了史德论，使中国古代的史家修养理论达到了新的高度。历史编纂理论包括史书旨趣和功能、史料的采择和鉴别、史书的体裁和体例、历史的认识和批评等诸多领域。明清史家在这些领域皆有突出的贡献，比如章学诚以撰述与记注为史学之两大宗门，并以方智和圆神概括其特征，他还提出史意说，将历史编纂理论由对史法的讨论向前大大推进了一步。再如乾嘉考据史家提出的"实事求是"原则，塑造了一代史风和史趣。明清史家的这些认识成果，实际上体现了他们对自身专业技能的自觉意识。这种意识的自觉程度越高，就越能说明明清史家群体专业化程度的加深。

（四）史家群体的内部分化组合

由于社会境遇和地位的不同，史家群体的发展呈现出不断分化的趋势，既有编修官方史书的史家，也有期待"成一家之言"的私修史家，还有以藏史、刻史为趣的史家，甚至还有一些具有商人特点的史家。他们在社会结构中所处的位置跨度很大，所面对的对象和所承担的功能也因此而有所区别。这种分化是史家群体的社会分工日益细化、社会功能日益明确的反映，同时也说明了史家群体专业化程度日益深化的趋势。

（五）史家群体的专业化与社会变迁

史家群体作为知识群体的一部分，其对社会变迁的影响主要集中在思想文化领域。这一群体的专业化直接决定着他们的历史知识生产和传播能力，影响到他们对一个时代的历史观念、文化秩序的作用力。他们对社会变迁的作用根据具体对象的不同而有层次性。同时，社会变迁也从外部影响和推动着史家群体的专业化进程，史家和史学总是在不断回应社会提出的要求的过程中走向更深的专业化。二者不是单向作用，而是互动作用。

二 明清儒医群体

(一) 儒医群体兴起的社会、市场、知识及制度因素

明清两代竞争激烈的科举制度所产生的分流作用，使不少读书人进入医疗领域。除此之外，由于官方对医疗事业的关注和管理大为疏松，加上地域经济和城市的繁荣，这使得从事医疗行业的人数不断增加。明代交通发展，信息传递日益进步。医学家向大城市集中，且得以负笈四方以拜名师，再加上相对稳定的政治环境，为医学经验积累和传播，医学理论深化，创造了有利条件。明代科学技术的发展，从理论观点、方法、技术乃至资料，都对医学有重大影响。明代出版业的繁荣，为医学著作出版和医学知识普及创造了方便条件。这些因素造就了一个前所未有的庞大医生群体或阶层。

(二) 医派的形成及职业活动

在庞大的医生群体基础之上诞生了众多医派。如吴中医派、新安医派、孟河医派、钱塘医派。由于商路的便利发达，人才易于流动，医家往往会以师承教育、应邀出诊、访友集会等方式，使得各个医派之间医学交流活动频繁。民间还形成了一些医学团体。隆庆二年（1568），民间医学学术团体"一体堂宅仁医会"，它是由徐春甫等在北京发起和创办的。还出现了具有现代期刊特性的不定期的专门医学刊物，如由唐大烈编辑的《吴医汇讲》在乾隆五十七年（1792）创刊，分卷出版，至嘉庆六年（1801）唐氏逝世而停刊，先后出版11卷，对医学学术交流和普及产生一定的影响。

(三) 儒医群体的职业观念：医德理论与实践的发展

大批知识分子由儒入医，改善了医生的文化素质和知识结构，改变了宋时攻医者"多是庸俗不通文理之人"的状况，使医生的社会地位相应提高。明代是中国医学伦理学发展的重要时期，出现了许多论述医德的优秀文献。徐春甫的《古今医统》，专列"庸医""时医""名医""论医"等篇，鞭挞违反医德的现象。龚信、龚廷贤父子都很重视医德研究，就医患关系和医生行为规范进行了全面论述。陈实功行医从不求谢，深得病家信任，在《外科正宗》里，提出"五戒十要"。孙志宏的《简明医毅》中"业医须知"一篇，要求医者勿重

财利，勿危言珍秘而索重价；对易治病勿故言难疗；对难治病勿故言易愈；不可只尽心富家，而忽慢贫家。"一体堂宅仁医会"提出 22 项会款作为对会员的具体要求，从治学内容、方法、态度到医学家应具有的思想素质、道德品质、处世接物方法、对待患者的态度等，都作了具体规定。

（四）儒医群体的内部分化组合

由于社会境遇和地位的不同，儒医群体的内部发展呈现出不断分化的趋势，有出身于世家的儒医，也有被公认的名医，同时也有行走江湖的郎中。他们在社会中所处的地位有很大的差异，所面对的病人与所承担的社会责任也因此而有所区别。这种分化是儒医群体的社会分工日益细化、社会功能日益明确的反映，同时也说明了儒医群体专业化程度日益深化的趋势。

（五）儒医群体与地方社会变迁

随着儒生和士大夫进入医疗业以及"不为良相，则为良医"观念的流行，医生的地位和声望显得颇为微妙，有影响力的医生往往成为地方社会精英的一部分。士人习医不仅仅是治愈疾病，还在于行医救人是履道的一种方式，以实现知识分子的社会责任。这个群体不仅是疾病的治愈者，而且也是大量地方社会事务的有力组织者、支持者和推动者。慈善机构的兴起与发展、道路桥梁的铺设与修建、社学义学书院的兴办与维系、大型水利工程与设施的兴建与维护等，各项地方公共事务的组织与兴办都可见儒医的作用。一方面通过医患关系，另一方面通过组织与推动大量的地方公共事务，儒医不仅树立了他们在地方社会的威望、地位，而且也拥有了更多的社会资源。

三　明清讼师群体

（一）讼师群体兴起的社会、市场、知识及制度因素

讼师的产生发展与中国社会的文化体制、政治制度本身及经济发展等有着密不可分的联系。明清时期民间诉讼得以发展，科举制的淘汰机制为讼师群体积累了充分的职业后备力量，利益的驱使使得落魄读书人包揽讼事，充当民间诉讼的代言人，并刺激了民众参与诉讼的热情。同时，诉讼制度的发展与讼师群体的兴盛在斗争中相互推动促

进，官方对讼师的严厉规制与诉讼当事人对提供法律援助的需要相互交织，非但未使讼师群体在历史发展中湮没，相反讼师的专业化、职业化发展脉络愈加清晰。

（二）讼师群体诉讼活动及其专业化倾向

明清讼师多是文人出身，对经史学业非常熟悉，有扎实的文字基础和较高的写作水平，科场失意后无路可走，便将文笔与诉讼相结合，逐渐转为专门替人代写诉状、出谋划策的"讼师"，解决了社会上诉讼方与官府之间无法便利沟通的诸多矛盾，实现了群体知识与社会功用的契合。近世讼师虽然没有形成明确的团体或行业，然其形成了一个特征明显、群体活动鲜明、内部存在竞争并积极参与、影响社会发展的群体，应该作为该时代一个专业化的知识群体进行考察。

（三）讼师群体的群体观念与生活境遇

明清的讼师，遍及全国各地，从地域上来看其更多地分布在江苏、浙江、湖南、四川、福建等长江中下游以南地区，尤以湖南和浙江、江苏为甚。如浙江人精于刑名、操持法律的传统一直延续到清代。讼师群体良莠不齐，但一般都熟悉有关律文、条例的内容，掌握一定的诉讼法律技巧，精通词状之术。但他们从事诉讼的出发点多为谋利，且风险远远大于收益，这使得讼师群体缺乏共识的专业精神，更无法形成高度统一成文的职业道德。在提供法律服务时他们的从业观念与生活境遇和个人素养有着密切的联系，体现了儒法思想的融合与斗争，这些都导致他们既可能为金钱利益"挑词架讼"扮演讼棍角色，亦能助人以法维权赢得讼师的尊称。

（四）讼师群体内部存在着社会地位及从业意识的差异

在家闲居的官员、举人、文武生员和乡保等地方上层人物有时也参与干讼，但大多数讼师则来源于落魄读书人，他们干讼的目的和服务对象有着较大的区别。由于讼师既无同业组织的自律约束，又缺乏官府的组织管理，因此在从业意识和道德上讼师群体分化更为明显。受传统儒家礼教的德育影响，很多讼师还是较为注重克己修身，对个人的名誉声望较为爱惜，并由此形成自己的助讼原则与从业操守；但还有部分讼师则贪利索财、教唆词讼、惯弄刀笔、颠倒是非、串通衙役、欺压乡民等，成为恶名昭彰的讼棍，给讼师群体带来恶劣影响，因此使得讼师的存在受到官方的严格制约。

（五）讼师群体的社会参与及社会影响

讼师群体始终处于政治和道德、官方和民间皆拒之的尴尬境地，其活动受到立法限制并不断被打压，但好讼之风依然盛行，讼师的活动从未中止。讼师群体的活动对社会产生的影响是双面的，一方面由于一些讼师唯利是图，在诉讼中拨弄是非，教唆诉讼，在一定程度上破坏了正常的司法程序，给社会稳定带来不良影响，并使得讼师在人们心中留下奸恶之徒的负面印象。另一方面讼师群体的存在有其合理性、必然性和必要性，他们在一定范围内代表了对司法公正的朦胧追求，有效满足了民众的正当诉讼需求，对维护普通民众的诉讼权益、增强人们权利意识、促进民间法律思想的发展有着推动作用，也为司法体制向近代转型提供了有力的契机。

第五节　课题研究说明

该项研究是基于教育部重点研究基地重大项目"近世知识群体的专业化与社会变迁——以史家、儒医、讼师为中心的考察"而展开的，项目负责人吴琦，主干成员尤学工、冯玉荣、杜维霞。

立项伊始，项目组围绕项目论证的思路展开研讨，进一步明确重点，理清思路。大家一致认为，明清知识群体的专业化问题是考察明清社会变动的有力视角，然而学术界的相关研究并不充分，甚至可谓薄弱，这与如火如荼的明清士人群体研究极不相称。课题组开展了多次讨论，并在此基础上，进行了具体分工。吴琦主要负责总论部分的总体研究及文稿的撰写，同时把握项目的进度，组织研讨活动，协调各种资源的配置，跟踪各部分的研究状况。史家群体的专业化问题由尤学工负责研究，儒医群体相关问题由冯玉荣负责研究，讼师群体的专业化问题则由杜维霞负责研究。

在课题进行过程中，各成员之间密切沟通合作，建立资料共享和定期交流机制。一是紧密进行史料搜集工作，一方面赴国家图书馆、上海图书馆及一些与近世史家、儒医、讼师等关系密切的重点地区的地方图书馆、文史馆、档案馆查阅资料；另一方面搜集关于近世史家、儒医、讼师群体的基本资料，梳理不同年代相关的档案、地方志、文集、族谱、碑文、文史资料、地方资料汇编及地方文学作品，并通过广泛阅读和参与各种学术交流活动，始终掌握该领域研究的最新动态和信息。二是通过田野工作，收集与课题相关的民间文献以及相关的实物材料。三是将已有资料按照不同群体的不同类型进行分类整理，分析不同群体的各自特点，结合所处社会环境与需求，初步梳理其专业化取向与活动特色，不断思考"专业化"这一核心命题，注重前后与中外比较，探寻近世（尤其是明清时期）各个群体专业化的路径、形式与特色。虽然各部分研究的对象均属知识群体，但深入研究所依据的文献重心存在明显的差异，比方说，史家群体研究依据的史料以文集为重，儒医群体研究依据的史料以医书为重，讼师群体研究的史料以政书、档案和方志为重。当然，各群体研究所查阅的史料一定存在交叉的部分，但总体而言，三个群体研究的史料依据自成体系。

在总体规划下，确立课题写作大纲，明确各自任务，并由各子课题组分别搜集相关专题资料和相关文献；根据前期文献及核心问题，修改写作大纲；进行前期及中期成果的撰写，主要以论文形式进行讨论或者发表；进行初稿写作，在此过程中加强交流与联系，对相关问题进行讨论；在此基础上，完成初稿，并由吴琦进行统稿全书，修改定稿。

整部书稿最后的撰稿情况如下：

第一章　总论部分：吴琦；

第二章　史家部分：尤学工；

第三章　儒医部分：冯玉荣；

第四章　讼师部分：杜维霞；

结语部分：吴琦。

第二章　明清史家群体及其专业化考察

　　人是社会的基本构成要素，人的社会性活动构成了历史。人在社会中活动，就不能不与他人发生关系。不同的社会关系规定了人的组织形式和活动空间，于是就有了不同的社会群体。

　　社会群体是由历史研究的基本对象之一，受到历代史家的重视。古代史家以类传形式进行研究，无论是儒林、文苑、循吏、酷吏，还是隐逸、忠义、货殖、列女，都是特定的社会群体。今人或以阶级名之，或以集团名之，或以族姓名之，名异而实同，研究方法则有阶级分析、人类学分析、社会学分析、民族学分析等，不一而足。

　　史家群体是社会群体之一种，伴随着史学的产生和发展而形成。中国史学起源甚早，所以史家群体很早就产生了。最早的史家群体是由史官组成的，后来私家修史兴起，史家群体才突破了史官的樊篱而拥有了多样性。史家群体产生虽早，但人们对这一群体产生群体意识则要晚很多。唐人修《晋书》，将陈寿等十二位史家合为一传，虽未名之为《史家列传》，但已显现出对于史家的群体意识。可惜的是，此后中国史学虽然名家辈出，但这种史家群体意识一直处于萌芽之中，人人求个人的名山事业，但却鲜有人意识到群体的意义。明人李贽在《藏书》中设置《史学儒臣》一目，清人章学诚提出应在史书中设置《史官传》，史家群体意识才得以清晰地展现出来。这一过程说明，中国古代的人们重视史学，重视史家，也形成了明确的史学意识和史家角色意识，但明确的史家群体意识的形成则比较艰难。

　　近代以来，随着学科体制的建立，中国史学走向了专业化、学院化和职业化。这促使史家们重新认识中国传统史学和史家。这时的史家群体是以史学流派的面貌进入研究者视野的，晚清民国史家对中国史学流派的研究很多，而以清代史学流派和近代史学流派为主，其目的在于正本清源，为中国史学寻找现代之路。其中，梁启超①、刘师培②、章太炎③、冯友兰④、蔡尚思⑤、周予同⑥、钱穆⑦、齐思和⑧等人的研究成果影响很大，浙东史学和史家等也成为史学界普遍关注的重要问题。需要指出的是，史学流派研究虽然与史家群体研究有很多重合之处，但毕竟受制于学术史的视角，还不能等同于史家群体研究。

近年来，史家群体研究作为一个学术课题被明确地提了出来。已有的史家群体研究，既有古代史家群体研究，比如唐代史家群体⑨、明清史家群体⑩等；也有现当代史家群体，比如新中国"中生代"史家群体⑪、1958 年"史学革命"中的激进青年史家群体⑫等；既有特

---

① 梁启超：《中国近三百年学术史》，天津古籍出版社 2003 年版；《清代学术概论》，中华书局 2011 年版。

② 刘师培：《清儒得失论》，原载《民报》第十四号，1907 年 6 月 8 日；另外尚有《南北学派不同论》（1905）、《汉宋学术异同论》（1905）、《论近世文学之变迁》（1907）、《近儒学术统系论》（1907）、《近代汉学变迁论》（1907）等，均收入李妙根编《刘师培论学论政》，复旦大学出版社 1990 年版。

③ 章太炎：《訄书·清儒》（重订本），《章太炎全集》，上海人民出版社 2014 年版。

④ 冯友兰提出当时的史学界存在信古、疑古和释古三大派，见马乘风《中国经济史》第一册"序"，商务印书馆 1937 年版。

⑤ 蔡尚思提出正统、怀疑、扬弃三派之说，见氏著《中国历史新研究法》，中华书局 1940 年版。

⑥ 周予同先提出泥古、疑古、考古、释古四派之说（见氏著《纬谶中的皇与帝》，《暨南学报》第 1 卷第 1 号），后改为史观和史料两大派（见氏著《五十年来中国之新史学》，《学林》第 4 辑，1940 年），均收入朱维铮编《周予同经学史论著选集》，上海人民出版社 1983 年版。

⑦ 钱穆提出传统（记诵）、革新（宣传）、科学（考订）三派之说，见氏著《国史大纲·引论》，商务印书馆 1940 年版。

⑧ 齐思和提出掌故派和社会史观派两大类型，见氏著《现代中国史学评论》，《大中》第 1 卷第 1 期，1946 年。

⑨ 瞿林东：《论唐初史家群体及其正史撰述》，《人文杂志》2015 年第 6 期。

⑩ 阚红柳：《清初私家修史研究——以史家群体为研究对象》，人民出版社 2008 年版；朱玉：《明代史学家群体研究》，硕士学位论文，延安大学，2012 年；赵艳霞：《明代私人史家群体分析》，《山西大同大学学报》（社会科学版）2008 年第 4 期。

⑪ 张越：《新中国建立后十七年"中生代"史家群体与马克思主义史学》，《史学理论研究》2012 年第 2 期。

⑫ 陈闯：《权势转移——1958 年"史学革命"中激进青年史家群体的形成与演变》，硕士学位论文，山东大学，2015 年。

定区域的史家群体研究，比如抗战时期国统区和桂林地区的马克思主义史学家群体①等，也有特定类型的史家群体研究，比如中国留美史家群体等②。从已有成果的分布来看，学界对现当代史家群体的关注明显要高于对古代史家群体的关注。从研究方式来看，研究者们更愿意将史学史与社会史结合起来，从史家群体在社会中的位置和作用来探究他们对社会和史学发展的影响。在这些研究中，史家的群体性和主体性得到了凸显。

对于明清史家群体的专业化与社会变迁这一研究主题而言，阚红柳的研究是最为接近的。她将清初私家修史的史家按照政治立场，分为明王朝的维护者史家群体、清王朝的支持者史家群体和在新旧政权之间动摇的史家群体。她详细统计和分析了三大史家群体的基本构成和地域分布，探讨了他们各自不同的修史动机，梳理了清初私家修史的发展脉络，说明了他们的史学成就和学术地位。③ 这种研究方式为史家群体研究提供了一个可以参考的模式，但其在史家群体与社会变迁之互动关系上似乎用力不够，对史家群体在文化秩序建构中的作用也是浅尝辄止，使后来者有了进一步拓展的空间。

还有大量的研究，虽未明确标示对象是史家群体，但其主题和方式皆与史家群体研究有莫大关系，可以称之为群体视角的个案或专题研究。比如，谢国桢关于晚明史籍的研究，④ 黄云眉关于《明史》纂修的研究，⑤ 赵园关于明清之际士大夫的研究，⑥ 黄爱平关于《四库

---

① 谢辉元：《抗战时期国统区的马克思主义史学家群体》，《史学月刊》2015 年第 8 期；《抗战时期桂林地区马克思主义史学家群体》，《广西社会科学》2016 年第 9 期。

② 刘秀俊：《实证与诠释的会通——20 世纪前半期中国留美史家群体研究》，硕士学位论文，山东大学，2006 年。

③ 阚红柳：《清初私家修史研究——以史家群体为研究对象》，人民出版社 2008 年版。

④ 谢国桢：《晚明史籍考》，华东师范大学出版社 2011 年版；《明清之际党社运动考》，中华书局 1982 年版。

⑤ 黄云眉：《明史考证》（八册），中华书局 1979—1986 年版；《明史编纂考略》，原载于《金陵学报》1931 年，第 1 卷第 2 期，收入《史学杂稿订存》，齐鲁书社 1980 年版。

⑥ 赵园：《明清之际士大夫研究》，北京大学出版社 1999 年版；《制度·言论·心态：〈明清之际士大夫研究〉续编》，北京大学出版社 2006 年版。

全书》纂修的研究，① 何冠彪关于明清之际人物、著述和思想的研究，② 杨念群关于明末清初江南士林精神世界与清朝正统观的研究，③ 孔定芳关于清初遗民的研究，④ 姜胜利关于清人明史学的研究，⑤ 谢贵安关于《明实录》和实录体史学的研究，⑥ 王记录关于清代史馆和馆臣的研究，⑦ 司徒琳（Lynn Struve）关于《南疆逸史》和南明史书写的研究，⑧ 艾尔曼（Benjamin A. Elman）关于江南学者职业化与学术交流网络的研究，⑨ 陈永明关于清初历史书写与政治认同的研究，⑩ 等等。这些研究涉及史家群体与社会变迁的各个领域与层面，极具参考价值。虽然很多研究是以个案形式出现的，但其探讨问题的方向则是力图超越个体，寻求普遍有效的解释。这对于史家群体研究具有方法论的启示意义。

第一节　明清史家群体的基本构成

中国史学绝大多数时候走的是官修与私修并行的道路。由于史学活动的范围、方式和目的不同，从而形成了身在庙堂的史官和藏身山

---

① 黄爱平：《四库全书纂修研究》，中国人民大学出版社 1989 年版。

② 何冠彪：《生与死：明季士大夫的抉择》，台北联经出版公司 1997 年版；《明清人物与著述》，台湾商务印书馆 1996 年版。

③ 杨念群：《何处是江南：清朝正统观的确立和士林精神世界的变异》，生活·读书·新知三联书店 2010 年版。

④ 孔定芳：《清朝遗民社会——满汉异质文化整合视野下的历史考察》，湖北人民出版社 2009 年版。

⑤ 姜胜利：《清人明史学探研》，南开大学出版社 1997 年版。

⑥ 谢贵安：《明实录研究》，台湾文津出版社 1995 年版，湖北人民出版社 2003 年修订版；《中国实录体史学研究》，武汉大学出版社 2007 年版；《清实录研究》，上海古籍出版社 2013 年版。

⑦ 王记录：《清代史馆与清代政治》，人民出版社 2009 年版。

⑧ ［美］司徒琳：《南明史》，李荣庆等译，上海古籍出版社 1992 年版；《传统社会中史学之功用——清代史学史上的南明》，博士学位论文，美国密歇根大学，1974 年。

⑨ ［美］艾尔曼：《从理学到朴学：中华帝国晚期思想与社会变化面面观》，赵刚译，江苏人民出版社 1995 年版。

⑩ 陈永明：《清代前期的政治认同与历史书写》，上海古籍出版社 2011 年版。

野的史家两大群体。不过，这两大群体的身份并非固定不变，藏身山
野的史家可以通过各种方式进入官方修史机构，成为史官；身在庙堂
的史官也可以通过职位流动、致仕等方式下诸山野，成为追求"成一
家之言"的史家。可以说，这种流动性是古代史官与史家身份转换的
一个重要枢纽和表现。它带来的一个影响，就是这两大群体没有清晰
的边界，二者并不是非此即彼的关系，而是可能兼具多重身份性特
征，且呈现出很强的阶段性。近世史学的基本格局相较于此前并未有
根本性改变，依然延续了官修与私修并行的方式，只不过明朝和清朝
史学发展的前期官修史学影响较大，而中后期则以私修为主流。这种
格局造就了两大史家群体，即受命于朝的史官和追求"成一家之言"
的私修史家。他们之间存在着流动性，而且群体内部亦在时代的催化
下产生了分化，展现出了走向专业化的萌芽与趋向。

一　受命于朝的史官

（一）明清的史官制度

明承元制，史官制度也承袭了元朝的制度安排。不过，元朝的史
官制度相对于宋来说简省很多，"不置日历，不置起居注，独中书置
时政科，遣一文学椽掌之，以事付史馆。及一帝崩，则国史院据所付
修实录而已。其于史事，固甚疏略"。① 洪武十三年（1380），明太祖
废中书省，一并废掉了时政科，而将其职掌并入翰林院，这就形成了
明代史官制度的基本格局，即将翰林院与国史馆合二为一，以翰林院
修撰、编修、检讨等作为史官。《明史·职官志》记载了翰林院的基
本情况："学士一人（正五品），侍读学士、侍讲学士（并从五品），
侍读、侍讲各二人（并正六品），《五经》博士九人（正八品，并世
袭，别见），典籍二人（从八品），侍书二人（正九品，后不常设），
待诏六人（从九品，不常设），孔目一人（未入流），史官修撰（从
六品），编修（正七品），检讨（从七品），庶吉士，无定员。学士掌
制诰、史册、文翰之事，以考议制度，详正文书，备天子顾问。凡经
筵日讲，纂修实录、玉牒、史志诸书，编纂六曹章奏，皆奉敕而统承

---

① 《明史》卷 285《徐一夔传》，中华书局 1974 年版。

之。""史官掌修国史。凡天文、地理、宗潢、礼乐、兵刑诸大政，及诏敕、书檄，批答王言，皆籍而记之，以备实录。国家有纂修著作之书，则分掌考辑撰述之事。"①

在这个基本格局下，明代史官制度也有些变化。在机构设置方面，建文朝曾设文翰、文史二馆，其中文史馆是专门的修史机构。到了明成祖时又恢复了明初的设置，不再专任修史。在人员数额和来源方面，"自洪武十四年（1381）置修纂三人，编修、检讨各四人。其后由一甲进士除授及庶吉士留馆授职，往往溢额，无定员。嘉靖八年（1529）复定讲、读、修撰各三人，编修、检讨各六人，皆从吏部推补，如诸司例。然未几，即以侍从人少，诏采方正有学术者以充其选"。但不久以后，"仍循旧例，由庶吉士除授，卒无定额"。到了明末，崇祯七年（1634），"又考选推官、知县为编修、检讨，盖亦创举，非常制也"。此外，当时史官的职掌是不固定的，在"分掌考辑撰述之事"的同时，"经筵充展卷官，乡试充考试官，会试充同考官，殿试充收卷官；凡记注起居，编纂六曹章奏，誊黄册封等咸充之"。②如此分散的职掌，使得史官的精力为各种琐碎政务所占，以至于"以光阴志气掷于交际诗酒之间，即有意讲求故典者，恐同侪猜忌，只得随形逐队，而不敢周咨天下之务。及至团局修史，亦不过缀拾完书，无暇聚头磕膝，仔细讨论"。③加之史官的选择往往只重资历，不重才学，"非正三公而坷八座者，不得秉如椽焉，且明初史馆，布衣亦尚与坛坫之末，其后非公车不敢望，又其后馆阁有专属，即公车之隽，或才如班、范，未始以概进也"④。这说明后来的史馆已沦为一般的官僚机构，而史官也不过是一般的官僚罢了。这种情况，引起了时人的担忧和批评。曾参与修撰明世宗、穆宗两朝实录的史官张位批评道：

---

① 《明史》卷 73《职官志二》。
② 同上。
③ 陈继儒：《眉公杂著·狂夫言》卷 2，转引自白寿彝主编《中国史学史》第 5 卷，上海人民出版社 2006 年版，第 39 页。
④ 谈迁：《国榷·自序》，中华书局 2005 年版。

臣顷备员纂修，切见先朝政事，不过隐括章奏之存者纪之，若非出于诏令，形诸见白，则近者以无据而略，远者以不知而遗，中间精神脉络，每每不相联贯，致使圣代鸿猷茂烈，郁而为章，非所以媲前征而光后范也。旧闻史氏中亦有随所见记暗疏之者，因事无专责，往往中辍。记载既失其职，徒令野史流传，淆乱失真，甚无谓也。况不值纂修，则史官充位，无以自效。①

嘉靖十一年（1532），学士廖道南指出，"自宣德后，相权重，史职轻，而起居注俱废矣"，要求"复圣祖旧制"，使"史职不为虚设矣"②。这样的批评不绝于耳，万历时还有张四维的《乞申饬史职疏》、张居正的《议处史职疏》和焦竑的《论史》等，反映了明代史官制度发展中出现的问题。

明代史馆常设而非恒开，一般根据编修需要而临时设员进行修纂，所修史书以《实录》《宝训》为主，兼及《会典》《玉牒》《历代通鉴纂要》《宋元通鉴纲目》《寰宇通志》等，是明代官修史书的基本力量。

相对于明代史官设置的简约，清代的史官制度则要繁杂很多。清代的修史机构主要可以分为常开之馆、例开之馆、阅时而开之馆和特开之馆四类。常开之馆是清代修史机构的核心部分，包括国史馆、方略馆、起居注馆，其持续不断的修史活动保证了官方史学的连续性和政府对修史大权自始至终的控制；例开之馆是定期开设的史馆，届时而开，书成馆闭，主要包括实录馆、圣训馆、玉牒馆、律例馆、则例馆等；阅时而开之馆是根据具体情况开办，修纂具有明显接续性系列史籍的史馆，主要包括会典馆、一统志馆等；特开之馆是为了修纂某部史书而专门开设的史馆，书成馆闭，不再重开。这是清代最具灵活性而又最能配合现实政治活动的修史机构，也是清代数量最多的史

---

① 陈子龙等：《明经世文编》卷 408《张洪阳文集·史职疏》，中华书局 1962 年版。
② 《明世宗实录》卷 141，嘉靖十一年八月乙未，"中研院"历史语言研究所 1962 年校印本。

馆，基本上是每修一书，必开一馆，主要包括《明史》馆、《八旗通志》馆、"三通"馆、《明史纲目》馆、《明鉴》馆、《历代职官表》馆、《通鉴辑览》馆、《治平宝鉴》馆等。① 这些机构各有专职，一般有"规条""章程"或"条例"规定各自职责、人事、程序、管理、考绩等，各机构之间既互相分工，又密切配合。

作为明代翰林院制度的延续，清代翰林院与史馆的关系却与明代有所不同。清初废除内三院之后，已经不存在一个独任修史职能的国家机构，内阁和翰林院虽与官方修史活动有密切关系，但不仅不直接承担修史任务，而且不独自承担重要史馆的组建。史馆的人员组成既有内阁、翰林院的官员，也有其他政府机关派充的官员。组建后的史馆官员均以各衙门的原衔兼任，薪俸也由原衙署支付，史馆只发给少量补贴。史馆由于没有完备的财权和人事权，也没有对本馆人员的任免、调迁和罢免的权力，这使得清代并没有专职意义上的史官。纂修人员在史馆工作期间，一般都暂停原衙任事，专力修史，但也有可能根据情况中途改任。史馆所能掌握的只是修史工作程序上的管理，其他皆分散于有关国家机构，从而形成了多元化倾向。②

（二）修史机构中的史官

明朝和清朝史学的前期，一个重要的史学现象就是官方史学的兴盛。明朝敕令修撰的官修图籍约 200 多种，其中洪武朝 84 种，永乐朝 33 种，洪熙朝 5 种，宣德朝 10 种，正统、景泰、天顺朝 11 种，成化朝 6 种，弘治朝 8 种，嘉靖朝 21 种，隆庆朝 3 种，万历朝 5 种，天启朝 5 种，崇祯朝 4 种。③ 其中，洪武朝和永乐朝成书 117 种，超过了整个明朝敕撰图籍总数的一半以上，其中相当多的图籍是史著。清朝敕撰图籍最为集中的，也在康熙、雍正、乾隆三朝。除了一些大型类书、丛书如《四库全书》《古今图书集成》《子史精华》《佩文韵府》《渊鉴类函》《韵府拾遗》和《朱子全书》《性理大全》等理学

① 王记录：《清代史馆与清代政治》，人民出版社 2009 年版，第 41—62 页。
② 乔治忠：《清朝官方史学研究》，台湾文津出版社 1994 年版，第 4—5 页。
③ 李晋华：《明代敕撰书考》及顾颉刚序，燕京大学图书馆 1932 年版。

著作之外，还有很多重要的官修史籍，如《大清一统志》《八旗通志》《续三通》《清三通》《清会典》《国朝宫史》《皇清奏议》《皇清开国方略》《平定三逆方略》《平定罗刹方略》《平定金川方略》《平定准噶尔方略》《亲征平定朔漠方略》《康济录》《国子监志》《词林典故》等，都成书于或肇修于这一时期。

由于官方史学的兴盛，明清两朝的史官群体也颇为壮大和活跃。陆容在《菽园杂记》中记载：

> 国初循元之旧，翰林有国史院，院有编修官，阶九品而无定员，多或至五六十人。若翰林学士待制等官，兼修史事，则带兼修国史衔。其后更定官制，罢国史院，不复设编修官，而以修撰、编修、检讨专为史官，隶翰林。翰林自侍读、侍讲以下为属官。官名虽异，然皆不分职。史官皆领讲读，讲读官亦领史事。所兼预职事，不以书衔。近年官翰林者，尚循国初之制，书兼修国史。甚者编修已升为七品正员，而仍书国史院编修官。亦有书经筵检讨官者，盖仍袭旧制故也。①

由此可知，明初国史院的史官大约有五六十人，另外尚有署衔兼修国史的史官。

明清史官群体具有身份的多样性和较强的流动性，除了少数的专职史官，其他大多因事而聚，事毕而散，因而很难清晰划定这一群体的规模和边界。不过，我们也可从一些大型修史活动一窥其貌。

明初修《元史》，洪武二年（1369）第一次开局时，宋濂、王祎为总裁，征聘了汪克宽、胡翰、宋僖、陶凯、陈基、赵埙、曾鲁、赵汸、张文海、徐尊生、黄篪、傅恕、王锜、傅著、谢徽、高启16人为纂修。洪武三年（1370）第二次开局时，参与者有赵埙、朱右、贝琼、朱世濂、王廉、王彝、张孟兼、高逊志、李懋、李汶、张宣、张简、杜寅、殷弼等15人。两次开局，除总裁外，赵埙两入史局，参

---

① 陆容：《菽园杂记》卷14，《四库全书》第1041册，台湾商务印书馆1983年版。

与纂修者共 30 人。这 30 人中，《明史》有传者 24 人，即赵壎、汪克宽、陶凯、曾鲁、高启、赵汸、贝琼、高逊志、宋僖、陈基、张文海、徐尊生、傅恕、傅著、谢徽、朱右、朱世濂、王彝、张孟兼、李汶、张宣、张简、杜寅、胡翰。其中不少人有诗文传世。王廉，字熙阳，括苍（今浙江丽水）人，以能文辞称。洪武三年（1370）二月参加第二次开局，四月奉命出使安南而退出史局，次年二月还，回国后作《南征录》。殷弼，华亭（今江苏松江）人，元末曾为枢密分院参谋官。黄篪、王锜、王廉、李懋 4 人事迹不可考。

对于如何选拔修纂《元史》的史官，总裁宋濂说："洪武元年十有一月，命启十三朝《实录》，建局删修，而诏宋濂、王祎总裁其事。起山林遗逸之士协恭共成之，以其不仕于元而得笔削之公也。"① 赵汸则说："圣天子既平海内，尽辇胜国图史典籍归于京师。乃诏修《元史》，起山林遗逸之士使执笔焉。凡文儒之在官者，无与于是。在廷之臣，各举所知以应诏。"② 这就是说，这些史官的身份多是"山林遗逸之士"，而其选拔标准主要有两个：一是政治标准，即"不仕于元"和不"在官"；二是专业标准，即"得笔削之公"。政治标准的确定，主要取决于明太祖朱元璋，这条标准排除了元朝"遗臣"参与《元史》纂修的可能性，从而将史权牢牢掌握在明廷手中。可以说明这一点的是元朝"遗臣"危素被排除于《元史》纂修之外。危素长期任职于元朝，曾参与辽、宋、金三史的史料搜集与修纂，对元代典制、政治、经济、文化等状况，尤其是元顺帝一朝史事非常熟悉，是修纂《元史》的理想人选。明军入大都时，危素打算自杀，友人劝他说："国史非公莫知，公死则死国史也。"危素因此而未自杀。这一方面说明时人对危素修《元史》资格的认同，另一方面则说明危素亦有修《元史》之志。所以，危素才会主动向明军报告元十三朝实录的收藏情况，触动了朱元璋争夺史权的意念。危素和《元史》总裁宋濂"相知特深"，元末他曾推荐宋濂入史馆，虽未成，但宋濂对此心存感

① 宋濂：《宋文宪公全集》卷 7《吕氏采史目录序》，成都四明孙氏清宣统刻本。
② 赵汸：《东山存稿》卷 2《送操公琬先生归番阳序》，《四库全书》第 1221 册。

激，而且深知危素是《元史》修纂的理想人选，但最终因朱元璋确定的政治标准而未能成功。显然，朱元璋对于危素等元朝"遗臣"是心存疑忌的，他不放心把史权交给这些"遗臣"，所以干脆取消了他们参与修前朝史的可能性。至于选拔史官的专业标准，大概主要是总裁宋濂等人来把握的。宋濂本人以博学、善文辞而著称，与刘基、章溢、叶琛一起被朱元璋尊称为"浙东四先生"，后来更被推为"开国文臣之首"，深得朱元璋信任。从《元史》修纂人员的组成来看，大多都是当时享有一定声望的文人儒生，如汪克宽、赵汸以经学见长，高启以诗文著称，曾鲁以博学享誉，不少人著作等身，号称有史才史学。但是，这些人也有不可克服的缺陷，一是基本不通蒙古语言文字，影响了基本史料的选择与利用；二是大多生长于江南（浙东 9 人，浙西 11 人，江东 3 人，江西 2 人，两位总裁都是浙东人，唯一的北人高逊志虽籍贯安徽萧县，但长期寓居嘉兴、吴门），元代未曾出仕，也很少到过元大都，从而影响了对元代典制和社会的全面了解。他们所谓的史才史学，大多是就中国传统史学的体例、笔法而言。应该说，这些缺陷直接影响了《元史》的修纂质量。①

　　对于这个围绕修纂《元史》形成的史官群体，后人评价不一。钱大昕对其评价极低，他指出："金华（宋濂）、乌伤（王祎）两公，本非史才。所选史官，又皆草泽迁生，不谙掌故，于蒙古语言文字，素非谙习，开口便错。即假以时日，犹不免秽史之讥；况成书之期又不及一岁乎！"② 在他看来，用这些史官修撰《元史》是不合适的。对此，朱彝尊表达了不同的看法。他说："明修《元史》，先后三十史官，类皆宿儒才彦，且以宋濂、王祎充总裁，宜其述作高于今古，乃并二史之不若。无他，声名文物之不典，而又迫之以速成故也。"③ 也就是说，他认为这些史官是合适的人选，《元史》的质量问题主要是迫于时日的速成造成的。今天来看，钱大昕指出的这一史官群体的

---

① 陈高华：《元史纂修考》，《历史研究》1990 年第 4 期。
② 钱大昕：《潜研堂文集》卷 13《答问十·诸史》，陈文和主编《嘉定钱大昕全集》第 9 册，江苏古籍出版社 1997 年版，第 203 页。
③ 朱彝尊：《曝书亭集》卷 35《〈元史类编〉序》，《四库全书》第 1318 册。

缺陷是客观存在的，朱彝尊所言时日所迫亦是事实。这些都是影响《元史》修撰质量的重要因素，相对而言，史官的知识结构和主体因素是一个值得注意的方面。

明代除了为前朝修了一部纪传体《元史》外，本朝并未单独修撰纪传体国史，所以明朝士大夫常称明朝《实录》为国史。按照明朝制度，新君即位，就指定大臣为监修官和总裁修前朝《实录》，同时拟定实录《修纂凡例》，谕礼部咨中外官署采辑史事，并派遣官员及国子生等分赴各地访求前朝事迹，札送史馆。《实录》修成后，誊录正副各一本，分别贮藏，底稿则于进呈之前，尽焚于太液池旁椒园。明十三朝《实录》及其主要修纂者列举如下：《太祖实录》二百五十七卷，董伦、解缙、胡广等修纂；《太宗实录》一百三十卷，杨士奇等修纂；《仁宗实录》十卷，蹇义等修纂；《宣宗实录》一百十五卷，杨士奇等修纂；《英宗实录》三百六十一卷，陈文等修纂；《宪宗实录》二百九十三卷，刘吉等修纂；《孝宗实录》二百二十四卷，刘健、谢迁、焦芳等修纂；《武宗实录》一百九十七卷，费宏等修纂；《世宗实录》五百六十六卷，徐阶、张居正等修纂；《穆宗实录》七十卷，张居正等修纂；《神宗实录》五百九十六卷，温体仁等修纂；《光宗实录》八卷，叶向高等修纂；《熹宗实录》八十四卷，温体仁等修纂。围绕着明《实录》的纂修，除了监修官和总裁，还有很多临时征召的修纂、采辑、管理人员，从而形成了一个庞大的史官群体。皇帝钦命的纂修人员，一般是从监修、总裁、副总裁到纂修官的基本修纂人员。如明成祖三修《太祖实录》时，便任命了监修姚广孝、夏原吉，总裁胡广、胡俨、黄淮、杨荣，纂修官杨士奇、金幼孜等。有些皇帝如明英宗只任命监修和总裁，然后让他们去征召修纂人员。还有些皇帝如明神宗完全没有钦命修纂人员，而是由张居正等自行确定征召。一般来说，明代《实录》修纂由翰林院具体实施，协调詹事府、春坊、国子监、司经局、光禄寺、太常寺、尚宝司以及省府州县的大批官员一起进行修纂。纂修官是修纂《实录》的主要力量，大都是进士出身，多是翰林院的专职史官，如《宣宗实录》的纂修官李时勉是翰林院侍读学士，苗衷是翰林院侍读，孙曰恭是翰林院修撰，林文是翰林院编修。纂修官的专业化是明《实录》得以完成的重要保障。纂修官也有一部分是兼职史官，如知县叶惠仲就参与了初修本《太祖实录》的修纂，右春坊右谕德刘宜参与了《英宗实录》的修纂。还有一些官员正式调入史馆，兼任史职，如马自强原为司经局洗马，修《世宗实录》时调入史馆兼任翰林院侍讲。纂修官还常常兼任校正官，校正修纂官所修文稿和誊录官所抄文稿。① 除了这些专业化的纂修官之外，还有誊录官、译字官、收掌文籍官等服务管理类史官，以及办事吏、裱褙匠、军校等事务性人员。这个史官群体与明《实录》的修纂相始终，身份以在朝官员为主，而以专业化的纂修官为核心力量。

　　清代的大型史籍编纂活动与明代相似，围绕着这些活动形成的史官群体也具有很大的相似性。比如，清代修《实录》，监修总裁官由内阁大学士担任，副总裁、总纂、纂修等职责多由学士担任。《清太祖实录》的监修总裁官是勒德洪（礼部尚书、武英殿大学士），总裁是明珠（礼部尚书、武英殿大学士）、王熙（礼部尚书、保和殿大学士）、吴正治（礼部尚书、武英殿大学士）、宋德宜（吏部尚书、文华殿大学士）；《清太宗实录》的监修总裁官是图海（吏部尚书、中和殿大学士），总裁是勒德洪、明珠、李霨（户部尚书、保和殿大学士）、杜立德（户部尚书、保和殿大学士）、冯溥（刑部尚书、文华殿大学士）；《清世祖实录》的监修总裁官是巴泰（吏部尚书、中和殿大学士），总裁是图海、索额图（户部尚书、保和殿大学士）、李霨、魏裔介（礼部尚书、保和殿大学士）、杜立德；《清圣祖实录》的监修总裁官是马齐（户部尚书、保和殿大学士）、张廷玉（史部和户部尚书、保和殿大学士）、蒋廷锡（户部尚书、文华殿大学士），总裁是朱轼（吏部尚书、文华殿大学士）；《清高宗实录》的监修总裁官是庆桂（文渊阁大学士），总裁是董诰（文华殿大学士）、德瑛（户部尚书、镶蓝旗满洲都统）、曹振镛（太子少保、工部尚书）、王

---

　　① 谢贵安：《〈明实录〉修纂程序述要》，《武汉大学学报》（人文社科版）2000 年第 1 期。

杰（东阁大学士）、朱珪（体仁阁大学士）、彭元瑞（协办大学士、翰林院掌院学士）、那彦成（工部尚书、翰林院掌院学士）；《清世宗实录》的监修总裁官是鄂尔泰（兵部尚书、保和殿大学士），总裁是张廷玉（保和殿大学士兼户部尚书）、福敏（武英殿大学士兼工部尚书）、徐本（东阁大学士兼礼部尚书）、三泰（协办大学士兼礼部尚书）；《清仁宗实录》的监修总裁官是曹振镛（武英殿大学士），总裁是戴均元（文渊阁大学士、管理刑部事务）、伯麟（致仕大学士）、英和（协办大学士、户部尚书）、汪廷珍（礼部尚书）、松筠（左都御史）；《清宣宗实录》的监修总裁官是文庆（文渊阁大学士）、祁隽藻（致仕大学士）、贾桢（大学士）、穆彰阿（原任大学士），总裁是阿灵阿（文渊阁提举阁事、兵部尚书）、赵光（刑部尚书）、季芝昌（前任闽浙总督）、赛尚阿（前任大学士）、柏葰（户部尚书）、翁心存（吏部尚书）、许乃普（左都御史）、杜受田（原任协办大学士）、惠丰（原任礼部尚书）；《清文宗实录》的监修总裁官是贾桢（武英殿大学士、管理兵部事务）、桂良（原任大学士）、翁心存（原任大学士衔管理工部事务），总裁是周祖培（体仁阁大学士）、宝鋆（军机大臣、户部尚书）、倭什珲布（礼部尚书）、麟魁（协办大学士、兵部尚书）、爱仁（原任兵部尚书）、李棠阶（原任礼部尚书）；《清穆宗实录》的监修总裁官是宝鋆（武英殿大学士），总裁是沈桂芬（协办大学士、翰林院掌院学士、兵部尚书）、灵桂（经筵讲官、吏部尚书）、董恂（户部尚书）、广寿（兵部尚书）、英桂（原任大学士）、毛昶熙（前任吏部尚书）、李鸿藻（前任工部尚书）、载龄（体仁阁大学士）、皂保（刑部尚书）；《清德宗实录》的监修总裁官是世续（文华殿大学士），总裁是陆润庠（东阁大学士）、那桐（文渊阁大学士）、张之洞（体仁阁大学士）、溥良（礼部尚书、察哈尔都统）、荣庆（协办大学士）、徐世昌（体仁阁大学士）、鹿传霖（东阁大学士）、恩顺（国史馆清文总校、管理蒙古三学事务）。从《清实录》监修总裁官和总裁的构成来看，内阁大学士占据了相当比重。这说明，清代内阁对史馆有着重要的影响，其在官修史学中的作用不可低估。其实这种情况不止见于《清实录》，清代其他大型官修史籍如

《大清会典》《词林典故》《四库全书》等的修纂官之构成也大体类此。尽管这些监修、总裁可能只是名义上的史官，不一定能对史书修纂提出具体的专业化要求，但他们却是朝廷权威在史学上的一种存在和显现，从而成为连接史学和政治的一个重要象征。

相对于内阁的象征性权威，清代翰林院在官修史学活动中的实际作用更大。它不但兼管部分史馆，而且也直接派员到各个史馆参与纂修。

> 凡各馆纂修书史，掌院学士充正、副总裁官，侍读学士以下、编检以上充纂修官，亦充提调官，庶吉士亦兼充纂修官，典簿、待诏、孔目充收掌官，笔帖式充誊录官，亦间充收掌官。编纂诸书，刊刻告竣，皆得奏请颁赐，凡与纂诸臣，至告竣时已出馆局者，仍须列衔。奉旨特开之馆，应用纂修额缺，酌定奏请。①

由于翰林院人才众多，故而可在各史馆纂修中发挥其他人员不能取代的作用。据统计，"三通"馆中总裁官、纂修兼总校官、校对官、满纂修官、提调官共 53 人，其中翰林院学士、编修、庶吉士、笔帖式等就有 44 人，曹仁虎、陈昌齐等学者都在其中。乾隆修《世宗实录》，修纂官中"纂修满汉文"共 33 人，其中翰林院学士、编修 16 人。嘉庆修《高宗实录》，修纂官中"纂修汉文"共 44 人，其中翰林院学士、编修等 32 人，洪亮吉、张惠言等学者在其中。② 这种情况说明，翰林院拥有一支专业化程度很高的修纂队伍，是清代官方史学的重要力量。

需要指出的是，清代内阁和翰林院虽然与官方修史活动关系密切，但二者都不直接由自身完全承担修史任务，也不独立承担重要史馆的组建。事实上，各个史馆的史官，既有来自内阁、翰林院的官员，也有其他政府机构如詹事府、都察院、国子监、司经局、光禄

---

① 光绪《钦定大清会典事例》卷 1049，台湾新文丰出版公司 1976 年版。
② 王记录：《清代史馆与清代政治》，人民出版社 2009 年版，第 74 页。

寺、太常寺以及省府州县的官员，涉及政府机构很多，构成人员更为复杂。有些史馆由于主修的史书性质特殊，所以纂修官的构成也比较有特色。比如方略馆所修为战争专史，故其纂修官大部分由军机章京派充；会典馆所修主要是典章体制，故其纂修官则以六部官署官员为主。这样的安排有利于保证史书修纂的专业性和质量。

流动性是明清史官群体的一个重要特征。对于大部分史官而言，"官"的角色定位决定了他们在整个官僚体系中的位置，而"史"的任务对于他们更像是一项临时差遣。这就决定了他们的史学活动既受到史学的专业化规范制约，更受到整个政治体制和环境的影响。他们在官职和史职之间穿梭，呈现出很强的流动性。王士禛谈到《明史》馆中史官流动的情况时就说："康熙己未，开明史馆。其后总裁及纂修官迁转病假不一，屡易其人。"① 毛奇龄作为明史馆的参与者，对此曾有生动的记述：

> 数年之间，即有告归者，有死者，有充试差者，有出使外国者，有作督学院使者，且有破格内升京堂，并外转藩臬及州府者，自康熙己未至辛未，在馆者不过一二人。余或升侍郎，或转阁学，或改通政使，全不与史事。而旧同馆官亦俱阑散。向之争进者今亦告退，不惟史不得成，即史馆亦枵然无或至者。五十人多处士，难进易退，且又老迈。十余年间，不禄者已三十人矣。第不知同馆多人，并不限数，何以一任其兴辍若此。②

毛奇龄所说的五十人，是指康熙十八年（1679）特别征召的五十位博学鸿儒，朝廷请他们入《明史》馆修史。可是，经过一段时间之后，他们"或历高位解史职，或休沐，或放废……又相继下世，其直史馆司笔削者，已落落如晨星矣。又或分纂实录、宝训、方略、会

---

① 王士禛：《分甘余话》卷 3《明史馆与熊赐履》，中华书局 1989 年版，第 62 页。
② 毛奇龄：《西河集》卷 118《史馆兴辍录》，文渊阁四库全书补遗本，北京图书馆出版社 1997 年版。

典、典训、一统志诸书，多不能专力《明史》"。① 雍正元年（1723），杨椿任《明史》馆纂修，"其时同进馆者二十三人，人各分书数卷。未几，它任四出，留馆者数人而已"。② 史馆人员的这种迅速流动，恐非《明史》馆所独有。

从来源说，明清史官主要来自翰林院、内阁及其他政府衙署的官员，其次是民间荐举延请，再次是招考录用，还有向各机构征用专门人才。其中，以翰林院等为主，其他为辅。从去向说，可分为"史馆—社会"和"史馆—史馆"两种情况，原因则有升任离馆、降调离馆、学差离馆、回籍离馆、告假离馆、丁忧离馆、试差离馆、终养离馆、馆员外选、患病离馆、革职离馆、休止离馆、钦点庶吉士离馆等。③"史馆—社会"的流动即史官调任他职，升降迁转，走向社会。比如三朝实录馆满文纂修官永宁，雍正十三年（1735）十一月入史馆任事，乾隆六年（1741）由员外郎升任直隶河间府知府而离馆。纂修官保良与永宁同时入馆，乾隆二年（1737）五月由翰林院侍读学士降授工部员外郎而离馆。纂修官赵大鲸于乾隆三年（1738）十一月提督江西学政而离馆。这样的史官流向主要与其职务变动有关，很多直接介入现实社会。"史馆—史馆"的流动即史官从一个史馆流动到另一个史馆，依然从事修史活动。乾隆时三朝实录馆汉文誊录官沈奂文，本是陕西西安府长安县监生，先供职于律例馆，律例告成议叙吏目职衔，乾隆二年（1737）八月由律例馆转入实录馆。这样的流动意味着历史知识、史学观念和学术文化的交流与传播，加强了史馆之间的联系。

二　私修史家

明清私家修史极为丰富，由此造就了一个庞大的史家群体，而且这一群体的构成与活动在不同历史阶段有着不同的特点。

明代中期以后，史家鉴于国史不振的局面，遂以高度的修史自

---

① 钱仪吉：《碑传集》卷45《倪检讨灿墓志铭》，中华书局1993年版。
② 刘承干：《明史例案》卷7《杨农先上明史馆总裁书》，吴兴刘氏嘉业堂刊本。
③ 王记录：《清代史馆与清代政治》，人民出版社2009年版，第132页。

觉，纷纷投入历史编纂，不但编纂了种类繁多、卷帙浩繁的各种野史、家史、史抄、史评、史论等，而且大量投入明史修纂。仅嘉靖以后产生的明史作品就有很多，比如陈建的《通纪》、郑晓的《吾学编》、王世贞的《弇山堂别集》、邓元锡的《皇明书》、焦竑的《国朝献征录》、何乔远的《名山藏》、朱国祯的《明史概》、尹守衡的《明史窃》、李贽的《续藏书》等。谢国桢说："明代史学，自陈氏《通纪》流传宇内，人各操觚，遂成一时风气。其自作一书者，若薛应旂《宪章录》、郑晓《吾学编》、朱国桢《皇明史概》、涂山《明政统宗》、王世贞《（弇州）史料》之类，不可悉举。其续《通纪》之作者尤繁，若秀水卜世昌《皇明通纪述遗》，起洪武至隆庆，多补陈氏之未备；《皇明十六朝广汇记》，则补嘉靖至天启三朝，于辽事尤详；陈仁锡《皇明实纪》，亦效陈氏之法，而稍增加其事实；张嘉和《通纪直解》，则类补注《通纪》之书；至钟惺《通纪集略》，则抄袭成文，毫无体例，或为坊间所伪托，竟类村塾之课蒙……足以见当时作史之迹，著述之繁。"① 就内容而言，它们上迄洪武，下至万历，大多系统地记载了太祖、成祖、仁宗、宣宗、宪宗、孝宗、武宗、世宗、穆宗九朝的历史，集中地论述了明代前中期历史发展的实际，具有重大的史学价值。查继佐《罪惟录》关于明代前中期史事的编撰即是以官方实录参"九朝史"作品而成书的。对于从万历到崇祯朝的历史，也有很多史家关注，而记南明史事者尤多。温睿临在撰述《南疆逸史》时，他所能搜集到的前人著述已很丰富。据他所言：

> 野史中有兼纪三朝事者，吴伟业《绥寇纪略》、邹漪《明季遗闻》是也。有纪国变及南渡事者，夏允彝《幸存录》、文秉《甲乙事案》、许重熙《甲乙汇略》、李清《三垣笔记》是也。有专纪弘光事者，顾炎武《圣安本纪》、黄宗羲《弘光实录》、李清《南渡录》是也。有兼纪弘光、永历两朝事者，黄宗羲《行朝录》、钱秉鉴《所知录》、瞿昌文《天南逸史》、刘湘客《行在阳

---

① 谢国桢：《增订晚明史籍考》，上海古籍出版社 1981 年版，第 38 页。

秋》是也。有专纪隆武事者，闽人《思文大纪》是也。有专纪永历事者，沈佳《存信编》、鲁可藻《岭表纪年》、刘湘客、杨在、綦母邃《象郡纪事》、冯甦《劫灰录》、某《南粤新书》、《粤事纪略》、邓凯《滇缅纪闻》、《滇缅日记》是也。有专纪一人一事者，应廷吉《青燐屑》、史德威《维扬殉节始末》、袁继咸《浔江纪事》、某《北使记》、康范生《虔事始末》、某《赣州乙丙纪略》、徐世普《江变纪略》、章旷《楚事纪略》、沈荀蔚《蜀难叙略》、杨在《朱容藩乱蜀始末》、《武冈播迁始末》、《孙可望胁王始末》、《犯阙始末》、《安隆纪事》、邓凯《遗忠录》、《也是录》是也。有纪鲁监国事者，黄宗羲《鲁纪年》、《四明山寨记》、《舟山兴废记》、《日本乞师记》、冯京第《浮海记》、鲍泽《甲子纪略》、陈睿思《闽海见闻纪略》是也。共四十余种，其间记载有详略，年月有先后，是非有异同，毁誉有彼此，取万子季野明末诸传及徐阁学明季忠烈纪实诸传，合而订之，正其纰缪，删其繁芜，补其所缺，撰其未备，以成是编（即《南疆逸史》）。其他未见之书，尚俟再考，然大略具是矣。①

这些著述数量庞大，体裁多样，思想旨趣更是丰富多彩，形成了这一时期历史修纂的特有风貌，也形成了一个多样化的私修史家群体。

私修史家群体在明清易代之际走向了分化，形成了明遗民史家、仕清史家和贰臣史家三大类型。

（一）明遗民史家

明遗民史家是明清之际史家群体中人数最多、修史素养最高、史学成果最丰富、史学贡献最大的一个群体，他们的史学焦点在于明史修纂。

明中后期私修明史的活跃启发和引导了此后的明史修纂热潮，很

① 温睿临：《南疆逸史·凡例》，《续修四库全书》第 332 册，上海古籍出版社 1995 年版。

多士人由此萌发了修史之志，并开始为将来的明史修纂进行史料搜集、体例构思等准备活动。李自成入京，崇祯自缢，清军入关，一系列社会巨变极大地冲击了明末士子的日常生活与精神世界。一般认为，明清易代之际士大夫的民族思想比较强烈，为明朝殉国尽忠的思想与行为也较中国历史上的其他朝代为浓为烈。这大概可以视为明遗民抗争意识的来源。国破家亡之际，很多士大夫选择了抵抗。最初他们进行了力所能及的武装抵抗，比如钱肃乐、张煌言、黄宗羲、王夫之、吴应箕等人，但大势已去，独木难支。康熙元年（1662），平西王吴三桂在缅甸俘获永历帝，并将其用弓弦勒死于昆明。永历帝遇害标志着南明时代的结束，清朝大致统一以前明朝所拥有的疆域，明遗民领导的大规模抗清活动基本上已趋结束。武装抵抗失败之后，他们做出了不同的选择。有些人选择了殉难，比如张煌言、钱肃乐等人。有些人则选择了继续进行文化抵抗。这种文化抵抗往往伴随着激烈而深刻的反思与批判，黄宗羲的《明夷待访录》就是一例。明遗民进行文化抵抗的形式是多样的，修故国之史以存故国就是其中一种非常重要的形式。很多明遗民投入到明史书写活动之中，对他们而言，书写明史既是寄托对故国的情感和追思，也是自身态度和立场的一种展现，同时又能与清廷争夺历史尤其是明清易代史的解释权。也就是说，明史书写活动所具有的意涵，不仅仅是史学的，而且还是社会的、政治的与文化的。这就为我们提供了一个观察易代之际史家生存状态与史学活动的多棱镜。

1. 明遗民史家的时间分布

明遗民史家生活的时间范围，大致从明朝万历年间到清朝康熙年间，而其史学活动的时间则主要集中于从崇祯到康熙年间。为便于观察遗民史家群体随着时间推移而出现的发展变化，笔者大致按万历、天启、崇祯和顺治等几个时间段来观察遗民史家的生年分布；以十五到十八年为一个时间段，选择了明朝崇祯十七年（即清顺治元年，1644）、顺治十八年（1661）、康熙十八年（1679）、康熙三十年（1691）、康熙四十五年（1706）和康熙六十一年（1722）六个时间节点，来观察遗民史家群体的卒年分布。据笔者的不完全统计，遗民史家群体约有 153 人，其中有明确生卒年可考者为 83 人，另有 70 人生卒年份不详。

表 2－1　　　　　　　　　　　　　遗民史家生年分布

生年	人数	所占比重（％） （按 83 人计算）
万历年间（1573—1620）	59	72
天启年间（1621—1627）	10	12
崇祯年间（1628—1644）	11	13
顺治年间（1643—1661）	1	1
不详	2	2

从表 2－1 中的数据可以看出，遗民史家主要出生于明万历年间，约占已知人数的 72%；其次是天启年间，约占已知人数的 12%；崇祯年间出生的史家约占已知人数的 13%；另外 2 人生年不详。值得注意的是，刘献廷具有明确的遗民倾向，因此归之于遗民史家，而他出生于 1648 年，时已入清，故将其入于顺治朝。从遗民史家生年的分布情况看，他们以万历年间生人为主体，这就决定了他们入清时的年龄偏大。根据已有统计，万历时生年最早的冯梦龙出生于万历二年（1574），明亡入清时已经 71 岁了。即便是万历四十八年（1620）出生的张煌言，入清时也已 25 岁。这种年龄结构，一方面说明遗民史家无论是生理上还是心理上、精神上都是比较理性、成熟的。他们应当已经接受了比较系统的教育，有了较高层次的文化素养，人生观与价值观已然成形。当他们面对明清易代的情势时，已经可以做出理性的选择了；另一方面则决定了他们无法抵御自然规律，其个体生命在入清之后不久就将消亡，加之殉难等主观选择，会造成遗民史家群体的迅速消亡。出生于天启年间的史家，年长者如徐枋出生于 1621 年，年幼者如潘柽章出生于 1626 年，入清时分别为 24 岁和 19 岁，也已成人。出生于崇祯年间的史家相对年幼，年长者如李延昰出生于 1628 年，入清时 17 岁，年幼者如万斯同、沈荀蔚出生于 1638 年，入清时

年仅 7 岁，可以说尚未成年。他们的遗民意识大多来自于家庭与师长的教导与熏陶。

表 2 - 2　遗民史家卒年分布

卒年	人数	所占比重（％）（按83人计算）	剩余人数（按83人计算）
崇祯十七年（1644）	15	18	68
顺治十八年（1661）	16	19	52
康熙十八年（1679）	20	24	32
康熙三十年（1691）	21	26	11
康熙四十五年（1706）	3	3	8
不详	8	10	0
康熙六十一年（1722）	0	0	0

　　遗民史家的年龄结构决定了他们的卒年分布，这一点得到了表2－2数据的验证。从表2－2的数据来看，如果以生卒年可考的83人为总数计算，则遗民史家人数从崇祯十七年（1644）至顺治十八年（1661）减少了15人，占总数的18％；从顺治十八年（1661）至康熙十八年（1679）减少了16人，占总数的19％；从康熙十八年（1679）至康熙三十年（1691）减少了20人，占总数的24％；从康熙三十年（1691）到康熙四十五年（1706）减少了21人，占总数的26％；从康熙四十五年（1706）至康熙六十一年（1722）则已基本消亡了。当然，其中有8人卒年不详，占总数的10％，不过这个数字并不影响遗民史家卒年分布的整体趋势。我们可以看到，遗民史家的卒年主要集中于崇祯十七年（1644）至康熙四十五年（1706）之间，总体趋势是逐渐消亡，其中康熙中期是其消亡的高峰期，大约占总数之半，至康熙末期几乎彻底消亡。

　　遗民史家消亡的一个重要原因是自然生命的终结，这是无法抵抗的自然规律。不过，除了这个客观因素，也有一些其他影响因素需要注意。崇祯和顺治年间，遗民史家消亡的原因大多与抗清有关。这一时期的消亡人数达 37 人，约占总数的 45%。许多史家矢志抗清，如吴应箕、夏允彝、夏完淳等人在明亡以后纷纷举兵，最终兵败，不屈而死。也有一些史家如高承埏、谈迁等，对明朝的灭亡深感悲愤，而又无力回天，最后抑郁而终。还有一些史家采用了更为激烈的方式，如龚立本闻甲申之变而绝食死，刘宗周绝食殉明，钱光绣以愤懑自裁。这些史家或死于清军俘杀，或死于自尽，无不与易代之际的政治斗争和军事斗争直接相关，而他们的死亡选择，则在一定程度上体现了他们的文化立场。

从康熙元年（1662）到康熙四十五年（1706）的大约四十年之中，遗民史家人数减少了 50 人，约占总数的 60%。这是遗民史家快速消亡的时期，究其因，一方面是由于大多数遗民史家此时年事已高，进入了代谢期；另一方面则是由于经过清初六七十年的励精图治，各种矛盾和问题在相当程度上得到了缓解或解决，社会发展进入了一个上升期，削弱了史家的抗争意识。康熙十八年（1679），清廷开博学鸿儒科，一部分史家如潘耒、毛奇龄、沈珩、朱彝尊、吴任臣等前去应试，得授编修，入《明史》馆，共同修纂《明史》。他们的身份也由遗民史家转变为仕清史家，这是遗民史家群体逐渐走向分化的标志性事件，也是遗民史家群体迅速消亡的一个重要原因。

康熙四十五年之后，遗民史家已是寥若晨星，最终彻底消亡。

2. 明遗民史家的地域分布

遗民史家在地域上分布广泛，但也存在着明显的地域不均，反映了明末清初不同地区政治与文化基础的差异，及其在当时文化格局的地位和影响。笔者根据 153 名遗民史家的籍贯对其地域分布列表如下：

表 2 - 3　　　　　　　　遗民史家地域分布

名次	籍贯	史家人数	所占比重（%）（按 153 人计算）
1	江苏	51	33.2
2	浙江	42	27.5

续表

名次	籍贯	史家人数	所占比重（%） （按 153 人计算）
3	福建	11	7.2
4	安徽	10	6.5
5	江西	7	4.6
6	上海	6	3.9
7	广东	6	3.9
8	河北及北京市	4	2.6
9	湖南	4	2.6
10	四川	4	2.6
11	山西	3	2.0
12	湖北	2	1.3
13	广西	1	0.7
14	山东	1	0.7
15	不详	1	0.7

必须说明的是，笔者所做的统计是不完全的，现有数据只能说明明末清初遗民史家群体地域分布的大致情况。由上表可知，遗民史家群体分布较广，大致覆盖了江苏、浙江、福建、安徽、江西、上海、广东、河北及北京、湖南、四川、山西、湖北、广西、山东 14 个明清时期的省级行政区。其中，江浙地区是遗民史家非常集中的地域，人数达 93 人，约占总数的 60.7%；其次是福建与安徽，人数达 21 人，约占总数的 13.7%；其他地区的人数基本在 10 人以下，江西、上海与广东稍多，河北及北京、湖南、四川、山西、湖北、广西、山东则逐次递减，还有一人（王汝南）籍贯不详。从整体上看，南方地区的遗民史家数量要远远高于北方地区，东部地区的遗民史家数量要远远高于西部，呈现出"分布广泛，局部集中"的格局。

遗民史家群体之所以主要集中在南方与东部地区，主要是由于这些地区经济文化发达，这些地区的文人士大夫既有很高的文化素养，又富有修史传统，而其经受的易代冲击至为猛烈。这些都为他们投身于明史修纂准备了条件。明季这些地区无论是政治上、经济上，还是文化上、精神上，都是必争之地，因此清廷将征服的重心放在这些地域。清军兵锋所向，粗暴的征服和残酷的杀戮激起了明季士民的激烈反抗，所谓"扬州十日""嘉定三屠"，都说明了当时抵抗之惨烈。动荡的时局，残破的河山，混乱的秩序，失落的精神，刺激着士大夫。他们一方面对故国的消亡感到愤懑与无奈，另一方面则对清军的残暴愤恨至极。他们不甘明季忠烈的英勇事迹湮没于历史长河，更不甘将明朝历史的书写与解释权拱手让与清人，这促使他们将遗民忠烈与故国之情书之于史，自觉承担起了明史修纂的历史责任。

其他遗民史家出现较少的地区，并非没有面对明清易代的冲击和清廷的军事文化征服，也并非没有士民的军事或文化抵抗，只是这些地区的文化精英不如江南之多，修史活动不如江南活跃罢了。其实，入清之后很多遗民史家喜欢游历交友，他们的足迹遍布大江南北，在相当程度上打破了地域的限制，也促进了遗民之间的史学交流。

总之，明末清初遗民史家群体地域分布的总体特点就是"分布广泛，局部集中"，其群体规模大致沿着西北至东南的方向不断增加，群体分布密度与经济文化发展水平保持一致，而以江南最为集中。

3. 明遗民史家的社会构成

遗民史家群体以明遗民为其主体。不过，修史需要较高的文化素养和专业能力，并非一般遗民所能胜任，所以这一群体主要以士大夫为其核心。具体来说，这一群体主要由以下几类史家构成：

一是明朝官员或有过在明（包括南明）仕宦经历的史家。根据笔者统计，此类史家有54人，约占总数的35%。这些史家任职的时间大体可以崇祯十七年（1644）为界，分为明亡前与明亡后两个时期，其中大部分史家是在明亡之前获得功名与官职，明亡后殉国或继续在南明政权任职。比如夏允彝是崇祯十年（1637）进士，历任长乐知县、吏部考功郎等职，与陈子龙等皆为几社领袖，明亡后自沉松塘而死，唐王赠谥曰"文忠"。李清是明天启元年（1621）举人，崇祯四年（1631）进士，历任刑科、吏科、工科给事中。福王登基后任弘光朝工科都给事中。弘光亡后，回归故里，杜门著述。他们的经历在当时是具有普遍性的。这些官员出身的史家既有在朝廷任职者，也有在地方任职者，既有独当一面的封疆大吏，也有掌管府县的地方尊长。他们所任的职位以及宦海经历，一方面影响着他们的政治和文化立场，另一方面则决定着他们历史书写的视野与方式。我们可以看到，这些官员出身的史家主要记述了他们自身以及师友、同僚、长官的经历与事迹。如身为史可法幕僚的王秀楚在扬州城沦陷后，把自己目睹清军对扬州百姓的暴行记录下来，撰成《扬州十日记》，这部史书成为控诉清军残暴的最好证据，以致被后世刻意利用。被誉为西湖三杰之一的张煌言，根据己亥年（1659）自己与郑成功部队联合北伐的经历，撰成《北征纪略》一书。其他如李清《三垣笔记》、马光《两粤梦游记》、于颖《今鲁史》、李坛《全黔纪略》、胡钦华《天南纪事》等，皆属此类。他们对明季的兴亡成败多有涉及，保存了不少可贵的史实，也提出了不少有价值的看法，体裁则以笔记、杂史为多，是明末清初明史修纂的重要组成部分。

二是明朝有功名但未出仕的史家。据统计，此类史家有 49 人，约占总数的 32%。他们大多曾在明朝应试，获得过秀才、举人、监生、贡生等身份，但由于各种原因未能获得官职，而明朝旋即灭亡。这些史家虽未在明朝任职，但他们具有比较明确的遗民意识，相当一部分人还参与了各种形式的抗清活动。按照当时的社会舆论，有功名而不任职者其实不必为明朝死节，但这些史家不少出身于官宦世家，或出身于诗书世家。先辈的政治地位和文化取向影响和塑造着他们的政治立场和文化立场，也决定着他们的选择。而这种立场和选择直接反映到了他们的史学活动和史学著述之中。

三是布衣史家。据统计，此类史家有 28 人，约占总数的 18%。如果说在明朝任职或有功名的史家为故国修史是一种尽职尽忠的表现，那么布衣史家的修史活动则几乎可以说是一种完全自觉的选择了。对于他们而言，修纂明史是他们自觉承担的一种文化责任。他们中的有些人出身官宦之家，有些人来自于遗民之家，这对他们的修史活动是有直接影响的。其实，不少布衣史家是世代相传的，比如夏允彝著有《幸存录》，后因"述至先帝死社稷，遂绝笔不复记"而此书未成，其子夏完淳秉承其父"续余书而成之"①的遗愿而修成《续幸存录》。瞿式耜之子瞿元锡著有《庚寅十一月初五日始安事略》，其孙瞿昌文著有《粤行纪事》，其族人瞿共美著有《东明见闻录》《天南逸史》等，可谓史学世家。其他还有钱肃乐族人著《南忠记》，吴应箕之子吴孟坚著《南都纪略》等。这些史家通过历史书写来坚定自己的抗清斗志，其家族后裔也因其事迹与著述的激励而续延其志。同时，遗民后裔的历史书写不仅是在缅怀先祖的抗清义举，也是自己在抗清活动陷入低迷时保持民族大义的立身之道。

除了上述三种身份的史家之外，还有一些遗民史家的社会身份并不明确，有 19 人，约占总数的 12%。另有三人比较特殊，一是两位宦官，包括刘若愚和杨德泽。刘若愚为天启时宦官，著有《酌中志》，杨德泽为永历时宦官，著有《杨监笔记》；二是一位具有明遗民意识的清人，即刘献廷，他出生于 1648 年，时已入清。他的遗民意识应当是家庭与社会共同孕育的结果。

不少遗民史家出身于诗书世家，有比较深厚的文化基础和史学基础，有些则是一介书生，倾情于修史。有些史家以修史为其一生的主要活动（如谈迁、查继佐、张岱等），有些史家则以修史为其文化活动之一部（如黄宗羲、顾炎武等），有些史家则只是文人表达对时代和经历的记忆和感受。这些情况说明，不同史家对史学的介入方式和程度是有差异的。对于矢志修史的遗民来说，他们对修史抱有强烈的主观愿望，也有较好的史学修养，所修之史书往往质量较高。而一般文人对时代和经历所表达的记忆和感受，虽有存史的自觉意识，但就其规范与质量而言相对较低。这是遗民史家群体内部多元性的一个表现。

（二）仕清史家

仕清史家是明末清初明史修纂的又一主力，他们在政治上倾向于与新朝合作，在文化和思想上则倾向于接受新朝的正统地位，将其纳入华夏文化谱系之中，并通过历史书写加以证明。仕清史家之中，有些是一开始就秉持了与新朝合作的立场和态度，他们对明朝并没有太

---

① 夏完淳：《续幸存录·自序》，《续修四库全书》第 440 册。

多的记忆和感情，其身份也并不一定要求其为明朝殉节，他们选择与新朝合作时没有什么思想压力；有些则是由遗民史家群体分化而来，尤其是入清渐久的遗民后裔，当他们将清初的升平与明末的动荡进行对比时，放弃抵抗，选择合作也就是可以理解的了；还有些史家因为家族世代为官，为延续家族的世宦传统、光耀门楣，同时也为个人前途计，纷纷抛却夷夏大防，走上了仕清的道路；还有相当一部分史家选择合作的原因则是由于生计和功名。在动荡的社会中，人们首先需要解决的是生计问题。当生计成为左右选择的关键原因时，人们在做出选择时也许就不会顾虑很多，他们的选择或许只是为了生存。明末清初绝大部分汉族士人面对的境况是"破家失业，衣食无仰"①，而清军入关后，范文程即奏言"治天下在得民心，士为秀民。士心得，则民心得矣"②，他请求朝廷重开乡试和会试，顺治皇帝采纳了这一建议，于顺治二年和三年陆续举行了乡试和会试。这种举措使得"读书者有出仕之望"③，为士人妥善解决生计问题提供了很好的出路。家境贫寒的士人为了养家糊口，便借着朝廷征召之便，很快加入到与新朝合作的行列中去了。另外，"学而优则仕"的传统观念也在很大程度上推动着他们去追求功名利禄，实现自己的社会价值。至于入清之后出生的史家，他们选择与清廷合作乃理所当然，像刘献廷这样生于清而忠于明的史家倒是极为个别的现象。

1. 仕清史家的时间分布

仕清史家生活的时间范围，大致从明朝万历年间到清朝康雍乾时期，而其史学活动的时间则主要集中于崇祯到康熙年间。为便于观察仕清史家群体与遗民史家群体在时间分布上的异同，笔者基本保持同样的时间观察点，即大致按万历、天启、崇祯、顺治和康熙等几个时间段来观察仕清史家的生年分布；以十五到十八年为一个时间段，选择了明朝崇祯十七年（即清顺治元年，1644）、顺治十八年（1661）、

---

① 戴逸：《简明清史》第 1 册，人民出版社 1984 年版，第 186 页。
② 《清史稿》卷 238《范文程传》，中华书局 1977 年版。
③ 戴逸：《简明清史》第 1 册，人民出版社 1984 年版，第 187 页。

康熙十八年（1679）、康熙三十年（1691）、康熙四十五年（1706）、康熙六十一年（1722）、雍正时期（1723—1735）和乾隆时期（1736—1795）八个时间节点，来观察仕清史家群体的卒年分布。据笔者不完全统计，明末清初的仕清史家群体约有87人，其中有明确生卒年可考者为70人，另有17人生卒年份不详。

表 2 - 4　　　　　　　　　仕清史家生年分布

生年	人数	所占比重（%）（按70人计算）
万历年间（1573—1620）	11	16
天启年间（1621—1627）	14	20
崇祯年间（1628—1644）	25	36
顺治年间（1643—1661）	11	16
康熙年间（1662—1722）	6	8
不详	3	4

从表2-4的数据来看，仕清史家的生年主要集中于明万历、天启和崇祯年间，万历年间有11人，约占总数的16%；天启年间有14人，约占总数的20%；崇祯年间有25人，约占总数的36%，最为集中。也就是说，出生于明朝的仕清史家人数达50人，约占总数的72%，居于主导地位。还有一部分仕清史家出生于清，其中顺治年间有11人，约占总数的16%；康熙年间有6人，约占总数的8%。另有3人生年不详，约占总数的4%。相较于遗民史家群体的时间分布，仕清史家群体的时间分布有两个不同的特点：一是仕清史家的生年总体推后，入清时年龄结构较遗民史家更为年轻。根据前文的分析，遗民史家主要出生于明万历年间，约占总数的72%，其后逐渐递减，至崇祯年间降至13%。万历时生年最早的冯梦龙出生于万历二年（1574），明亡入清时已经71岁了。而万历年间出生的仕清史家仅有11人，约占总数的16%，其后逐渐递增，至崇祯年间达到高峰，约占总数的36%，此后逐渐递减。万历年间生年最早的程正揆出生于万

历三十二年（1604），明亡入清时41岁，相对于冯梦龙要年轻得多。年龄的差异说明这两个群体社会活动与史学活动的活跃期不同，遗民史家群体的活跃期更早，而仕清史家群体的活跃期紧随其后，二者既有时间上的交集，也呈现出某种程度上的更迭交替。二是出生于顺治、康熙年间的仕清史家占据了一定的比重。其中，出生于顺治年间的仕清史家有11人，约占总数的16%；出生于康熙年间的仕清史家有8人，约占总数的8%。二者相加，已达总数的24%。这是一个不小的比重。而遗民史家除了刘献廷一人外，并无生于入清之后者。这些生于清长于清的史家对清廷采取合作态度，就像遗民史家效忠于明朝一样理所当然。这些史家的年龄相较于遗民史家，已近乎是两代人了。所以，当遗民史家群体日益老化、分化与消亡时，这些仕清史家日益壮大，成长为主导性力量。史权的转移就这样通过史学主体的代际转换而实现了。

表2-5　　　　　　　　　　　　仕清史家卒年分布

卒年	人数	所占比重（%） （按70人计算）	剩余人数 （按70人计算）
崇祯十七年（1644）	0	0	70
顺治十八年（1661）	11	16	59
康熙十八年（1679）	10	14	49
康熙三十年（1691）	22	31	27
康熙四十五年（1706）	11	16	16
康熙六十一年（1722）	1	1	15
雍正年间（1723—1735）	2	3	13
乾隆年间（1736—1795）	6	9	7
不详	7	10	0

从表2-5的数据来看，如果以生卒年可考的70人为总数计算，则仕清史家人数从崇祯十七年（1644）至顺治十八年（1661）并无减少，这一方面说明了他们之中无人为明朝殉难，其政治合作态度确保了个体生命的安全；另一方面则说明他们的年龄结构很年轻，生老

病死的自然规律还无法对他们造成根本性影响。从顺治十八年（1661）至康熙十八年（1679）减少了11人，占总数的16%；从康熙十八年（1679）至康熙三十年（1691）减少了10人，占总数的14%；从康熙三十年（1691）到康熙四十五年（1706）减少了22人，占总数的31%；从康熙四十五年（1706）至康熙六十一年（1722）减少了12人，占总数的17%；雍正年间减少了2人，占总数的9%；乾隆年间减少了6人，占总数的9%；另有7人卒年不详，占总数的10%。我们可以看到，仕清史家的卒年主要集中于顺治、康熙年间，合计55人，占总数的79%。还有部分史家的卒年延伸到了雍正与乾隆时期，这主要是由于他们的生年较晚造成的。从整体趋势看，生于明朝的仕清史家至康熙末期已基本消亡，这与遗民史家的生存趋势保持同调。而生于入清之后的仕清史家则将其生命维持到了雍正、乾隆时期，这为他们的史学活动准备了先天条件。到了乾隆时期，经过前期的斗争与整合，加之遗民史家的整体消亡与仕清史家的不懈努力，清廷已经基本掌握历史书写和史学发展的主导权了。

仕清史家大多出生于明末，主要生活于清初顺康两朝。他们亲身经历了明清易代的变革，对朝代鼎革有着较深的体会，却也在多种因素作用下选择了出仕清朝，他们的出仕更具有代表性，更能够说明当时士人的选择倾向。从他们的行为中，能够清晰地感知士人的思想倾向和价值取向。他们对明清易代有着自己的认知，积极参与清初的文化构建，试图重建被战乱和朝代鼎革破坏的文化秩序，并在其中找到自己的安身立命之所。正是这些因素铸就了仕清史家在清初史学界的独特地位。

仕清史家按照其仕清时间以及各人前后不同的政治立场，又可分为两类：

一类是前期有遗民倾向而后期认同清朝并仕于清的史家，主要有朱彝尊、潘耒、严绳孙、毛奇龄等人。朱彝尊是明大学士朱国祚的曾孙，其叔父也参加过复社，受家庭因素的影响，对于甲申明亡，他感觉异常悲痛。不久之后，他秘密参加过抗清斗争。潘耒的哥哥潘柽章遭受庄廷龙"明史案"的牵连，被杀害之后，潘耒义不仕清，从遗民顾炎武等为学。严绳孙的祖父严一鹏曾任明朝刑部侍郎，受其影响，严绳孙在入清之初，曾一度表示出与清的不合作，宣布放弃诸生的身份。毛奇龄是明末诸生，甲申明亡，他痛哭三日，后隐于山中，筑土室读书。顺治三年，身在江南的他加入了毛有伦的抗清队伍，而后因为得罪马士英和方国安，被迫逃走。之后他不断流亡，躲避仇家陷害。这些人到康熙十八年朝廷诏举博学鸿词科之后，对清的态度均发生转变，由明遗民一变而成为清廷的合作者，接受清廷授予的官爵，参与清廷组织的史学活动。他们的转变，与其自身处境、心境以及社会形势变化密切相关。对明季士人来说，科举入仕是一个求生的重要选择，否则便只能处馆教授生徒或者是游幕。他们中的部分人有过游幕的经历，他们在游幕生涯中与清朝官员有所接触，也目睹了清朝治下的相对清平和人民的安居，于是心态便发生了微妙的变化。游幕并不能很好地解决生存问题，加上社会舆论的宽松，"士君子生于乱世，或肥遁邱园，或浮沉下位……未可一概论也，要在洁其身而已"①，即使某人身仕两朝，若建有事功，能够洁身自好，清廉自守，也是可以理解的。邵廷采就曾这样为友人陈执斋的仕清做注解，"士不幸遭革命之运，迫于事会，不独守其初服，惟有爱民徇职，苟以免清议。……而老亲在堂，门户为重，遭俗蜩沸，寇攘肆横，不得已纾节以应新朝遴辟"②，言语之中没有苛责和批判，更多的是宽容和理解。当"出"成为社会的主流，他们便不再满足于游离在社会政治之外，而是希望参与到政治中去立言、立功，实现更大的人生价值。所以在康熙十八年朝廷诏举博学鸿词科之时，他们便借机步入仕途，实现了政治立场的转变。对于毛奇龄来说，他转变的直接因素是在博学鸿儒考试过程中受到的感化。毛奇龄在未应试之前，也是再三推辞朝廷的征召，写了三封辞书，表达生性愚钝，不宜应征之义。但是官府频发檄文征召，应试的车马也开到毛奇龄的居所，他虽以久已荒废学业为由

---

① 张履祥：《许鲁斋论二》，《杨园先生全集》卷19，中华书局2002年版，第564页。
② 邵廷采：《陈执斋先生墓表》，《思复堂文集》卷10，浙江古籍出版社1987年版，第439页。

婉拒，却最终不得不参加了考试。在应试过程中他还故意写出悖逆言论，以期落选。但是在应试前后包括试卷判别过程中，冯溥和康熙帝对毛奇龄的优待和宽容，终于融化了他抗拒的心。他所感受的是浓厚的重视人才的氛围，他的转变也正说明了清朝笼络士人、实行文治政策的成功。

另一类是始终认同清朝统治的史家，这类史家为仕清史家之多数。在他们中间，很多人的仕进之路并不轻松，而是历尽艰辛，经过多年科举才最终完成梦想。比如万邦荣，他生活在康乾盛世，深感盛世功德，曾作《代祝万寿诗五首》。对于朱明王朝，他并没有什么感情，而是用历史发展的眼光认同并效忠于清王朝。他愿以古圣先贤为榜样，立志辅佐君王，治国平天下，造福百姓。为实现入仕的理想，他从 14 岁考取秀才，到 48 岁中选举人，经受了科举考试带给他的磨练。但他从不怨天尤人，也没有改变初衷，而是不断自省、自励，"回思作客苦，魂梦犹惊惶。……衰老况侵寻，鬓发已苍浪。役得更何求？万事轻豪芒"①，屡试不第并没有让他踟蹰不前，反而成为他追求功名的动力。这正是他认同清廷统治的有力证据。

2. 仕清史家的地域分布

同遗民史家的地域分布特点相同，仕清史家的地域分布也存在"分布广泛，局部集中"的特点。笔者根据 87 名仕清史家的籍贯对其地域分布列表如下：

根据表 2－6 的不完全统计数据，仕清史家群体的地域分布大致覆盖了浙江、江苏、安徽、河北及北京、福建、河南、上海、山东、四川、湖北、江西、山西、广东 13 个明清时期的省级行政区，可谓分布广泛。其中，浙江人数最多，达 28 人，约占总数的 32.3%；江苏紧随其后，达 25 人，约占总数的 28.8%。二者合计达 53 人，约占总数的 61.1%。这说明江浙地区仕清史家的分布密度要远远高于其他地区。安徽有 7 人，约占总数的 8.1%；河北及北京有 5 人，约占总

---

① 万邦荣：《红崖草堂诗集》，转引自周新凤《清代河南作家作品选评》，中国致公出版社 2001 年版，第 215 页。

数的 5.7%；福建和河南各有 4 人，分别占总数的 4.6%；上海和山东各有 3 人，分别占总数的 3.4%；四川、湖北和江西各有 2 人，分别占总数的 2.3%；山西和广东则各有 1 人，分别占总数的 1.1%。从总体上看，仕清史家的地域分布呈南多北少的趋势，地域分布大体与明末清初政治、经济和文化的地域格局保持一致。

表 2-6　　　　　　　　　仕清史家群体地域分布

名次	籍贯	史家人数	所占比重（%） （按 87 人计算）
1	浙江	28	32.3
2	江苏	25	28.8
3	安徽	7	8.1
4	河北及北京	5	5.7
5	福建	4	4.6
6	河南	4	4.6
7	上海	3	3.4
8	山东	3	3.4
9	四川	2	2.3
10	湖北	2	2.3
11	江西	2	2.3
12	山西	1	1.1
13	广东	1	1.1

值得注意的是，江浙地区既是遗民史家最为集中的地区，同时也是仕清史家最为集中的地区。为何会出现这种现象呢？

首先，江浙地区发达的经济、繁荣的文化、庞大的文人群体为史学发展和史家群体的形成准备了很好的基础和条件。江浙地区虽然在明末清初的社会动荡中遭受破坏，但凭借良好的经济基础和生产能力，以及清初的休养生息政策，农、工、商很快得以恢复和发展。江浙素来为人文渊薮，拥有庞大的文人群体，涌现了不少士林领袖和文化精英。浓厚的文化氛围促进了藏书、刻书业的发达。徐乾学的传是楼就是当时著名的藏书楼，有藏书数万卷，黄宗羲就曾浏览过他的丰富藏书。史学作为传之后世的名山事业，受到了很多文人的青睐，史学发达，也造就了规模可观的史家群体。

其次，史家选择的相对独立性和多元化造就了两大群体并存江浙的现象。江浙地区之所以遗民史家尤其是遗民史家数量众多，主要是由于这一地区既是清廷重点征服之地，也是反抗最为激烈之地。当时许多名士和史家都积极抗清，如顾炎武、黄宗羲、王夫之、陈子龙、归庄、夏允彝和夏完淳父子等均有起兵抗清之举。在武装抗清失败之后，他们选择了文化抵抗，坚守志节，修史明志，成为遗民史家。他们的立身行事在江南士林产生了很大影响，使许多人愿意追随其后，从而形成了庞大的遗民史家群体。但是，浓厚的遗民氛围和抗争意识并未影响到另外一部分士人的仕清选择。他们之所以做出这样的选择，一方面是由于他们在观念上突破了夷夏之防和一家一姓的局限，而以经邦济世为追求，他们认为这并不违背圣人的教诲和原则，甚至可以说是与遗民史家的志向追求异曲同工，只不过方式与途径不同罢了；另一方面则是由于科举与功名的诱惑。江浙重科举，文人渴望通过科举入仕来博取功名利禄，既可扬名立世，亦可光耀门楣，荣耀祖宗。这种现实的利益往往超过了空洞理想的诱惑，使人不免顿起功名之心。而此时清廷对江南士人采取了分化瓦解策略，通过举办博学鸿儒、科举等诱之以利，通过文字狱等威之以刑，软硬兼施，迫使江南士人就范，同时也为他们解除了后顾之忧。加之，清初八十年的休养生息确实取得了成效，与明末的黑暗衰败形成了鲜明对比，使江南士人对清廷的认识产生了转变。在这些因素的共同作用下，部分史家选择仕清也就可以理解了。而这种选择在当时也并未受到士林和舆论的严厉谴责，很多遗民史家与仕清史家仍然保持着密切的交往，这说明他们对仕清选择是宽容和理解的。这种情况表明了当时史家选择的相对独立性和多元化。

3. 仕清史家的社会构成

仕清史家主要由以下几类史家构成：

一是身为明朝官员、未仕诸生或布衣，清时入仕的史家。据笔者统计，此类史家有 46 人，约占仕清史家群体的 53%，是仕清史家群体的主体力量。比如周亮工为明崇祯进士，曾官御史，入清为户部侍郎，康熙时再起为江南粮道。龚鼎孳是明崇祯七年进士，任兵科给事中。李自成进京，以龚鼎孳为直指使，巡视北城。清顺治初迎降，官至礼部尚书。此类史家在明朝的功名大多为秀才、诸生、举人等，但由于各种原因而未能入仕。入清之后，朝廷举办科举和征辟，他们积极响应，入仕为官。所以他们在清朝的身份多为官员，采取与清廷合作的立场和态度。需要注意的是，此类史家中有些人入清时年岁已长，如傅维鳞入清时已 37 岁，谷应泰入清时已 25 岁，程正揆入清时已 41 岁，尤侗入清时已 27 岁，他们的入仕选择应当是经过深思熟虑的。比如尤侗为明季诸生，入清后一直孜孜于应举，其对功名利禄的追求比较执着，所以他对康熙时的博学鸿词之征是欣然接受的。这说明了他对清廷采取合作态度的动机和主动性。还有些史家入清时尚未成年，如陈允锡入清时 5 岁，万言入清时 7 岁，毛际可入清时 11 岁，孙蕙和胡渭入清时 12 岁。他们由于年幼，明亡时不能以死节大义相求，入清成年后选择应举入仕，也是当时一般士人的正常选择，无可厚非。

二是出生于清的官员史家。据笔者统计，此类史家有 10 人，约占仕清史家群体的 11%。他们出生于清，通过科举入仕，获授史职，参与明史修纂。如王鸿绪为康熙十二年（1673）进士，授编修，官至户部尚书，受诏入明史馆任《明史》总裁，后居家聘万斯同共同核定自纂《明史稿》，献康熙后刊行。有些史家则是为官之余，从事明史修纂。比如陶元淳为康熙二十七年（1688）进士，后任广东昌化知县，有政声，以劳卒于官。他的《明史传》就是在执政之暇撰写而成的。对于此类史家而言，官员的身份是其主要社会身份，史家则是其相对次要的文化身份。这种身份特点影响了他们的修史方式与历史认识的视野。

三是有仕清倾向的布衣史家。据笔者统计，此类史家有 17 人，约占仕清史家群体的 20%。此类史家有两种情况：一是生于明而未仕的史家，未仕的原因可能与其经历和背景有关。比如邹漪是吴伟业的弟子，其思想深受吴伟业影响，曾为了刊刻吴著《绥寇纪略》，卖掉了自家屋舍。不想却为清廷所忌，遭到逮捕，后经施闰章营救始免。从此他的仕进之途也就断绝了。二是生于清而未仕的史家。他们之所以未仕，倒也未必是其所愿，大多因为屡试不第，无奈绝意仕进。比如陈鼎少年时随叔父宦居云南，叔父病故后生活困顿，康熙四年（1665）应云南乡试中举，后赴京应试未中，长期游历南北，或游幕为生，颇知云贵史地。晚年倦游，返归周庄故里定居，专心撰述《东林列传》《滇黔纪游》《忠烈传》《留溪外传》等书。邵廷采师承黄宗羲，得师授史学而传其文献之学，康熙八年（1669）为县学生，屡试不第，后讲学姚江书院，授徒著述，终老乡里。他为学重在经世，谈理终归致用，力倡读史以救当世之失。他极力搜罗表彰宋明忠烈、晚明恢复史迹，修纂了《宋遗民所知录》《明遗民所知录》《刘子传》《东南纪事》《西南纪事》等史著。

　　除了上述三种社会身份的仕清史家，还有一部分史家的社会身份并不明确，有 14 人，约占仕清史家群体的 16%。总的来看，仕清史家主要以入仕来展现其合作态度和立场，那些未仕的史家其实也有入仕的愿望。所以，此类史家往往有仕宦经历，其身份也兼具官员与史家。仕清史家大都为能吏，政绩显著，比如赵吉士。其实为政是他们生活的主要内容，著述是其生活的雅趣。至于布衣史家，他们的合作态度主要体现在对清廷立场的认同。仕清史家群体在清初的历史书写中占有重要地位，他们很看重清廷对自己的肯定，而清廷也很重视拉拢他们，他们之间产生了良好的互动。这在尤侗、汤斌、徐氏兄弟等身上均有明显的反映，而康熙十八年博学鸿词科所招抚的五十名史家在官修《明史》中发挥了重要的象征性作用。他们帮助清廷完成了政治正统性的历史论证，并借助政治强权，逐渐改变了遗民史家群体占据主导的史学格局，获取了历史解释的主导权。他们对明朝历史的解释和书写，与清廷的国家意志相互融合，成为官方意识形态的一部分，从而奠定了他们的政治地位和史学地位。虽然从个体生命的存在上看，这一群体到乾隆时期也基本归于消亡，但其形成的历史认识则成为后人进行历史纂述的基础。就此而言，这一群体相较于遗民史家群体和贰臣史家群体，其学术生命得到了更好的延续。

（三）贰臣史家

在明末清初的历史环境下，有游离思想的士人当有不少。面对国破君亡、河山变易，并非每人都能秉持忠节大义而坦然面对生死抉择。贪生避死乃人之本能，很多人不愿受纲常伦理的牵绊，他们想游离于生死抉择之外，游离于政治取舍之外，游离于舆论指责之外，为自己在乱世之中寻找一个安身立命之所。于是，当李自成入京之时，明清易代之时，他们没能做到舍生取义、殉忠守节，也做不到坚决抵抗、死而后已。他们做了不情愿的顺从者，内心充满了矛盾。他们在政治上选择了仕清，却又为自己的选择感到深深愧疚，更在情感上疏离于清廷，对明朝念念不忘。在当政者和后人看来，他们臣节有亏，就像《贰臣传》中的人物一样，这些史家可以被称为贰臣史家。在清初政局逐渐稳定的过程中，贰臣史家也在尝试寻找自己的安身立命之道，力图在新的时代找到自己的空间。

1. 贰臣史家的时间分布

贰臣史家生活的时间范围，大致从明朝万历年间到清朝康熙时期，而其史学活动的时间则主要集中于从崇祯到康熙年间。为便于与遗民史家、仕清史家进行对比分析，笔者大致按万历、天启、崇祯、顺治等几个时间段来观察贰臣史家的生年分布；以十五到十八年为一个时间段，选择了明朝崇祯十七年（即清顺治元年，1644）、顺治十八年（1661）、康熙十八年（1679）、康熙三十年（1691）、康熙四十五年（1706）五个时间节点，来观察贰臣史家的卒年分布。据笔者不完全统计，清初的贰臣史家约有 20 人，其中有明确生卒年可考者为16 人，另有 4 人生卒年份不详。

从表 2-7 的数据来看，贰臣史家的生年主要集中于明万历和天启年间，万历年间有 10 人，约占总数的 63%；天启年间有 4 人，约占总数的 25%；崇祯和顺治年间各有 1 人，分别占总数的 6%。出生于明朝的贰臣史家人数达 15 人，约占总数的 94%，居于绝对主导地位。或许可以说，贰臣史家基本就是一个明朝史家组成的群体。至于出生于顺治十年（1653）的卓尔堪，主要生活于康熙时期。他幼习武艺，曾投效于浙江总督李之芳部下。未及弱冠之年，即随李之芳军参加讨伐耿精忠之役，官右军先锋，屡立战功。后因母病乞还，母亡守丧，再未出仕，隐居终生。贰臣史家的生年基本集中于万历与天启年间，与遗民史家的多数史家生年保持一致。这意味着他们具有同一年龄层次，也就意味着具有共同的社会环境与相似的社会经历，他们之间有着密切的相互关系。事实上，很多贰臣史家确实与不少遗民史家、仕清史家在明亡之前即有频密交往，互为好友，其友情和交往在明亡之后继续得以保持和延续，成为当时一个值得注意的文化现象。相对于仕清史家的生年分布，贰臣史家的生年更早，这就意味着他们的平均年龄要比同时期的仕清史家更大。这种年龄结构或许会影响到他们对历史的认识和感悟。

表 2-7   贰臣史家生年分布

生年	人数	所占比重（%）（按 16 人计算）
万历年间（1573—1620）	10	63
天启年间（1621—1627）	4	25
崇祯年间（1628—1644）	1	6
顺治年间（1643—1661）	1	6

从表 2-8 的数据来看，如果以生卒年叮考的 16 人为总数计算，则贰臣史家人数从明崇祯十七年（1644）至清顺治十八年（1661）并无减少，这说明了他们对明朝的游离态度，他们之中并无人为明朝殉难。从顺治十八年（1661）至康熙十八年（1679）减少了 6 人，占总数的 38%；从康熙十八年（1679）至康熙三十年（1691）减少了 4 人，占总数的 25%；从康熙三十年（1691）到康熙四十五年（1706）减少了 4 人，占总数的 25%。另有 2 人卒年不详，占总数的 12%。我们可以看到，贰臣史家的卒年主要集中于康熙年间，合计 14 人，占总数的 88%，康熙四十五年之后，这一群体就基本消亡了。这一趋势与遗民史家群体的发展趋势基本同步，但消亡更早。这说明，

这一群体在当时的史学格局中的地位无法与遗民史家群体、仕清史家群体比肩，这种弱势地位恰恰是其游离性的一个体现。

表 2 - 8　　　　　　　　　　贰臣史家卒年分布

卒年	人数	所占比重（%）（按 16 人计算）	剩余人数（按 16 人计算）
崇祯十七年（1644）	0	0	16
顺治十八年（1661）	6	38	10
康熙十八年（1679）	4	25	6
康熙三十年（1691）	4	25	2
不详	2	12	0
康熙四十五年（1706）	0	0	0

2. 贰臣史家的地域分布

由于贰臣史家规模较小，其地域分布呈现出相对集中的特点。笔者根据 20 名贰臣史家的籍贯对其地域分布列表如下：

表 2 - 9　　　　　　　　　　贰臣史家群体地域分布

名次	籍贯	史家人数	所占比重（%）（按 20 人计算）
1	江苏	7	35
2	陕西	3	15
3	浙江	2	10
4	山东	2	10
5	河南	2	10
6	安徽	1	5
7	上海	1	5
8	北京	1	5
9	江西	1	5

根据表 2 - 9 的不完全统计数据，贰臣史家的地域分布大致覆盖了江苏、陕西、浙江、山东、河南、安徽、上海、北京、江西 9 个明

清时期的省级行政区。其中，贰臣史家相对集中的地域主要有两个：在南方为江浙，即长江中下游地区，合计达 9 人，占总数的 45%；在北方为陕西、河南与山东，即黄河中下游地区，合计达 7 人，占总数的 35%。这两个地域的贰臣史家占总数的 80%。其他省区只有零星分布。以江浙为中心的长江中下游地区经济文化发达，在明清政治经济文化格局中具有重要地位，遗民史家、仕清史家与贰臣史家均在此地域形成最为集中的群体规模，充分说明了这一地域的史家群体对明清史学发展的重要意义。黄河中下游地区靠近明清时期中国的政治中心北京，同时也是遭受明末民变与明清鼎革冲击十分严重的地区，这种冲击促进了当地士人的分化，加之政治中心的吸附作用，部分史家出现游离思想与行为也是可以理解的。

3. 贰臣史家的社会构成

贰臣史家以明朝官员与文士为其基本构成力量。这些史家大多在明朝已入仕为官或有功名在身，甲申时有人附大顺，乙酉后有人降大清。只有少数史家如严绳孙、董含、陈维崧等在明为布衣，但入清则或中进士，或举鸿儒，一变而为大清之官了。游走于不同政权之间，是他们在政治选择上的特点。比如，钱谦益于万历三十八年（1610）中进士开始仕途生涯，崇祯时官至礼部侍郎，同时作为东林党领袖，也颇具影响。福王时任礼部尚书，顺治三年降清时已年逾花甲，以礼部侍郎管秘书院事，充《明史》馆副总裁。吴伟业于明崇祯四年（1631）中进士，曾任翰林院编修、左庶子等职。钱、吴二人均历经万历、泰昌、天启、崇祯四朝。孙承泽也是崇祯四年（1631）进士，官给事中。李自成入京时曾受命为四川防御使，福王时以其附李自成定入从贼案。清顺治元年被起用，仕至吏部左侍郎。顺治十一年致仕隐居。熊文举于崇祯四年（1631）取进士，官吏部郎中。弘光时，以其曾归附李自成，列入"逆案"，后降于清，累官兵部右侍郎。其他史家亦多有依附多个政权的经历，如以明官而仕清的史家有曹溶、丁耀亢、邓汉仪、方孝标、孙枝蔚、董含、陈维崧、任光复等，以明官而附李自成和大清的史家有张永祺、孙承泽、熊文举等。还有些史家在明、清与南明、郑成功、吴三桂之间游走，如高谦、马玉等。

　　贰臣史家虽然都有仕清经历，但仕清时间和方式各有不同。有清军进入北京之时降清的史家，如熊文举、孙承泽、曹溶等；有清军南下之时，在南京降清的史家，如钱谦益等；有通过清朝科举或朝廷征召仕清的史家，如吴伟业、方孝标、侯方域、丁耀亢等；有通过康熙十八年（1679）博学鸿儒科而仕清的史家，如陈维崧、李因笃、严绳孙等。

　　贰臣史家虽以官员与文士为主，但他们却有着较高的史学素养和文化水平。比如钱谦益自称"老史官"，一直有修史之志，时人亦称其有良史之才，而他也确实为修纂明史做了很多准备。只是绛云楼一把大火，烧掉了他的史料，也烧掉了他的修史雄心。因此，他的明史著述基本是以神道碑、墓志铭、小传、行状等形式出现的，主要集中在他的《有学集》等著述之中。对于这类明史著述的价值，黄宗羲说："余多叙事之文，尝读姚牧庵、元明善集，宋元之兴废，有史书所未详者，于此可考见。牧庵、明善皆在廊庙，所载多战功。余草野穷民，不得名公巨卿之事以述之，所载多亡国之士大夫，地位不同耳，其有裨于史事之缺文一也。"① 他虽然是说自己的情况，但碑铭传状之类史料"有裨于史事之缺文"的认识却同样适用于钱谦益等一大批史家。曹溶是当时著名的藏书家，其藏书楼"静惕堂"藏有宋元古本近千种，为他入清以后编撰史书提供了条件。有些史家之入仕有被迫的成分，如吴伟业、侯方域、李因笃等人均是被迫应召，他们根本无心做官。为了逃避政治上的压力，他们往往寄情于诗文唱酬，好友交游，修史作文。这是一种文化上的自我放逐，他们要通过文化创作包括修史活动来寻找自己的生命空间和精神家园，游离于现实的苦痛之外。

　　通过以上分析，我们可以看到，明清之际史家群体的分化，造就了遗民史家、仕清史家和贰臣史家三种类型。这三种类型的存在说明了明清之际史家群体构成的多元性与复杂性。正是这种多元性的存在，才使得当时的历史著述丰富多样，异彩纷呈。同时，正是由于各

---

　　① 黄宗羲：《南雷文定》卷首《凡例》，《黄宗羲全集》，浙江古籍出版社 2012 年版。

个史家群体是多元构成的，那么史家的史学活动和历史著述的质量及价值就会有所差异。据此，我们可以将构成明清之际史家群体的史家分为核心史家与非核心史家。

核心史家是具有很好的史学素养和追求，以史学活动为其主要活动，有代表性史学著作且具有较高价值和较大影响的史家。比如，查继佐修纂《罪惟录》，

> 始于甲申，成于壬子中，二十九年，寒暑晦明，风雨霜雪，舟车寝食，疾痛患难，水溢火焦，泥涂鼠啮，零落破损，整饬补修。手草易数十次，耳采经数千人，口哦而不闻声者几何件，掌示而不任舌者几何端，以较定哀之微词，倍极辛苦。①

张岱则秉持"不顾世情，复无忌讳，事必求真，语必务确，五易其稿，九正其讹，稍有未核，宁阙勿书"②的修史态度。谈迁在被盗取《国榷》百卷稿本之后，仍不放弃其著史夙愿，"遂走百里之外，遍考群籍，归本于实录。其实录归安唐氏为善本，槜李沈氏、武塘钱氏稍略焉，冰毫汗茧，又若干岁，始竟前志"③。《国榷》的编撰"毕其半生三十年之精力，凡六易其稿而成"，谢国桢称赞这部书"在明季史乘中，要以此书为善"④。他们虽然遭受了明清易代之苦，但并没有放弃"成一家之言"的史学追求，继续积极从事史学活动，毕其一生创作了一大批不朽的史学著作，如查继佐所修《国寿录》《鲁春秋》《东山国语》，张岱所修《石匮书后集》，谈迁所修《北游录》《西游录》《海昌外志》等。核心史家所修撰的史书不仅数量众多，而且体裁多样，自成体系。明清鼎革之际，他们借助修史来表明其不忘故国、忠于明朝的人生志向，同时也为后人留下了比较真实的历史记忆。

---

① 查继佐：《罪惟录·自序》，《续修四库全书》第 321 册。
② 张岱：《石匮书·自序》，《续修四库全书》第 318 册。
③ 谈迁：《国榷·自序》，《续修四库全书》第 358 册。
④ 谢国桢：《晚明史籍考》，华东师范大学出版社 2011 年版，第 36 页。

　　非核心史家是以史学活动为其文化活动或社会活动的一部分，历史著述是其文化创作的一个组成部分，但不一定是其主要部分。比如很多遗民史家以诗文见长，修史活动仅为其文化活动之一部分，史学著述在其作品中所占比重和地位均不突出。这些文人的历史记述或得之于亲身经历，或得之于友朋口述，或得之于官私记载，生动地保存和呈现了这一时期历史风貌，具有较高的史料价值和文化价值，是明清之际"明史"修纂的重要组成部分，不可不予以应有的重视。

　　需要指出的是，有些史家虽然符合非核心史家的特征，但由于其在当时所具有的重要文化和社会地位，我们也将其视为核心史家。比如顾炎武、黄宗羲、王夫之、孙奇峰、邵廷采、屈大均、吕留良、陆世仪、傅山等一大批极富经世致用思想与风格的学术大儒。这些学术大儒致力于学术研究，遍涉经学、考据学、理学、地理学等。明亡以后，他们或躬身参与抗清运动，或隐于草莽之中立道讲学，但都积极著书立说，更由于他们所具有的道德节义而被明遗民群体视为遗民世界的精神领袖。他们大多著述颇丰，但史学起初并不是他们关心的重点领域。后来由于明清鼎革的历史环境，以及经世致用思潮的勃兴，所以开始逐渐关注史学研究与历史编纂。由于他们不同的学术旨趣，以及各自不同的人生经历，所以其创作的史书也各具特色。顾炎武是明末清初著名的考据家，他崇尚实学精神，反对明末心学空谈误国，主张经世致用，他撰著的《天下郡国利病书》与《肇域志》颇具经世之风。孙奇逢是清初著名的理学大儒，所著《理学宗传》是一部系统阐述儒家人物学术思想的史著。此外，那些躬身参与抗清运动的学术大儒，更以其亲身见闻而修纂史书，如黄宗羲的《弘光实录钞》《行朝录》，王夫之的《永历实录》等。由于这些史家具有深刻的学术思想，所以其史著具有很高的思想性，而他们不同的学术旨趣也给各自的史著带来了不同的思想特色。

　　核心史家决定着历史修纂的高度与质量，非核心史家则影响着历史修纂的宽度与风貌。二者应当结合起来，方可呈现史家群体的全貌。

第二节　史家群体的分化与整合

史家群体不是固定不变的，而是随着时代和环境的变化不断分化和发展。史家群体的分化，既有政治性分化，也有社会性分化。

一　史家群体的政治性分化与整合

史家群体的政治性分化往往与政局变动密切相关，而政治性分化的规模、程度也会因时而异。一般来说，在政局比较稳定的时期，史家群体的政治性分化不太明显，这主要是由于政治立场和利益的冲突并不尖锐，缺乏分化的推动力。不过，一旦有了矛盾和冲突的刺激，史家群体的分化就会通过史学活动呈现出来。

有些分化是局部的，甚至带有政治斗争的色彩。张岱就批评了明朝史臣以史书修纂作为政治斗争工具的行为。

> 宋景濂撰《洪武实录》，事皆改窜，罪在重修；姚广孝著《永乐全书》，语欲隐微，恨多曲笔。后焦芳以金壬秉轴，丘浚以奸险操觚，《正德编年》，杨廷和以掩非饰过；《明伦大典》，张孚敬以矫枉持偏。后至党附多人，以清流而共操月旦；因使力翻三案，以阉竖而自擅纂修。黑白既淆，虎观、石渠尚难取信；玄黄方起，麟经"夏五"不肯阙疑。博洽如王弇州，但夸门第；古炼如郑端简，纯用墓铭。《续藏书》原非真本，《献征录》未是全书。《名山藏》有"拔十得五"之誉，《大政记》有"挂一漏万"之讥。床头俱有捉刀，舌底无不按剑。九方皋相马而失，竟是虾蟆；魏伯起积秽以成，方为蝴蝶。①

这些斗争，或通过在纂修中任情褒贬，攻击政敌，或书成后独占升赏，排挤对手，既见于个人和小集团之间的相互攻击，也有影响整

① 张岱：《征修明檄》，《琅嬛文集》卷3，浙江古籍出版社2013年版，第79页。

个政局的党争。张岱批评的三案之争，就是东林党人和阉党围绕着《光宗实录》的纂修而展开的一场政治对决。

修《光宗实录》不能不涉及明末三大案，围绕三案的记录和处理，东林党与非东林党人发生了争执。邹元标上疏明熹宗，指责浙党"当时依违其间，既不伸讨贼之义，反行赏奸之典。即谓其无心，何以解人之疑也？方从哲负此大疑于天下，科臣惠世扬言之详尽，公论岂可不明？从来乱臣贼子有所惩戒者，全在青史一脉，今失不成，何所底止！"① 但是，一些史家在魏忠贤的支持下提出对三案的不同意见，魏忠贤代帝票拟，要求把这些奏疏也交给正在修纂《光宗实录》的史馆去编纂。东林党人坚决反对，工科给事中方有度上疏驳道："近台臣徐景濂疏进药、移宫事，票拟者欲宣付史馆，似若以史为一人一家私物者。夫宣先帝圣德，考终是矣，能宣李可灼不进红丸乎？方从哲不赏奸乎？宣宫闱等事，皇上所亲见是矣，能宣无选侍殴辱之圣谕乎？能宣无选侍触忤之圣旨乎？若使奉前后旨并书，则一事自相抵牾，何谓信史？"由于当时阉党尚未得势，因此《光宗实录》得以按东林党人的意愿完成。当魏忠贤大权独揽时，东林党人非罢即杀，叶向高被迫辞职，阉党全面掌权。天启四年冬，阉党霍维华"锐意攻东林，请改修《光宗实录》。宣其疏史馆。忠贤立传旨，实录改撰"②。当时要求改修《光宗实录》的阉党还有黄承昊、魏广微等。据孙承泽《春明梦余录》载："以黄承昊之言，魏广微复嗾魏忠贤令改修。"此次改修实际上是废弃初本，另起炉灶，与一般的改修区别甚大。改修本主要在"卫国本"和"三案"上篡改事实，贬斥东林党。改修本认为东林党为拥立光宗做太子（即"卫国本"）时所上的奏疏、所作的牺牲是"浮议外滋，无端蔓引，皆好事者之过"。至于"梃击"案，改修本坚持张差疯癫之说，并攻击东林党人"捏谋危东宫之说"。"红丸"案，改修本认为李可灼进药"悉出圣意"，并攻击东林党人的弹劾是"群小附议，嚣然鼎沸，污蔑君父，几成晦冥之

---

① 《明熹宗实录》卷21，天启四年四月壬辰。
② 《明史》卷306《霍维华传》。

世"。当改修本完工进呈时，阉党阁臣施凤来等要求将叶向高主持修纂的初修本《光宗实录》焚毁："及告成之日，则崇祯改元之岁矣。众正未登，书仍进呈颁赍，送至皇史。阁臣有欲焚旧本者，赖大王体乾不可而止，而存中。"① 随着魏忠贤的被逐和自杀，阉党开始失势，东林党人乘胜追击，猛烈攻击改修本《光宗实录》，并要求将之改正。文震孟率先提出改修要求，但遭到阉党余孽温体仁等的阻挠："震孟摘尤谬者数条，疏请改正。帝特御平台召廷臣面议，卒为温体仁、王应熊所沮。"② 文震孟所上的奏疏即著名的《孝思无穷疏》，奏疏围绕着"定国本"和"三案"问题针对改修本中的修订和诬诋，进行了逐一反驳，最后说："伏乞圣裁，即敕史馆逐一改正，或取天启三年所进稿，再加勘定入皇史，庶几千古之是非不悖。"许士柔亦连续两次上《帝王世系疏》响应文震孟，他在疏中抨击改修本失误，并与温体仁展开激烈的论战。③ 尽管改修本未再进行重改，但它最终失传于世。现今流传的乃是幸免于焚的初修本。《光宗实录》废弃与改修的遭遇，说明《明实录》的纂修已沦为明代党派政治斗争的工具。而这种政治斗争直接带来了史家群体（主要是史官）的政治分化。

有些分化是带有整体性的，这样的政治分化在明清易代之际的史家群体身上表现得更为明显。

明清易代之际史家群体的形成与分化是与这一时期士人群体的分化紧密相连的。从明中后期开始，上人的分化趋向就越来越明显了。一部分士人不再以科举入仕为主要追求，转而从事其他社会活动，儒商、儒医等日趋活跃，士人与其他社会群体之间的交流日趋频密，比如很多士子喜欢与当时的巨商交游，而这些巨商一方面可以为上子提供优裕的生活与文化环境，另一方面则借此跻身士林，提升自身的文化品位和地位。于是，士人群体呈现出多样化的发展路径。这种分化使大量士人进入社会下层，既在一定程度上改变了明清的社会结构，

---

① 孙承泽：《春明梦余录》卷13，《四库全书》第868册。
② 《明史》卷216《许士柔传》。
③ 钱谦益：《牧斋有学集》卷28《石门许公墓志铭》，《续修四库全书》第1391册。

也在很大程度上为明清文化的社会化与平民化准备了条件。可以说，明清俗文学和野史的兴盛就是士人分化在社会文化层面上的一种表现。在这一过程中，明清易代加剧了士人的分化，也刺激了士人对社会话语权的争夺。士人的分化不再仅是社会阶层的变化，而且还包含着政治立场和文化立场的分化。高翔将清初士人分为三类：一是誓死抗清，以全志节；二是归隐山林，不仕清朝；三是投靠清廷，成为新朝的支持者。① 林保淳则认为清初士人主要有三个选择，一是依附时势，顺应潮流；二是看破红尘，栖遁空门；三是刺骨击楫，矢志效忠。三者之中，做出第一种选择的士人居多数。② 阚红柳也将清初士人分为三种："第一种在政治上基本坚持旧有的立场和观点不变，尽力维护已经灭亡的明朝和继之兴起的南明政权；第二种投靠了新的政治势力，承认和接受清朝的统治地位；第三种则在各种政治势力之间摇摆不定。"③ 这种三分法基本是以士人的政治立场为标准，是比较符合当时士人群体的生存状态的。不过，相对于政治立场的明朗化，士人的文化立场则比较复杂，甚至是一定程度上的刻意模糊，并且出现了文化立场与政治立场不一致的情况。这都说明了易代对士人冲击之剧烈，以及士人选择的多样性。

明末清初士人的分化和选择的多样性造就了不同的生存方式，也形成了不同的历史书写取向，从而形成了不同的史家群体。明史书写是这一时期史家关注的焦点，围绕着明史书写形成了特定的史家群体。有人将这一群体细分为明王朝的维护者史家群体、清王朝的支持者史家群体和在新旧政权之间动摇的史家群体。④ 笔者认为，明清之际的史家群体分化为三种类型，即遗民史家、仕清史家和贰臣史家。具体来说，遗民史家群体以明遗民史家为主，其在政治立场上基本忠

---

① 高翔：《清军入关与士人队伍的分化》，《紫禁城》2004 年第 6 期。
② 林保淳：《经世思想与文学经世——明末清初经世文论研究》，台湾文津出版社 1991 年版，第 70 页。
③ 阚红柳：《清初私家修史研究——以史家为研究对象》，人民出版社 2008 年版，第 53 页。
④ 同上书，第 70 页。

于明而反清，在文化上则坚持比较严格的华夏民族主义和文化主义立场；仕清史家群体以仕清史家为主，在政治上基本忠于清而贬斥明，在文化立场上则致力于推动清朝汉化，对清初文化政策的制定与导向产生重要影响；贰臣史家在政治上游移于明清之间，基本上有过仕清经历但在文化立场上有遗民意识和倾向，其生存状态为文化上的自我放逐。贰臣史家在文化立场上与遗民史家相似，却在政治立场上与仕清史家存在共性。这三种类型史家的政治立场和文化立场往往会从修史旨趣、史料采择、历史评价等方面直接影响到其历史编纂活动，尤其反映在对明清易代这一事件的认识和评论上。而这些认识和评论的发展变化恰恰反映出史家群体面对历史巨变所作出的自我调适过程，以及他们对文化秩序的诉求。

入清以后，遗民史家群体的分化成为一个重要的趋向。

顺治、康熙皇帝异常重视文治、崇尚理学，注重把儒家传统思想运用于帝国的治理，不断迎合明遗民史家的文化诉求。清廷还特别注意满汉之间在文教上面的共融，尽力从民间征召明遗民史家参与官方修史活动，"《明史》的纂修形式上是一种学术文化行为，实际上一头连着清朝的政治利益，一头连着遗民的终极关怀"①。清廷在康熙时特开博学鸿词科，不仅是清廷"崇儒重道"国策的具体展现，也为满汉异质文化的相互调融提供了一条有效的途径。清初把孔子以来的儒家学说（尤其是理学中的朱子学）作为帝国文教的指导思想，不仅是在文化上枳极汉化的表现，更为重要的则是要借助思想调和来消解明遗民的文化抵抗。这种基于儒家思想的文化认同，为满、汉双方在其他方面的调融奠定了坚实的文化基础。因此，清初官方崇儒重道国策的提出，无疑是加速遗民史家群体分化的有效催化剂。

对于遗民史家而言，怎样看待清朝的统治，一直是他们非常关注的话题。一方面，随着满族在全国的统治局面逐渐趋于稳定，经济不断繁荣发展，百姓生活富足安康，清朝官方也致力进一步推动满汉一体进程，并乐于崇尚儒化。清朝初年，清朝官方发起"庄氏史狱"

---

① 孔定芳：《清初遗民社会》，湖北人民出版社 2009 年版，第 336 页。

"戴名世《南山集》案"等一系列史狱,在明遗民史家群体中制造一种极其恐怖的政治气氛,极力压缩明遗民史家的活动空间。在清朝官方软硬两手的打击下,遗民史家对自身所负的原则与气节,在一定程度上会发生动摇,逐渐放弃以前那种狭隘的种族观念,转而以共同的文化本位去认同新朝的统治。另一方面,遗民史家因保持遗民节义而拒不出仕,但并没有阻止自己子孙在新朝出仕为官,同时也继续保持着与仕清史家的联系。这些变化逐渐增进了遗民史家对清廷的认识,拉近了遗民史家与清廷之间的距离,从而推动了遗民史家群体的分化。

遗民史家群体的分化,从根本上来讲是儒家文化本位感召的结果,其中既有清朝官方"放低姿态"以共同的文化需求去吸纳遗民史家的努力,也有遗民史家自我回归、实现史家责任的一种担当。遗民史家群体的分化既有显性意义上的分化,也有隐性意义上的分化,表现的程度与方式有所不同。

遗民史家群体的显性分化就是指直接与清廷合作,并参与到官方修史活动之中。这主要是指那些应试博学鸿词科并中榜的明遗民史家,包括潘耒、毛奇龄、沈珩、朱彝尊、吴任臣等遗民史家。他们接受清朝的官职,并直接参与官方纂修《明史》的活动。不过,这些遗民史家对参与官修《明史》的态度与参与方式是有区别的,显示出他们分化程度上的差异。

有些史家对清廷的征召严词相拒,表明自己不仕二姓的决心。李清在弘光政权灭亡之际,由于再度出使得以幸免。他眼见恢复无望,便回到故居枣园,开始了"杜门不与人事"的隐居生活。当地官吏慕其名,多次举荐他做官,李清都"以病固辞",几乎"无有能识其面者"①。康熙十七年(1678)荐举博学鸿儒,十八年开馆纂修《明史》,大学士徐元文又多方罗致,李清仍然坚决不出,甚至"逾垣闭

---

① 魏禧:《魏叔子文集》卷7《李映碧先生七十寿序》,《续修四库全书》第1408册。

门"，以示抗拒，时人称之为"铁心石肠，确乎其不可拔者也"①。傅
山被荐，但他坚辞不就。次年清廷命地方长官踵门促其上道，赴京与
试。傅山称疾，官员们仍不罢休，于是让役夫抬着他的卧床而行。既
至京师，傅山以死拒不入城。文华殿大学士兼吏部尚书冯溥及公卿都
来到城外，傅山仍稳卧床上，不具迎送之礼。后来，刑部尚书魏象枢
只得以老病上奏，遂降诏许其免试，并特加"中书舍人"以示"恩
宠"，同意放还。冯溥劝傅山入朝叩谢，他依然称病，坚持不可，只
得使人强行抬着他入朝。傅山望见午门，涔涔泪下。冯溥强拉他叩头
谢恩，他却乘势仆于地上，这时魏象枢便上前说："止！止！是即谢
矣。"次日傅山便急忙要回山西，大学士以下的一些官员再到郊外送
行。傅山叹息说："自今以还，其脱然无累哉！"既而又说："后世或
以刘因辈贤我，且死不瞑目矣！"闻者咋舌。傅山返晋后，更加淡泊
自甘，僻居远村，不入城府，于是仰慕其名者益众，不少人以得见一
面为荣。但傅山却依然布衣毡帽自称为民。有人问："君非舍人乎？"
他默然不应。县令奉部文要给他悬挂书有"凤阁蒲轮"四字的匾额，
被断然谢绝。② 这些史家坚持了自己的遗民立场。

　　有些史家如朱彝尊、毛奇龄等，对参与官修《明史》是非常积极
的，不但认为这是为故国存信史的一个机会，而且更把能够被朝廷征
召参修《明史》视为一种荣耀，认为这是朝廷对自身文化地位和价值
的认可。因此，他们的分化程度是比较彻底的，其态度也是主动与自
觉的。

　　还有相当一部分遗民史家是不愿应清廷之征召，但由于各种原因
最终参与了《明史》馆的修史工作。对于他们而言，参修《明史》
不仅是一种学术活动，也是一种政治立场的宣示，意味着对遗民气节
的背弃。所以他们往往表现得比较矛盾犹豫，显示出分化的不彻底
性。万斯同对官修《明史》贡献最大，但一直坚持"不署衔、不领

---

　　① 陈瑚：《确庵文稿》卷2《报李映碧廷尉书》，《四库禁毁书丛刊》第184册，北京
出版社1997年版。

　　② 王思治等：《清代人物传稿》上编第1卷《傅山》，中华书局1988年版，第171—
172页。

俸、不任职"的原则，为世人所称道。与万斯同相似，顾祖禹在参与《大清一统志》修纂之后坚持不署名。康熙二十六年（1687），《大清一统志》开馆，总裁徐乾学素知"祖禹精地理学，固延之，三聘乃往"，先到京师，后又至洞庭包山。在志局中，顾祖禹与当时著名学者阎若璩、黄仪、胡渭诸人共同研讨，相互交流，又得饱览天下舆地图册及徐氏传是楼藏书，大大增长了学识，开阔了视野。《大清一统志》书成后，徐氏欲列顾祖禹之名呈上朝廷，但他坚辞不允，"至于投死阶石，始已"①，反映了他砥砺气节、耻于名利的态度。李因笃以"学问渊通，文藻瑰丽"，被内阁学士项景襄、李天馥，大理少卿张云翼荐举，他以母老家贫力辞，不赴。然康熙已闻其名，称他与秀水朱彝尊、慈溪姜宸英、无锡严绳孙为"四布衣"，"必欲致之"。吏承风旨，加意敦促，李因笃以死拒，母曰："儿死固佳，七十老人将何依耶？"李因笃始涕泣就道。当时，李因笃密友李颙亦在征召之列，李颙以死自誓，坚卧不起。李因笃唯恐他坚执撄祸，力劝其明哲保身，赴京应召。为此，顾炎武对李因笃提出严厉批评，说他这样做，"非败其晚节，则必夭其天年矣"。康熙十八年（1679）试授翰林院检讨，命纂修明史。未逾月，李因笃以母老辞，疏三上，情词恳切，康熙帝鉴其诚，诏许终养。李因笃振衣而归，出都之日，士大夫诗文赠送者数百人，龚鼎孳遥题堂匾以"西京文章领袖"六字赠行，朱彝尊"祖饯于慈仁寺，挥泪而别"。道旁观者啧啧叹羡，以李因笃之恬退为荣。② 他对李颙的劝告表明了他在遗民立场上的松动，他的"恬退"则说明他最终还是坚持了遗民立场。

遗民史家群体的隐性分化主要是指那些遗民史家并没有接受清朝官职，但是其原有的夷夏观念逐渐松动，并从思想与文化上逐渐认可清朝的统治，其分化程度与方式并不是特别明显。如顾炎武的三个外甥徐乾学、徐秉义、徐元文都入仕清廷，担任明史馆总裁，身居要

---

① 姚椿：《晚学斋文集》卷 6《顾处士祖禹传略》，《续修四库全书》第 1411 册。

② 王思治等：《清代人物传稿》上编第 5 卷《李因笃》，中华书局 1988 年版，第 254 页。

职，但身为遗民领袖的顾炎武并没有阻止外甥仕清的行为，反而借用外甥的权威来压制不法官吏。顾炎武认为："天下之士，有道德而不愿仕者，则为人师。有学术才能而思自见于世者，其县令得而举之，三府得而辟之，其亦可以无失士矣。"① 可以看出，顾炎武对士人出处问题比较宽容，他在入清之后并没有完全固守夷夏观念，拒绝仕清的态度也是及身而止。黄宗羲对清朝官方立场态度的转变更具典型性。黄宗羲在成书于顺治十年的《留书》中大骂清朝，以"夷狄""禽兽"等颇具鄙夷的词汇指称清朝及其君主，表现出极强的夷夏种族观念。但在成于康熙二年的《明夷待访录》中，他对清朝的态度逐渐缓和，不再使用谩骂式的称谓，对前朝的称谓也转为"有明"，渐趋平和。此后，在康熙皇帝重视文治、天下安然局面的感召下，黄宗羲对待清朝的态度发生了进一步的改变。他极力称赞康熙皇帝的英明睿智，及其崇儒尚文的治国理念。他多次对康熙皇帝冠以"天子""圣天子"等称谓，对清朝的称谓也逐渐以"国朝""圣朝"等相称，并大力支持自己的学生万斯同与儿子黄百家等参与官修《明史》。"当是时，天子留心文治，招才琴钓之上，取士歌牧之中，士为之闲一艺者，莫不锁庭而出。"② 黄宗羲对康熙皇帝文治功业的极力赞扬，说明他逐渐放弃了以前那种狭隘的种族观念，在文化本位的感召下逐渐认同了清朝的统治。顾炎武、黄宗羲既是学术大儒，又是遗民领袖，他们的一言一行都对当时的士林与遗民有着非常重要的影响。这也使他们承担着比一般遗民史家要大得多的责任与义务，同时也承受着更大的舆论压力。这种压力迫使他们不能轻易转变遗民立场，所以他们不能直接出仕清朝，但又不能不做出改变，于是，他们采取了一些间接的方式去认同清朝的统治，这推动了遗民史家群体的隐性分化。

遗民史家群体的显性分化改变了遗民史家的立场与身份，而隐性分化基本上是转变立场而不改变身份，而这些改变基本上都是主动的。无论是显性分化还是隐性分化，都说明了遗民史家群体走向衰落

---

① 顾炎武：《亭林文集》卷 1《郡县论九》，《续修四库全书》第 1402 册。

② 黄宗羲：《陈夔献墓志铭》，《黄宗羲全集》，浙江古籍出版社 2005 年版。

的趋势。其实，遗民史家本是明清易代之际动荡的社会与文化环境所造就的特殊人群，当新朝的统治趋于稳定之后，遗民史家赖以生存的社会与文化土壤也就不复存在了，所以"遗民不世袭"，遗民史家群体的分化也就在所难免了。遗民史家群体的分化形成了三种走向：一是坚守原有的遗民立场，始终不能认同清廷的统治，修史明志；二是不改变遗民身份，但逐渐认同清廷的统治，调整修史态度与立场；三是直接出仕，参与官方修史活动，最终与仕清史家群体合流。

清初史家群体的整合与其分化是一体两面的关系。

清初史家群体的整合主要是通过不同群体史家的交游网络构建来实现的。明清之际三大史家群体之间的关系并非后人想象的界限分明、壁垒森严，他们互为师友、亲朋、同年，平时相互交游，唱酬往还，织成了一张复杂多样的关系网络。这个网络有着复杂而强大的社会与文化功能，为不同史家群体提供了交流的平台和渠道，并成为获得身份认同的重要基础。

明末结社成风，文人喜交游，易代之后此风犹盛。这种交游是编织社会关系网络、形成社会归属感与认同感的重要方式，因而对易代之后的遗民具有重要的意义。陈恭尹说：

> 尹幼侍先君，窃识其所与朋游讲习者，虽燕戏之间，未尝不及于治身忧民忠国也。人之有善，若庆云之出于天，醴泉之涌于地，亟亟然唯恐不与众共见之；人有过，谆谆然曲导之，若垢衣之被其体，芒刺之集其背。闻饥寒之人，甚于其身受之也，必相与谋衣食之。政令之失，时事之非，既竭其力而无以转移，尤为之累吁叹至于不寐，自其为诸生已然；而一时交游，类皆伟人雄杰，卓然以当世自命，不欲下同于俗学。先君既殁，尹幸不为士君子所弃，其所与琢磨晨夕者，虽未得尽如先君时，亦自一时之选也。呜呼！自有识至今三十年间，计其姓名，盖十之六七死矣。方其放情抗论，下视先古，卑笑当世，若且欲快其意气，然更变乱以来，其间毙于桁杨，仆于草野，逃于浮屠方士者相继；而得毕命王事，自致青史者，亦往往不乏人。各有命焉，要其志

皆为不苟矣。伏处无聊，每得其遗文于箧笥，把之叹息，想见其
淋漓杯酒，掀髯唱酬，奋袂激昂之日。嗟乎，彼何时也！今一二
存者，大抵困饿穷山中，幅测日暮，有所欲言，咀嚼齿舌间，周
视四座之人而后敢发。吁，自先君时，固已患士风滋不如古久
矣，而今而后，又未知何如也。乃撰《先友集传》二卷，搜录遗
诗文可观者，人为一编，而传系之，分两世之交为上下。①

　　陈恭尹及其父亲的交游对象皆"伟人雄杰""一时之选"，这种
交游对他们自身有规过向善、切磋学问之效，对国家、社会则有端正
人心、砥砺风气之能。明清易代之后，原有的交游网络更可以成为寻
求精神归依的寄托，可以使人获得认同感与归属感。这对明遗民克服
易代焦虑具有重要的精神价值。

　　遗民史家交游的对象主要是明遗民。明亡后，方以智遁入空门，
法名无可。他孤苦无依之际，得到了遗民魏禧的照顾，"其孤不能自
存，禧抚教安业之"。魏禧是当时名士，颇有史学素养。他"儿时嗜
古，论史斩斩见识议"，隐居翠微峰之后，"喜读史，尤好左氏传及苏
洵文。其为文凌厉雄杰，遇忠孝节烈事，则益感激，摹画淋漓"。他
"与兄际瑞、弟礼，及南昌彭士望、林时益，同邑李腾蛟、邱维屏、
彭任、曾灿等九人为易堂学。皆躬耕自食，切劘读书，三魏之名遍海
内。禧束身砥行，才学尤高"。明亡之时，魏禧"号哭不食，翦发为
头陀，隐居翠微峰"，其气节深为时人所重，在明遗民之中有着很高
的声望。他的交游对象主要是明遗民，"于苏州交徐枋、金俊明，杭
州交汪沨，乍浦交李天植，常熟交顾祖禹，常州交恽日初、杨瑀，方
外交药地、槁木，皆遗民也"。当时，"南丰谢文洊讲学程山，星子宋
之盛讲学髻山，弟子著录者皆数十百人，与易堂相应和。易堂独以古
人实学为归，而风气之振，由禧为之领袖"。此时，魏禧的易堂不但
是个学术与文化中心，而且借助讲学、游学与交游，易堂俨然也成为
遗民所构建的一个社会和学术网络。在这个网络之中，遗民们找到了

---

① 陈恭尹：《独漉堂集》卷3《先友集序》，转引自谢国桢《晚明史籍考》，第820页。

依托与归属，而学术上的志同道合更像是强力的黏合剂，把遗民们连接在了一起，形成了一个学术和命运共同体。正因为如此，所以方以智到了魏禧隐居的山中，目睹易堂之盛，不禁感叹道："易堂真气，天下无两矣！"这种感叹，不但包含着对魏禧与易堂的赞赏与仰慕，而且也包含着遗民之情之叹，反映了方以智与魏禧在情感和学术上的共同归属。康熙十八年，朝廷诏举博学鸿儒，魏禧称病力辞，"有司催就道，不得已，舁疾至南昌就医。巡抚舁验之，禧蒙被卧称疾笃，乃放归。后二年卒，年五十七。妻谢氏，绝食殉"。① 可以说，遗民气节贯穿了魏禧的生与死，反映了当时遗民们共同的价值取向。而以易堂为中心所形成的学术共同体无疑是遗民气节和价值的现实依托，在某种程度上可以视为遗民和遗民史家的一种最佳生存方式。

需要注意的是，面对新朝，魏氏家族是有不同应对策略的。明亡后，魏氏三兄弟之中，魏禧、魏礼"并谢诸生"，而魏际瑞叹曰："吾为长子，祖宗祠墓，父母尸饗，将谁责乎？"于是他出而就试，得中顺治十七年岁贡生。这种应新朝科举的选择，显然是以魏氏家族的利益为优先考虑的。在一个以气节相标榜的遗民家族，这种与新朝合作的做法居然得到了容忍，说明易代之际的遗民并非以仕与不仕作为标示立场的唯一方式。当家族面对生死考验时，他们会采取变通和灵活的手段，既通过魏禧等核心成员来宣示自己的遗民立场和气节，同时也默许魏际瑞的顺清行为，从而为家族在新朝的生存争取转寰的空间。魏际瑞为了魏氏家族的安危，忍辱负重，做了巨大的努力，"宁都民乱，赣军进讨，索饷于山寨。际瑞身冒险阻，往来任其事，屡濒于死"。正因为他的努力，"翠微峰诸隐者暨族戚倚际瑞为安危者三十余年"。康熙十六年，"滇将韩大任踞赣，当事议抚之"。因魏际瑞素有信义之名，韩大任曰："非魏际瑞至，吾不信也！"当时魏际瑞正在总镇哲尔肯家设馆教授，于是受命前往。家人知道此行凶险，"泣劝毋往"。魏际瑞曰："此乡邦宗族所关也，吾不行，恐祸及。行而无成，吾自当之。"于是毅然前往。结果，他"甫入营，官兵遽从东路

① 《清史稿》卷484《文苑一·魏禧传》。

急攻。大任疑卖己，因拘留之。大任变计走降闽，际瑞遂遇害，年五十八。子世杰殉焉"①。从魏际瑞的选择来看，凡"乡邦宗族所关"，他是生死不避的。这种以家族利益为先、仕与不仕灵活并存的处世方式，是清初明遗民家族消解易代冲击的一种重要方式。

清初士人的交游并不像我们想象的那样严苛，而是比较宽容，包容性很强，政治立场的差异并不会影响他们彼此之间的交往。"清初士人于政治操守之外，尚另有所爱。政治上所作的选择，亦并无碍于他们在其他方面的认同"②，仕清史家群体与其他群体的交往就是如此。他们往往以情感、交谊为主要纽带，通过门生、故旧、同乡、亲属等关系建立交往，很多是世交。这种关系明亡之前就存在，明亡之后不同的政治选择并没有使他们的交谊断绝，而是继续得以保持，傅维鳞和申涵光的交游便是如此。二人初识于崇祯十二年左右，是时两人的父亲同在朝为官，他们随父亲同住京师，因而有缘结识。当时申涵光的文名已盛，傅维鳞与之往来切磋，甚为叹服，尝言道："申子每发一论，摘片词，予无弗心折申子。"③甲申国变之后，申涵光的父亲死于国难，申氏遂不复出，绝意仕途。而傅维鳞在经历了亡国之悲之后，很快调整心态，选择了出仕。然而，不同的政治选择并没有成为二人继续交游的障碍，他们还时常书信往还，互道近况。顺治五年，已经出任清朝官员的傅维鳞在出差途中还特地去拜访了昔日好友。"僻巷填车马，何人忆隐沦？十年惊会面，一笑忽沾巾。"④这是申涵光对这次会面的记述，他感动于身居庙堂之上的傅维鳞还能够探访自己这位旧友，于是二人开怀畅饮，互诉衷肠，不存在丝毫芥蒂。在这之后，二人还有过几次会面，也曾携手同赏山川之秀美，畅叙友情。这种交谊是真切实在的，笃厚的友情并不会因彼此政治立场的差异戛然而止，而是在情感的维系下继续保持。人性使然，一般来说，亲情、友情的维系往往较为稳固，在时局变动下个人不同的选择并不

① 《清史稿》卷484《文苑一·魏际瑞传》。
② 谢正光：《清初诗文与士人交游考》，南京大学出版社2001年版，第220页。
③ 傅维鳞：《四思堂文集》卷2《申凫盟诗序》，齐鲁书社1997年版，第20页。
④ 申涵光：《聪山诗选》，中华书局1985年版，第32页。

会影响彼此早已存在的深厚友谊，反而会相互影响，相互鼓励，作为彼此情感的支撑。仕宦之身的傅维鳞，时不时也会向往归隐山林，这点和遗民友人的影响是分不开的。一种是以文化取向与价值取向的一致性为主要纽带，可称之为神交或文交，他们大多在诗词、文史、学术思想等方面互相往来切磋。比如陆陇其对吕留良理学的赞赏与学习。还有一种是出于政治利益、攀附心理等的交游活动。这种交游是带有政治钻营色彩的，常常表现在热衷功名之人与当朝权贵的交接中，他们往往是为了提高自己的声名，增加己身之政治资本，带有很强的功利色彩。这种交游在仕清史家之中为数不多，不占主要地位。

在交游的途径方面，清初文人往往通过集会宴饮、游幕、书信往还、互写序文题跋、诗词唱和等方式来彼此交接。交游的主题大多是文学性的，属于一般的感情沟通，也有的是对前明的共同追忆，这是由共同的生活经历所引起的。在如此多样的形式下，最终形成了独特的清初仕清史家群体交游圈。透过广泛的交游，史家的情感有了寄托，他们自身在政治、经济和学术上也获得了很大的帮助和改变。不论是对清朝心态的改变，还是生活际遇的改观，抑或是自身学行品格的提升，都离不开史家们广泛的交游。除此之外，群体之间的交游，还扩大了彼此的交游圈子，丰富了交游内容，对于后进的提携和鼓励，也往往影响深远，可以视为史家自身学行人品在后代的延续。

仕清史家的交游圈中，具有典型意义的便是他们与明遗民的交接往还，其中多为私人情谊，这种交往在明亡之前就存在，明亡之后不同的政治选择并没有割断彼此的感情联系，而是更多地表现出对彼此的理解和崇敬。仕清者敬佩明遗民的苦节，明遗民也能够理解仕清友人的出仕，他们往往以其事功来宽容仕清者。彼此的交接往还中，在感情联系之外，他们往往能够持守各自的立场，对明与清的态度有着一定的差别，对各自的身份也有着清晰的认知。

曾于明代担任山东潍县县令的周亮工，在明亡之时也曾一心求死，结果被家人救下。进入弘光政权之后，他却被诬陷下狱。心灰意冷的他最终选择了投身到新兴满族政权之中。然而他的知交好友陈洪绶却并未因其失节仕清而拒绝与之往来，数年之后，二人重逢之时，陈洪绶作了《喜周元亮至湖上》一诗。"人壮吾新老，兵销会不疏。此来难久住，一笑一欹歔"①，言语之中全然未提周氏仕清之事，满满的是知交友人的久别重逢之感。身为贰臣的周亮工，也因其好士之名，赢得广大遗老的认可，时传周栋园"好士怜才，一时遗老多从之游"②。所以说，政治立场的分殊并不是影响清初士人交游的主要因素，现实情形要比想象中复杂得多，时人或出于情感的联系，或出于现实的考量，往往联系较为密切，从中也可以得见清初士林交游的优容环境。

仕清史家和明遗民在清初的交谊常常是很深厚的，他们给予彼此的更多是宽容和理解，而不是苛求和责备。仕清史家良好的政声常为明遗民所称赞，而遗民的志节则为仕清史家所钦佩，在仕清友人仕途失意之时，也常常能够得到来自遗民友人适时的劝慰，双方交往的真挚可见一斑。遗民毛先舒就很欣赏仕宦友人毛际可的吏治才能，在给他的信中，除了述说自己的近况，还对听闻毛际可治绩日益良好表示异常欣喜。在毛际可被罢归之后，毛先舒题诗以赠，赞其为"秦山洛水循良吏"③，希冀友人不要为一时的政治失意而介怀，"他年君作任公子，十辖还牵海大鱼"④，只要耐心等待，建功立业、福泽百姓之日终会到来。仕清者和明遗民在为百姓谋取福泽方面的意志是一致的，只不过一方选择了在实际中去践行，而另外一方基于道德气节而只能在道义上给予声援。

故国之思是能够引起仕清史家与遗民史家感情共鸣的主要因素，但基于二者不同的政治身份，在对故明的感情方面，二者还是有一定差别的。遗民史家对故明的怀念是深切真挚的，他们往往可以酣畅淋漓地表达这种故国之思以及自身对前明君主的忠贞。而那些在明代生活较长时间的仕清史家，难免会对明代有些许怀念，却不似遗民史家那般浓烈，在表达时也必须顾及自己新朝官员的身份。在与遗民史家

---

① 陈洪绶：《陈洪绶集》卷5，浙江古籍出版社1994年版，第1029页。
② 邓之诚：《清诗纪事初编》，上海古籍出版社1984年版，第889页。
③ 毛先舒：《思古堂集》卷4《题戴笠垂竿图》，齐鲁书社1997年版，第210页。
④ 同上。

的唱和之中，仕清史家对明代覆灭的感叹常常是空泛的，含有应酬之意，并未包含深厚感情，毕竟在朝代更替之际，他们采取的是务实的态度，选择了顺应时代的潮流，像"新亭杯酒后，哭叹已无人"①这样的慨叹充其量是泛泛的对朝代兴亡之感的抒发，这是由他们的政治选择所决定的。

仕清史家往往能够凭借自身的身份优势，给遗民史家提供政治和经济上的帮助。遗民史家在清初很容易因自身的政治坚守而受到小人的构陷和逼迫，仕清史家这时施以援手，往往就能够帮助他们很快解脱。在清初，仕清史家救助遗民史家的事例不在少数。顾炎武曾先后两次被诬陷或因文字牵连入狱，在解救他的过程中，外甥徐元文起了关键作用。康熙七年，顾炎武因故被下济南狱，其时徐元文身任国子监祭酒，听闻母舅之事，立即赶赴济南，在他的权势影响下，此案很快了结。事后，顾炎武也感叹外甥之来，正是时候，否则"此案扳蔓，非旦夕所能了也"②。龚鼎孳也是对明遗民救助甚多之人，他资助了困游京师的朱彝尊、陈维崧，解救了傅山、阎尔梅等陷入冤狱的遗民史家，他的行为固然有一定的因自己身仕两朝的悔罪心理，但确实在客观上收到了良好的效果，获得了士人广泛的称赞。救助遗民的行为很大程度上冲淡了他道义上的失节，士人记念更多的是他的善举，金堡就把他比作慈悲大菩萨，而钱澄之称之为"仁人"。遗民史家往往较为穷苦，自身的著述难以流传，这时仕清史家便能够凭借自身优越的经济地位帮助他们，或者刊刻其著述，或者直接资助，或者捐献图书等。周亮工喜好结交名士，奖掖后进，他曾出资刊刻遗民吴嘉纪的诗作，"自是人知有海陵诗人吴野人"③。

仕清史家与遗民史家的交接中，也有一部分是以学术或思想价值取向的一致为纽带。浙江平湖人陆陇其于康熙年间得中进士，先后做过知县和御史之官，他是坚定的拥清者，即使人生坎坷，也从未放弃

---

① 龚鼎孳：《定山堂诗集》卷8《长千秋兴》，《续修四库全书》第1402册。
② 顾炎武：《与原一甥》，《顾亭林诗文集》卷3，中华书局1983年版，第56页。
③ 周亮工：《赖古堂集》附录，上海古籍出版社1979年版，第1008页。

仕进之心。吕留良是有着强烈遗民倾向之人，他宣扬朱熹思想中的种族意识，不承认清朝统治。在复明失败之后拒不仕清，而是家居授徒，后来还出家为僧，以此来宣示其抵触清廷的立场。然而，这样两个政治上截然相反的人，却也因相同的"尊朱辟王"的思想而往还交接。陆陇其对朱子学说的坚定也和吕留良的启发有关，他在听闻吕留良去世之际，甚为悲痛，亲写祭文，述说自己因服膺先生之学而与之交往，并且感谢吕氏在学问上对自己的影响："……始遇先生，从容指示，我志始坚"。① 诸如此类的交游还有很多，通过彼此的学术交流，增进了各自的学术素养，也扩大了学术交流圈子，为活跃和繁荣清初学术提供了重要前提。

总的来说，仕清史家因没有很大的心理负担，清初社会舆论的宽容使得他们不必过多地为自己的仕清行为感到羞愧，他们也用自己的实际政声与作为回答了世人的质疑，所以在与遗民史家的交往中，往往能够掌握主动权，以一种平等而非羞愧的心态与之交接，双方可以抛开政治立场不谈，而在其他方面找到共同话题。他们也在无形中劝慰友人放弃或者是缓和对清的抵触情绪，像他们一样，投身到新政权的建设中来，施展自己的才华，见用于当世，而不是隐居不仕，白白浪费了自己的才能，一生空蹉跎。而由于遗民史家多出于大儒名家，具有较高的学术和史学素养，仕清史家与他们的交游也会对史书的质量产生直接的影响。徐秉义著《明末忠烈纪实》的一个重要条件，就是他与黄宗羲、万斯同、钱秉镫等人的交游，"秉义纂是书时，距明清易代之时未远，且与明末遗老黄梨洲、万季野诸君互相商榷义例，故颇资取信"，"每举经史疑义相发明，有得则疏录成书"②。不过，这种交游也影响到了他的历史评判。朱希祖虽然肯定此书"可为滥信明末野史者之针砭，可谓慎而考矣。至其文章详赡，不轻于褒贬，各传所采奏疏，于明季所以丧亡之情状，必罗列靡遗，尤为详而得要，较之今本《明史》各传，且有胜之者"，但同时也批评他"惟身列慎

---

① 吴光西：《陆陇其年谱》，中华书局 2006 年版，第 95 页。
② 谢国桢：《晚明史籍考》，华东师范大学出版社 2011 年版，第 422—424 页。

交社,为东林、复社、几社后劲,不免有袒护东林之处。例如评夏允彝《幸存录》,竟有如黄宗羲所谓《不幸存录》之意,盖与黄氏沆瀣一气者也"①。朱一是的史论也多得之于好友。他说:"梅溪盖有屠圣武先生云。先生博通经史,而多衡断。其子昭仲、犹(幼)子阇伯,皆与余善。余登二子之堂拜先生,获闻先生及二子绪论,往复质辩,每为顺解。故余十年来闻见,多得之屠氏。老友谈迁时从宁邑过梅溪,则又各出其书相考证。而武林陆讲山、秀州俞右吉皆近时古文家,为余所心折,能起余者。然二子不时至,至辄饮酒谐谑,间出一论,余即记之。惜余善忘,记之而不书于册,寻又忘也。他人之学多得于书,余独得于友。他们用诵读,余用谈说。性有所近,不可强尔。"② 所谓"他人之学多得于书,余独得于友",正是交游对学术影响之所在。

虽然贰臣史家出于种种原因改节仕清,但他们对于故国的眷念,对失节的痛悔自谴,不仅不可能完全从心理上抹去,反而对其入清之后的生活方式和思想情感产生深刻影响,在众多的影响之中,尤其引人关注的就是他们与遗民的交往。虽然贰臣史家属于贰臣,应当受到谴责,更会被遗民群体所鄙视,但是在实际的社会交往中,情况并不如我们想象的那么绝对,一方面,个体之间在明朝就建立起来的情谊关系并没有那么容易断绝,"清初士人间的交谊,往往为明末已建立之社会关系的延续与发展。换言之,朝代更替所引发起政治上的波动,在一般情况下,并未给士人间的交往带来极大的攻击"③。另一方面,在于贰臣史家的自身努力,无论是有意或者无意,他们在交游中都表现出向遗民靠近的倾向,对于气节有亏的贰臣史家来说,忠于故国、大节无损的明遗民是他们所背弃的故国和伦理道德的象征,他们

---

① 朱希祖:《明末忠烈纪实》跋,谢国桢《晚明史籍考》,华东师范大学出版社 2011 年版,第 423 页。

② 朱一是:《史论序》,《为可堂初集》卷 10,《四库未收书辑刊》第 1 辑,第 21 册,第 670 页。

③ 谢正光:《清初贰臣曹溶及其"遗民门客"》,《明清论丛》第 3 辑,紫禁城出版社 2002 年版,第 215—243 页。

在遗民面前既觉得自惭形秽，可能还会遭到谴责，但又会在潜意识里对遗民有着崇敬和亲近之感，和遗民交往，甚至获得遗民的谅解，也成为他们进行忏悔和赎罪、弥补自己破碎人格心态的一种方式。

钱谦益入清之后的行为很好地展现了贰臣史家与遗民的交往情形，钱氏因为在南京降清而名声扫地，他因此愧悔自责，甚至决意不再著述，却仍然为江南士人所不齿，受尽谴责，但是顺治五年他因卷入黄毓祺复明活动案而被管制于南京，社会舆论出现了转折，也让钱谦益看到了争取士人原谅的希望。在钱氏被管制南京期间，林古度、盛斯堂、何煜等遗民人士前来探望，"戊子岁，余羁囚金陵，乳山道士林茂之，偻行相慰问。桐皖间遗民盛集陶、何寤明亦过时从……再过金陵，乳山游迹益广。都人士介乳山谒余者，名纸填门，诗卷堆案，翰墨淋漓，长干传为盛事"①。这几位明遗民都声望颇高，他们用行动表明对钱谦益的谅解，也在一定程度上带动整个江南遗民群体对钱氏态度的转变，使得钱谦益周围的舆论环境改善许多，而他们对钱谦益表示同情是因为他们看到了钱谦益牵涉到反清活动，认可其意图恢复故明的态度，自此，钱谦益找到了一条表达忏悔情绪的道路——投身复明运动，直接以实际行动获取士人的谅解。而后，"钱谦益与明遗民的交往，更是建立在共同参与反清斗争的基础上，以弥补自己一度降清失节的过失……在他失节降清后，尚与他保持密切往来的遗民，若黄宗羲、归庄、邓大临、吕留良等，大多和他共同从事过反清活动。"② 在投身复明运动的前提下，钱谦益也在不断地向明遗民宣扬自己的复明心迹，希望进一步得到他们的同情和谅解。他在和林古度的诗词唱和中，反复表达内心的惨痛悔恨，"覆杯池畔忍重过，欲哭其如泪尽何。故鬼视今真恨晚，余生较死不争多"，"风轮火劫暮年过，未死将如朽骨何"③，特别是与明遗民全节不仕的行为对比时，他更是表现得自惭形秽，"能始为全人以去，三年之后，其藏血已化碧。

---

① 钱谦益：《牧斋有学集》卷20《新安方氏伯仲诗序》，《续修四库全书》第1391册。
② 白一瑾：《论清初贰臣和遗民交往背后的士人心态》，《南开学报》（哲学社会科学版）2011年第3期。
③ 钱谦益：《牧斋有学集》卷1《再次茂之他字韵》，《续修四库全书》第1391册。

而予也，楚囚越吟，连蹇不即死。予之眉目蹙笑，临流览镜，往往自憎自叹，辄欲引而去之"①。后人常论钱谦益悔过心态之真真假假，或许就因为其无论心态还是行为都体现了很强的目的性，特别是在意识到明遗民对其的接纳可以带给他如此之大的影响后，才开始追悔莫及，但在实际效果上，钱谦益的努力没有白费，他因失节在士人群体中产生的负面影响一定程度上得到消解和改善，"当时黄梨洲、归玄恭、吕晚村、魏楚白、屈翁山诸先生，皆密与来往，规画排满者。其他遗民如阎古古等亦来虞山与之谈论诗文及时事"②。阎尔梅就曾在诗文中惋惜钱谦益失节，"邵侯无奈称瓜叟，沈令何言笑妓师？大节当年轻错过，闲中提说不胜悲"③，用理解和同情的情绪代替了批评、指责。

对故国的共同情怀也是贰臣史家与其他群体史家沟通的基础。陈贞慧之子陈维崧虽应试康熙博学鸿词科，但并未影响他与吴应箕之子吴孟坚的友情。吴应箕去世后，吴孟坚整理其父遗稿，成《留都见闻录》一书，请陈维崧为该书作序。陈维崧在为该书所作序文中首先回顾了父辈的交谊："甲申秋，先大人会遭钩党祸，与夫子仓皇去金陵，居一年，夫子慷慨仗节死，先大人亦凿坏堑户，足不至南中者十余年。"父辈的遗民气节无疑对他们造成了深刻的影响，使他们在多年之后仍然难以忘怀。陈维崧说："余尝孑身独游，旁皇冶城、桃叶间，欲问儿时巷陌，往往迷不得其处所。云成贤街旧宅，已转徙数易主，其他宋氏园亭、邹氏阁子，及鹭峰诸旧寓，尽灭没荒烟断霭中，徜恍至不可问，盖人世沧桑，而岁月之不足供把玩也遂如此。"孑然一身、彷徨迷茫、物是人非、人世沧桑，这些都直接映射出了他的遗民心境和情结。所以，当"庚申夏，子班闻史事来燕，示余以夫子是编，发

① 钱谦益：《题曹能始寿林茂之六十序》，钱仲联标校《钱牧斋全集·牧斋外集》，上海古籍出版社 2003 年版，第 844 页。
② 钱仲联：《梦苕庵诗话》，《清诗纪事》顺治朝卷，江苏古籍出版社 1987 年版，第 1275 页。
③ 钱谦益：《钱牧斋招饮池亭谈及国变事恸哭作此志之时同严武伯熊》，钱仲联主编《清诗纪事》明遗民卷，第 143 页。

函伸纸，顿还旧观，盖自癸酉迄今已阅四十余年，其间盛衰兴替之故，有不可胜言者。展东京梦华之录，抚清明上河之图，白首门生，清江故国，余能无愀然以感，而悄然以悲者乎！"① 这种"清江故国之悲"其实是陈维崧与吴孟坚之间感情的纽带，这个纽带使他们得以抛却政治上的进退，而在情感世界取得了共鸣。这也是大多数贰臣史家都能为遗民史家所接受的重要原因。

贰臣史家曹溶因乐于提携士人，特别是与诸多明遗民的交往，并在许多方面帮助明遗民，在当时的名声甚好。有研究者对曹溶在晚明及清初的交游情况作了详细的考证，指出曹溶在仕清的二十多年间，与为数不少的明遗民保持密切的交往，如万泰、朱彝尊、俞汝言、严炜、顾炎武、屈大均，都是当时被视为忠贞不渝的朱明遗民，在曹溶担任广东、山西两省地方大吏的时候，曾陆续在曹氏幕中做客，而曹溶与他们的交往也扩大了其在清初的交际范围，使他结识了更多的著名遗民，并为其赢得好士之名，而他仕清变节一事则被置于一边，似乎被大家遗忘了②。贰臣史家群体中，曹溶仕清的时间最长，并且在地方政府中担任重要职位，特别是在顺治十二年，外调遗民聚集的广东地区，使他有机会联系当地遗民，并为他们提供力所能及的帮助，遗民也没有对其嗤之以鼻，反而因为他的救济帮助渡过难关。曹溶帮助万泰料理其姻亲李枟后事，李枟是拒不仕清的浙江知名文士，同为遗民的李枟之子李邺嗣对此感念不忘，此事也对曹溶往后与浙东遗民的交往大有裨益。此时的曹溶担任清朝地方大吏，而万泰等人则坚决反对清朝，甚至与地方抗清事件有所牵连，曹溶并不忌讳与他们的联系，其中既有前朝积累下来的情谊关系，也有曹氏对他们的敬佩之情。而且，与拒不仕清、受到清廷敌视，并且缺少经济来源、过着清贫生活的明遗民相比，曹溶此时的境遇相对优越，无论是在政治上还是经济上，他都有能力伸出援助之手。曹溶在朱彝尊落魄之时邀请他

---

① 陈维崧：《留都见闻录序》，载谢国桢《增订晚明史籍考》，华东师范大学出版社2011年版，第501—502页。

② 谢正光：《清初贰臣曹溶及其"遗民门客"》，《明清论丛》第3辑，紫禁城出版社2002年版，第215—243页。

入幕，或许就出于这样的原因。朱彝尊在明亡后曾参与抗清事务，以图恢复明室，失败后生活不定，在曹溶任职广东和山西期间，他都曾陪伴左右。朱彝尊晚年曾回忆其游幕曹溶府中的生活，"彝尊忆壮日从先生南游岭表，西北至云中，酒阑灯炧，往往以小令、慢词，更迭唱和"①。与曹溶的交往并且入幕曹溶府中，不仅使朱彝尊在经济上结束窘迫的状况，也在客观上使他避免因多次参加抗清复明事件受到更多的牵连和政治迫害。而曹溶愿意结识各地遗民，在他的交游圈中，明遗民甚至占了多数，其中一个不可忽视的原因就是他与遗民可以找到相同的情感交汇点，对于明朝的怀念之情，可以与遗民相互诉说，也能借此坦白自己的心迹，而他因为与遗民交游获得的名声盖过了其仕清带来的指责。在曹溶和遗民的交往中，他的变节行为并没有被常常提起，甚至像没有发生过一样，反而他能以新朝官员的身份与遗民和睦相处，不但未引起遗民的反感，还得到了遗民的好评，李邺嗣就曾赞许曹溶为"今日人师模楷"②。以曹氏身仕两朝的政治操守，能得到如此评价，也是此生无憾了。

需要注意的是，虽然贰臣史家在交游中向明遗民靠近，明遗民也没有抗拒与他们的来往，但是二者在心态、情绪上，仍然有着根本的不同。在交往中，遗民往往显得坦然自在，可以直接地、毫无保留地表达自己的情绪。而贰臣史家则要处处小心，既要用诚心悔过的态度获取明遗民们的信任，又要认清自己的处境，时刻放低自己的地位。他们明白，无论怎么悔过，失节降清的事实并不会凭空消失，只有尽最大努力才会获得谅解。

不同群体的史家通过交游建立起来的社会关系网络纵横交错，打破了各种政治、思想与道德的界限，使各个史家群体从相互的交流中获得知识、道德、情感、生活等多方面的支持和帮助，也有力地促进了不同史家群体的整合。

---

① 朱彝尊：《静惕堂词序》，载陈乃乾编《清名家词》第1册，上海书店出版社1982年版。

② 李邺嗣：《寿曹秋岳先生六十序》，《果堂文续钞》卷2，《丛书集成续编》第124册，上海书店1994年版，第261页。

　　清初史家群体是随着清初政治、文化环境的变化而不断发展变化的，遗民史家群体不断走向分化，并与仕清和贰臣史家群体保持着密切的交游，这使得分化后的遗民史家得以与其他史家群体实现调融与整合，最终实现史学格局的常态化。

　　二　史家群体的社会性分化

　　史家群体的社会性分化则贯穿于整个明清时期，表现出日趋活跃的特点。有研究者指出，明清史学的一个重要趋向，就是不断走向社会深层，与社会的联系越来越紧密。这种趋向主要体现在两个方面：一是历史的教育功能受到社会各阶层的普遍重视，历史普及读物大量涌现；二是史学的社会功能得到史学家、政治家乃至各级行政官僚、地方士绅的认同，史学经世致用的观念越来越深入人心。①

　　这一趋向使得史家的史学活动方式和场域发生了变化，从而出现了明显的社会性分化。

　　第一类是致力于通过诫训类史书推行教化的史官。

　　明初，朱元璋十分重视以史为鉴，加强了对皇族和官僚集团的历史教育。在他的影响下，明代前期修纂了很多诫训类史书，基本情况可见下表。

表2-10　　　　　　　　　　　明代官修教化书②

书名	作者	卷数	成书年代
《君戒》	滕毅、杨训文		龙凤十一年
《公子书》	熊鼎、牛梦炎		龙凤十二年
《务农技艺商贾书》	熊鼎等		龙凤十二年
《女诫》	朱升等	1	洪武元年
《宗藩昭鉴录》		5	洪武三年
《存心录》	吴沉等	10	洪武四年

---

　　① 白寿彝主编：《中国史学史》第5卷"明清时期"，上海人民出版社2006年版，第19页。

　　② 钱茂伟：《明代史学的历程》，社会科学文献出版社2003年版，第48—50页。

书名	作者	卷数	成书年代
《省躬录》	刘三吾等		洪武四年
《皇明祖训录》		1	洪武六年
《昭鉴录》	文原吉等	2	洪武六年
《辨奸录》	宋濂	1	洪武六年
《皇明宝驯》	宋濂	5	洪武七年
《孝慈录》			洪武七年
《洪武圣政记》	宋濂	1	洪武八年
《资世通训》		1	洪武八年
《春秋本末》	傅藻等	30	洪武十二年
《臣戒录》		10	洪武十三年
《昭示奸党录》		1	洪武十三年
《相鉴》	吴沉等	20	洪武十三年
《清教录》		1	洪武十三年
《精诚录》		3	洪武十六年
《大诰》		1	洪武十八年
《大诰续编》		1	洪武十九年
《大诰三编》		1	洪武十九年
《省躬录》		1	洪武十九年
《志戒录》	刘三吾等	1	洪武十九年
《武臣大诰》		1	洪武二十年
《武士训戒录》		1	洪武二十一年
《彰善瘅恶录》		3	洪武二十五年
《醒贪要录》			洪武二十五年
《逆臣录》		5	洪武二十六年
《奸党三录》			洪武二十六年
《稽制录》		1	洪武二十六年
《永鉴录》		1	洪武二十六年
《世臣总录》		1	洪武二十六年
《为政要录》		1	洪武三十年
《储君昭鉴录》		1	洪武末年
《古今列女传》	解缙等	3	永乐元年
《文华宝鉴》			永乐二年
《圣学心法》		4	永乐七年

续表

书名	作者	卷数	成书年代
《务本训》			永乐八年
《历代名臣奏议》		350	永乐十四年
《太祖宝训》		15	永乐十六年
《孝顺事录》			永乐十八年
《外戚事鉴》		5	宣德元年
《历代臣鉴》		37	宣德元年
《五伦书》			正统十二年
《历代君鉴》		50	景泰四年
《鉴古录》	李贤		景泰五年
《文华大训》		28	成化十八年

从表 2 - 10 的官修教化书的情况来看，虽然这些著述不尽是史书，但其中的史书也有不少。无论是以古为鉴，还是以今为训，这些史书中都体现了鲜明的以史为鉴、教化臣民的思想。这些教化性史书针对的对象，上自帝王、太子、藩王、臣子，下至庶民、列女、商贾、农夫，包含了社会的各个阶层，而以皇族和官僚集团为主。对于这些史书的指导思想，朱元璋曾说："朕阅古圣贤书，其垂训立教，大要有三，一曰敬天，二曰忠君，三曰孝亲，三者尽而人道至矣。"[1]也就是说，敬天、忠君、孝亲是教化性史书的指导思想和主要目标。这些史书除已知纂修者之外，很多不知纂修者，但从其成书背景、内容和旨趣来看，应是多成于当时史官和应召臣僚之手。

第二类是编纂、刻印、贩卖纲鉴类史书和节录本史书的史家和书商。纲鉴类史书的流行是明清史学发展的一个重要现象，也是史家群体走向社会的一个重要方式。自朱熹《资治通鉴纲目》成书，因其思想旨趣效法《春秋》，借助纲目体的体裁体例明正统、斥篡贼、立纲常、扶名教，深合古代帝王、士人的政治文化心理；而其内容简明扼要，便于阅读，亦能够满足一般民众的文化需求，所以甚为时人和后

---

[1]　《明太祖实录》卷 152，洪武十六年二月己丑。

人所重，成为士子和一般民众常用的历史读物。明代前期除了官修的《续资治通鉴纲目》之外，也有民间流行的《通鉴节要》和《通鉴节要续编》。这两部书是地方科举应试教材之一，因其详略适中、简便易览，所以非常畅销，曾在景泰三年（1452）、成化二十年（1484）、弘治十年（1497）、弘治十一年（1498）、弘治十五年（1502）、正德九年（1514）、嘉靖十八年（1539）、嘉靖二十八年（1549）、万历九年（1581）多次重新刊刻，可见其流传之广、影响之大。嘉靖以后流行纲鉴。嘉靖初年有严时泰的《新刊通鉴纲目策论摘题》20卷、戴璟的《新刊通鉴汉唐纲目经史品藻》12卷、《宋元纲目经史品藻》5卷。从嘉靖末年开始，纲鉴类史著的数量增加很快，仅从下表即可见一斑。

表2－11 明代纲鉴类图书①

书名	托名作者	卷帙
《新刊古本达志合并纲鉴大成》	唐顺之	46
《鼎锲赵田了凡袁先生编纂古历史大方纲鉴补》	袁黄	39
《纲鉴大全》	王世贞	39
《凤州纲鉴》	王世贞	39
《镌王凤洲先生会纂纲鉴历朝正史全编》	王世贞	23
《王凤洲先生纲鉴正史全编》	王世贞	24
《重订王凤洲先生纲鉴会纂》	王世贞	46
《纲鉴标题要选》	王世贞 郭子章	12
《纲鉴要选》	郭子章	10
《新刊论策标题古今二十三朝史纲纪要》	许国	72
《资治历朝纪政纲目前编》	黄洪宪	8
《正编》	黄洪宪	40
《续编》	黄洪宪	26
《新刊史学备要纲鉴会编》	王锡爵	48

① 钱茂伟：《明代史学的历程》，社会科学文献出版社2009年版，第407—408页。

续表

书名	托名作者	卷帙
《新刊史学备要史纲统会》	王锡爵	23
《刻注解标题历朝鉴纲论抄》	张居正	12
《历朝纲鉴辑要》	孙镶	20
《鼎锲纂补标题论策纲鉴正要精抄》	冯琦	20
《新刻九我李太史编纂古本历史大方纲鉴》	李廷机	39
《鼎锲叶太史汇纂玉堂纲鉴》	叶向高	70
《新锲国朝三元品节标题纲鉴大观纂要》	焦竑	20
《汤睡庵先生历朝纲鉴全史》	汤宾尹	70
《纲鉴标题一览》	汤宾尹	不分卷
《纲鉴标题》	汤宾尹	4
《新镌张太史注释标题纲鉴白眉》	张鼐	21
《纲鉴要编》	陈臣忠	24
《刻王凤洲先生家藏通考纲鉴旁训》	何乔远	20
《编辑名家评林史学指南纲鉴纂要》	翁正春	20
《鼎锲献荩乔先生纲鉴汇编》	乔承诏	91
《纲鉴正史约》	顾锡畴	36
《新刊翰林考正纲目通鉴玉台青史》	汪旦	17
《鼎镌钟伯敬订正资治通鉴纲鉴正史大全》	钟惺	74
《梦竹轩订正纲鉴玉衡》	刘孔敬	72
《纲鉴统一》	冯梦龙	39

需要指出的是，由于明代的纲鉴类史书多在思想上承袭朱熹《通鉴纲目》，其中有很多强调华夷之辨、贬斥夷狄的内容。这在清初是触犯时忌的，所以很多纲鉴类史书遭到了查禁。但是，纲鉴类史书的社会需求并未因此而减弱，所以清代仍然编纂、出版了不少纲鉴类史书。除了官修的《御批资治通鉴纲目》《御批资治通鉴纲目前编》《御定资治通鉴纲目三编》等之外，史家私修的还有潘永圜《续书堂纲鉴定本》64 卷、朱璘《历朝纲鉴辑略》不分卷、陈志襄《纲鉴会通明纪会通》15 卷、蒋先庚《龙门纲鉴》20 卷、叶沄《纲鉴会编》

98 卷、司徒修《纲鉴择语》10 卷、倪呈露《纲鉴望知录》不分卷、周道卿《纲鉴总论》2 卷、吴乘权《纲鉴易知录》107 卷，等等。其中，官修《通鉴辑览》代表着清廷在历史教育导向和观念上的权威，吴乘权的《纲鉴易知录》则可以作为私修史家在民间社会的代表，影响很大。

纲鉴类史书的对象主要是科举士子，也包括喜欢历史的一般民众。它的主要功能是帮助科举士子应对科举考试，帮助一般民众树立历史常识，就像冯梦龙在其《纲鉴统一》的"凡例"中所说的"二十一史事迹繁多，难以统括，此刻专便举业。姑以《纲目》、《通鉴》二书为主，编参先辈纂辑，酌其异同。一代之纲纪必详，一事之始终必具，而删烦去冗，务极简事"①。因此，它在性质上更多的是史学的通俗和普及读物。正因为如此，纲鉴类史书编纂者既有具备较高史学素养的史家，也有不少借此逐利的书商，其中不少人兼具史家和书商的双重身份。有人曾经做过统计，现存的宋元刻本《通鉴》和《纲目》有 50 余种，明初至万历以前的《通鉴》类史书有 20 余种，《纲目》类史书则有 140 余种（其中 90 余种为坊刻本，这 90 余种中仅福建建阳书坊就刊刻了 60 余种），不仅数量繁多，而且呈现出将《资治通鉴》简约化、通俗化，乃至逐渐由《纲目》《纲鉴》类史书取代《资治通鉴》的趋向。特别是坊本《纲目》类史书，不仅简明扼要，文中还多附句读、注音、释义、圈点、考异、批评等，其通俗、普及之意昭然。② 建安刘氏慎独斋于弘治十一年刊行的《资治通鉴纲目》，就附有尹起莘的《发明》、刘友益的《书法》、汪克宽的《考异》、王幼学的《集览》、徐文昭的《考证》、陈济的《正误》、冯智舒的《质实》等，内容丰富，广受欢迎，以至于此后"五百年来，学士大夫之所诵习，皆从此坊本出"③。正是因为纲鉴类史书有很大的市场需求和

① 冯梦龙：《纲鉴统一·凡例》，明崇祯刻本。
② 纪德君：《明代"通鉴"类史书之普及与通俗历史教育之风行》，《中国文化研究》2004 年春之卷。
③ 王重民：《中国善本书提要·史部·编年类》，上海古籍出版社 1983 年版，第 93 页。

利润空间，所以不少书商甚至假托著名史家之名来为自己刊刻的纲鉴类史书提升名气，打开销路，王世贞、何乔远、张居正、王锡爵、李廷机就是当时书商经常假托的史家。晚明学者徐奋鹏指出："所睹者，则仅书肆□贾所为《纲鉴会编》已耳，或《史纲纪要》已耳，或《纲鉴大成》已耳。盖俱合紫阳之《纲目》与司马之《通鉴》，总而成帙，以便学古者之观省。然其事或此载而彼遗，其文或彼详而此略，博综之士，恨其未全。而其书法义例，或仍于《纲目》，或戾于《纲目》。盖笔多出于山林学究之手，而假名于哲匠鸿□，非真笔也。"① 这种托名的现象是史书纂刻的市场化促成的，它对史书质量的影响值得关注。而将史书的编纂、刊刻、销售推向市场，形成一个完整的链条，也可以说是史学专业化的一个特殊表现。

除了纲鉴类史书，大量关于史书的分类编纂、节选、摘录和重编开始出现。明代马维铭的《史书纂略》多达 220 卷，是选取二十一史中的本纪和列传，择其大要，汇为一书。唐顺之的《历代史纂左编》也是依据历代正史所载的君臣事迹，进行分类编纂，汇成 124 卷的巨帙。至于茅国缙的《晋史删》、王思义的《宋史纂要》、张九韶的《元史节要》等，则是断代史的节选著作；项笃寿的《全史论赞》、沈国元的《二十一史论赞》、彭以明的《二十一史论赞辑要》等，则是历代正史史论的汇辑。清代上述类型的著述在社会上仍相当流行，如《古今彝语》《读史津逮》《廿一史约编》《廿四史约编》《廿二史纪事提要》《史纬》《廿二史言行录》《读史碎金》《历代鉴略》《史略》《纲鉴择语》《二十四史论赞》等，皆为此类。这些节录本、选编本的出现，和纲鉴类史书的出现一样，是史学走向市场化、专业化的一个表征。

第三类是致力于藏书、刻书的史家。藏书家是明清时期非常活跃的一个文化群体，常集刻书、藏书于一身。就其史学素养而言，称之为史家亦不为过。事实上，很多藏书家就是以史学而名，并为史学发展做出了突出贡献。明代涌现出一批著名私人藏书家。如杨循吉藏书

---

① 钱茂伟：《明代史学的历程》，社会科学文献出版社 2009 年版，第 406 页。

十余万卷，叶盛藏书至数万卷，李开先藏书富甲齐东，王世贞藏书三万余卷。范钦于嘉靖四十年（1561）创建天一阁藏书楼，藏书达七万多卷。他不但重视古籍和版本，而且对当代方志、政书、实录、诗词文集也多有搜求。毛晋一生酷爱图书，为藏书而大量刻书、收书，还从事书籍的销售活动。毛晋藏书达八万四千余册，特建汲古阁、双莲阁、又一阁以藏之。毛晋所刻之书品类繁多，既有《十三经》等经学著作，也有《十七史》等史学著作，更有《津逮秘书》《六十种曲》以及古今百家诗词文集等，总数达二百种以上。毛晋之后，其子继其志，继续从事刻书藏书活动。毛氏父子具有深厚的史学和文献学功底，以及很高的文化素养，其风流文采，照映一时，被称为"海内藏书第一家"。另外，徽州歙县的吴氏、汪氏、黄氏和鲍氏家族也都是当时有名的刻书家，刊刻了许多珍贵的历史文献，如《知不足斋丛书》等。这些刻书家、藏书家也进行图书的交流和销售，毛晋所刻之书就运销全国各地，以致有"毛氏之书走天下"之说。明清时期大批书籍进入流通领域，加之当时水陆交通发达，市场需求旺盛，贩书业迅速发展起来。福建建阳是明代一个重要的刻书、贩书之地，具有商业性质的书坊就达六七十家之多，所贩之书中有很多经史典籍。到了清代，南京、北京、苏州、杭州的书市成为全国书籍交易的中心。特别是乾隆中期开《四库全书》馆，下诏遍采天下遗书后，更进一步促进了书籍的流通。清代前期，私人藏书空前兴盛，藏书家众多。据史料统计，历代藏书家共 1175 人，而清代就有 497 人。他们多具有渊博的学识，在学术界和社会上享有很高的声誉。比如黄宗羲、黄虞稷、徐乾学、钱谦益、鲍廷博、朱彝尊、全祖望、朱筠、吴骞、杭世骏、吴泰来等人的藏书均多至数万甚至十余万卷。他们互为转借、传抄、翻刻，既推动了书籍的流通，也加强了文化的传承。

第四类是活跃于民间社会的历史演义编纂者和宣讲者。

作为面向一般民众的通俗史学形式，历史演义的编纂在明清时期盛极一时。《三国演义》是中国最著名的历史演义小说，对后来的历史演义创作产生了极大影响。

表 2 - 12　　　　　　　　　明代历史演义①

书名	作者	卷帙	成刊年代
《开辟衍绎通俗志传》	余象斗	6	崇祯八年
《盘古至唐虞传》	余季岳	2	崇祯
《有夏志传》	余季岳	4	崇祯
《有商志传》	余季岳	4	崇祯
《列国志传》	余邵鱼	8	万历三十四年
《全汉志传》	熊大木	12	万历十六年
《西汉演义》	甄伟	8	万历四十年
《东汉通俗演义》	谢诏	10	万历
《续三国志演义》			
《东西晋演义》	杨尔曾	12	万历四十年
《隋史遗文》	袁蕴玉	12	崇祯六年
《隋唐两朝志传》	林瀚	12	万历四十七年
《唐书志传通俗演义》	熊大木	8	嘉靖三十二年
《残唐五代史演义传》		8	
《南北两宋志传》	熊大木	20	万历二十一年
《大宋中兴通俗演义》	熊大木	8	嘉靖三十一年
《杨家府通俗演义》	纪振伦		
《皇明英烈传》			万历十九年
《三宝太监西洋记通俗演义》			
《新列国志》	冯梦龙		

从表 2 - 12 所列举的著述来看，从盘古到明朝的历史大部分有相应的历史演义小说，说明这些历史演义的编纂者有着明确的史学意识，他们是想把中国历史通过演义这种特殊形式传播给一般民众。余邵鱼声称其编写《列国志传》，"非敢献奇搜异，盖欲使浅夫鄙民尽知当世之事迹也"②。熊大木亦称其编写《大宋中兴通俗演义》，是欲

————————

① 钱茂伟：《明代史学的历程》，社会科学文献出版社 2009 年版，第 399—400 页。

② 余邵鱼：《列国源流总论》，《春秋列国志传》卷首，上海古籍出版社 1994 年影印明龚绍山刊本。

"使愚夫愚妇亦识其意思之一二"①。而编写《全汉志传》也是欲"传四方，使懵然者得是书而叹赏：'西汉之出处如此，我今日有如亲见于西汉世者矣。'夫如是，则向之莫能言者，今皆彻于心矣。宁不为世道之一助?"② 林翰言其编《隋唐两朝志传》，是欲"使两朝事实愚夫愚妇一览可概见耳"③。甄伟编写《西汉通俗演义》，亦欲"使刘项之强弱，楚汉之兴亡，一展卷而悉在目中"④。这些编纂者的指导思想，基本是道德教化思想。如熊大木《大宋中兴通俗演义序》即宣称此书是"以王本传行状之实迹，按《通鉴纲目》而取义"；在《唐书志传通俗演义》里，他不仅明言该书出自《通鉴纲目》，而且还多次引录司马光和朱熹的论断，以表明他确实是以衍绎《通鉴》《纲目》之"义"为己任的。《西汉通俗演义》的作者甄伟甚至断言："义不必演，则是书不必作矣。"就连明末出现的《盘古志传》《夏商合传》，其作者也是"悉遵鉴史通纪，为之演义"⑤。有研究者指出，这些通俗化的著作，其历史观念有四条脉络：一是命定论和因果报应观，二是英雄史观，三是封建伦理纲常观念，四是阴阳五行观念。⑥这些观念确实充分地反映在了历史演义之中，反映了编纂者的思想旨趣。

从上述情况来看，明清史家群体的社会性分化与其社会分工密切相关。他们的史学活动针对的对象有所不同，史学活动方式和目的也有差异，体现出丰富的多元性。这种社会性分化使史学与社会的联系越来越紧密，巩固了史学的专业化，扩大了史学的影响，使史学的发展获得了更广泛的社会基础和发展动力。

---

① 熊大木：《大宋中兴通俗演义序》，载丁锡根编《中国历代小说序跋集》，人民文学出版社 1996 年版。
② 熊大木：《叙西汉志传首》，《全汉志传》，中华书局 1990 年影印明余世腾刊本。
③ 林翰：《隋唐两朝志传序》，载丁锡根编《中国历代小说序跋集》。
④ 甄伟：《西汉通俗演义序》，载丁锡根编《中国历代小说序跋集》。
⑤ 余季岳：《盘古志传》卷末"识语"，中华书局 1990 年影印明余季岳刊本。
⑥ 彭卫：《中国古代通俗史学初探》，《当代西方史学思想的困惑》，中国社会科学出版社 1991 年版。

第三节　史家群体的专业化认知

艾尔曼曾经探讨过清代江南学者的职业化问题，他对职业化的理解颇具启发性。他是根据以下理由来描述清代考证学派的职业化的："1、考证学者都属一种特殊专业的成员，这种专业是在广泛研究和知识训练的基础上建立的，这种研究和知识培养通过向他人提供专业性服务和咨询，获得经济支持和赞助。他们的学术角色和社会作用已实现职业化。2、行业的标准从对理学和经世学知识的系统研究改为掌握特定考证学领域的专门知识，这是它向职业转变的标志。3、掌握考证学方法专业知识的目的是保证这一特殊学科形成、发展和传播，这些专业知识服务于考据学积累性的知识系统。考据学者通过掌握这些知识把自己和官僚、绅士和外行区分开来。4、考证学研究的专业内容和方法没有政治色彩，因而能够避免局外人的评判。所以，尽管考据学派极其缺乏摆脱政治及在社会经济方面束缚的自治权，但这并不改变他们学术活动专业化的本质特征，这种'专业化'即属于我们称之为职业的范围。"值得注意的是，他虽然将"专业化"视为"职业的范围"，但也承认"清代不可能实现向更为规范的各种职业化学者和角色的转变"①。这种"专业化"理解对于认识史家群体的专业化是有启发意义的。

明清史家群体的专业化，可以从三个方面来认识：一是史家对史学的学术边界和知识体系的认识，这在一定程度上可以视为史学的学科意识；二是史家对史学地位的认识，他们将史学视为专门之学，并追求成为专门性的"史家"，这是史家群体意识和身份意识的体现；三是史学方法的专业化，主要体现在历史编纂方法的发展、历史考据方法的精密化与确定史实可靠性能力的提升、史学辅助方法和工具的

---

① ［美］艾尔曼：《从理学到朴学——中华帝国晚期思想与社会变化面面观》，赵刚译，江苏人民出版社 1995 年版，第 69 页。

发达，这是史学专业化程度的检验尺度。

一 史学的学术边界与知识体系

史学专业化的一个学术基础，就是明确史学的学术边界和知识体系。明清时期，史家提出"六经皆史"说，努力厘清史学与经学的关系，试图从外部划定史学的学术边界；注重史部文献的学术分类，试图从内部确定史学的知识体系。

明清时期史学有许多理论上的重大突破。当时出现了一系列探讨史学理论的著述，从明代卜大有的《史学要义》、胡应麟的《史学占毕》到清代章学诚的《文史通义》等，从明代王世贞、焦竑、朱明镐到清代纪昀、王鸣盛、钱大昕、赵翼、邵晋涵等人的史评史论，都显示出中国古代史学理论探讨不断深入的趋向。其中，"六经皆史"说的明确提出，是史学脱离经学、明确学术边界、走向学术自主的一个重要表现。

经史关系在理论上取得突破性进展，得益于王阳明。王阳明指出："以事言谓之史，以道言谓之经。事即道，道即事，《春秋》亦经，'五经'亦史。《易》是包牺氏之史，《书》是尧舜以下史，《礼》、《乐》是三代史，其事同，其道同，安有所谓异？"① 在王阳明之前，隋唐的王通，宋代的苏洵、叶适，元代的郝经、刘因等都曾对经史关系作过论述，但他们都未从道器合一的角度对经史关系进行认识论的分析，王阳明是从道器合一的认识论角度对经史关系作出了明确说明。他的认识随着王学的强大影响力而得到了广泛传播与认同。在他之后，南中王门的史家薛应旂对经史的起源和本质进行了论述。他认为作为真理的"经"（道）和作为经验的"史"（事）是统一并展现于具体历史过程之中的，提出了"经史一也"的认识，并对朱熹的"经精史粗"的观点进行了理论批判，认为"世儒相沿，动谓经以载道，史以载事。不知经见于事，事寓乎道，经亦载事，史亦载

---

① 《王阳明全集》卷1《传习录上》，上海古籍出版社1992年版，第10页。

道，要之不可以殊观也"①。此后，认同这种观点的人越来越多。明代李贽说："经史一物也。史而不经，则为秽史，何以垂戒鉴乎？经而不史，则为说白话矣，何以彰事实乎？故《春秋》一经，春秋一时之史也。《诗经》、《书经》，二帝三王以来之史也。而《易经》则又示人以经之所自出，史之所从来，为道屡迁，变易匪常，不可以一定执也。故谓六经皆史可也。"② 明人丰坊也强调："人有言：经以载道，史以载事。事与道果二乎哉""经与史果二乎哉！"③ 沈国元甚至表示史学应置于经学之上，"经以载道，史以纪事，世之持论者或歧而二之，不知道无不在，散于事为之间，因事之得失成败，可以知道之万世无弊，史之所系綦重矣"④。入清之后，崔述所谓"三代以上经史不分，经即其史，史即今所谓经者也。后世学者不知圣人之道体用同原，穷达一致，由是经史始分"⑤，钱大昕所谓"经与史岂有二学哉"⑥，皆与明人之认识一脉相承。

章学诚继承前人思想，批判前人重经轻史之弊，大力阐扬"六经皆史"思想，使对史学性质的认识达到了新的高度。他在《文史通义》中开宗明义地指出：

"六经"皆史也。古人不著书，古人未尝离事而言理，"六经"皆先王之政典也。或曰：《诗》、《书》、《礼》、《乐》、《春秋》则既闻命矣，《易》以道阴阳，愿闻所以为政典而与史同科之义焉。曰：闻诸夫子之言矣。夫《易》开物成务，冒天下之道，知来藏往，吉凶与民同患，其道盖包政教典章之所不及矣。

---

① 薛应旂：《宋元通鉴》卷首《凡例》，《四库全书存目丛书》第9册，齐鲁书社1997年版。

② 李贽：《焚书》卷5《经史相为表里》，《四库禁毁书丛刊》第140册。

③ 丰坊：《世统本纪序》，参见黄宗羲《明文授读》卷31和张萱《西园闻见录》卷29《史局》，《续修四库全书》第1168册。

④ 沈国元：《二十一史论赞》卷首"自序"，《四库全书存目丛书》第148册。

⑤ 崔述：《崔东壁遗书·洙泗考信录自序》，上海古籍出版社1983年版。

⑥ 钱大昕：《廿二史劄记·序》，上海古籍出版社2011年版。

象天法地，是兴神物，以前民用，其教盖出政教典章之先矣。①

这就是说，六经所记录的，不过是"先王之政典"，即其制法行政的历史记录，"古之所谓经，乃三代盛时典章法度见于政教行事之实，而非圣人有意作为文字以传后世也"②。这就把后人附会六经蕴藏微言大义的真相指出来了。他认为，经学的产生有两个原因：一是相对于解经之传而确立经名。"'六经'不言经，'三传'不言传，犹人各有我，而不容我其我也。依经而有传，对人而有我，是经传人我之名起于势之不得已，而非其质本尔也。"也就是说，起初本无经之名，后来出现了传注，后人为了区别二者，才将前者称经，后者称传，这不过是"势之不得已"，并非"质本"。二是儒家为了区别诸子之经而言。"官师既分，处士横议，诸子纷纷著书立说，而文字始有私家之言，不尽出于典章政教也。儒家者流乃尊六艺而奉以为经，则又不独对传为名也。"③ 这就是说，儒家以"六经"为经典，是为了区别与抗衡诸子之说。他指出："六艺之初，则经目本无有也。大《易》则非以圣人之书而尊之，一子书耳。《书》与《春秋》，两史籍耳。《诗》三百篇，文集耳。《仪礼》、《周官》，律令会典耳。自《易》藏太卜而外，其余四者，均隶柱下之籍。"④ 也就是说，六经或为子书，或为史籍，或为文集，或为律令会典，在性质上均属"柱下之籍"，只是流传到后世才成为史书。在章学诚看来，六经是周公制作的政典，孔子有德无位，不能操制作之权，而只能依先王政典而立教，"夫子之述'六经'，皆取先王典章，未尝离事而著理"⑤。六经不是载道之书，更不是道本身，只不过是历史记载，而"后世服夫子之教者自'六经'，以谓'六经'载道之书也，而不知'六经'皆器

---

① 章学诚著，叶瑛校注：《文史通义校注》内篇一《易教上》，中华书局1994年版。
② 章学诚著，叶瑛校注：《文史通义校注》内篇一《经解上》，中华书局1994年版。
③ 同上。
④ 《章学诚遗书》卷15《驳文选义例书再答》，文物出版社1985年影印本。
⑤ 章学诚著，叶瑛校注：《文史通义校注》内篇一《经解中》，中华书局1994年版。

也"①。他反对那种唯有以经可明道的偏见，认为习史亦可明道。他说："学术无有大小，皆期于道。若区学术于道外，而别以道学为名，始谓之道，则是有道而无器矣。学术当然，皆下学之器也，中有所以然者，皆上达之道也。器拘于迹，而不能相通，惟道无所不通。是故君子即器以明道，将以立乎其大也。"② 在他看来，"明道"的路径是"即器"，而"六经"乃载道之器，"六经皆器"。他接着说："道之不明久矣，'六经'皆史也。形而上者谓之道，形而下者谓之器。孔子之作《春秋》也，盖曰：我欲托之空言，不如见诸行事之深切著明。然则典章事实，作者之所不敢忽，盖将即器而明道耳。"③ 这就是说，作为史书的"六经"亦可作为明道之器，习史即可明道。这就使史学在性质和功能上获得了与经学同等的定位，而这种由典章事实以明道的思想，对扭转宋明以来空言说经的学术风气也是很有意义的。

章学诚的"六经皆史"说集前人之大成，对中国古代的经史关系作了清晰的阐释，端正了史学在社会中的位置，对史学性质有了新认识。他并不否认"明道"为学术的宗旨，但反对经学空论道德性命，明确提倡史学的性质也是明道之学，因而尊经即应重史。在他看来，史学的起源不但早于经学，而且六经本身就是史学的源头。他说："史之部次后于经，而史之原起实先于经。《周官》外史掌三皇五帝之书，仓颉尝为黄帝之史，则经名未立，而先有史矣。后世著录，惟以《史》、《汉》为首，则《尚书》、《春秋》尊为经训故也。"但实际上，"古无经史之别，六艺皆掌之史官，不特《尚书》与《春秋》也。今六艺以圣训而尊，初非以其体用不入史也。而经部之所以浩繁，则因训诂、解义、音训而多；若六艺本书，则是诸史根源"④。所以，他才会说："盈天地间，凡涉著作之林，皆是史学。'六经'特

---

① 章学诚著，叶瑛校注：《文史通义校注》内篇二《原道中》，中华书局1994年版。

② 章学诚著，叶瑛校注：《文史通义校注》外篇三《与朱沧湄中翰论学书》，中华书局1994年版。

③ 章学诚著，叶瑛校注：《文史通义校注》内篇四《答客问上》，中华书局1994年版。

④ 章学诚：《校雠通义》外篇《论修史籍考要略》，《续修四库全书》第930册。

圣人取此六种之史以垂训者耳；子集诸家，其源皆出于史。"① 他反对以经学的门户之见看待经史关系，指出"古人之于经史，何尝有彼疆此界，妄分孰轻孰重哉？小子不避狂简，妄谓史学不明，经师即伏、孔、贾、郑，只是得半之道。《通义》所争，但求古人大体，初不知有经史门户之见也"②。史学一旦被定位为与经学同样重要的明道之学，就进一步摆脱了对经学的依附，取得了更加独立的地位。

明清史家对"史学"内部知识体系的认识，可以从这一时期的史部分类窥其大概。从一定意义上说，中国古代的史部分类就是古代史学的基本知识体系。史部分类源自荀勖《中经簿》的丙部，分为史记、旧事、杂事、皇览簿四类。阮孝绪《七录》之《纪传录》，分史学著作为国史部、注历部、旧事部、职官部、仪典部、法制部、伪史部、杂传部、鬼神部、土地部、谱状部、簿录部十二类。《隋书·经籍志》将传世文献分为经、史、子、集，史部分为正史、古史、杂史、霸史、起居注、旧事、职官、仪注、刑法、杂传、地理、谱系、簿录十三类。从此，四部分类成为中国古代文献分类的基本格局，而史部分类则随时代和史学的发展而有继承与发展。

由明大学士杨士奇主持纂修、成书于正统六年（1441）的《文渊阁书目》在一定程度上突破了四部分类法。它本是登录文渊阁藏书，以千字文排序，从"天"字到"往"字，分为 20 号 50 橱，共分"国朝""易""书""诗""春秋""周礼""礼记""礼书""乐书""诸经总类""四书""性理附""经济""史""史附""史杂""子书""之杂""杂附""文集""诗词""类书""韵书""姓氏""法帖""画谱""政书""刑书""兵法""算法""阴阳""医书""农圃""道书""佛书""古今志"（杂志附）"旧志""新志"三十八类。这些部类，有些可归入四部，有些则突破了四部，类属新创，从而开一代风气，对明清目录学的分类法有很大影响。就其史部分类而

---

① 章学诚著，叶瑛校注：《文史通义校注》外篇三《报孙渊如书》，中华书局 1994 年版。

② 《章学诚遗书》卷 28《上朱中堂世叔》，文物出版社 1985 年影印本。

言，则"史""史附""史杂""政书""刑书""古今志""旧志"
"新志"等皆属史部，而分散杂乱，殊无章法，但也反映了明代史部
文献种类之丰富。

焦竑的《国史经籍志》在文献分类和史部分类上均有所发展。他
把文献分为制书、经、史、子、集五部，最后附"纠谬"一卷。在史
部分类上，他把史籍分为正史、编年、霸史、杂史、起居注、故事、
职官、时令、食货、仪注、法令、传记、地理、谱牒、簿录十五类。
其中，时令、食货两类列入史部值得关注。焦竑认为："《洪范》八
政，《食货》先之，非先人所至急乎？顾自养之资少，役生之路繁，
风流波荡，日以弥甚。于是明珠翠羽，无足而驰；异石奇花，飞不待
翼。远蓄未名之货，兢收罕至之珍，而一罹岁凶，卒无疗于饥渴，则
何益矣。"他希望君主"投珠捐币"，关注民生，所以"编列诸籍，
劝戒具存，谓之'食货'篇"①。而他将"时令"列入史部，是因为
此类文籍"实古之遗法，盖王政之施敛，民用之出藏，与夫摄养种
植，随俗嬉游，亦可考见"，所以"非专为农设"②。这种分类法扩大
了史学的范围，而后来的史家也接受了这种思想，比如《四库全书总
目》史部就设有时令类。其实，焦竑所说的"制书"分"御纂""敕
修""记注时政"三类，其中"记注时政"类著录郑晓《吾学编》等
私修明朝当代史 104 部，也与史部密切相关。

除此之外，一些藏书家对史部分类的认识也有特别之处。如高儒
《百川书志》分史部为二十一类，增加了"御记"一类，并将"史
咏""野史""外史""小史"等纳入史部，反映了明清史学的特点，
扩大了史学的范围。朱睦㮮《万卷堂书目》分史部为十三类，将原属
子部的"法家"纳入史部，并设"奏议"一类。陈第《世善堂藏书
目录》分史部为十八类，新增"学堂鉴选""明朝记载""训诫书"
"四译载记""类编""语怪各书"等门类。董其昌《玄赏斋书目》分
经、史、子、集、国朝史、释道六部，其史部分为十三类，而其所设

① 焦竑：《国史经籍志》卷 3《史类·食货》，《四库全书存目丛书》第 277 册。
② 焦竑：《国史经籍志》卷 3《史类·时令》，《四库全书存目丛书》第 277 册。

"国朝史部"下分制书、实录、敕修、国纪、传记五类，国纪和传记主要著录私修当代史。祁承爜《澹生堂藏书目》分史部为十五类，对一些传统类目做了调整。比如他取消了起居注类，而以典故、礼乐、政实三类著录典章制度，政实则包括时令、食货、刑法、官守、事宜等类目。他新设了约史类，著录《竹书纪年》《帝王纪年》《司马温公稽古录》《吕东莱先生大事记》《古今纪要》《古今考》《人代纪要》《历代君相事略》等。后人对《澹生堂藏书目》的史部分类评价很高，认为"统观有明一代，对于《隋书·经籍志》的修正、分类之研究，比较肯用心思，有所发明者，允推祁承爜为冠"①。

《四库全书总目》将史部分为十五类，即正史类、编年类、纪事本末类、杂史类、别史类、诏令奏议类、传记类、史钞类、载记类、时令类、地理类、职官类、政书类、目录类、史评类，其中诏令奏议类又分诏令、奏议二类，传记类又分圣贤、名人、总录、杂录、别录五类，地理类又分宫殿疏、总志、都会郡县、河渠、边防、山川、古迹、杂记、游记、外记十类，职官类又分官制、官箴二类，政书类又分通制、典礼、邦计、军政、法令、考工六类，目录类又分经籍、金石二类。这种史部分类法基本继承了明人的指导思想而有所发展，四库馆臣多有评议。比如，《四库全书总目》史部把"诏令"和"奏议"合并为一类，理由是：

> 记言记动，二史分司。起居注，右史事也，左史所录蒇闻焉。王者所敷，惟诏令耳。《唐志》史部，初立此门，黄虞稷《千顷堂书目》则移制诰于集部，次于别集。夫涣号明堂，义无虚发，治乱得失，于是可稽。此政事之枢机，非仅文章类也，抑居诗赋，于理可衷。《尚书》誓诰，经有明征，今仍载史部，从古义也。《文献通考》始以奏议自为一门，亦居集末。考《汉志》载奏事十八篇，列《战国策》、《史记》之间，附《春秋》末，则论事之文，当归史部，其证昭然。今亦并改隶，俾易与经

---

① 姚名达：《中国目录学史》，商务印书馆 1957 年版，第 129 页。

传互考焉。①

　　《四库全书总目》的史部分类既是对此前史部分类方式和思想的总结与继承，也对当时和其后人们对史学内部知识体系的认识产生了很大影响，比如《续文献通考》的史部分类就沿袭了《四库全书》的分类方法。《明史·艺文志》将史部分为正史类（编年在内）、杂史类、史钞类、故事类、职官类、仪注类、刑法类，传记类、地理类、谱牒类。从类目上看是回归了传统，从内容上看则是合并很多部类而成，知识体系并未有大的变化。它们所展示的史学知识体系趋于稳定、成熟，说明明清时期人们对史学性质和范围的认识也比较清晰明确了。

　　从外部划定史学的学术边界，从内部确立史学的知识体系，明清史家群体在这两个方面取得的成就，促进了对史学性质和内涵的认识，有力地推动了史学走向专业化。

　　二　将史学视为专门之学，追求成为"专门史家"

　　明清史家已将史学视为与经、子、集并立的重要学术门类，并把史学素养作为学人的基本素养，提出了成为专业化史家的追求。

　　明清时期，"史学"一词经常与经学、理学、文学等相提并论，凸显出其作为专门学问的意涵。胡应麟曾说："学问之道，非一为之者，往往困于资之难兼，而日之弗暇给，于是或以经学名，或以史学名，或以典章经制名，或以百家小说名。"显然，他是将史学视为与经学、典章经制、百家小说并列的专门学问看待的。他还主张"天之生才有限，士各以其性质所近而专门名家"②。所谓"专门名家"，其实就是专业化的史家。看来，他是主张"性质"近于史学之人应当以成为专业化史家为追求的，亦即成为"专门史家"。明末姜养冲主持秦中书院时，曾分立五会："一曰经学，二曰史学，三曰理学，四曰古文词，五曰昭代典故。听诸生各占一会或二三会，会之日，各以其

─────────────

① 《四库全书总目》卷55《史部·诏令奏议类》，中华书局1960年版。
② 胡应麟：《少室山房集》卷100《策一首》，《四库全书》第1290册。

学互相质难，收丽泽之益，以底于成材。"① 可以看出，姜养冲的做法
类似于后来的分科教育，而史学为其一科，秦中书院已有培养专业化
史学人才的意图。这种对史学的看法并非一二人，而在当时的史家群
体中具有相当的普遍性。清翰林院编修汪琬将学术分为四类，即"义
理之学一也，经术之学一也，史学一也，辞章之学一也"②。陆世仪则
将史学与经学、经济学、古学、文词等相提并论，③ 凸显了史学作为
专门之学的意涵。

史学的专门之学地位得到明确，史家、史学的重要性和史学素养
也受到了很大的重视。明人邱濬指出，"天下不可一日无史，亦不可
一日无史官也。百官所任者，一时之事；史官所任者，万世之事"，
认为史官之职，"是非之权衡，公议之所系也"④。张居正曾任明世
宗、穆宗实录的纂修总裁，他对明代史职"废而不讲"的情况表示了
担忧。在《议处史职疏》中，他指出："国初设起居注官，日侍左
右，记录言动，实古者左史记事，右史记言之制。迨后详定官制，乃
设翰林院修撰、编修、检讨等官，盖以纪载事重，故设官加详，原非
有所罢废。但自职名更定之后，遂失朝夕记注之规，以致累朝以来，
史文阙略。"起居注制度在中国古代史学中具有重要作用，明朝曾有
设置，但很快被废，结果形成了"史文阙略"的局面。张居正在纂修
明世宗、穆宗实录的过程中，对此深有体会。他说："即如迩者纂修
世宗皇考实录，臣等只事总裁，凡所编辑，不过总集诸司章奏，稍加
删润，隐括成编。至于仗前柱下之语，章疏所不及者，即有见闻，无
凭增入。与夫稗官野史之书，海内所流传者，欲事采录，又恐失真。
是以两朝之大经大法，虽罔敢或遗，而二圣之嘉谟嘉猷，实多所未
备。凡此皆由史臣之职废而不讲之所致也。"⑤ 有鉴于此，张居正力主

---

① 刘宗周：《亚中大夫江西布政使司右参政诰赠太常寺少卿养冲姜公墓表》，吴光主编《刘宗周全集》第 4 册《文编》下，浙江古籍出版社 2007 年版，第 231 页。

② 汪琬：《愿息斋集序》，《尧峰文钞》卷 29《序六》，《四库全书》第 1315 册。

③ 陆世仪：《思辨录辑要》卷 1《小学类》，《四库全书》第 724 册。

④ 陆深：《史通会要》卷下《丛篇》，《四库全书》第 1268 册。

⑤ 张居正：《张太岳先生文集》卷 39，《续修四库全书》第 1345 册。

恢复起居注制度，最终促成万历时以史官兼记起居的形式性恢复。

对明代史官制度弊端的担忧促使人们不断强调史职的重要性，并要求对史官制度进行改革。弘治年间，不断有官员如太仆少卿储巏、编修何塘等提出设立记注史官、敕令史官番直史馆，以便直接记录君臣言动和国家政事等建议。嘉靖时学士廖道南指出："自宣德后，相权重，史职轻，而起居注俱废矣"，要求"复圣祖旧制"，使"史职不为虚设矣"①。万历年间，编修张位的《上史职疏》、张四维的《乞申饬史职疏》、焦竑的《论史》等都关注到了史职的重要性，发出了改革史官制度的呼声。焦竑曾任翰林院修撰，深切体会到了当时"二史虚员，起居阙注，衣冠百家罕通述作"，以至于"求风俗于郡县，讨沿革于台阁，著作无主，修章靡立"。他在《论史》中痛切地说："史之职重矣！不得其人不可以语史，得其人不专其任不可以语史。故修史而不得其人如兵无将，何以禀令？得其人而不专其任如将中制，何以成功？苏子谓：史之权与天与君并。诚重之也。"② 能将史职和史权与上天和君主并立，不可谓不惊人。而其强调史职应当得人专任的主张，也是切中时弊的。

钱谦益经常自称"老史官"，他将史学比作棋谱和药方。在为《毛氏汲古阁新刻十七史》所作的序中，他在答客问中说："史者，天地之渊府，运数之勾股，君臣之元龟，内外之疆索，道理之窟宅，智谋之伏藏，人才之薮泽，文章之苑囿。以神州函夏为棋局，史其为谱；以兴亡治乱为药病，史其为方。""代各一史，史各一局，横竖以罗之，参伍以考之，如登高台以临云物，如上巢车以抚战尘，于是乎耳目发皇，心胸开拓，顽者使矜，弱者使勇，陋者使通，愚者使慧，寡者使博，懦者使决，憍者使沉"，"善弈者取全局，善读者取全书，此古人读史之法，亦古人之学范也"③。这种以史学为棋谱、药方的比拟，正是这一时期史学走向经世致用的一个反映。

---

① 《明世宗实录》卷 141，嘉靖十一年八月乙未。
② 焦竑：《澹园集》卷 4《论史》，《续修四库全书》第 1364 册。
③ 钱谦益：《牧斋有学集》卷 14《汲古阁毛氏新刻十七史序》，《续修四库全书》第 1391 册。

　　清代史家继承和发展了明代史家的思想，指出史学在蓄德正心、惩劝资治、彰往察来、明道经世等方面具有重要作用。比如，清人汤斌指出："史者，所以昭是非，助赏罚也。赏罚之权，行于一时；是非之衡，定于万世。""经史之法，同条共贯。《尚书》备帝王之业，经也而通史；《春秋》定万世之宪，史也而为经。修史者盖未有不祖此者也，故道法明而事辞备，此史之上也。"① 这样的认识得到了明史馆臣如徐乾学、施闰章等人的响应。而袁枚则将史学比作"衡"与"鉴"。他说："史者，衡也，鉴也，狭曲蒙匦也。国家人物政事，则受衡受鉴，而盛载于蒙匦者也。为之例，为之议，然后衡平鉴明，而匦篋亦无舛午之虞。"② 类似的论述可谓比比皆是，表明了重史传统在清代的延续。

　　明清时期，史学作为一种重要素养，成为社会评价的一个重要标准。当时不但朝廷选拔进入官方修史机构的文士要以具备"史学"为基本要求，而且人们也喜欢用"有史学""博于史学""攻于史学""长于史学"来称赞那些有史学素养的人，喜欢用"尤喜史学""嗜史学""究心史学"等表明人们对史学的求知欲和态度，并以此来证明其社会声望和地位。明初，徐一夔称朝廷征召修《元史》的文士，其选拔标准即是"有史学"③，清代史馆也是如此。明永乐时的兵部尚书兼詹事府詹事金忠被称为"尤多博于史学，每论当时成败治乱之故，娓娓千数百言不竭，其源委曲折，历历如身亲睹之者"④。清代也把熟知历史知识、掌握史学技能的人称为"有史学"或"长于史学"。毛奇龄称赞卢宜"长史学，熟明代掌故"，"敕撰《明史》，凡靖难、夺门诸大事，多奉公文为蓝本，而翻以未试，不得共编纂为史

---

　　① 汤斌：《汤子遗书》卷 2《敬陈史法疏》；卷 5《二十一史论》，《四库全书》第1312 册。
　　② 袁枚：《小仓山房文集》卷 10《史学例议序》，《续修四库全书》第 1431 册。
　　③ 徐一夔：《始丰稿》卷 6《与王待制书》，《四库全书》第 1229 册。
　　④ 杨士奇：《东里续集》卷 27《故资政大夫兵部尚书兼詹事府詹事金公墓碑铭》，《四库全书》第 1238 册。

事憾"①。这说明，卢宜是以"史学"而知名，而他的社会声望也建基于"史学"之上，甚至让人以不能与他共同修史为憾事。明清时期这种以"史学"博取社会声望的情况是比较常见的。比如，明处州丽水的吴再"通史学，能讲说数千百年治乱得失，邪正无所遗滞"，但他"不以所长高人"，所以人们都很喜欢亲近他，"贵者临之，忘其为布衣之士；贫贱者仰之，忘其为名族闻家。虽野夫稚子，皆知爱慕之以为长者"②。这一时期甚至出现了以"史学"作为姓名的现象。如明宣德年间有举人名"何史学"，溧阳进士"史学"，晚明御史有"史学迁"和"史记事"，清修《四川通志》卷七"名宦"类人物传记中设有"史学"一目，说明当时已以"史学"作为人的职业和身份的标记了。③

　　史家类传的出现是史家群体意识增强的一个重要表现。在中国史学史上，唐初史家修《晋书》时，曾为陈寿等十二位史家专立一个合传，虽未明确地名之曰"史家列传"，但事实上就是一个史家类传。明人李贽在《藏书》卷四十和四十一《儒臣传》之下专门设立《史学儒臣》一类，收录司马谈、司马迁、班彪、班固、陈寿（附王隐）、范晔、崔浩、高允、魏收、姚思廉、李延寿、吴兢、刘知幾、宋祁、郑樵、欧阳玄十七位史家。每传以记述史家生平事迹为主，偶在传末以"李生曰"发论，基本是传统列传的书法，未言及一代史学之发展状貌和史学之得失。章学诚批评前人对史家的记载过于荒略，没有详细记载史家及其史书的体裁体例、修史过程以及成败得失。尤其是唐代以后设立史馆，集体修史，更需注明修史的分工和纂修官的学术水准，以便后人了解史书的修纂过程，评价修纂质量。他认为，应当改变以往将史家列入《儒林》或《文苑》的做法，而专门为之立《史官篇》，亦即为史官专门设立类传。至于《史官篇》的写法，他认为："后代史官之传，苟能熟究古人师法，略仿经师传例，标史

①　毛奇龄：《西河集》卷106《皇清敕封文林郎弗庵卢公墓志铭》，《四库全书》第1320册。

②　方孝孺：《逊志斋集》卷22《吴处士墓表》，《四库全书》第1235册。

③　谢贵安：《中国史学史》，武汉大学出版社2012年版，第310、313页。

为纲，因以作述流别，互相经纬"，"依类为编，申明家学，以书为主，不复以一人首尾名篇，则《春秋》经世，虽谓至今存焉可也"①。李贽和章学诚关于史家类传的设想与实践，既是对史家群体这一存在的承认，也彰显了这一时期史家群体的身份意识，值得特别关注。

三 史学方法的专业化

史学和史家的专业化离不开专业化的史学方法。明清时期，史学方法的专业化主要体现在历史编纂方法的发展、历史考据方法的精密化与确定史实可靠性能力的提升、史学辅助方法和工具的发达。

中国传统史学方法的核心是历史编纂，无论是体裁、体例，还是采择、叙事，都是围绕着历史编纂进行的。明清时期，史家在历史编纂方法提出了不少超越前人的创见。

章学诚的"史意"说确立了历史编纂的指导思想。唐代刘知幾的《史通》主要探讨历史编纂的体裁、体例等问题，被章学诚称为"史法"。他在谈到自己和刘知幾史学的不同时说："吾于史学，盖有天授，自信发凡起例，多为后世开山，而人乃拟吾于刘知幾。不知刘言史法，吾言史意；刘议馆局纂修，吾议一家著述。截然两途，不相入也。"② 所谓"史意"，主要是指历史编纂的思想宗旨，包括史家对历史的理解和对史学的认识。章学诚认为，历史编纂不能限于排比史实，讲究文采，而应追求思想的高度。他说："史所贵者，义也；而所具者，事也；所凭者，文也。"③ "事"和"文"不过是"义"的载体和表达"义"的方式，而"义"则可规范和指引"事"和"文"。"载笔之士，有志《春秋》之业，固将惟义之求，其事与文，所以藉为存义之资也。"④ 他总结了中国古代史学重视"史义"的传统，指出"古者史官各有成法，辞文旨远，存乎其人。孟子所谓其文则史，孔子以谓义则窃取。明乎史官法度不可易，而义意为圣人所独

---

① 《章学诚遗书》外编卷18《和州志·列传第二十三·前志传》，文物出版社1985年影印本。

② 章学诚著，叶瑛校注：《文史通义校注》外篇三《家书二》，中华书局1994年版。

③ 章学诚著，叶瑛校注：《文史通义校注》内篇五《史德》，中华书局1994年版。

④ 章学诚著，叶瑛校注：《文史通义校注》内篇四《言公上》，中华书局1994年版。

裁，然则良史善书，亦必有道矣"①。他特别强调了圣人对"义意"的"独裁"之功，在很多地方突出了孔子对史意的影响。比如，他说："孔子作《春秋》，盖曰其事则齐桓、晋文，其文则史，其义则孔子自谓有取乎耳。然夫子所取不在彼而在此，则史家著述之道，岂可不求义意所归乎！"②史家只有明确了为史之意，才能融特定的价值观念于历史编纂之中，体现修史宗旨，即所谓"作史贵知其意，非同于掌故，仅求事文之末也。夫子曰：我欲托之空言，不如见诸于行事之深切著明也。此则史氏之宗旨也"③。为了追求"史意"，章学诚非常重视史家的"别裁"。他指出："名家撰述，意在所在，必有别裁，或详人之所略，或弃人之所取，初无一成之法。要读之者美爱传久，而恍然见义于事、文间，斯乃有关于名教也"④。今天看来，孔孟所谓的"史义"，偏重于善恶褒贬，强调的是彰善瘅恶的价值取向，其旨在道德教化；章学诚所谓的"史意"虽然并未完全摆脱善恶教化，但重在对史学本身的别识心裁，旨在成一家之言的史学创新。也就是说，他强调的是史学内在的学术属性而非外在的社会属性。"史意"若明，则历史编纂就确立了指导思想，编纂体例、采撰原则、论赞基调、叙事方式等也都迎刃而解了。所以，我们认为，章学诚的"史意"说是中国古代史学理论的重要成果，为史学形成自身的思想内核、确立自身独特的学术属性奠定了基础，从而也为史学和史家的专业化提供了一个有力的理论工具。

将历史编纂分为撰述与记注两大类，并以圆神、方智为两大宗门，也是章学诚的贡献。我们知道，历史编纂大体可以分为两步，第一步是搜集史料，确定事实；第二步是建立事实之间的联系，形成可以理解的历史，并以著述形式加以呈现。章学诚将反映第一步的史书称为"记注"或"比类"，将反映第二步的史书称为"撰述"或"著

---

①　《章学诚遗书》外编卷18《和州志·列传第二十三·前志传》，文物出版社1985年影印本。

②　章学诚著，叶瑛校注：《文史通义校注》内篇四《申郑》，中华书局1994年版。

③　章学诚著，叶瑛校注：《文史通义校注》内篇四《言公上》，中华书局1994年版。

④　《章学诚遗书》卷15《亳州志掌故例议下》，文物出版社1985年影印本。

述",认为区别二者在性质和方法上的异同是非常重要的。他主张"以圆神、方智定史学之两大宗门,而撰述之书,不可律以记注一成之法"①。也就是说,"撰述"与"记注"在历史编纂旨趣、义例和方法上是不同的,不可一概而论。他进一步指出:"古人一事必具数家之学,著述与比类两家,其大要也。班氏撰《汉书》,为一家著述矣;刘歆、贾护之《汉记》,其比类也。司马撰《通鉴》,为一家著述矣;二刘、范氏之《长编》,其比类也。"② 从他的阐释可以看出,所谓"记注"或"比类",是史家按照一定的记事规则记录、编纂的文献汇编;所谓"撰述"或"著述",则是史家运用别识心裁而成一家之言的史学著作。撰述重史意和才识,记注重体例和记诵。二者各有其价值和特点,"神以知来,学者之才识是也;知以藏往,学者之记诵是也。才识类火日之外景,记诵类金水之内景。故才识可以资益于人,而记诵能受于人,不能授之于人也。然记诵可以生才识,而才识不能生记诵"③。但是,乾嘉时很多史家不能区别才识和记诵,往往把记诵等同于才识,所以章学诚强调了功力与学问之别,指出功力只是记诵之功,而学问则是才识的体现。而史家的追求,则是通过历史编纂展现自己对历史的才识,修成一部能成一家之言的史书。

那么,如何才能编纂出这样一部史书呢?章学诚提出了自己的编纂原则,即"慎辨于天人之际,尽其天而不益以人"④。这是中国古代历史编纂学追求客观真实的又一个宣言,也可以视为历史编纂的方法论。所谓天,既指客观存在,也指理性;所谓人,是指人的血气情感。他要求在历史编纂时要"尽其天而不益以人",也就是要求在历史认识和历史书写处理好人的理性与情感的关系,使历史得到客观公正的记载和评判,不被人的情感好恶所左右。但是,史家总是生活在

---

① 章学诚著,叶瑛校注:《文史通义校注》外篇三《与邵二云论修宋史书》,中华书局 1994 年版。

② 章学诚著,叶瑛校注:《文史通义校注》外篇三《报黄大俞先生》,中华书局 1994 年版。

③ 章学诚著,叶瑛校注:《文史通义校注》内篇六《杂说》,中华书局 1994 年版。

④ 章学诚著,叶瑛校注:《文史通义校注》内篇三《史德》,中华书局 1994 年版。

特定的时代和环境，不可能没有自己的立场和情感，这就会影响到历史记载的客观公正。所以，章学诚提出"史德"说来解决这个问题。他说："能具史识者，必知史德。德者何？谓著书者之心术也。"所谓心术，既指道德的邪正，也指学术素养的高低。端正心术，以传信史，中国古代史家很少有不以此自励者，所以章学诚更多的是关注史家的学术素养。史家学术素养的高低受"情"和"气"的影响，"气贵于平"而"情贵于正"①，所谓"平"和"正"就是要求史家不要受"气"和"情"的主观影响，尽量做到"气平情正"，其方法是发挥史家的理性，而不妄动血气情感，即所谓"尽其天而不益以人"。这个历史编纂的方法论与现代史学的观念已经非常相似了。

当然，明清时期对历史编纂学的讨论不限于章学诚，而且还有很多具体的历史编纂方法的实践。比如四库馆臣强调史书体例的纯粹，杭世骏把书法义例作为评价史书的标准，浦起龙肯定了史表的价值，钱大昕提出修史当合史法，等等。这些涉及体裁、体例、采择、叙事、论赞、取材等历史编纂各个环节的讨论非常丰富，不能一一罗列。② 总之，不管明清史家群体对历史编纂提出了怎样具体的思想和做法，都反映了他们对这一史学核心命题的思考，也说明他们对史学这一学术门类的认识越来越深刻，并直接影响到社会对史学的认知。

历史考据方法的精密化与确定史实可靠性能力的提升是明清史学和史家走向专业化的一个重要表现。史学必须以可靠的史料和事实为前提和基础，而确定史料和事实可靠性的能力就成为检验史学和史家专业化程度的一块试金石。明清时期，这块试金石主要是由历史考据学来充当的。

明清时期是中国古代历史考据学的繁盛期，明中叶以后，以王世贞、焦竑、胡应麟为代表的明代史家已经在历史考据方面做了重要的探索，而清代考据学自顾炎武首开风气，至乾嘉而盛极一时，"使中

---

① 章学诚著，叶瑛校注：《文史通义校注》内篇三《史德》，中华书局 1994 年版。
② 可参见罗炳良《清代乾嘉史学的理论与方法论》第五章"历史编纂学理论"，兰州大学出版社 2004 年版。

国史学进入纯学术研究的阶段"①，并承上启下，与现代新历史考据学遥相呼应，成为中国史学由古代走向现代的一条通道。

顾炎武被认为是清代考据学的鼻祖。他治史追求客观，普遍归纳证据，严格批评证据，由证据而得结论，不自结论而寻找证据。他的治史方法可分为五个步骤：一是普遍归纳证据，二是反复批评证据，三是精确提出证据，主张引书注出处、引原文，四是审慎证据，五是重视直接证据。② 这种治史方法，是一种崭新的方法，开创了清代独盛的历史考据学。

清代历史考据学派的史学标榜"实事求是"，有两大特点，一是求真的精神，二是客观的研究方法。王鸣盛说：

> 大抵史家所记典制，有得有失，读史者不必横生意见，驰骋议论，以明法戒也。但当考其典制之实，俾数千百年建置沿革，了如指掌，而或宜法，或宜戒，待人之自择焉可矣。其事迹则有美有恶，读史者亦不必强立文法，擅加与夺，以为褒贬也。但当考其事迹之实，俾年经事纬，部居州次，记载之异同，见闻之离合，一一条析无疑，而若者可褒，若者可贬，听之天下之公论焉可矣。书生胸臆，每患迂愚，即使考之已详，而议论褒贬，犹恐未当，况其考之未确者哉？盖学问之道，求于虚不如求于实，议论褒贬，皆虚文耳。作史者之所记录，读史者之所考核，总期于能得其实焉而已矣，外此又何多求邪？③

这种"考实求真"的追求，正是清代历史考据学的基本精神。

对于清代历史考据学派的治史方法，有人将之概括为归纳演绎考证的方法、比较考证的方法、溯源考证的方法、实事求是考证的方

---

① 杜维运：《中国史学史》第 3 册，商务印书馆 2010 年版，第 703 页。
② 同上书，第 712—721 页。
③ 王鸣盛：《十七史商榷·序》，上海书店出版社 2005 年版。

法、参互考证的方法、辩证考证的方法，① 也有人将之概括为逻辑论证法、数学考据法、调查观察法，指出清代考据学的治学精神是怀疑精神、批判精神、阙疑存异，提出了清代考据学的学术规范。② 其实，类似的概括还有很多，但都指出了清代历史考据学的一个基本方法，就是客观的归纳法。梁启超对此的论述最为精辟。

> 清儒之治学，纯用归纳法，纯用科学精神；此法此精神，果用何种程序始能表现耶？第一步：必先留心观察事物，觑出某点某点有应特别注意之价值；第二步：既注意于一事项，则凡与此事项同类者或相关系者，皆罗列比较以研究之；第三步：比较研究的结果，立出自己一种意见；第四步：根据此意见，更从正面旁面反面博求证据，证据备则沊为定说，遇有力之反证则弃之。凡今世一切科学之成立，皆循此步骤，而清考证家之每立一说，亦必循此步骤也。既已如此，则试思每一步骤进行中，所需资料几何，精力几何，非用极绵密之札记安能致者?"③

他对清代历史考据学学风的概括亦极为精到：

> 一、凡立一义，必凭证据；无证据而以臆度者，在所必摈。二、选择证据，以古为尚。以汉唐证据难宋明，不以宋明证据难汉唐；据汉魏可以难唐，据汉可以难魏晋，据先秦西汉可以难东汉。以经证经，可以难一切传记。三、孤证不为定说。其无反证者故存之，得有续证则渐信之，遇有力之反证则弃之。四、隐匿证据或曲解证据，皆认为不德。五、最喜罗列事项之同类者，为比较的研究，而求得其公则。六、凡采用旧说，必明引之，剿说

---

① 罗炳良：《清代乾嘉史学的理论与方法论》第七、八章"历史考证方法论"，兰州大学出版社2004年版。

② 郭康松：《清代考据学研究》第五章"清代考据学的治学精神"、第六章"清代考据学的考据方法"、第七章"清代考据学的学术规范"，崇文书局2001年版。

③ 梁启超：《清代学术概论》，上海古籍出版社1998年版，第62—63页。

认为大不德。七、所见不合，则相辩诘，虽弟子驳难本师，亦所不避，受之者从不以为忤。八、辩诘以本问题为范围，词旨务笃实温厚。虽不肯枉自己意见，同时仍尊重别人意见。有盛气凌轹，或支离牵涉，或影射讥笑者，认为不德。九、喜专治一业，为"窄而深"的研究。十、文体贵朴实简洁，最忌"言有枝叶"。①

从这些论述，我们可以看到历史考据方法的主要面貌了。

历史考据方法的兴盛离不开各种历史研究辅助学问的发展，明清历史考据家已将这些辅助学问当作治史的重要工具了。比如，经学、小学、版本、目录、校勘、训诂、辑佚、舆地、金石、天算等学问在当时特别发达，并成为历史考据方法体系的重要组成部分，而史家也往往兼为经学家、小学家、版本学家、目录学家等。这些辅助学问使得历史考证更趋精密化，极大地提升了史家确定史实可靠性的能力，强化了史家和社会对史学学术属性的认知，从而大大提高了史家的专业化素养。

需要指出的是，后人有历史考证偏于好古而疏于经世的看法，这其实是一种误解。戴震就明确指出了音韵训诂与治史明道的关系，阐明了乾嘉史家的治史主张。他说："志存闻道，必空所依傍。汉儒故训有师承，亦有时傅会；晋人傅会凿空益多。宋人则恃胸臆为断，故其袭取者多谬，而不谬者在其所弃。我辈读书原非与后儒竞立说，宜平心体会经文，有一字非其的解，则于所言之意必差，而道从此失。"② 在他看来，音韵训诂是为了体会经文中"所言之意"，这是明"道"之具。所以，晋人和宋人离开"解字"而"恃胸臆为断"是他不能赞同的。钱大昕说得更为清楚。他指出："有文字而后有诂训，有诂训而后有义理。训诂者，义理之所由出，非别有义理出乎训诂之

---

① 梁启超：《清代学术概论》，上海古籍出版社1998年版，第47页。
② 戴震：《戴东原集》卷9《与某书》，《续修四库全书》第1434册。

外者也。"① 他直接把训诂作为探究义理的手段，实际上是把义理作为治史的目标了。王鸣盛说："声音文字，学之门也，得其门者或寡矣。虽然，苟得其门，又何求焉？终身以之，惟是为务，其他概谢曰：'我弗知'，此高门中一司阍之老苍头耳，门户之事，熟谙极矣，行立坐卧，不离门户，其所造诣，铃下而止，不敢擅自升堂阶，况敢窥房奥乎！予于此等姑舍是。"② 所谓"门户"就是考证之学，所谓"房奥"就是义理。王鸣盛的比拟颇为有趣，他自比为看门的老苍头，对门户之事即"声音文字"非常熟悉，但却谨守门户，"终身以之，惟是为务"，"不敢擅自升堂阶""窥房奥"。也就是说，他并不否认"房奥"即义理为治史之追求与目标，但却将自己的学术限于"门户"即声音文字并自得其乐，这可以说是一个考据学家的自白。

第四节　史家群体与社会变迁

史学的观念与面貌既是社会历史发展的结果，又会对社会历史发展产生反作用。二者的互动关系主要体现在历史观念的传播与塑造、文化秩序的诉求与构建上。这是专业化的史学和史家推动社会变迁的主要方式。

一　历史观念的传播与塑造

明清时期，当政者大力崇尚风俗教化，纲鉴类史著就成为他们塑造臣民历史观念和伦理价值的重要方式。明太祖重视对公卿贵人子弟的历史教育，所以在他执政时期编修了大量的训诫类史著，以教导他的臣民。这种思想被他的子孙所继承，明中叶纲鉴类史著大为流行，是与当政者的倡导分不开的。明宪宗对当时流行的《纲目》版本不满意，于是下令重订。他说："朕惟天地纲常之道载诸经，古今治乱之

---

① 钱大昕：《潜研堂文集》卷 24《经籍籑诂序》，载陈文和主编《嘉定钱大昕全集》第 9 册，江苏古籍出版社 1997 年版。

② 王鸣盛：《十七史商榷》卷 82《唐以前音学诸书》，上海书店出版社 2005 年版。

迹备诸史。自昔帝王以人文化成天下，未始不资于经史焉。我太宗文皇帝表章五经四书，辑成《大全》，纲常之道，粲然复明，后有作者，不可尚已。朕祗承丕绪，不可殚纪。惟宋儒朱子因司马氏《资治通鉴》，著为《纲目》，权度精切，笔削谨严，自周威烈王至五季，治乱之迹，了然如视诸掌，盖深有得于孔子《春秋》之心法者也。"成化八年，他命儒臣考订朱熹的《资治通鉴纲目》，把后儒所著的《考异》《考证》诸书尽行删去，而以王幼学的《集览》和尹起莘的《发明》附其后。成化九年二月，《纲目》修订完成，明宪宗下令刊刻。他在为该书亲作的序中说："朕惟诸子《通鉴纲目》，实备《春秋》经传之体，明天理，正人伦，褒善贬恶，词严而义精，其有功于天下后世大矣。"这种对《纲目》政治文化功能的认识，表达了当时朝廷通过《纲目》的刊刻推行教化的明确意图。明宪宗对《纲目》修订期待很高，甚至将自己比拟为石渠阁会议上的汉宣帝。"昔者五经同异，汉宣帝命儒臣讲论于石渠阁，亲称制临决，然后归于一。朕于《纲目》斯有意焉，特命儒臣重加考订，集诸善本，证以凡例，缺者补之，羡者去之。事关大义，若未逾年改元者，依例正之……其书法与凡例小异，无大关涉者，悉仍其旧，尽去《考异》《考证》，不使并传，所以免学者之疑，成朱子笔削之志也。考订上呈，具如朕意，《纲目》于是为完书矣。"① 很明显，明宪宗是希望修订《纲目》使之成为"完书"，进而达到文本和思想的"归于一"，而自己则是"一"的权威裁定者。这是明确表达了通过历史著述来达到塑造、巩固官方政治秩序和文化秩序的意图。

对于清初的当政者而言，如何消除明遗民的反抗，建立稳固的政治与文化秩序，是当务之急。在重新建立秩序的过程中，历史观念的传播和塑造发挥了重要作用。比如，雍正时期，清廷对明遗民的历史观念进行了调适，表明了官方对史学和史权的控制逐渐深入。其中，曾静案及随之颁布的《大义觉迷录》以雍正上谕和曾静口供的名义集中反映了明遗民和清廷在华夷之辨、明亡责任、君臣之义、治统与道

---

① 《明宪宗实录》卷113，成化九年二月丁丑。

统等问题上的冲突，体现了他们在历史观念上的调适与文化秩序上的诉求，具有比较典型的意义。

（一）华夷之辨

自《春秋》提出"夷夏之辨"和"尊王攘夷"之说，后世对这一命题不断进行新的解读与发展，[①] 使它逐渐成为支撑政权正统性与合法性的重要历史观念。当中原政权在汉族势力之间转移时，因无"夷狄"因素介入，所以华夷之辨似尚平平。一旦异族入主中原，华夷之辨就会汹汹而起，成为汉人尤其是汉族士人否定异族政权正统地位和合法性的重要思想武器。这种情况，在元代宋和清代明时表现得特别明显。明遗民正是申华夷之辨、严夷夏之防的坚决主张者和拥护者，曾静就是他们的代表之一。

曾静是个好古崇圣的儒生，对圣人和经典抱有极大的信任和坚定的信念，所以当吕留良以圣人和经典之名相号召时，曾静很容易就服膺其说。据曾静的供词，他对华夷之辨的看法主要受自于吕留良对《春秋》大义的解读。他说："《春秋》大义，未经先儒讲讨，有明三百年无一人深悉其故，幸得东海夫子秉持撑柱。"[②] 由于吕留良"独谓仁在尊攘"，所以曾静"遂类推一部《春秋》也只是尊周攘夷"[③]。吕留良说"《春秋》华夷之分，大过于君臣之义，而今日有人实若无人，有世实若无世，以此为纲目凡例未发之蕴"，曾静"始闻未尝不疑，迨久而不得不信，盖以其意借口于孔子之《春秋》，而例又窃附于朱子之纲目故也"[④]。这些思想为曾静提供了重要的抗清动力，也反映了明遗民的普遍态度。

华夷之辨的核心是以华夏作为政治统治正当性与合法性的来源与根基，而确定何为华夏就成为一个关键问题。华夏与夷狄的区分，常

---

① 柳岳武：《"一统"与"统一"——试论中国传统"华夷"观念之演变》，《江淮论坛》2008 年第 3 期。

② 中国社科院历史研究所清史研究室编：《大义觉迷录》卷 1，《清史资料》第 4 辑，中华书局 1983 年版，第 36 页。

③ 《大义觉迷录》卷 1，《清史资料》第 4 辑，中华书局 1983 年版，第 37 页。

④ 《大义觉迷录》附《归仁说》，《清史资料》第 4 辑，中华书局 1983 年版，第 164 页。

常指地域、血缘与礼义文明的区别：以居中原者为华夏，以居四边者
为夷狄；以炎黄族系为华夏，以非炎黄族系为夷狄；以合乎华夏礼义
文明或被其所教化者为华夏，不合者则为夷狄。古人还有"以夏变
夷"之说，一方面突出华夏的文化优越感，另一方面则强调了礼义文
明的教化与归化。韩愈所谓"中国而夷狄也，则夷狄之；夷狄而中国
也，则中国之"即是根据对华夏礼义文明的态度来判定华夷。吕留良
和曾静所谓的"华夷之分"，刻意强调了华与夷在地域上的分野，并
认为这种地域分野会造成礼义文明的差异。曾静说："天生人物，理
一分殊。中土得正，而阴阳合德者为人；四塞倾险，而邪僻者为夷
狄。夷狄之下为禽兽。"① "中华之外，四面皆是夷狄。与中土稍近
者，尚有分毫人气，转远转与禽兽无异。"② 他们进而宣称："华之于
夷，乃人与物之分界，为域中第一义"③，"夷狄异类，罟如禽兽"④。
他们自视为华夏，而将满洲人和清廷视为夷狄。他们显然是想以文化
上的优越感来平衡政治现实中的挫败感。在此基础上，他们提出"华
夷之分，大于君臣之伦"，"人与夷狄无君臣之分"⑤。这种说法，不
但表明了他们不与清廷合作的态度，而且试图以夷狄的定位来否定清
廷统治地位的合法性。他们甚至将清廷比作"强盗"："夷狄盗窃天
位，染污华夏，如强盗劫去家财，复将我主人赶出在外，占踞我家。"
对于强劫家财的"强盗"当然不必客气，"今家人在外者，探得消
息，可以追逐得他"⑥。"夷狄侵陵中国，在圣人所必诛而不宥者，只
有杀而已矣，砍而已矣，更有何说可以宽解得？"⑦ 也就是说，抗清乃
是明遗民应当自觉承担的"道义"，"当身道义之迫，甚于水火"⑧。

---

① 《大义觉迷录》卷1，《清史资料》第4辑，中华书局1983年版，第27页。
② 《大义觉迷录》卷2，《清史资料》第4辑，中华书局1983年版，第55页。
③ 同上书，第52—53页。
④ 《大义觉迷录》卷1，《清史资料》第4辑，中华书局1983年版，第21页。
⑤ 《大义觉迷录》卷2，《清史资料》第4辑，中华书局1983年版，第52—53页。
⑥ 同上书，第54页。
⑦ 同上书，第65页。
⑧ 《大义觉迷录》附《归仁说》，《清史资料》第4辑，中华书局1983年版，第
164页。

这就给明遗民的抗清行为赋予了道义感和正当性，当然它的前提是否定清廷统治的合法性。①

雍正显然意识到了"华夷之辨"对清廷统治正统性与合法性的挑战，也意识到了这一思想武器对明遗民的重要性，因此他将这一问题作为消解明遗民文化抵抗的一个关键突破口，在《大义觉迷录》中做了重点辩解和驳斥。②

雍正并不避讳夷狄之名，"夷狄之名，本朝所不讳"。他有意剥离了明遗民赋予"夷狄"的其他意涵，提出"华夏"与"夷狄"只不过是"本其所生而言，犹今人之籍贯耳"③，"本朝之为满洲，犹中国之有籍贯"④。如果仅将"夷狄"视为"籍贯"，则"夷狄"与政权正统性的关联也将不复存在。⑤ 这真是釜底抽薪之论。

对于历史上所谓的"华夷之辨"，雍正认为不过是一种卑陋之见："盖从来华夷之说，乃在晋、宋六朝偏安之时，彼此地丑德齐莫能相尚。是以北人诋南为岛夷，南人指北为索虏。在当日之人，不务修德行仁，而徒事口舌相讥，已为至卑至陋之见。"这种卑陋之见在"天下一统、华夷一家"之时显然不合时宜。吕留良等"徒谓本朝以满洲之君，入为中国之主，妄生此疆彼界之私，遂故为讪谤诋讥之说耳"⑥。

雍正并不否认"华夏"与"夷狄"的差异，但他认为二者的差

---

① 有人认为，曾静是从君臣大义、夷夏之辨否定了清廷入主中原的合法性，从个人品质否定了雍正继承皇位的合法性。王海成《从武王伐纣到〈大义觉迷录〉：中国古代的"合法性"理论及其特点》，《人文杂志》2012 年第 3 期。

② 有人认为，雍正颁布《大义觉迷录》的主要目的，就在于为清廷和他自身的政治合法性进行辩护，而华夷之辨和君臣之义是关键问题。《一次关于政权问题的大讨论——雍正〈大义觉迷录〉书后》，《书屋》1998 年第 4 期。

③ 《大义觉迷录》卷 1，《清史资料》第 4 辑，中华书局 1983 年版，第 22 页。

④ 同上书，第 4 页。

⑤ 有人认为，华夷"籍贯"说是雍正民族思想的基石，他在中国封建社会的历史上第一次明确地解释了"夷狄"的概念，提出了一种全新的不同于儒家传统的夷夏观，是清代民族政策的理论总结。《论雍正的〈大义觉迷录〉及其民族思想》，《满族研究》1986 年第 2 期。

⑥ 《大义觉迷录》卷 1，《清史资料》第 4 辑，中华书局 1983 年版，第 4 页。

异在"德"而不在"地",提出了"惟有德者可为天下君"的观点。①
他在上谕中说:"盖生民之道,惟有德者可为天下君。此天下一家,
万物一体,自古迄今,万世不易之常经,非寻常之类聚群分,乡曲疆
域之私衷浅见所可妄为同异者也。"他还引用《尚书》、拉出天命为
其张目:"《书》曰:'皇天无亲,惟德是辅。'盖德足以君天下,则
天锡佑之以为天下君。未闻不以德为感孚,而第择其为何地之人而辅
之之理。又曰:'抚我则后,虐我则仇。'此民心向背之至情,未闻亿
兆之归心,有不论德而但择地之理。又曰:'顺天者昌,逆天者亡。'
惟有德者乃能顺天,天之所与又岂因何地之人而有所区别乎!""天地
以仁爱为心,以覆载无私为量,是以德在内近者,则大统集于内近,
德在外远者,则大统集于外远。孔子曰:'故大德者必受命'。自有帝
王以来,其揆一也。"沿着这个思路,雍正认为是"上天厌弃内地无
有德者,方眷命我外夷为内地主",大清的德政足以"仰承天命,为
中外臣民之主,则所以蒙抚绥爱育人者,何得以华夷而有殊视!而中
外臣民既共奉我朝以为君,则所以归诚效顺,尽臣民之道者,尤不得
以华夷而有异心。此揆之天道,验之人理,海隅日出之乡,普天率土
之众,莫不知大一统之在我朝,悉子悉臣罔敢越志者也"②。其实,以
"有德"与"失德"来解释王朝更迭的正当性与合理性是中国古代一
种常见的历史解释方式,它常常和天命、五行、民心、夷夏等解释方
式交互为用,只不过解释者往往会根据自己的需要侧重其中一种或几
种因素罢了。当明遗民强调"华夏"与"夷狄"的地域分野及其政
治意义时,"德"却被雍正有意识地塑造成为政权正当性与合理性的
来源。这种意图得到了曾静的明确回应,他表示"由今日看来,本朝
当日即实实取明、代明而有天下,亦有德者兴,无德者亡",并将之
视为"天理之当然"③。这个"天理"正是清廷希望明遗民信守的一

---

① 有人注意到,雍正是以"德"来确立清廷统治的合法性。参见衣长春《论清雍正
帝的民族"大一统"观——以〈大义觉迷录〉为中心的考察》,《河北学刊》2012 年第
1 期。
② 《大义觉迷录》卷 1,《清史资料》第 4 辑,中华书局 1983 年版,第 3—5 页。
③ 《大义觉迷录》卷 2,《清史资料》第 4 辑,中华书局 1983 年版,第 54 页。

个观念规范。

针对曾静等遗民将夷狄斥为"禽兽""妄意以地之远近分华夷，初不知以人之善恶分华夷"的做法，雍正明确指出："禽兽之名，盖以居处荒远，语言文字不与中土相通，故谓之夷狄，非生于中国者为人，生于外地者不可为人也。"人与禽兽的最大区别在于，"人心知仁义，而禽兽无伦理。岂以地之中外分人禽之别乎！"①"《春秋》之书分华夷者，在礼义之有无，不在地之远近"②。"礼义"是判断华与夷的基本尺度，凡合乎"礼义"者皆可视为华夏，无论地之远近；"其中有不向化者，则斥之为夷狄"③，亦不论地之远近。"中国之人，既有行习类乎夷狄者，然则夷狄之人，岂无行同圣人者乎？"④ 为明此理，雍正特意举出在华夏文化系统中具有崇高地位的舜与周文王，说舜为东夷之人，周文王为西夷之人，孔孟仍推之为圣人，可见圣人亦不以地之远近为准的。对于此说，曾静表示认同："夷狄本是论人，亦善恶五性克全，无所亏欠为人；五性浊杂，不忠不信为夷狄。孟子既称大舜、文王为东、西夷所生，又诋杨朱、墨翟之无父无君为禽兽，是中国岂无夷狄？要荒岂无圣人？"⑤ 这个供词显然是要着意凸显君民尤其是君与明遗民在此问题上的共识，力图建立一种具有导向性的价值判断标准。

雍正对明遗民借古讽今的做法抱有高度警惕。明遗民常将清廷比拟为春秋时期的吴楚，并努力从《论语》和《春秋》等对吴楚的"攘""摈"态度中寻找自己"攘清""摈清"立场的历史依据，试图借助这些依据的经典地位增强自身行为的正当性与合理性。对于遗民这种抢占文化和道义制高点的行为，雍正给予了有力的辩驳。他首先比较了"春秋之吴楚"与大清的不同，指出了"以吴楚例今日"的

---

① 《大义觉迷录》卷1，《清史资料》第4辑，中华书局1983年版，第27—28页。

② 《大义觉迷录》附《归仁说》，《清史资料》第4辑，中华书局1983年版，第155页。

③ 《大义觉迷录》卷1，《清史资料》第4辑，中华书局1983年版，第5页。

④ 《大义觉迷录》卷2，《清史资料》第4辑，中华书局1983年版，第64页。

⑤ 《大义觉迷录》卷1，《清史资料》第4辑，中华书局1983年版，第29页。

荒谬:"春秋之吴楚,以夷狄之心,肆夷狄之行,蔑视诸夏礼乐文明之治而来僭乱之;我朝以仁义之心,行仁义之政,不忍中国之生灵涂炭而来抚绥之。一是为乱于至治之世,一是敷治于极乱之时,所谓不惟如方圆体度之不相合,竟脱然如寒暑昼夜之相反者,此也。"对于大清的这种"仁心""仁政",假如圣人生于今日,"其作《春秋》也,所以大褒予于我朝者,当如何深切著明可知矣。""故谓《春秋》大旨,在谨华夷之辨则可,若概引《春秋》之例以抵当我朝之盛,则罔诬圣人作经之旨,为大不可;谓圣人许管仲之仁,其功在于摈吴楚则可,若妄以吴楚例今日,则是非颠倒,害道害义,为大不可。是《春秋》不惟无碍于我朝,而我朝竟深有契于圣人之心,大有光于《春秋》之义旨也审矣。"① 这种对"圣人作经之旨"的解读,一方面突出了对"诸夏礼乐文明"的认同,另一方面则强调了大清的仁心、仁政"大有光于《春秋》之义旨",从而使文化和道义的天平倾向了清廷。

基于同样的理由,雍正对明遗民有意贬低元朝历史地位的做法也很不满。他认为以元朝的"政治规模"与"美德"而"后世称述者寥寥"是很不公平的,"元一代之制作及忠孝节义之人物,亦史不胜书",即便是明初官修《元史》也对元朝诸帝多有赞誉,"明之于元帝誉美如此,而云无当世事功足论乎!且《元史》专传之外,其儒学、循良、忠义、孝友诸传,标列甚众,而云无当代人物堪述乎!"② 明遗民"故为贬词,概谓无人物之可纪,无事功之足复"的做法,其实是"特怀挟私心、识见卑鄙之人,不欲归美于外来之君,欲贬抑淹没之耳"。这种有意"贬抑淹没"外来之君的做法,显然是夷夏之辨在历史观念上的反映。为打破这种以华夷论英雄的不当观点,雍正特意提出了"平心执正"的原则。按照这个原则,对于那些"外国入承大统之君",后人"尤当秉公书录,细大不遗","此文艺之功,有

---

① 《大义觉迷录》附《归仁说》,《清史资料》第 4 辑,中华书局 1983 年版,第 157 页。

② 《大义觉迷录》卷 1,《清史资料》第 4 辑,中华书局 1983 年版,第 25 页。

补于治道者"。如果背离这一原则,"故为贬抑淹没,略其善而不传,诬其恶而妄载",那么"其为人心世道之害可胜言哉!"① 其实,"书法不隐""直书实录"一直是中国古代史学的优良传统,只不过明遗民的"书法"受到夷夏观念的影响而带有较明显的情感倾向,没能做到"气平情正"。这一偏差被雍正敏锐地抓住并训谕以"平心执正",正可说明清初官方对历史书写和历史观念的敏感与重视。这也是雍正特别重视"华夷之辨"的主要原因。

(二)明亡之恨

明遗民的华夷观念一方面受自于传统的民族思想,另一方面则是受到了"明亡之恨"②的现实刺激。明朝政治秩序的瓦解不但使以士大夫为主的明遗民丧失了原有的政治地位,而且也动摇了他们的文化地位。在易代的失落与焦虑之中,他们试图以文化的优越感来对抗政治的优越感,"故国之思"和"明亡之恨"成了他们的情绪宣泄口。

很多明遗民认为明亡于清,将明清易代定性为"篡逆",因此不承认清的正统地位和合法性。曾静就把明清易代视为"天地大变"③,将清视为"窃据神器"④、"盗窃天位,染污华夏"⑤的"强盗",并号召遗民起而抗清。这种观念无疑对清廷的统治造成了直接威胁,从而引起了雍正的重视。

雍正首先驳斥了明亡于清的观点,提出"明之天下丧于流贼之手"⑥,"亡明者,即流民李自成也"⑦。当李自成率军攻入北京时,"崇祯殉国,明祚已终"⑧。显然,雍正将"崇祯殉国"视为明朝正统地位结束的标志。这样的定位可谓一箭双雕:一方面撇清了明朝灭亡的历史责任,因为"崇祯殉国"的直接原因是李自成入京,和清廷没

①《大义觉迷录》卷1,《清史资料》第4辑,中华书局1983年版,第7—8页。
② 同上书,第34页。
③ 同上书,第4页。
④ 同上书,第20页。
⑤《大义觉迷录》卷2,《清史资料》第4辑,中华书局1983年版,第54页。
⑥《大义觉迷录》卷1,《清史资料》第4辑,中华书局1983年版,第6页。
⑦《大义觉迷录》卷2,《清史资料》第4辑,中华书局1983年版,第84页。
⑧《大义觉迷录》卷1,《清史资料》第4辑,中华书局1983年版,第20页。

有关系；另一方面则切断了崇祯与南明小朝廷的历史联系，直接否定
了南明小朝廷的正统地位，从而为确立大清的正统地位做好了铺垫。
紧接着，他为清军入关的原因做了解释："李自成僭伪号于北京，中
原涂炭，咸思得真主为民除残去虐"。这时清人"不忍万姓沉溺于水
火之中，命将兴师，以定祸乱。干戈所指，流贼望风而遁。李自成为
追兵所杀，余党解散。世祖章皇帝驾入京师，安辑畿辅。亿万苍生咸
获再生之幸，而崇祯帝始得以礼殡葬。此本朝之为明报怨雪耻，大有
造于明者也。"① 这当然是雍正有意美化大清的一面之词，但也清楚地
表明：清廷认为明朝的正统地位自"崇祯殉国"已然结束，明亡于李
自成而不亡于清，清"并非取天下于明"②，而取自于李自成，清军
入关是"为民除残去虐""为明报怨雪耻，大有造于明者"的行动，
明遗民对此应感激涕零，并拥护大清的正统地位，而不应再生"叛逆
之心"。这就是雍正希望明遗民树立的关于明亡历史责任和明清易代
的历史认识，也代表着当时官方对此问题的基本立场和态度。

辨清了明亡的历史责任，雍正紧接着就对明遗民所谓"篡逆"之
说进行了驳斥。按照一般理解，"篡逆"是以下犯上、以臣子篡君位。
也就是说，双方应当有君臣、上下的关系。如果明清易代"篡逆"之
说成立，则明与清之间应当是君与臣、宗主与藩属的关系。雍正否认
了明与清之间存在着君臣、主属关系，而将二者的关系定位为"邻
国"③、"与国"④。所谓"邻国""与国"，乃是指具有平等地位的国
家关系。雍正有意突出此点，显然是要将清置于同明对等的地位。更
重要的是，既然清之于明为对等的"邻国""与国"，自可不受君臣、
主属的伦理制约，当然也就说不上"篡逆"了。他反而以明代元来讽
刺明遗民："明继元而有天下，明太祖即元之子民也。以纲常伦纪言
之，岂能逃篡窃之罪！"⑤ 不过，大概雍正自己也觉得这种直接否认有

---

① 《大义觉迷录》卷1，《清史资料》第4辑，中华书局1983年版，第21页。
② 同上书，第20页。
③ 同上书，第6页。
④ 同上书，第20页。
⑤ 《大义觉迷录》卷1，《清史资料》第4辑，中华书局1983年版，第6页。

点勉强,所以他又做了一个假设:"向使明代之君果能以至诚之道,统御万方,使我朝倾心归往,则我朝入中国而代之,亦无解于篡窃之名矣。"这实际上已经隐晦地承认了二者的主属关系。但他紧接着指出这种假设并未成为事实:"我朝自太祖、太宗以来,浸昌浸炽;明代自万历、天启而后,浸微浸熄。明代久已非我朝之敌,彼自失天下于流民,上天眷佑我朝为中国主。"① 既然如此,则"篡窃之名"也就不能成立了。可是,事实毕竟胜于雍正的雄辩,明末后金与明朝的主属关系不容否认,所以清朝定鼎之后官方对清朝开国史往往讳莫如深,进行选择性记述。而到了清末,章太炎、陈去病等人又着意于清朝开国史之探研,以揭露清廷疮疤来为反满革命造势。无论是掩饰还是揭露,其实都反映了时人对历史的选择性记忆,以及这种选择所彰显的现实诉求。

为了更充分地证明清代明的正当性,雍正还特意搬出了"汤武革命"这一典范。"汤武革命"是中国古代解释王朝更迭的经典模式之一,桀、纣贪暴失德,失去了天命眷顾与民心拥护,而汤、武仁德爱民,顺天应人,于是商代夏、周灭商皆为顺理成章之事。这种"革命",不但不是违背君臣纲常伦纪的"篡逆"之举,反而确立了汤、武的圣王地位和商、周的正统地位。这种解释模式的核心,是以"德""圣"作为政权转移的合法性来源,而以天命与民心为其外在表现。雍正深谙这种解释模式的精髓,所以他大力宣扬"有德者可为天下君",努力把明清易代塑造成又一场"汤武革命"。他一方面批评"明代自嘉靖以后,君臣失德,盗贼四起,生灵涂炭,疆圉靡宁。其时之天地,可不谓之闭塞乎";另一方面又宣称:"本朝定鼎以来,扫除群寇,寰宇乂安,政教兴修,文明日盛,万民乐业,中外恬熙,黄童白叟一生不见兵革。今日之天地清宁、万姓沾恩超越明代者,三尺之童亦皆洞晓,而尚可谓之昏暗乎!"② 所以,无论是"天地之气数"还是民心之向背,都可以证明"本朝之得天下,较之成汤之放

---

① 《大义觉迷录》卷2,《清史资料》第4辑,中华书局1983年版,第84—85页。
② 《大义觉迷录》卷1,《清史资料》第4辑,中华书局1983年版,第5页。

桀、周武之伐纣，更为名正而言顺"；"本朝之得天下，非徒事兵力也"，"实道德感孚，为皇天眷顾，民心率从，天与人归"①。这是很明确地告诫明遗民，要他们承认"天与人归"的大清政权的正统地位。而曾静也配合地表示，他以前误信人言，"将明之取元，元之取宋，宋之取周，等而上之，若唐、若汉以及周之代商，商之革夏，无一而不是盗窃，无一不当索回家财矣"，自认是"背理逆天之论"②。"直到后来，实见得我皇上之至德同天，与我朝得统之正，直迈商周，方知从前之错谬，自悔自愧，自咎莫及。"③ 这正是雍正希望看到的遗民立场。

在解释王朝更迭时，天命往往具有重要的象征性意义，就像曾静所言："自古帝王之兴与帝王之在位，皆是顺天命得民心的，天命顺、民心得，从而兴起在位，即是道义之当然。"④ 而天命是通过各种形式的灾祥来表现的，通过宣扬灾祥来彰显天命成为政治宣传和动员的一个重要手段。明遗民就试图以各种灾异来说明清廷不受上天眷顾，进而否定清廷的正统性。吕留良曾在其日记中记载了大量灾异现象，如"四月末，京中起怪风三日，其色大红，著人面皆红""十二月二十九日，夜雨甚大，霍然大电，随发震雷，甚响而长，不知明年作何运数耳"等。其他如彗星、黑日、三日并出、百鸟朝凤之类记述，也有很多。他还作《凤砚铭》："德未尝衰，尔或不来，善以道鸣，必圣人生"，以表深意。⑤ 曾静也借天灾批评道："五六年之内，四时寒暑易序，五谷耕作少成，恒雨恒旸，荆、襄、岳、常等郡，连年洪水，吴、楚、蜀、粤，到处旱涝时闻。"⑥ 他认为出现"五星聚，黄河清"这样的异象，就意味着"阴尽阳生，乱极转治之机"⑦，"某当此时，如何死得！天不欲开治则止，天欲开治，某当此机会，毕竟也算里面

---

① 《大义觉迷录》卷1，《清史资料》第4辑，中华书局1983年版，第20—22页。
② 《大义觉迷录》卷2，《清史资料》第4辑，中华书局1983年版，第54页。
③ 《大义觉迷录》卷3，《清史资料》第4辑，中华书局1983年版，第118页。
④ 《大义觉迷录》卷1，《清史资料》第4辑，中华书局1983年版，第27页。
⑤ 《大义觉迷录》卷4，《清史资料》第4辑，中华书局1983年版，第140页。
⑥ 《大义觉迷录》卷3，《清史资料》第4辑，中华书局1983年版，第96页。
⑦ 《大义觉迷录》卷1，《清史资料》第4辑，中华书局1983年版，第24页。

一个，求人于吴楚东南之隅，舍某其谁!"① 这简直是谋反意图的直接坦白!

雍正当然不甘心明遗民掌握天命的解释权，他声称："夫灾异之事，古昔帝王未尝讳言，盖此乃上天垂象以示儆也。遇灾异而能恐惧修省，即可化灾为福矣；遇嘉祥而或侈肆骄矜，必致转福为灾矣。朕于此理见之甚明，信之甚笃。"他举了很多嘉禾瑞谷、灵芝甘露之类的祥瑞之兆，"自古史册所艳称而罕觏者，莫不备臻而毕具"，以此证明"昊苍之所以恩眷本朝者，历代未有若斯之厚而且显也。"他告诫那些敢于借天谋逆的遗民："数十年来，凡与我朝为难者，莫不上干天谴，立时殄灭。"汪景祺、查嗣庭、蔡怀玺、郭允进等"皆自投宪网，若有鬼神使之者"，曾静也不例外。"今日之凶顽匪类，一存悖逆之心，必曲折发露，自速其辜，刻不容缓，岂非上天厚恩我朝之明征欤!"针对曾静等人以天灾批评清廷不受天命眷顾，雍正说："天时水旱，关乎气数，不能保其全无，所恃人力补救耳。"然后他列举了自己登基以后针对天时水旱所采取的"人力补救"举措，② 以证这些灾异无损于大清得天地气数。

新朝地位的巩固往往是由对历史问题的清理开始的，清朝也是如此。借助朝廷在政治上的强势地位，雍正对明清易代等重大历史问题的认识得到迅速传播，在很大程度上将对易代问题的解释权掌握在了朝廷手中，压缩了明遗民对明清易代的解释空间。而清廷与明遗民在历史观念上的冲突，说明清初社会舆论主导权的争夺仍很激烈，而对历史问题的解释权直接反映了清初文化秩序的基本格局与走向。

（三）君臣之义

无论是申辩华夷，还是争议篡逆，重心都在是否承认清廷的正统地位。对于明遗民来说，将清人斥为夷狄、篡逆，实际上是在表达他们的故国之思、文化立场和不仕新朝的政治态度，而这又通过对"君臣之义"的阐发得到体现。

---

① 《大义觉迷录》卷1，《清史资料》第4辑，中华书局1983年版，第42页。
② 同上书，第23—25页。

明遗民常将华夷之辨与君臣之义联系起来，并以前者为后者的前提，即所谓"华夷之分，大于君臣之伦"。他们将"华之于夷"视为"人与物之分界，为域中第一义"，明确宣布"人与夷狄无君臣之分"①。这是从政治伦理上再次否定清廷的正统地位。②

传统中国是一个注重伦理的社会，获得伦理上的认同与支持无疑是确立政治正统性的重要心理基础。对于雍正而言，如何破除明遗民的"死节"情结，让他们不再以华夷论君臣，认同对于大清的"君臣之义"是一个重要任务。

雍正首先要做的，就是努力寻求和明遗民的共识，这个共识就是"君臣之义"的绝对价值。③ 明遗民无疑是坚守"君臣之义"的，只不过他们要尽忠的对象是大明王朝，"君臣之义"是他们"死节"情结的精神源泉。曾静就说："君臣之义，一日不可无，天下岂有无君之国哉！《孟子》曰：'无父无君，是禽兽也。'禽兽亦有君臣，蜂蚁犹知依从。"④ 他将人臣择主比拟为女子从夫，"人臣之择主，如女子之从夫。为臣者事非其主而失身，如女子已嫁于人而再醮"，强调不事二主的忠节，并批评那些臣事清朝的人为"俯首屈节尽忠于匪类"⑤。面对明遗民的这种态度，雍正强调了"伦常之理"的价值，并将之作为"人"与"禽兽"的根本区别，"人之所以为人而异于禽兽者，以有此伦常之理也"。而五伦之中，"君臣居五伦之首，天下有无君之人而尚可谓之人乎！人而怀无君之心，而尚不谓之禽兽乎！"⑥

---

① 《大义觉迷录》卷2，《清史资料》第4辑，中华书局1983年版，第52—53页。

② 正是鉴于华夷之辨与君臣之义的紧密关系，所以有人认为雍正着意于从二者的关系上寻求突破，力图以君臣之义消弭华夷之辨。参见衣长春《论清雍正帝的民族"大一统"观——以〈大义觉迷录〉为中心的考察》，《河北学刊》2012年第1期。

③ 有人指出，雍正认为"君臣之伦"大于"华夷之辨"，并以"德"为"君臣之伦"的基础。参见栾洋、姜胜南《帝王眼中的华夷之分与君臣之伦——从〈大义觉迷录〉看雍正的政治思想》，《燕山大学学报》（哲学社会学版）2008年第1期。但此说似未见及雍正对"君臣大义"绝对性的强调及其沟通意图。

④ 《大义觉迷录》卷2，《清史资料》第4辑，中华书局1983年版，第56页。

⑤ 《大义觉迷录》卷1，《清史资料》第4辑，中华书局1983年版，第32页。

⑥ 同上书，第8页。史景迁对此亦有讨论，参见［美］史景迁《雍正王朝之大义觉迷录》，温洽溢、吴家恒译，广西师范大学出版社2011年版，第180页。

这就很明确地将"君臣之义"视为人之根本，取得了与明遗民沟通的思想前提。

不过，明遗民在强调"君臣之义"的同时，也给自己留下了选择的灵活性。这其实是中国士人处世传统的延续。自春秋战国以来，士人为了抗衡君权的强势，提出了"国有道则仕，国无道则隐"的处世原则，并以"君使臣以礼，臣事君以忠"作为履行"君臣之义"的先决条件。也就是说，臣对君的效忠并非是无条件的、绝对的。这既凸显了士人的主体性，又保护了士人出仕的自主权。虽然后来士人相对于皇权的独立性受到了削弱，但这一传统总会在易代之际成为士人选择自处之道的一个重要理念，从而为士人保留了一定的选择空间。比如，秦汉易代之际，汉初士人仍秉持"士者，弗敬则弗至"①的信念。这个传统在明遗民身上得到了延续，他们刻意强调孔子的"抚我则后，虐我则仇"之说，实际上就是把"抚我"和"虐我"作为履行"君臣之义"的前提条件，从而把是否出仕的主动权掌握在了自己手中。明遗民认定清廷是"虐我"而非"抚我"，其实是在为自己的"仇清"态度寻找理由。曾静不但将清廷的统治描绘得暗无天日，甚至认为"如今八十余年没有君，不得不遍历域中，寻出个聪明睿智人出来做主"②。他的设想是由儒者做皇帝，"若论正位，春秋时皇帝该孔子做，战国时皇帝该孟子做，秦以后皇帝该程、朱做，明末皇帝该吕子（吕留良）做"③。可惜吕留良已死，那么这个"聪明睿智人"就只能是他自己了。这种设想暴露了曾静的迂腐与狂妄，也说明了明遗民在选择上的迷茫和无助。

对于明遗民刻意强调"抚我则后，虐我则仇"的真实意图，雍正心知肚明。所以他一再强调此说虽是"人情"④，但却"非正论"⑤。他强调臣子对君主履行"君臣之义"是绝对而无条件的，不应当将君

---

① 贾谊：《新书》，中华书局 2012 年版，第 286 页。
② 《大义觉迷录》卷 2，《清史资料》第 4 辑，中华书局 1983 年版，第 56 页。
③ 同上书，第 48 页。
④ 《大义觉迷录》卷 1，《清史资料》第 4 辑，中华书局 1983 年版，第 7 页。
⑤ 《大义觉迷录》卷 2，《清史资料》第 4 辑，中华书局 1983 年版，第 84 页。

对臣的态度作为先决条件。他说："君臣、父子皆生民之大伦，父虽不慈其子，子不可不顺其亲；君即不抚其民，民不可不戴其后。所谓抚我则后，虐我则仇者，在人君以此自警则可耳，若良民必不忍存是心，唯奸民乃得以借其口。"① 为了强调"君臣之义"的绝对性，他还特意对孔孟之语进行了选择性切割："孔子云：'事君尽礼。'又云：'臣事君以忠。'又云：'君君、臣臣、父父、子子。'看《乡党》一篇，孔子于君父之前，备极敬畏小心。孟子云：'欲为臣，尽臣道。'又云：'齐人莫如我敬王者。'使孔孟当日得位行道，惟自尽其臣子之常经。"② 这种切割凸显了雍正与明遗民在"君臣之义"问题上的分歧：当明遗民强调"君使臣以礼"时，雍正却着意于"臣事君以忠"；当明遗民以"虐我"为"仇清"和不仕寻找理由时，雍正却要求他们"尽臣道"。什么是"臣道"？雍正说："为臣下之道，当奉君如父母"，即便是父母"待以不慈"，也不可以"疾怨忤逆"，这是明确地要求明遗民要恪守对于清廷的"臣道"了。当然，为了安抚明遗民，雍正大力宣扬清廷履行了"君道"，以证清廷对明遗民是"抚"而非"虐"。他说："为君上之道，当视民如赤子"，"我朝之为君，实尽父母斯民之道，殚诚求保赤之心"③。"本朝自关外创业以来，存仁义之心，行仁义之政，即古昔之贤君令主，亦罕能与我朝伦比。且自入中国已八十余年，敷猷布教，礼乐昌明，政事文学之盛，灿然备举"④，这不能不说是"抚我"的盛举了。更难得的是，清廷对明朝后裔优礼有加，体现了"继统之君"的气度。据雍正所言，清朝"厚待明代之典礼，史不胜书。其藩王之后，实系明之子孙，则格外加恩，封以侯爵，此亦前代未有之旷典"⑤。"今昌平诸陵，禁止樵采，设户看守，每岁遣官致祭。圣祖每次南巡，皆亲谒孝陵奠酹，实自古所未有之盛典。朕又继承圣志，封明后以侯爵，许其致祭明代陵

---

① 《大义觉迷录》卷 2，《清史资料》第 4 辑，中华书局 1983 年版，第 84 页。
② 同上书，第 49 页。
③ 《大义觉迷录》卷 1，《清史资料》第 4 辑，中华书局 1983 年版，第 5—6 页。
④ 同上书，第 21 页。
⑤ 《大义觉迷录》卷 1，《清史资料》第 4 辑，中华书局 1983 年版，第 6 页。

寝。虽夏、商、周之所以处胜国之后，无以加矣。"① 如果无视这些"抚我"的举措，而强称"虐我"，那么只能成为雍正所称的"本朝奸民"② 了。"此等奸民，不知君臣之大义，不识天命之眷怀，徒自取诛戮，为万古之罪人而已。"③ 显然，雍正恩威并济，就是想打破明遗民对"君臣之义""抚我"与"虐我"的离心性解释，希望他们能够回心转意，以清为正统。

雍正的意图在曾静的供词中得到了积极回应和详尽阐发。曾静首先反省了自己"自昧君臣之大义，而并劝人以不忠"④ 的错误立场，接着指出："五伦之中，又惟君臣、父子为更大"，"君臣之伦，大过父子之亲。盖以父则对子，其尊只在子一身之上；君乃天下万物之大父大母，其尊与天配，在万物之上，故五伦以君臣为首"。作为朝廷的臣民，"一身之生杀，唯君所命，不敢以私怨生怼叛之心"⑤。这就把自己的立场调整到了和清廷一致的方向，而迥异于他在《知新录》中所坚持的遗民立场。

为了强调"君臣之义"的绝对性，曾静从两个方面对明遗民的说法进行了辩驳：一是反驳"君使臣以礼，臣事君以忠"之说。他认为圣人虽然将"两边平放"，但"其实不相期待"，"君使臣以礼"并非是"臣事君以忠"的先决条件。他说："臣之忠君，乃天命之自然，不是因君使臣以礼而后臣得事君以忠，所以朱子注云：'二者皆理之当然，各欲自尽而已。'玩'理之当然'四字，见得臣之忠君，原从天出，不是报答君恩。君加恩于臣，在臣固当忠君，即不加恩于臣，而臣亦当忠。""臣之忠君，乃天命之当然，所性之自然，岂计君恩之轻重哉！"这种要求臣民无条件地效忠君主、履行"君臣之义"的说法，正符合清廷对明遗民的期望。二是反驳"抚我则后，虐我则仇"之说。他对雍正"'抚我则后，虐我则仇'非正论"的说法表示赞

① 《大义觉迷录》卷1，《清史资料》第4辑，中华书局1983年版，第23页。
② 同上书，第6页。
③ 同上书，第8页。
④ 同上书，第33页。
⑤ 《大义觉迷录》卷2，《清史资料》第4辑，中华书局1983年版，第85页。

同，认为这种说法"正合文王、孔、曾之旨。"因为所谓"抚我则后，虐我则仇"只不过是"武王将伐纣而誓师之权词"，不能视为常则。周文王虽然"遭纣之昏乱"，却仍然"不改小心服事之节"，这才是臣对君的"至德"。至于"汤武革命"的发生，"本非圣人之得已"，"在圣人心中，终是不满，终不免以此为惭"。也就是说，即便遇到桀纣这样的昏乱之君，圣人心中也并未忘记"君臣之义"，只不过"常经到此穷绝，理势不得不变，所以就时地上裁制，不得已而为古今之通义，以接续天理耳"。这种"革命"的道理和手段，"非大圣人不能用"①，更不能作为后世篡逆之行的借口。

曾静的辩驳抽掉了明遗民为履行"君臣之义"所设置的先决条件，而曾静的遗民身份无疑增强了他的利用价值，雍正就是要利用遗民之口来征服遗民。当曾静宣称"本朝来龙兴功德，事事仁至义尽，得统之正，全是天与人归"，"较之汤武昔尝为夏殷诸侯，而临时不免兵戈者，更名正言顺，神武而不杀"② 之时，雍正的目的就达到了。

（四）治统与道统

明遗民在华夷之辨、明亡之恨和君臣之义等问题上与清廷所发生的争辩和冲突，其实反映了他们对失去文化秩序主导权的焦虑和寻找自处之道的迷茫。这种焦虑和迷茫的背后，是中国传统士大夫对自身社会地位和社会责任的定位，以及这种定位在易代之际所面临的冲击。易代所带来的政治与文化秩序的重整，使得他们的地位和价值充满了不确定性，也使得他们对重获文化秩序主导权充满了渴望。而这种诉求不可避免地与官方所期望的文化秩序格局相互矛盾，于是双方陷入了不断地冲突和调适之中。

士人是中国古代社会一个具有比较明确的主体意识的特殊群体。春秋战国时期的士人以突出的才能与独立的人格见称，具有较强的主体意识和社会责任意识，体现出一种强烈的进取精神和担当精神，社会地位也较为独立。进入大一统时代后，士人的活动空间受到抑制，

---

① 《大义觉迷录》卷2，《清史资料》第4辑，中华书局1983年版，第85—86页。
② 《大义觉迷录》卷1，《清史资料》第4辑，中华书局1983年版，第33页。

独立地位也被削弱。士人往往借助文化上的"道"来抗衡政治上的"势"，从而为自身寻求更大的社会空间。一方面，"大一统的'势'既不肯自屈于'道'，当然也不能容忍知识分子的气焰过分高涨"①；而另一方面，以道义为己任的士人在抱怨"生不丁三代之盛隆兮，而丁三季之末俗"②的同时，又以道义的力量对"势"的压力进行抗争，提出"故夫士者，弗敬则弗至"③，"屈民而伸君，屈君而伸天"④等原则来限制君权。于是，从秦汉开始，士人与君主就逐渐形成了一种特殊关系，士人依赖君主实现价值，但又不肯被君主完全控制，君主依靠士人来治理国家，但又不愿意给士人充分的自由，"道"与"势"的冲突与调适遂成为一种常态。当"道"与"势"合一时，政治力量与文化力量的结合往往会造就一个王朝的兴盛。当"道"与"势"对立时，政治力量与文化力量相互牵制，可能会使一个王朝走向衰落，也可能会开启一个文化的新时代。这种"道"与"势"的对立和冲突，往往在易代之际表现得比较明显，明清易代即是如此。

明清易代，改变的不仅是政治秩序，文化秩序也受到了很大冲击。明遗民认为既有的文化秩序正面临严重的威胁，即"于今正值斯文厄运"⑤。所谓"斯文厄运"，是他们感觉到自身在既有文化秩序中的地位受到动摇，"厄运"将临，新的文化秩序正在形成。而主导新文化秩序的力量竟然是他们在文化上所瞧不起的夷狄，这当然是他们所不能容忍和接受的。所以，为了保持文化优越感，维持既有的文化秩序，他们宣称这种新文化秩序是上天所不能接受的，而其表现就是"孔庙既毁，朱祠复灾"⑥。孔子、朱熹是华夏文化正统性的象征，也是道统之所系，他们的祠庙被毁成为明遗民借助"上天"来表达反对异族文化控制的一种象征。他们甚至提出儒者称帝来对抗现实的皇权

---

① 余英时：《士与中国文化》，上海人民出版社 2003 年版，第 99 页。
② 费振刚等辑校：《全汉赋》，北京大学出版社 1993 年版，第 112 页。
③ 贾谊：《新书》，中华书局 2012 年版，第 286 页。
④ 董仲舒：《春秋繁露》，中华书局 2012 年版，第 30 页。
⑤ 《大义觉迷录》卷 2，《清史资料》第 4 辑，中华书局 1983 年版，第 94 页。
⑥ 《大义觉迷录》卷 1，《清史资料》第 4 辑，中华书局 1983 年版，第 23 页。

压力。曾静在《知新录》中说:"皇帝合该是吾学中儒者做,不该把世路上英雄做。周末局变,在位多不知学,尽是世路中英雄,甚者老奸巨猾,即谚所谓光棍也。若论正位,春秋时皇帝该孔子做;战国时皇帝该孟子做;秦以后皇帝该程、朱做;明末皇帝该吕子做。今都被豪强占据去了。吾儒最会做皇帝,世路上英雄他哪晓得做甚皇帝。"① 这种说法,虽然荒诞,但反映了当时一部分遗民想将治统与道统合一、控制文化秩序主导权的渴望。曾静所谓"开蒙书,叙道统,只该叙到吕子止"② 之说即是明证。

雍正并未将孔庙失火视为君德有失的征兆,而是警惕地指出了这种说法可能包含的政治企图和风险。他说:"孔庙不戒于火,唐、宋皆有之。明弘治时,被灾尤甚。弘治非明代之贤君乎!若以此为人君之不德所致,则将来叛逆之徒,必借此煽动人心,至有纵火焚毁以及各府州县文庙者。逆贼既称东鲁腐儒,附于圣人桑梓,而忍为此言乎?若朱祠之焚,未知果有其事否?但朱子祠宇遍天下,偶一被火,即关君德,则诸儒之祠宇何穷,宁能保其一无回禄之灾乎!"③ 这种看法,反映了雍正对明遗民政治意象的高度敏感,他是不允许借助这种政治意象来"煽动人心"的。在严肃反驳明遗民所谓"斯文厄运"的同时,雍正还指出,孔庙其实还有各种"文明光华之祥瑞",比如当时负责督修孔庙的通政使留保曾奏报:"十一月二十六日午刻,正当孔庙大成殿上梁之前二日,庆云现于曲阜县。形若芝英彩凤,五色缤纷,正南、东、西三面拱日朝阳,历久益加绚烂。万目共睹,无不称庆。"④ 既然孔庙"焚毁"可以被视为对君德的警告和治统的否定,那么孔庙"庆云"自然也可以被理解为对君德的表彰和治统的肯定。雍正强调此点,用意正在于以同样的思路来回击明遗民的附会之词,并借机强调大清的治统已经得到了以孔子为代表的道统的支持。这就是所谓的"上天所以嘉予圣心与孔子之心为一处","今圣心与孔子

---

① 《大义觉迷录》卷2,《清史资料》第4辑,中华书局1983年版,第48页。
② 同上书,第66页。
③ 《大义觉迷录》卷1,《清史资料》第4辑,中华书局1983年版,第24页。
④ 《大义觉迷录》卷2,《清史资料》第4辑,中华书局1983年版,第94页。

之心为一，即是与天心为一"①，"心融神契，道统、治统、心法、圣学，一气相承"②。最后的结论自然是"我朝极帝王之隆，兼积累作述之全，则治统道统之归晓然矣"③。这就把清廷打扮成了治统与道统的合一体，从而在文化观念上奠定了清廷的正统性基础。

明遗民的道统观是一个复杂的文化观念，其中既包含了他们对文化信念和文化责任的理解，也掺杂着他们对故国的深情与新朝的排斥。如果说华夷之辨、君臣之义是一种直接的政治表达，那么道统观则是明遗民暗藏的一种文化与心理底线。他们希望能够坚守住这道底线，为自己在新朝构筑一个精神堡垒，这个堡垒可以让他们找到存在感与归属感，让他们找到精神的慰藉。

不过，雍正并不打算给明遗民太大的构筑精神堡垒的空间，他追求的是清廷治统与道统的合一。治统的象征是"君"，道统的象征是"师"，他借曾静之口，表达了"君""师"合一的愿望。曾静说："盖天降下民，作之君，作之师，君以职位言，师以道德言，必道德极天下之至，然后职位居天下之尊。"④ 在上古三代，"君与师原属一道，并未尝有歧，此尧舜禹汤文武之世，所以只有君之重，并无师之名，盖以君职原兼师职故也"⑤。也就是说，只要像"尧舜禹汤文武之君"那样，能够"深于道德之至，精于学问之极"⑥，就可以"君职"兼"师"职，实现道统与治统的合一。但是，这种"治统、道统之合一而从天定者"十分难得，"自暴秦变乱以后，虽历汉、唐、宋之盛，犹不免架阁漏空，无当于圣人之万　"⑦，""二千余年，孔道

① 《大义觉迷录》卷2，《清史资料》第4辑，中华书局1983年版，第95页。
② 《大义觉迷录》附《归仁说》，《清史资料》第4辑，中华书局1983年版，第162页。
③ 同上书，第168页。
④ 《大义觉迷录》卷2，《清史资料》第4辑，中华书局1983年版，第49页。
⑤ 同上书，第94页。
⑥ 同上书，第49页。
⑦ 《大义觉迷录》附《归仁说》，《清史资料》第4辑，中华书局1983年版，第155—156页。

晦塞，未有能明能行"①。明自失其治统，"明祚已绝，明位已移"②。入清以后，顺治、康熙、雍正大力推崇孔孟之道，重建以程朱理学为核心的意识形态，他们与圣人"心融神契，道统、治统、心法、圣学，一气相承"③，"以尧舜之君道，复备孔子之师道"④，正符合"治统、道统之合一而从天定者"的要求。这就把清廷所代表的治统与程朱所代表的道统从历史和理论上结合在一起，从而为清廷获取道统支持奠定了基础。有研究者指出："清初的政治权力相当巧妙地垄断了本来由士人阐释的真理，并使帝王的'治统'兼并了'道统'，使士人普遍处于失语状态"⑤，这的确是清初的文化走向。

曾静宣称："世运之升降，必以治统为转移；而稽治统之转移，又必以道统为依归。"⑥ 也就是说，获得道统支持是阐释治统转移合法性的重要条件。雍正之所以竭力追求"君职"与"师职"合一、治统与道统合一，用意即在于此。而以秉持道统自命的明遗民不甘无条件地屈服于清廷的压力，于是提出"君临天下，必有孔孟之道德仁义与程朱之理学精详"⑦ 的要求。这实际上是将对汉文化的认同视为获得道统支持的前提条件，而顺治、康熙以来清廷对孔孟之道和程朱理学的推崇恰恰彰显了清廷对汉文化的认同。因此，虽然大部分明遗民未必承认清廷宣扬的道统与治统合一的说法，但随着时间推移、清朝汉化加深以及遗民群体的自然消亡，他们与清廷得以在道统问题上达成一定程度的妥协，清初"治统"与"道统"的冲突得到了缓解与调适。

清廷与明遗民在华夷之辨、明亡之恨、君臣之义、治统道统等历

---

① 《大义觉迷录》卷2，《清史资料》第4辑，中华书局1983年版，第94—95页。
② 《大义觉迷录》附《归仁说》，《清史资料》第4辑，中华书局1983年版，第156页。
③ 同上书，第162页。
④ 同上书，第168页。
⑤ 葛兆光：《中国思想史》，复旦大学出版社2001年版，第390页。
⑥ 《大义觉迷录》附《归仁说》，《清史资料》第4辑，中华书局1983年版，第154页。
⑦ 《大义觉迷录》卷2，《清史资料》第4辑，中华书局1983年版，第50页。

史观念上的冲突和调适，反映了他们不同的文化秩序诉求，也反映了清初异质文化之间的互动与融汇。

清廷希望通过历史观念的调整，树立"天下一统，华夷一家"的观念，① 希望明遗民承认清廷的正统性与合法性，将清朝及其君主视为君父，重新树立"尊君亲上之念"②，使"明臣、汉人当时皆乐为效力致死"③，建立以清廷为主导的文化秩序。文化秩序的关键在于人心，强大的政治力量在构建文化秩序时往往显得缺乏着力点，所以雍正选择了两手策略：一方面采取强有力的文化高压政策，发挥政治优势；另一方面则进行绵密耐心地说服辩驳，力图消解明遗民的文化抵抗和心理抵抗，完成文化征服。④《大义觉迷录》可以说是雍正进行文化征服的一个集中体现，他借此集中表达了清廷在华夷、君臣等核心问题上的立场，以及官方对文化秩序的诉求。而且，他还借助政治优势，将这种立场和诉求颁布天下，"著将吕留良、严鸿逵、曾静等悖逆之言及朕谕旨，一一刊刻，通行颁布天下各府州县远乡僻壤，俾读书士子及乡曲小民共知之。并令各贮一册于学宫之中，使将来后学新进之士，人人观览知悉。倘有未见此书、未闻朕旨者，经朕随时察出，定将该省学政及该县教官从重治罪"。他的目的，就是"此乃为世道人心计"⑤。所谓"世道人心"，就是清廷的文化秩序诉求。"由于清代皇权采用国家主义对于分权思想的抵制，用天下一家的思想对于地方之人的批判，用普遍无二的真理对于个人话语的限制，更剥夺了士人们从身体到思想的逃避普遍皇权的理由。"⑥ 不过，征服者常常

---

① 《大义觉迷录》卷1，《清史资料》第4辑，中华书局1983年版，第4页。

② 同上书，第8页。

③ 《大义觉迷录》附《归仁说》，《清史资料》第4辑，中华书局1983年版，第156页。

④ 有人认为，雍正此举虽然充斥着唯我独尊的霸气，亦不乏强词夺理之狡辩，然其信奉文化本位，崇尚儒家学说，并尝试以对话之方式与士子进行辩论，堪称难能可贵，在历代专制君主中属空前绝后之举。而士人仍欲挟道统之余威促法统之更迭，则属天真幼稚、不合时宜之妄动。参见邸永君《从〈大义觉迷录〉看清世宗之文化本位观》，《满族研究》2005年第2期。

⑤ 《大义觉迷录》卷1，《清史资料》第4辑，中华书局1983年版，第9页。

⑥ 葛兆光：《中国思想史》，复旦大学出版社2001年版，第400页。

被征服，雍正在征服过程中力行汉化，^①其实也是个被征服者。在征服与被征服的互动中，清廷与明遗民实现了观念与秩序的调适，这其实是不同文明走向融合时经常出现的状况。

对于明遗民而言，华夷之辨、君臣之义是他们进行文化抵抗的有力武器，道统观则是他们最后的精神堡垒。他们力图借此反抗清廷的统治，否定清朝的正统地位，为明朝续命，为自身寻找精神家园。换言之，明遗民与清廷在历史观念上的冲突，一方面固然是由于他们的"故国之思"和"明亡之恨"，另一方面则是出于文化的惯性和寻找自身社会位置的焦虑和迷茫。他们希望易代之后仍能保持既有的文化秩序，保护自身在这个秩序中的主导权，从而拥有更大的社会活动空间和话语权。但是，治统转移要求道统做出相应的回应，明遗民很难单靠文化和道义的力量来长期抗衡清廷的外在压力，其群体逐渐被分化，空间逐渐被压缩，诉求逐渐被弱化。他们被迫在历史观念和文化信念上做出让步，在一定程度和范围内与清廷的诉求进行调适，曾静对雍正的双簧式呼应虽然是一个极端的个案，但却能反映出冲突双方进行调适的方向。事实上，雍正在阐释华夷、君臣、治统、道统等历史观念的同时，也在相当程度上认识到了这些观念的重要性并加以利用。而明遗民则秉持"文化主义"的原则，在清廷表示认同汉文化的基础上，选择了与清廷相妥协，实际上默认了清廷的文化秩序诉求，认同了清人的统治。

从历史进程来看，清廷比较成功地消解了它和明遗民的历史观念冲突，而双方调适的结果，就是建立了一个以清廷为主导、以程朱理学为核心的新文化秩序格局，为清初意识形态和社会秩序的稳定发挥了重要作用。

---

① 西方汉学界近年来将雍正与曾静案视为满人形塑自我认同之重要转折的表征，以扬弃自 Franz Michael、Mary C. Wright 以降雄踞学界的清朝政权"汉化"说，而乾隆违逆父命诛戮曾静、禁毁《大义觉迷录》的做法也被视为对满人自我认同意识的强化。参见［美］史景迁《雍正王朝之大义觉迷·译后记》，温洽溢、吴家恒译，广西师范大学出版社 2011 年版，第 260—262 页。笔者认为，雍正的汉化倾向比较明显，虽然他在努力为清廷争取正统性和合法性，但其视野是包含多民族、多文化的"一统天下"，而并非仅为形塑满族的自我认同意识。

二　历史书写与文化秩序

我们知道，史权对于一个政权尤其是新生政权在一定程度上意味着意识形态的话语权，因为合法性论证始终是一个政权意识形态的基本命题，而从历史上来说明政权的合法性和必然性，是史学尤其是官方史学的一个主要任务。要达成这一使命，就必须控制史权，掌握历史书写的导向，从而建构起符合需求的政治与文化秩序。这是明清两朝当政者在刚刚取得政权、立足未稳之际就匆忙为前朝开局修史的主要原因。

（一）明初官修史籍与文化秩序的构建

《元史》是明代第一部官修史书，其修纂过程和史学思想反映了明初当政者的文化秩序诉求。明军攻陷大都时，获得了元朝的十三朝实录和《经世大典》《大元一统志》《功臣列传》等一批重要的元代官修史籍。这批史籍很快被送到了朱元璋面前。朱元璋立即意识到这批史籍的政治价值，于是在 1368 年 12 月下令由宋濂、王祎、李善长等人筹备设局修纂《元史》。

《元史》的修纂十分仓促，曾两次开局，共历时 331 天而成书。《元史》第一次开局是洪武二年（1369）二月丙寅（初一），地点位于南京天界寺，修史人员的住宿和工作都在这里。这次开局，总裁为宋濂、王祎，征聘了汪克宽、胡翰、宋僖等十六人入馆，用时 188 天，修成帝纪 37 卷、志 53 卷、表 6 卷、传 63 卷，总计 159 卷，但缺元顺帝一朝史事。为补充元顺帝一朝史事，宋濂派吕复等人分赴北平、山东、河南、陕西等地搜集元统（1333）以后的史料，用时六个多月，搜得各类史料 120 部和 500 块碑拓。于是，洪武三年（1370）二月初六，《元史》第二次开局，仍以宋濂、王祎为总裁，征聘朱右、贝琼等十四人为纂修官，历时 143 天，至当年七月初一完成，增修顺帝纪 10 卷，增补元统以后《五行》《河渠》《祭祀》《百官》《食货》各 1 卷，三公和宰相表的下卷及《列传》36 卷，共计 53 卷。两次修成的书稿合并，最终形成今天看到的目录 2 卷、正文 210 卷的《元史》。

《元史》因仓促成书而备受后人诟病。顾炎武批评《元史》有

"一人作两传""本纪有脱漏月者""列传有重书年者""诸志皆案牍之文，并无熔范"等很多问题①。朱彝尊批评《元史》"其文芜，其体散，其人重复"②。钱大昕批评《元史》"古今史成之速，未有如《元史》者，而文之陋劣，亦无如《元史》者"。他指出了《元史》的很多"陋劣"之处，比如"开国功臣，首称四杰，而赤老温无传。尚主世胄，不过数家，而郓国亦无传。丞相见于表者五十有九人，而立传者不及其半"，"本纪或一事而再书，列传或一人而两传，宰相表或有姓无名，诸王表或有封号无人名"③ 等。造成这些问题的原因，除了时间仓促、史料未全、采择不善等主客观因素之外，朱元璋的政治干预恐怕也是一个重要原因。

朱元璋在他的修史诏书里宣称："自古有天下国家者，行事见于当时，是非公于后世，故一代之兴衰，必有一代之史以载之。元主中国，殆将百年，其初君臣朴厚，政务简略，与民休息，时号小康……至其季世，嗣君荒淫，权臣跋扈，兵戈四起，民命陷危。间有贤智之士、忠荩之臣，不获信用，驯至土崩。其间君臣行事，有善有否；贤人君子，或隐或显。诸所言行，亦多可称者。卿等务直述其事，勿溢美，勿讳恶，以垂鉴戒。"④ 这番冠冕堂皇的宣示与唐代《修晋书诏》和《修六代史诏》等所表达的思想和原则并无二致，问题在于此时的明王朝并不能为纂修《元史》提供必要的条件。当时，明王朝远未实现国家统一，元的残余势力、各地割据势力甚至江南士人都是朱明王朝的严峻挑战。在这样的社会动荡、人心不稳的环境下，朱元璋还是决定开局修纂《元史》，不能不说有他的政治意图。朱元璋希望通过修纂《元史》的行动，一是论证和宣示明代元的合法性和合理性，确立明王朝的正统地位，二是控制史权，夺取对元朝历史的解释权和话语权，三是借此拉拢和收服人心未服的江南士人。

朱明王朝对自身政治统绪的认同有个发展演变的过程，即从以宋

① 顾炎武：《日知录》卷26《元史》，《四库全书》第858册。
② 朱彝尊：《曝书亭集》卷32《史馆上总裁第三书》，《四库全书》第1317册。
③ 钱大昕：《十驾斋养新录》卷9《元史》，《续修四库全书》第1151册。
④ 《明太祖实录》卷39，洪武二年二月丙寅。

统自诩，到抛弃宋号，承认元朝正统地位，打出承天命、继元统的旗帜。[1] 而掌握为前朝修正史的权力本身就是这种正统地位的展示，所以朱元璋才会如此匆忙地下诏修纂《元史》。对此，总裁宋濂曾说："昔者，唐太宗以开基之主，干戈甫定，即留神于《晋书》，敕房玄龄等撰次成编，人至今传之。钦惟皇上龙飞江左，取天下于群雄之手，大统既正，亦诏修前代之史，以为世鉴。古今帝王能成大业者，其英见卓识，若合符节盖如是。"[2] 虽然宋濂将朱元璋诏令修《元史》吹捧为"英见卓识"，但也说出了"大统既正"之后即"诏修前代之史"的用意所在。开局修史，就意味着将对元朝历史的解释权和话语权掌控在了朝廷手中，从而为确立官方主导的历史观念和意识形态奠定重要的基础。这是朱元璋的精明之处。在修纂过程中，宋濂、王袆代表朱元璋征聘了以"山林隐逸"为主的江南士人入馆，达到了拉拢与控制的双重目的。

对于朱元璋在《元史》纂修中的作用，可从宋濂、李善长、赵汸等史局纂修者的记述中得到印证。宋濂在《纂修〈元史〉凡例》中说："今修《元史》，不作论赞，但据事直书，具文见意，使其善恶自见，准《春秋》及钦奉圣旨事意。"[3] 所谓"钦奉圣旨事意"，当然是朱元璋的指导意见。李善长在《进〈元史〉表》中说："特诏遗逸之士，欲求论议之公。文辞勿致于艰深，事迹务令于明白。苟善恶了然在目，庶劝惩有益于人。此皆天语之丁宁，足见圣心之广大。"[4] 所谓"天语之丁宁"，小是朱元璋十预《元史》纂修的明证。可见他从体例到文字，都对《元史》纂修做过明确的指示。对于朱元璋的指示，史臣们自然奉若神明。纂修官赵汸说："士之在山林，与在朝廷异，其于著述亦然"，"今吾人挟其山林之学，以登于朝廷之上，则其茫然若失、凛然不敢自放者，岂无所惧而然哉。尚赖天子明圣，有旨即旧志成书，凡笔削悉取睿断，不以其不能为诸生罪，蒙德至渥

---

① 白寿彝主编：《中国史学史》第 5 卷，上海人民出版社 2006 年版，第 59 页。

② 《元史》附录《宋濂目录后记》，中华书局 1976 年版。

③ 同上。

④ 《元史》附录李善长《进〈元史〉表》。

也……如汸者，亦得以预闻纂修自诡，岂非其幸欤！"这番话比较含蓄，但很真实地道出了赵汸及其他参与纂修人员的心情。《元史》的纂修，一方面涉及元朝的评价问题，另一方面涉及明朝如何建立的问题，在当时的情况下都是十分敏感的政治问题，对此这些"山林遗逸之士"当然不会不清楚。面对这些问题，他们"茫然若失、凛然不敢自放"是完全可以理解的。朱元璋指示"即旧志成书，凡笔削悉取睿断"的做法，无疑使他们大大松了一口气。显然，《元史》的重大问题都是"睿断"亦即朱元璋钦定的。这样一来，编纂者就不用承担政治责任了，这对他们来说，确是"蒙德至渥"了。总之，《元史》纂修的整个过程，从编纂人员的挑选，指导思想和编辑体例的确定，文字风格的要求，资料的利用，以至删改定稿，无不听命于朱元璋。因此，在一定意义上，可以说《元史》的真正总裁应该是朱元璋。[1] 通过《元史》的纂修与刊布，朱元璋也达到了借助修史而掌控史权、塑造元明易代的历史观念、阐释明朝建立合法性的目的。这对于明初官方的意识形态建设和文化秩序构建具有重要意义。或许是从《元史》修纂中深深体会到了控制史权的益处，所以朱元璋才会那么重视通过各种形式的史学活动对臣民进行历史教育和教化。明洪武朝编纂的《资世通训》《志戒录》《省躬录》《精诚录》《相鉴》《臣戒录》《辨奸录》《宗藩昭鉴录》《武士训戒录》《永鉴录》《世臣总录》《古今列女传》等，其编纂目的都是告诫和教化臣子顺从皇权，做好臣子，具有很强的现实政治意图。永乐朝修纂的三部《大全》《永乐大典》等大型图籍，也有化解因靖难之役而与朝廷对立的士人之矛盾的用意。

明代官修史籍主要集中于前期，一个重要的原因就在于为国家的治理和制度建设提供必要的经验鉴戒，即所谓"稽古定制"。顾颉刚说："凡一代创业之君，以其得之之艰，辄欲制之极密，防之极周，

---

① 陈高华：《〈元史〉纂修考》，《历史研究》1990 年第 4 期。

图子孙久长之业。此固无代不然，而明代为尤显。"① 从明代敕撰图籍来看，当时官修的绝大部分史籍都与典章制度有关，从而形成了政书编纂的高潮。比如，明朝官修的政书类史籍有《稽古定制》《大明律》《御纂大诰》《大明令》《大诰武臣》《臣戒录》《志戒录》《逆臣录》《戒敕功臣铁榜》《礼仪定式》《礼制集要》《皇明礼制》《为政要录》《国朝制作》《大明会要》《大明官制》《诸司职掌》《大明志书》《国初诏令》《历代名臣奏议》等，从政刑、仪注、典制、地理、表奏等方面为明朝的典章制度建设提供历史借鉴和现实构建的参考，也可以使各级官吏了解当时的典章制度及其演变情况，以便更好地发挥施行政务的效率和职能。史学对政治建设的参与，使当时的国家制度和官僚体系趋向成熟、缜密，对于稳固当时的政治秩序和文化秩序无疑是有积极作用的。

明代中期，历史评论的勃兴和历史批判意识的发展，表明了一些史家力图突破既有文化秩序、主张以新的价值观重新认识历史的倾向。这种倾向在当时具有一定的普遍性。号称"吴门四子"之一的祝允明在他的历史评论著作《罪知录》中认为，"古人臧否事为应趋，背劝惩"，而这些"朱紫易采，土炭倒衡"、是非颠倒的历史评价，往往"非尽由其不思"，因为评论者要么"党同比周，迷弃本情"，要么是"怵势以乏勇"。所以，他要重新认识和评价历史。这样做虽然"是耶？非耶？我不敢知"，但是"宇宙茫茫，终归腐亡，聊自信以行志，无论知不知，毁誉祸福，虽然将怒骂者滔滔焉，亦听之而已矣"②。后人论之曰"谓汤武非圣人，伊尹为不臣，孟子非贤人，武庚为孝子，管蔡为忠臣，庄周为亚孔子一人"等，皆"举、刺、予、夺，言人所不敢言"③。其实，当时"言人所不敢言"的史家并非只有他一人，被称为"异端之尤"的李贽对历史的批判更为尖锐大胆。他说："天幸生我大胆，凡昔人之所忻艳以为贤者，余多以为假，多

---

① 顾颉刚：《明代敕撰书考序》，载李晋华《明代敕撰书考》，燕京大学图书馆1932年版。
② 祝允明：《罪知录·自序》，《四库全书存目丛书》第83册。
③ 《四库全书总目》卷124《祝子罪知录》提要。

以为迂腐不才而不切于用；其所鄙者、弃者、唾且骂者，余皆以为可托国托家而托身也。其是非大戾昔人如此，非大胆而何？"① 他的《藏书》《续藏书》等史著，明确提出"勿以孔子之是非为是非"，"颠倒千万世之是非"② 而"决于一己之是非"② 的思想。他的思想和风格，被时人论为"独出胸臆，无所规放"③，"不与旧时公案同"④。以祝允明和李贽为代表的史家群体有两个特点：一是以生活于江南的中下层士人、官僚居多；二是多有王学背景，如祝允明对王学表示同情，唐顺之属于南中王门，李贽属于泰州王门。这种特点表明了繁荣的江南经济及阳明心学对当时历史批判思潮的重要影响。虽然李贽的著作一度被禁，但这种朝廷与史家的博弈本身，恰恰说明官方文化控制能力的削弱，以及史家掌控史权意图的强化和社会活动空间的扩大。晚明以降，社会危机不断深化，具有历史批判倾向的史家群体更为广泛，批判锋芒也越来越集中于社会现实问题及其历史原因，甚至上升到了对君主专制制度本身的批判，王夫之、黄宗羲、顾炎武、唐甄等史家将此时的历史批判推向了思想的高峰。他们肯定自然人性私欲，指出天下非一姓之私，主张天下之大公，这些思想将中国古代的历史批判从深刻性上大大向前推进了一步，并形成了明清之际的经世致用史学思潮。不过，这种批判并未获得持续的发展，到了清初，随着政治环境和文化需求的转变，史家对历史的尖锐批判逐渐减弱，学术重心也由经世之学逐渐转变为经史之学，以实证为特点的乾嘉考据之学终究代替了经世致用之学。这种学术思潮的消长转移，说明不同时期文化秩序的需求对史学观念和思潮具有形塑作用，而史学观念也会促进新的文化秩序的形成，二者的互动是史学与社会关系的一个生动缩影。

（二）以史为局：清代顺康时期的史学政策与文化秩序

顺治、康熙时期，朝廷面临的当务之急乃是消除抵抗和叛乱，恢

---

① 李贽：《焚书》卷6《读书乐引》《四库禁毁丛刊》第140册。
② 李贽：《藏书》卷首《世纪列传总目前论》，《续修四库全书》第301册。
③ 李贽：《藏书》卷首焦竑序，《续修四库全书》第301册
④ 李贽：《藏书》卷首刘东星序，《续修四库全书》第301册。

复社会稳定和发展，巩固和强化大清对全国的控制力。为此，清廷除了采取政治、军事、经济、民族等一系列的举措之外，还非常重视文治。顺治和康熙都崇尚理学，推行儒化，注重把儒家思想运用于帝国治理。顺治元年（1644）六月，清廷将明太祖牌位移入历代帝王庙，并在祭文中明确宣布明朝灭亡，次年三月定议祭祀历代帝王。顺治十年（1653）四月，顺治皇帝提出"国家崇儒重道"① 的文化政策。顺治十二年（1655），顺治皇帝又谕礼部，强调"朕惟帝王敷治，文教是先，臣子致君，经术为本"的文治方略，提出大清"将兴文教、崇经术，以开太平"②。康熙皇帝对文教治国更为重视。康熙八年（1669）四月，康熙亲临太学，对至圣先师孔子位"行二跪六叩头礼，亲释奠毕"，随后"驾幸彝伦堂"，听满汉祭酒、司业讲学完毕后，亲自宣制曰："圣人之道，如日中天。讲究服膺、用资治理。"③康熙九年（1670），康熙颁布"圣谕十六条"，更加强调"朕维至治之世，不以法令为亟，而以教化为先"④ 的治国理念，并晓谕全国，一体遵行。这些极具象征意义的举动，表示了大清对儒家文化的认同，也宣示了清廷的文化取向与政策导向。顺康时期，清廷在史学领域也采取了不少措施。其中，开设《明史》馆和举办博学鸿词科是两个影响重大的举措，而庄氏史狱则对清初私修明史造成了较大影响。

1. 开设《明史》馆，争夺史权

清朝入关前的官方修史活动主要由内国史院负责，顺康时期逐渐发展到出内阁、翰林院总揽修史全局，而以新组建的各类史馆进行实际史书纂修工作，最终形成了内阁总揽、史馆分纂的官方修史格局。按照各史馆所修史书性质划分，可分为国史馆、实录馆、方略馆、起居注馆、玉牒馆、《明史》馆、圣训馆、会典馆、一统志馆等。这些史馆从建置的连续性上划分，也可分为特开之馆、常设之馆、阅时而开之馆和例开之馆，如顺康时期的特开之馆有《明史》馆、方略馆，

---

① 《清世祖实录》卷74，顺治十年四月甲寅。
② 《清世祖实录》卷90，顺治十二年三月壬子。
③ 《清圣祖实录》卷28，康熙八年四月丁丑。
④ 《清圣祖实录》卷34，康熙九年十月癸巳。

常设之馆有国史馆、起居注馆，阅时而开之馆有会典馆、一统志馆，例开之馆有实录馆、圣训馆、玉牒馆。

在清初众多史馆中，官方极为重视《明史》馆。顺治二年（1645）四月，"御史赵继鼎奏请纂修《明史》"①，五月，顺治诏命内三院大学士刚林、祁充格、范文程、冯铨、洪承畴、李建泰6人为总裁，学士詹图赖、充依图、宁完我、蒋赫德、刘清泰、李若琳、胡世安，侍读学士高尔俨，侍读陈具庆、朱之俊为副总裁，郎廷佐等9人为纂修官，② 正式设立《明史》馆，开始纂修《明史》。但是，顺治时期的《明史》馆之设，象征意义大于实际意义。清廷之所以在入关之初、天下未定之时就仓促设馆，是因为为前朝设馆修史具有极强的象征意义。它一方面象征着明朝的历史已然结束，天命已然转移；另一方面则象征着大清掌握了对明朝历史地位的解释权，以此表明大清的正统地位。因此，顺治开设《明史》馆，与其说是为了修史，不如说是为了宣示大清得统之正，它的政治目的远远超出了史学目的。事实上，顺治时期并不具备大规模修史的条件。一方面社会动荡，政局不稳，各地抗清运动风起云涌，清廷的主要精力集中于军事征服与镇压，无暇顾及《明史》纂修；另一方面，清廷所命修史之人如洪承畴、范文程、冯铨之辈忙于军务政务，又非史才，且为降臣，忌讳甚多，冯铨甚至为了掩饰自己的劣迹而篡毁史料。而具有很高史学素养的遗民史家抗争意识强烈，宁肯私修明史，亦不愿为清廷所用。所以，顺治时期的《明史》馆，尽管曾有谕令搜集天启朝阙佚实录和崇祯朝有关史料，如顺治五年（1648）九月谕令"在外督抚、镇按及都、布、按三司等衙门，将所缺年分内一应上下文移，有关政事者，作速开送礼部，汇送内院，以备纂修"③。顺治六年（1649）二月"令六科每月录送史馆，付翰林官分任编纂"④。朱之锡等人也有广征遗书之类的奏疏，但除了在史料搜集方面做了有限的工作之外，几乎

① 《清世祖实录》卷15，顺治二年四月癸亥。
② 《清世祖实录》卷16，顺治二年五月癸未。
③ 《清世祖实录》卷40，顺治五年五月庚午。
④ 《清世祖实录》卷42，顺治六年正月丁卯。

一无所成。

与官修明史的停滞形成鲜明对比的，是私修明史的繁盛，不但形成了规模庞大的史家群体，而且出现了大量关于明史和南明史的著述。他们有的致力于贯通明朝一代史事，如谈迁著《国榷》，张岱著《石匮书》，查继佐著《罪惟录》等；有的孜孜于明季史事，如黄宗羲著《行朝录》《海外恸哭记》，王夫之著《永历实录》，顾炎武著《圣安纪事》等。在这些史家和史著中，遗民史家及其明史书写占据主流地位。他们秉持"国可灭，史不可灭"的信念，借修史寄托故国之思，宣扬夷夏之防和正统观念，总结明亡教训，倡导经世致用。他们对明朝历史尤其是明清易代的书写和解释，以及由此所反映出来的政治立场和文化立场，是清廷不能接受的。很显然，这些史家所坚持的，仍然是以自己为主导的文化秩序，这对清廷来说是一种思想上的离心力和抵抗力，当然是他们所不乐见的。他们不能容忍史权的旁落，而暂时又无力在史学上与遗民史家抗衡，于是只好借助政治强权来争夺史学阵地了。庄氏史狱就是在这种情况下发生的。

2. 庄氏史狱及其影响

庄氏史狱案发于顺治十八年（1661），于康熙二年（1663）落案，是清初一起规模和影响较大的史狱。庄胤城是乌程富商，庄廷鑨是其长子，双目失明，因司马迁有"左丘失明，乃著《国语》"之说，乃欲发愤著史。恰好庄家故邻为明相国朱国桢之后。朱国桢博学多闻，有良史才，曾取国事及公卿志状疏草，仿《史记》之体，欲撰《明书》一部，书未成而卒。其诸孙因贫苦难支，就把朱国桢的书稿出售于庄廷鑨。庄廷鑨购得书稿后，聘请当时名士如茅元铭、吴炎、吴楚、吴之铭、张雋、唐元楼、严云起、韦全祉、蒋麟徵、潘柽章等十余人，群为删润论断。对于书稿中未备者，则采乡贤茅瑞徵的《五芝纪事》及《明末启祯遗事》进行补充，名之曰《明史辑略》。此书编成而庄廷鑨死，无子，其父庄胤城就将此书刊行于世。《明史辑略》百余卷，因多采用明人之说，未经删削，故多有清廷忌讳之语，如记述努尔哈赤生平，称清人为"夷寇""奴酋"等，又采用南明年号纪年。这就授人以柄，当地奸诈之人购得此书后，往往持书前往庄家恐吓敲诈，而庄氏惧祸，敲诈往往能够得手。归安县令吴之荣因贪赃入狱，遇赦得出。有人教他买此书恐吓庄氏，庄氏正欲应之，有人劝告说，欲借此书敲诈之人接踵而来，恐怕散尽庄氏之财尚不足以满足他们的欲望，不如到官府去告讼敲诈，以绝后患。庄氏认为有理，就谢绝了吴之荣的敲诈。吴之荣恼羞成怒，就到当地官府出首告发庄氏，但当地大吏偏佑庄氏，吴之荣没能得逞。于是他直入京师，专摘《明史辑略》中的忌讳之语，密奏朝廷。当时辅政的四大臣大怒，立即遣官至杭，将庄氏一族及列名于书者十八人抓捕归案，并皆论死。那些刻书者、卖书者以及未能发觉庄氏之罪的知府推官，一并连坐。庄廷鑨已死，乃发墓碎尸，籍没其家产。此案罹祸者七十余人，惟陆圻、查继佐、范骧等以事前检举获免。清廷以籍没庄氏之财赏赐三人，以奖其首告之功，三人皆不受。其时苏州倡惊隐诗社，社中如吴炎、潘柽章等，皆一时名宿，庄氏史狱成，其罹祸者多此社中人。

庄氏史狱之成，表面上是由于庄氏贪名和吴之荣告发，其深层原因则是清廷对私修明史的敏感和史权旁落的担忧。他们借这次史狱，向遗民史家发出了警告，也发出了控制史权的强烈信号。

这次史狱震动了当时的史学界，产生了很大影响。

首先，史狱造成了史学人才的损失和历史著述的夭折。庄廷鑨修史时聘请了很多名士，其中吴炎、潘柽章、茅元铭等皆有史才，且有修史之志。吴炎和潘柽章早有创作《明史记》的计划。潘柽章在《今乐府序》中说："予窃欲续《史记》，述汉太初以后迄宋祥兴，本纪略具，而载乘繁芜，未遑卒业。今以子之志，盖相与为《明史记》，网罗天下放失旧闻，取材于长编，而折衷于荐绅先生及世之能言者，以成一代之书。余又闻而然之，吴子善诗与史，皆十倍于余，而其好之篇，则余不敢多让也。草创且半，或谓余两人固无徇名失实之病，然所褒贬多王侯将相有权力者，且草创之始，见闻多隘，子其慎诸，两人谢不敢。私念是书义例出入，必欲质之当今，取信来世，故不得已而托之于诗，则《今乐府》所为作也。"① 对此，潘柽章之弟潘耒

---

① 潘柽章：《今乐府序》，《四库禁毁书丛刊》第74册。

在《松陵文献序》中说："亡兄与吴先生（即吴炎）草创《明史》，先作长编，聚一代之书而分划之，或以事类，或以人类，条分件系，汇群言而骈列之，异同自出，参伍钩稽，归于至当，然后笔之于书，其详且慎如此，庶几不失古人著书之意。"① 这样一部《明史记》，若能成书，当为清初明史修纂的一部力作。可惜史狱既成，二子惨死，《明史记》亦就此夭折，甚为可惜。

其次，史狱对当时史家产生了强烈的心理震慑，使他们深怀戒惧，史学活动更为谨慎。查继佐亲历史狱之苦，仅以首告而自免，使得他此后的修史活动小心翼翼。他所著《罪惟录》本名《明书》，史狱之后更名《罪惟录》以避祸。他说，"若夫《罪惟录》得复原题之日，是即左尹得复原姓名之日，静听之天而已"②，表示了自己的不甘与志忑。缪荃孙对此评论说："东山（指查继佐）身预庄氏史祸，复能自著此书，可谓有心人哉。戴名世只以书中书弘光、隆武、永历年号，遂罹杀身之祸，此书为弘光作纪，大书安宗简皇帝，又附鲁、唐、桂三王于纪后，论其罪当过于戴名世，而雍乾书禁严时，亦未投诸水火，发现于二百年之后，可谓大幸。每篇改错，均属亲笔，或自写半页。论大半自书，首序及志序亦自书。然于本朝未入关前称之曰东师，入关以后称之曰北师，未加以胡虏之名，亦无丑诋，想亦惩于庄氏之祸欤！"③ 确实，查继佐鉴于史狱之惨烈，虽一直默默修纂《罪惟录》，但却不敢对人透露，更不敢刊行于世。就像张宗祥所说："查氏既经史狱，幽囚二百日之后，虽奋笔成书，不欲表暴于世，深闭固拒，以史为讳。"④ 这种心理和行为或许可以解释为何查继佐与谈迁同时同乡同道，却若素昧平生，不曾提及对方一言。否则，这在以交游为盛的明季士人来说是不可想象的。直到临终之前，查继佐才决心对书稿进行最后的整理，草草结束，故《罪惟录》仅有稿本传世，且错漏颠倒之处甚多。乾隆时藏书者惧怕文字狱而又多加涂改，更是

---

① 潘耒：《遂初堂集》卷7《松陵文献序》，《四库全书存目丛书》第249册。
② 查继佐：《罪惟录·自序》，《续修四库全书》第321册。
③ 缪荃孙：《艺风堂文集》卷4，《续修四库全书》第1574册。
④ 张宗祥：《国榷跋》，谈迁《国榷》附录，北京古籍出版社1958年版。

面目大非了，殊为可叹。当时，为了避祸，遗民著作常有内集、外集之别。外集用以示人，内集则秘而不示。全祖望说："残明甬上诸遗民，述作极盛，然其所流布于世者，或转非其得意之作，故多有内集。夫其内之云者，盖亦将有殉之、埋之之志而弗敢泄，百年以来，霜摧学剥，日以陵夷。"① 这种内外有别的著述方式，实在是不得已而为之的自全明志之策，足见史狱对史家之压抑。

不过，庄氏史狱虽然惨烈，但基本是政治强权对史家和史学的外部侵害，清廷尚未能建立有力的官方史学体系，也无力深入地对史家的历史观念进行整合与控制。加之三藩之乱随后兴起，清廷一时无暇顾及史权争夺，故私家修史尚有比较大的自主空间，私修明史从整体上并未因史狱而顿减，依然保持着继续发展的势头。

3. 重开《明史》馆，召博学鸿儒入馆修史

清廷查办庄氏史狱，一方面查出了大量私家修纂的明史文稿和史料，另一方面感受到了民间私修明史的热情与私修史家势力的强大。这不能不刺激清廷的神经，使他们感到必须在官修《明史》方面有所作为。于是，康熙四年（1665 年）八月，清廷对礼部下旨曰："前于顺治五年九月内有旨：纂修《明史》，因缺少天启甲子、丁卯两年实录，及戊辰年以后事迹，令内外衙门，速查开送，至今未行查送。尔部即再行内外各衙门，将彼时所行事迹及奏疏、谕旨、旧案，俱著察送。在内部院，委满汉官员详查；在外委该地方能干官员详查。如委之书吏、下役，仍前因循了事，不行详查，被旁人出首，定行治罪。其官民之家，如有开载明季时事之书，亦著送来，虽有忌讳之语，亦不治罪。尔部即作速传谕行。"② 这道谕旨，一方面宣布重新开始纂修《明史》，另一方面则将史料征集的范围扩展到全国和明季，并且申明不避忌讳之书。由于组织得方，督责有力，这次史料征集远较顺治时期富有成效。例如兵部征集的明天启年间案卷有 1742 件，崇祯案卷

---

① 全祖望：《鲒埼亭集外编》卷 25《枭堂诗文续钞序》，《全祖望集汇校集注》，上海古籍出版社 2000 年版。

② 《清圣祖实录》卷 16，康熙四年八月己巳。

21761 件，簿册 156 本；礼部征集案卷 1042 件，簿册 32 本；内务府征集天启、崇祯事迹书籍 717 本，奏疏 73 件。此外，尚有工部、太仆寺、弘胪寺等征集的文献。这只是少数部院衙门征集史料一次呈交的清单。可以想见，当时全国范围的征集所得史料文献总量应当是很大的。这次重开《明史馆》，主要有两个目的：一是使官员和史家进一步明确纂修《明史》应是官方之事，朝廷要掌握明史史料而扼制私修明史的势头；同时，规定征集图书"虽有忌讳之语，亦不治罪"以缓和"庄氏史狱"造成的恐怖气氛。这样的目的，政治性仍然大于学术性。不过，经过顺治二年和康熙四年两开《明史》馆，清廷取得了以下定识：第一，朝廷应当组织人员纂修《明史》，这是责无旁贷、早晚必须完成的事业。第二，清官方纂修《明史》，是站在继起政权的立场上，而不是敌对立场，这是清廷推崇明太祖等明帝，宽容评价崇祯帝，以及宣称清取天下得自"流贼"之手所必定导致的结果。第三，为修《明史》而重视《明实录》等官方文献。康熙初已认识到应当参考其他史籍，在搜集史料方面也有所作为且取得成效。第四，顺治年间，汤斌等众多臣僚还曾提出相当中肯的纂修方法与纂修立意，清廷未采纳也未加否定，这对于清廷《明史》纂修的认识是有影响的。所以，顺治朝与康熙初对《明史》的纂修不是毫无意义的，而是在观念、认识与史料问题上都做了一定的准备，是整个纂修《明史》过程的准备阶段。①

康熙四年重开的《明史》馆仅仅维持两年左右就停止运转了，直到康熙十八年（1679），三藩之乱大局已定，康熙才又重开《明史》馆，此后到康熙四十八年（1709），是官修《明史》最重要的纂修阶段。康熙之所以重开《明史》馆，是有多重考虑的：第一，入清以来，南明小朝廷的长期坚持和各地遗民的抗清斗争，以及三藩之乱的发生，使清廷意识到"反清复明"仍有巨大的号召力，朱明王朝在遗民认识中仍是正统所系，天命所归，即便它在现实中已不存在。这种

---

① 乔治忠：《论顺治朝与康熙朝初期对〈明史〉的纂修》，《河北学刊》2003 年第 3 期。

思想支撑下的抗清运动可以通过强硬手段加以镇压，但这种思想本身还需要通过思想的方式进行征服。为消除明遗民的抗争意识，争取他们与清廷合作，必须从历史和理论上向他们论证明朝灭亡的必然性与大清建政的合理性，而纂修《明史》是达到这一目的的有效途径。第二，通过纂修《明史》，给予明朝历史和明清易代以权威的解释。这样一方面可以昭示史权操之于清廷，因为"胜国诸史，未有不成于后王者"①；另一方面则可借此遏止私家之说，消弭汉族士大夫的故国之思和民族意识。正如康熙所说，"《明史》关系极大"，"《明史》不可不成，公论不可不采，是非不可不明，人心不可不服"②。他所关心的，正是"是非"与"人心"。他所谓的"是非"当然是清廷认定的是非，他所要征服的"人心"，正是明遗民的人心。第三，纂修《明史》，"以裨实用"。康熙熟习儒家经典，深知史学在文化建设和意识形态建设中的重大作用，因此一直留意经史之学。他曾训谕大臣说："凡明体达用之资，莫切于经史。朕每披览载籍，非徒寻章摘句，采取枝叶而已。正以探索源流，考镜得失，期于措诸行事，有裨实用，其为治道之助，良非小补也。"③康熙此言非虚，他治国理政六十年，经筵日讲从不间断，对《资治通鉴》《通鉴纲目》《纲目大全》等书颇为重视，讲官张英曾感动地说："前代帝王读书，经筵日讲间时举行，仅成故事。皇上圣学勤敏，极意精研，经筵日讲既已寒暑无间；深宫之中，手不释卷，诵读讨论，每天至夜分，求之史书，诚所罕睹。臣得侍左右，曷胜忻幸。"④正是因为康熙有自觉的史学意识，所以他才能深刻地认识到《明史》纂修的意义，并极力推动开设《明史》馆，纂修《明史》。

但是，《明史》馆面临着一个严重的问题，那就是史才的匮乏。其实，这一问题在顺治朝和康熙初期的《明史》馆就存在，也是造成当时《明史》无成的一个重要原因，只不过那时朝廷分身乏术，无暇

① 施闰章：《施愚山先生学余堂文集》卷25《修史议》，《四库全书》第1313 册。
② 《清圣祖实录》卷16，康熙四年八月己巳。
③ 《清圣祖实录》卷123，康熙二十四年十二月丁亥。
④ 王澈：《康熙十七年〈南书房记注〉》，《历史档案》1995 年第 3 期。

去认真解决这个问题罢了。现在，康熙将《明史》修纂作为一件大事来认真对待，这一问题的紧迫性就显露出来了。康熙大概想到，既然仅靠官方修史人员不能满足纂修需要，那就不如从民间征召优秀史家尤其是遗民史家入馆修史。这样不仅可以为《明史》馆选拔一时之俊，充实人才，而且可以对明遗民起到笼络、分化和示范的作用，于是乃有博学鸿词科之设。康熙十七年（1678）春正月，康熙谕吏部："自古一代之兴，必有博学鸿儒，振起文运，阐发经史，润色词章，以备顾问著作之选。朕以万几之暇，游心文翰，思得博学之士，用资典学。……凡有学行兼优，文词卓越之人，不论已仕、未仕，令在京三品以上及科道官员，在外督抚布按，各举所知，朕将亲试录用。"① 康熙十八年（1679）三月，康熙在体仁阁试荐举博学鸿儒一百四十三人，取中一等二十名、二等三十名，"具著纂修明史"②。对于那些有强烈故国情怀坚拒出仕的明遗民，清廷多次征召其入馆修史，比如康熙十九年（1680）二月，吏部同意徐元文"请将扬州府前明科臣李清、绍兴府名儒黄宗羲延致来京"③ 的建议，但是遭到了李清、黄宗羲等人的拒绝。于是，清廷特别允许"黄宗羲、顾炎武、梅文鼎、万斯同、刘献廷、王源等仍保持遗民身份的人则以不同的形式参与了《明史》修纂"④。这一方面说明了清廷的求贤之心，另一方面则是为了显示大清的雍容气度。由于明遗民史家参与官方修史活动，使官修史书的质量与效率都有了比较大的提高。而在很多遗民史家看来，康熙皇帝是中国历史上少有的既能身体力行儒家理念又有良好政绩的贤明君主。他自康熙八年（1669）亲政以来，励精图治，勤奋好学，措施得力，社会经济文化得到了很大的恢复与发展。即便是最顽固的遗民，也不得不承认康熙之世远较混乱动荡的晚明为好。因此，在这位满洲皇帝的感召之下，又目睹社会各方面的迅速恢复，尤其是平定

---

① 《清圣祖实录》卷71，康熙十七年春正月乙未。
② 《清圣祖实录》卷80，康熙十八年三月甲子。
③ 《清圣祖实录》卷88，康熙十九年二月乙亥。
④ 姜胜利：《明遗民与清初明史学》，《安徽大学学报》（哲学社会科学版）2003年第1期。

"三藩之乱"后，人民的生活得到了实质改善，明遗民即便无法放弃自己的遗民身份和情结，但也渐渐地放弃了他们的反清立场，转而认同清廷统治的合法性。① 比较典型的例子，就是黄宗羲为儿子和孙儿向在朝友人请托谋职。② 顾炎武致信《明史》馆，要求将其养母的传记纳入官修《明史》之中。③ 正是这种新的社会政治环境，使得明遗民的后人很容易为自己对清廷的政治认同找到理论依据，从而出现了"遗民不世袭"④ 之说。前朝不曾出仕的张尔岐在其晚年时甚至质疑自己的不出之举是否是一个错误的决定。⑤

顺康时期的史学政策就是设立以史馆为中心的官方修史机构，并将明遗民史家吸纳进来，分化遗民史家群体，致力于建构自己的官方史学体系。"史馆修史，目的非常明确，那就是要垄断对当代历史的解释权，建立一种'政治—学术'模式，即通过历史研究这样的学术性行为来隐蔽地表达政治意图。"⑥ 清廷主要有两个政治意图：一方面，清朝官方通过比较完备的修史机构，极力压缩明遗民史家史学活动的空间，力争由官方来主导史学活动的话语权。另一方面，清初官方通过举办博学鸿词科，吸纳明遗民史家参与官修《明史》活动，把明遗民史家引导到官方修史的轨道上来，达到分化和瓦解遗民史家的目的。经过清朝官方的不断坚持与努力，清初官方史学取得了显著的成绩：官方的史学体系逐渐完善；调融明遗民史家的能力逐渐提高；明遗民史家群体内部分化的趋势逐渐明显，不少早期立场坚定的遗民史家转变了对清廷的认识和态度，软化了立场，甚至直接进入史馆，开始与清廷合作，完成了由遗民史家向仕清史家的转变。就此而言，

---

① 王思治、刘凤云：《论清初"遗民"反清态度的转变》，《社会科学战线》1989 年第 1 期。

② 此事参见吕留良《吕晚村先生文集》卷 2《与魏方公书》，第 91—93 页，《续修四库全书》第 1411 册；黄宗羲《与徐乾学书》，《黄宗羲全集》第 11 册，第 68—71 页。

③ 此事见顾炎武《与史馆诸君书》，《顾亭林诗文集》，《亭林文集》卷 3，第 53—54 页。

④ 全祖望：《题徐狷石传后》，《鲒埼亭集外编》卷 30，《续修四库全书》第 1429 册。

⑤ 张尔岐：《自挽》，《蒿庵集捃逸》（与《蒿庵集》《蒿庵闲话》合刊），齐鲁书社1991 年版，第 266 页。

⑥ 王记录：《清代史馆与清代政治》，人民出版社 2009 年版，第 159 页。

开设"明史馆",利用遗民史家"为故国存信史"的信念与情怀,延请、吸收遗民史家入馆修史或参与修史活动,就是清初官方为明遗民史家设下的一个"局"。"以史为局"是清初官方史学与私家史学尤其是遗民史学沟通、调融的一个枢纽。

康熙朝《明史》馆的纂修工作是卓有成效的,康熙二十九年(1690)左右,第一部纪传志表俱全的《明史稿》初步编成,凡四百一十六卷。康熙三十三年(1694)诏令续修《明史》,万斯同应总裁王鸿绪聘请,再次修改审定史稿列传部分,进一步提高了史稿的质量。康熙四十一年(1702)四月,《明史列传》刚刚脱稿,尚未订正,万斯同便积劳成疾,卒于王鸿绪京邸。此后,《明史》馆名存实亡,纂修工作基本上处于停滞状态,总裁王鸿绪独自担负起了《明史》全稿的修改审定工作。康熙五十二年(1713),明史列传史稿的修订基本完成,次年王鸿绪将删改完毕的列传稿汇成二百零八卷,呈给康熙帝,康熙下令交《明史》馆收藏。雍正元年(1723)六月,王鸿绪将《明史稿》三百一十卷进呈,成为此后《明史》的蓝本。七月,雍正下诏在王鸿绪进呈《明史稿》基础上续修《明史》。雍正十三年(1735),《明史》全书修订完成,计三百三十二卷,目录四卷。乾隆四年(1739),全书刊成,即今通行本《明史》。这项浩大的史学工程终告完成。

三　清初史家群体的文化秩序诉求和变化

史家的撰述意图与修史态度是史家政治立场与文化立场的直接反映,从中可以看出他们的文化秩序诉求。清初遗民史家、仕清史家和贰臣史家的修史态度既有共通之处,又各有其特点,反映出他们在文化秩序诉求上的差异。

(一) 遗民史家群体

遗民史家怀抱遗民之痛,秉持经世之志,冀图为故国存史、续命。他们希望借助修故国之史,以史经世,掌握史权,确立自身在清初文化秩序中的主导权,以华夏文化之"道统"来抗衡异族之"治统",从而消解易代给自身带来的痛苦,寻求安身立命之道。

对于遗民史家来说,明朝的灭亡已是无法改变的事实,但对故国的情感却随着自身际遇的变化与故国的远去而愈发浓烈。这种情感激发了他们的修史愿望，他们不愿故国的历史湮没于无形，所以他们要"为故国存信史"，以史为故国续命。黄宗羲在《行朝录》自序中，曾激烈批评唐末士子应试者在黄巢逼近潼关之时，"方流连曲巷中以待试期，为诗云：'与君同访洞中仙，新月如眉拂户前。领取嫦娥攀取桂，便从陵谷一时迁。'中土诗文之士，大抵无心肝如此。"他感慨地说："岂知海外一二孤臣遗老，心悬落日，血溅鲸波，其魂魄不肯荡为冷风野马者，尚有此等人物乎！"这种情状激起了他的著述之志，"向在海外得交诸君子，颇欲有所论著。旋疑始末未备，以俟他日搜寻零落，为辑其成，荏苒二十年，义熙以后之人，各言其世，而某之所忆亦忘失大半。邓光荐《填海录》不出世，惟太史氏之言是信，此聊尔所谈，其可已夫。"① 黄宗羲的"遗民之痛"代表了大多数遗民史家的心声，促使"孤臣遗老"们投入到明朝历史的纂修之中。瞿共美说："人有五福死，往往重考终命，余以为非也。士生乱世，不能马革裹尸，亦当肆诸市朝。余乙酉詹世勋不能死我，丙戌仇人不能死我，戊子、己丑虎狼贼盗不能死我，庚寅、辛卯刀枪剑戟不能死我，是书既成，世有黄祖辈否耶？国可灭，史不可灭，死固甘心矣。"②"国可灭，史不可灭"正是遗民史家的修史宣言，"死固甘心"则是他们修史态度的严正宣示。

关于明遗民醉心学术事业的历史现象，中国传统文化"道统"与"治统"分立的理论被认为是理解士大夫学术行为的重要线索。③ 明清易代的既成事实使文人感到无奈，不仕新朝的已有传统更束缚了他们的人生选择，他们因此无法如承平时代那般坦然地读书，然后出仕，然后经邦济世，建立功勋。有学者认为，故国不再，旧主已亡，"治统"已遥不可及，满怀焦虑的文人痴情地投入到学术事业中，旨在通过著述来化解内心的悲伤，借由"道统"完成对现实生活的超

① 黄宗羲：《行朝录自序》，《四库禁毁书丛刊》第 44 册。
② 瞿共美：《东明闻见录自序》，《四库禁毁书丛刊》第 19 册。
③ 参见余英时《士与中国文化》，上海人民出版社 1987 年版。

越，也因此完成了自我的调试。道统与治统的分合实为中国文化史之重要内容，但借由查继佐的明史编撰可以引发更多的思考。首先，查继佐虽然选择文化事业，但他对政治的关注从来没有放松。他在《罪惟录》中一而再再而三地执着于士大夫在政局更迭时的政治选择，执着于士大夫对旧主的忠诚；他也在鼎革的记述上始终强调正统问题，热情地歌颂明人抗清的斗争。可见在著述的背后从来不缺少强烈的政治诉求。其次，从事著述真的能化解国破后的苦楚吗？如果是这样，查继佐为什么看到南明抗清失败后三叹苍天？又为什么要大肆宣扬不仕新朝的精神？恐怕故国的记忆，亡国的苦楚绝非可以通过从事著述而淡忘，反倒因为修史活动更加强化。

对于遗民而言，故国永远是他们的牵挂，他们时刻不能忘记生在明朝，长在明朝的经历，不能忘记旧主的恩情，更不能忘记自己作为故国臣民的身份，他们内心有痛，而这种感情往往只在遇到"故国"之物时才得以彰显。明史是故国的历史，吾辈乃明朝中人，借由明史表达故国情结，借由叙述政权更迭表达平生志向，终使得自己的遗民形象得以凸显。史学与人生，史家的精神追求与史学被历代所赋予的政治意义找到了契合点，两者的融合造就了光辉的遗民史学。

经世致用是明末清初史学思潮的基本特点。对于遗民史家来说，史学是其经世的一个支点，这主要体现在他们对中兴论的提倡与对明季历史的反思，而其中折射出的则是他们在易代之际的立身之道与为故国续命的期冀。

身处易代之际遗民史家群体面临着严峻的政治认同、民族认同、文化认同与身份认同的危机，认同危机造成了他们的精神焦虑。为了消除这种焦虑，他们在历史书写中肯定南明政权的合法性和抗清斗争的正当性，并且表彰那些效忠于明朝的忠臣义士，力图确立明朝在历史上的地位，从政治和文化上为故国续命。而遗民史家通过对抗清运动的记忆和南明史的书写，展现了自己的经世之志，同时也体现了他们对自身道德抉择和立身之道的自我认同。于是，这种历史书写方式就成为克服认同危机的一个重要途径。在他们的历史叙述中，"贬斥政敌弄权误国、表彰友侪尽忠职守，并借此寄托作者本人的遗民志节，争取社会的同情"就成为主调。① 尽管遗民史家的数目占整个知识阶层人口的比例并不高，但由于清初统治者视明、清关系为政治禁忌，又多讳言定鼎期间的满、汉矛盾，而相反地，不少遗民史家却积极投入民间修史活动，致力于为前朝存国史，故在成于清代顺治、康熙初年的南明史籍中，持遗民史观的著作无论在数量还是在影响上，都占了支配性的优势。可以说，这段时间的南明史话语主导权，主要是落在一班遗民史家的手中。

（二）仕清史家群体

从仕清史家群体的构成来看，他们一部分是明臣降清者，一部分本来是遗民，后受招抚而仕清，还有一部分自出生便为清人。这种构成特点决定了仕清史家群体修史态度的复杂性，还使得他们与遗民史家群体有着千丝万缕的联系。他们的政治立场无疑影响到了其修史态度，使修史成为向新朝表忠的重要方式。同时，他们常常兼具官员与史家两种身份，这也使得他们比较注重将史学与自身经历、经世之志相结合，所以仕清史家之中多能吏，这是他们的身份特点决定的。而对史学的癖好与追求，使他们同样以之为名山事业而乐此不疲，孜孜以求。

最早有系统地以清人立场写成的明代史书主要有两部：一部是傅维鳞的《明书》，基本完成于顺治十年（1653），第二部是谷应泰主编的《明史纪事本末》，完成于顺治十五年（1658）。他们之所以急于为前朝修史，一方面是借此表明明朝国祚的终结，另一方面则是急于为新朝提供经世之资。就此而言，修纂明史成为他们向新朝表示忠诚的重要途径。

从顺治四年（1647）开始，傅维鳞修纂《明书》，手不释卷，笔不停挥，至顺治十年（1653）转任东昌兵备道之前，全书主体基本完成，尚缺一篇本纪、七篇列传，名臣也未合传、合赞。顺治十二年（1655）他回京任职后仅续写了名臣合赞数传，直至其去世也未能将

---

① 陈永明：《清代前期的政治认同与历史书写》，上海古籍出版社 2011 年版，第117 页。

全书完成。

傅维鳞在《明书》中体现了以清为正统的态度和立场，这在史事选择、体例安排、史学评论等很多方面都有表现。比如，他特别重视表彰忠节，为此专立《忠节传》。他说："如明之持初节，膏战场，遭燕难，争大体，罹椓祸，遇丧亡，而能碧血殷郊原，漆身涸牧竖，即截支体、燔九族而不悔。而甲申之变，妻徇其夫，子随其父，阖门雉经，视死若归，真足以泣鬼神而动天地。而或抗颜直谏，至于流离沉滞，气壮山河，如此者，皆人杰也。爰录于篇，以愧天下万世之为人臣而不忠节者。"① 他称赞为元朝尽忠的陈友定说："友定气其足千古哉！被执死，竟不辱身而易志，何其忠也！"② 他评论方孝孺说，"读书种子，烈烈志节。万段已甘，十族亦决。气厉岳摇，忠精日揭。不有斯人，维倾轴折"，"一死之烈，天日为之凄惨，正气沸郁于天壤间，真星日其名而金石其言矣。致使雷霆之怒，不能快意于其间，其遗烈足千古矣"③。他把曾经仕元的明初大臣列入《杂传》，批评其"不忠"。朱升因为朱元璋献"高筑墙、广积粮、缓称王"之策而著名，傅维鳞论其曰："名审音而失于宫徵，其解梦多谀词。第其于六经之旨，多所发明，诚一代儒宗也。以曾仕元，故抑之。"④ 刘基"或谓其类张良，其筹策纵横，殊无逊美。至出处大节，明哲保身，方之远矣。"⑤ 对宋濂，傅维鳞特别记述了他由于听到老僧说"先生于胜国尝为官乎"一语而后悟，"是夜自经"⑥。这些都是为了批评"不忠"的臣子。同样，傅维鳞批评协助朱棣发动靖难之役的张玉、谭渊说："如玉、渊者，横尸窃弄之场，陨首犯上之际。金陵之王气

---

① 傅维鳞：《明书》卷101《忠节传》序论，《四库全书存目丛书》第39册。
② 傅维鳞：《明书》卷169《陈友定传》，《四库全书存目丛书》第39册。
③ 傅维鳞：《明书》卷101《忠节传》二《方孝孺传》，《四库全书存目丛书》第39册。
④ 傅维鳞：《明书》卷143《杂传》一《朱升传》，《四库全书存目丛书》第39册。
⑤ 傅维鳞：《明书》卷143《杂传》一《刘基传》，《四库全书存目丛书》第39册。
⑥ 傅维鳞：《明书》卷143《杂传》二《宋濂传》，《四库全书存目丛书》第39册。

方隆，一人之衮旒无恙，虽欲不谓之乱贼，岂可得乎?"① 他将二人入于《乱贼传》，就是批评"陨首犯上"、违背臣节的行为。靖难功臣金忠则被傅维鳞列入《奸回传》。他说："金忠，布衣也，始燕终燕，而立朝建事，宽平有大臣之度，可为名臣矣。独是时尚有共主，科目荐辟，并行不滞，亦可扬鸞天衢，播声功业，乃走燕藩为谋首。曾弗回首金陵，稍为顾念?奸回之目，不能恕也。"② 傅维鳞如此重视忠节问题，并对很多易代之际历史人物的"忠"或"不忠"进行褒贬，是有其深意的。作为深受儒家传统伦理教育影响的史家，他宣扬忠孝节义并将之作为历史评判的标准，是完全可以理解的。不过，在易代之际宣扬这种理念，显然是想把这种伦理纲常作为超越易代的基本原则，希望人们在大清的统治下坚守这种原则，对大清尽忠。当时，清廷还在忙于军事征服，虽开设《明史》馆，却无暇顾及修史之事。傅维鳞此时通过《明书》宣扬忠节纲常，正是做了清廷想做而未能做的事情，可谓正中清廷之下怀。所以，尽管《明书》中也有一些为清廷所忌之语，但清廷还是两次将《明书》征召入《明史》馆，作为官修《明史》的参考。

谷应泰修纂《明史纪事本末》，亦有表忠之意。他说："昔汤臣进规，鉴于有夏，姬朝作讽，戒在殷商。惟我皇清，开天初造，揽胜国之惠逆，察已事之明验，保世滋大，毋亦于斯镜见焉。"他称清廷为"我皇清"，宣称自己的修史目的就是"揽胜国之惠逆，察已事之明验"③，显然是要借此为清廷提供治国经验。该书刊行后，谷应泰声名大噪。在书中，谷应泰为表示对清廷的"愚忠"④，对明与后金的关系有意避而不谈，或略而不详，对于清军的暴行更无一字提及。而为了体现他的"揽胜国之惠逆，察已事之明验"撰述意图，他设立了三卫、出兵漠北、议复河套、宦官专权、沿海倭乱等专题，还设置了十

---

① 傅维鳞:《明书》卷 161《乱贼传》一《张玉谭渊传》后论，《四库全书存目丛书》第 39 册。
② 傅维鳞:《明书》卷 157《奸回传》之《金忠传》，《四库全书存目丛书》第 39 册。
③ 谷应泰:《明史纪事本末》卷首《自序》，中华书局 1977 年版，第 1 册，第 2 页。
④ 同上。

五个与农民起义有关的专题，约占全书的五分之一，取材颇为周详，并有很多评论，以总结明朝历史的经验教训，对于入关之初的清廷来说，具有很高的借鉴价值。

《东林同难录》易名为《表忠录》，说明了入清之后明遗民后裔修史态度的变化。崇祯末年，那些死于阉祸的东林党人的后裔将先人事迹汇辑成册，共十七家，名之曰《东林同难录》，由桐城左氏刊刻。据鹿善继所作《序略》云："诸孤以为吾侪望恩，原不在荫叙，但祈有以光先世，为先人了人子事耳。至是而圣明所以恤忠，与地下之因忠以尽孝者，罔有弗竟矣，遂各述先人受祸受恩始末，名《同难录》，盖以志其感恩，亦自订后期也。"可以看出，此书显然是要表彰东林党人的节义和事迹，以尽人子之责，于公义于私情两宜之。百年之后，此书仅东林后裔家中尚有保存，但也零落不堪。据缪昌期后人缪思勃的《跋略》所述，"余家有先民所藏一本，几几零落，访之他家，鲜有存者，未知桐城之刻犹完好否？然当日余家藏本已近模糊，今可知矣。"对记录先人事迹的这部著作，他觉得有责任加以整理再版，"此非子孙之责而谁责欤！"他认为此书的价值在于教化，"观此书者，顽可廉，懦可立，于以风示天下，岂不有余也耶？则此书之刻，其可已耶！是他人观之犹有动，又况其一气相感者耶！桐城之刻，亦此志也"。于是，他命自己的儿子缪敬持"订补录中之阙，并集诸子列传为一书，以便观省"。缪敬持在原书残稿基础上，又辑列传二十一篇，附传六篇，及周忠介五友纪略、五人传，合为一册，于雍正丁未年刊刻。道光初，同邑叶廷甲因不"忍使消沉而不传于世"，又冠以南都请谥疏刻之。他认为，"是编也，惨死诸君子罔不追赠荫叙，所以表忠也，因易之曰《表忠录》，用以风示天下后世"。虽然他说"此亦诸君子暨范阳鹿公所深慰于九原者也"①，但诸君子和鹿公却未必完全同意他改易书名，因为此书原名《东林同难录》，其旨趣固在表彰先贤之忠义，但一个重要的目的乃在"存史"。而易名为

---

① 以上引文见谢国桢《晚明史籍考》，华东师范大学出版社 2011 年版，第 207—208 页。

《表忠录》，则主在"表忠"，其旨在"教化"，可见入清愈久，遗民后裔的"忠义观"愈突出"忠义"的教化之功，这和朝廷的主流价值导向是不谋而合的。或许也可以说，这恰是朝廷教化的成果。这也反映出，那些成长于清朝的遗民后裔已经具有不同于黄宗羲等遗民史家的立场，他们远离了明清易代的动荡环境，对易代的创痛只有理性上的认知而缺少了情感上的直接体验。在复明早已无望的情况下，他们是在认同大清的立场上来评价明遗民事迹的。也就是说，他们已在潜意识之中将"忠"的对象视为大清而非朱明王朝了。通过这种调整，他们在清廷主导的文化秩序中找到了自己的位置。

（三）贰臣史家群体

清初的贰臣史家，在明朝灭亡之后，在政治立场上选择了降清，却又难忘故国，承受着舆论与道德的压力，以致在思想情感上迷失了人生的方向，最终他们选择离开政治，寄情于著书立说，通过修史重寻自我价值，以期在文化立场上寻找一个新的安身立命之处。史书成为贰臣史家表达情感、寻求解脱的载体，也成为他们自赎、自娱与明志的重要方式。

贰臣史家心怀故国，修史成为他们表达内心真实情感的良好方式，而出于史家的责任感和对故国的愧悔之情，他们也希望保存前朝史事，其"存故国之史以自赎"的情怀常常让人掩卷兴叹。

钱谦益无疑是贰臣史家之中最具代表性的一位，也在当时的文坛具有重要影响。钱谦益平生以史才自负，也倾心于修史。他对史学有着深刻的认识。他说："史者，天地之渊府，运数之勾股，君臣之元龟，内外之疆索，道理之窟宅，智谋之伏藏，人才之薮泽，文章之苑囿，以神州函夏为棋局，史其为谱；以兴亡治乱为药病，史其为方。善读史者，如匠石之落材，如海师之探宝，其可以磔肘而量，画地而取乎？""代各一史，史各一局，横竖以罗之，参伍以考之，如登高台以临云物，如上巢车以抚战尘，于是乎耳目发皇，心胸开拓，顽者使矜，弱者使勇，陋者使通，愚者使慧，寡者使博，需者使决，懦者使沉，然后乃知乎割剥全史，方隅自命者，未有不忘崖而返，向若而叹者也。善弈者取全局，善读者取全书，此古人读史之法，亦古人之学范也。"① 这种以史为谱、以史为方的认识，反映了钱谦益在史学上的大气魄，也是他有着深刻史学意识的内在动因。对于自己的修史经历，他曾说："谦益往待罪史局三十余年，网罗编摩，罔敢失坠。独于逊国时事，伤心扪泪，? 书染翰，促数搁笔，其故有三。一则曰实录无征也，二则曰传闻异辞也，三则曰伪史杂出也。蕉园蚕室，尽付灰劫，头白汗青，杳如昔梦。唯是文皇帝之心事，与让皇帝之至德，三百年臣子，未有能揄扬万一者。迄今不言，草亡木卒，祖宗功德，泯灭于余一人之手，魂魄私憾，宁有穷乎?"② 他深恐明朝历史泯灭于自己之手，一直把修史视为自身的责任。但是，他修纂明史的资料被烧毁后，修史之志受到打击，终未能修成一部明朝的历史。对他来说，这始终是一个内心的遗憾。所以，他在为时人的史著撰写序跋时常常借机抒发心中的感叹。比如，他在为赵士喆修纂的《建文年谱》作序时，不禁感叹道："以宿老如谦益，固亦当援据史乘，抗词矫正，读未终卷，泪流臆而涕渍纸，欷歔烦酲，不能解免。""谦益衰残耄熟，不敢复抵掌史事。赵君之弟刺史公，言念旧史，俾为其序。萤乾蠹老，口嚅笔秃。伸写其狂瞽之言，识于首简，亦聊以发观者之一慨而已矣。"③ 钱谦益的"观者一慨"饱含着非常复杂的情感，恐只有"泪流臆而涕渍纸，欷歔烦酲，不能解免"可以表达了。

钱谦益常借为他人作序来表达对史学和史学现象的看法。他为梁慎可《玉剑尊闻录》作序，整篇都是他对明季史学的评论。他不但表彰《启祯野乘》作者邹流绮"耻国史之沦坠，慨然引为己任"的史学追求，还和邹流绮探讨修史之道，提出"一则曰博求，二则曰虚己"的主张。他说："夫子作《春秋》，使子夏行求十有四国宝书，此博求也。其定礼也，一曰吾闻诸老聃，再曰吾闻诸老聃，此虚己也。太史公于《国语》《世本》、虞卿、陆贾之书，无不揽采，叙荆轲、留侯事，征诸侍医，征诸画工，亦此志也。具是二者，又取退之

---

① 钱谦益：《牧斋有学集》卷 14《汲古阁毛氏新刻十七史序》，上海古籍出版社 1996 年版。

② 钱谦益：《牧斋有学集》卷 14《建文年谱序》，上海古籍出版社 1996 年版。

③ 同上。

人祸天刑之惧，为之元龟师保，于史也其庶矣乎?"① 究其意，"博求"在于广求史材，"虚己"在于诚勉臆测，其目的在于修纂信史。有意思的是，钱谦益之所以愿意和邹流绮探讨修史问题，一个重要的原因是邹流绮的老师是他的好友漳浦石斋先生。而他和石斋先生平时交流的一个重要问题，就是史学。他回忆这段过往经历时深情地说："往予领史局，漳浦石斋先生过予扬推，辄移日分夜。就义之日，从容语其友曰：'虞山尚在，国史犹未死也。'劫火之后，归老空门，每思亡友坠言，抱幽冥负人之痛。"而这种"负人之痛"在他看到邹流绮和《启祯野乘》时得到了极大缓解，"邹子漳浦之高弟，卒能网罗纂集，以继其师之志。漳浦云车风马，在帝左右，监观阴骘，故知恒在于斯。邹子尚勉之哉！呜呼，邹子尚慎之哉！"② 他对后学的勉励其实也是对自我"负人之痛"的一种解脱。我们可以看到，他通过建构与朋辈后学的交游网络，重新找回了熟悉的学术焦点和生活环境，也获得了后学的尊重，满足了他的名誉追求和学术追求。简言之，就是获得了学术和精神上的认同感。这对他是获取心理平衡和满足的重要方式。

因为心怀故国之思，贰臣史家也以实际行动缅怀大明王朝，在撰史过程中自觉表现出保存故明王朝文化制度的意图。孙承泽入清之时已有五十二岁，开始修史更是在入清十年之后，他之所以修纂《山书》，正是因为"痛心亡国，追源祸患之由来，援古证今，以昭鉴戒。七十老翁蒙耻余生，目睹兴衰，语多愤慨，其辞愈隐而心愈苦矣"③，孙氏晚年尚能以如此毅力专心修史，为前朝保存史事是其著述的动力之一。而保存前朝之史最直接、最基础的方式就是对崇祯朝史料的辑录。明朝实录独缺崇祯一朝，孙承泽作《山书》等以补崇祯实录之缺，存前朝之史的意图甚为明显；孙氏写的《畿辅人物志》《益智录》等人物传记虽然表面看似不是"明史"题材的史籍，实际却与

---

① 钱谦益：《牧斋有学集》卷 14《启祯野乘序》，上海古籍出版社 1996 年版。
② 同上。
③ 孙承泽：《山居随笔》，邓实题记，转引自刘仲华《孙承泽生平及其学术思想》，北京古都风貌与时代气息研讨会文集，北京，2000 年。

明朝当代史密切联系，作者在写作时又侧重于明代历史人物，特别是晚明人物传记的撰写，从明人视角记录了明清易代的风云变幻。对于典章制度，贰臣史家出于存史目的也多有涉猎，它偏重于资料的整理，需要付出更多的时间和精力，不少史家不仅钻研这一领域，还取得了较大成效。而从另一角度来看，研究典章制度较少涉及明末的重要敏感事件，不易触及清政权的政治忌讳，贰臣史家更愿意去从事这项相对枯燥、需要潜心钻研故纸堆的工作，因为他们可以以此隐秘地抒发内心无法泯灭的故国之思，同时又保存了故国文化。这种心态与行为可以视为一种心理上的自赎行为。

贰臣史家在现实生活中无力去解释自己的变节行为，于是希望借助修史的形式，通过历史书写为个人政治立场的不稳定辩护。徐应芬作《燕都志变》，记述其从京城出逃的经过，"此余出都门时作也。余以湖海浮纵，适遇乾坤大变，目击心怆，所不敢径施者，予夺之文，有不容终没者，是非之实，因为备述以贻后来，并独表予之坚贞蒙难已也"①。投降李自成并不是作者心甘情愿的，但是经历"乾坤大变"，迫于形势不得已为之，作者在书中讲述自己当时之状态，试图向世人委婉地解释自己做出的无奈选择，进而体谅他在动荡时局中政治立场的摇摆。他希望自己的所思所感能为后人知晓，或能求得谅解，也在一定程度上让自己的心理得到补偿。熊文举的辩解则更为直白，他在《墨楯》自序中说："枕戈二载，削牍几数万言，中间与上台将领士民谭守备储积机宜，亦自凿凿可听，然终近书生之谈虎，归里取焚之，以明际会偶然，非所好也。戈戈五纪，实西城磨盾偶存，诚不忍此点点泪光，与雁阵狼烟一时俱散，因之简出，用志新茶。后之谭兵及战守者念之哉，尤以余之偶然而易视天下事，且贪天功为己力也。"② 作为一介书生，在战乱之中，为了维护明王朝统治而倾尽了个人全力，可惜终未能力挽狂澜，被新朝征召更是经过多次抗争，终

---

① 徐应芬：《燕都志变小叙》，载谢国桢《晚明史籍考》，华东师范大学出版社 2011 年版，第 352 页。

② 熊文举：《墨楯自序》，载谢国桢《晚明史籍考》，第 301 页。

未能逃脱的命运，熊文举的陈述语气之中颇有为自己辩护之意。高谦的心境与熊文举大致相同，他原是明朝将领，战功卓著，"缅怀夙昔，竭蹶边疆，其功之虚掷者，如置弗计。即中原鼎沸之日，予陷阵冲锋，上马杀贼，下马安民，亦可谓叨有微功"。无奈明末政治黑暗，他受到谗言迫害，"徒兴李广之嗟，空抱冯唐之叹"，"此身之所至今日者，亦幸而免尔"，"非敢附于不朽，夫亦使予之后人，知予有此一番戮力，或可免虚生之诮云尔"①，他希望世人知道他在明朝有过一番作为，降清变节只是因为时局动荡、生不逢时。

"际会偶然，非所好也"，是贰臣史家最好的辩解词。

四　回归常态的史家群体和文化秩序

从对抗走向融合，从排斥走向理解，这是清朝官方与遗民史家群体之间关系的最好诠释。无论是对于遗民史家，还是清朝官方而言，对抗与排斥给他们带来的只能是相互内耗，融合与理解才是新环境下史学发展的必由之路。对于遗民史家群体而言，他们承担着十分重要的责任，主要有两方面：一方面，中华儒家文化的延续需要史书的修撰，"国可灭，史不可断"，前朝的历史与文明的传承皆赖于遗民史家的辛勤修撰；另一方面，遗民史家通过历史书写传达"恶与善"，借此维护儒家传统的道义。所以，遗民史家不仅要有"为故国书信史"的宗旨，还要有"替万世立纲常"的道义担当精神。对于遗民史家群体的这种诉求，清朝官方在很长一段时间里没有回应。

随着时间的流逝，遗民史家群体的史学活动逐渐退出历史舞台，这不仅是因为遗民史家生命的自然消亡，还因为这一史家群体的精神与观念也逐渐被融合进清朝官方的历史书写中。遗民史家群体的退却，更使清朝官方牢牢掌握了史学建构与历史书写的主动权。清朝官方史学在与遗民史家群体相互斗争与融合的历史进程中，不断取得进步与完善，改造遗民史家的历史观念，并积极在政策与导向上引导他们顺从清朝的统治。遗民史家群体在清廷儒家文化本位的感召下，逐渐增进了对清朝统治的认同心理。从这一点来看，遗民史家采取了放

---

① 高谦：《中州战略自序》，载谢国桢《晚明史籍考》，第 275 页。

弃对抗，回归常态的做法。他们在与官方史学互动的过程中，不断影响着清朝官方史学的发展与历史书写。乾隆皇帝通过对官方修史活动的干预，确立其在史学领域的至尊地位，通过编纂《通鉴辑览》一书，建立不可触犯的史学"条规"，以成万民所墨守的"法戒"。同时乾隆皇帝积极建构清朝自身的正统观念，以"大一统"的原则来消除"夷夏"种族观念对清朝正统性的质疑。在重新诠释正统观念的同时，乾隆皇帝不断梳理中华历史与南明史，并在自身可以接受的范围内，不断调整对"南明史"书写的认同以回应明遗民史家的合理诉求。乾隆皇帝还通过《贰臣传》《逆臣传》等官方史书的纂修，大力褒奖明遗民史家所积极提倡的忠君意识。清朝君主通过历史书写来影响本朝臣民，把伦理纲常深深植入天下臣民之中。史学教化万民的作用在乾隆时期得到了更好的彰显，从而成为统治者有力的意识形态工具。清朝官方的历史书写并没有因为遗民史家群体的"异质文化"而对其所有的观念都进行无情批判与压制，清朝官方逐渐秉持"拿来主义"与"实用主义"的观点，在不违背清朝正统性要求的同时，积极回应遗民史家的历史书写诉求，在官方史学中给予合理的位置，在历史书写上确立了"为万世立纲常"的书写原则，将清朝的历史观与历史书写提升到一个新的高度。

清朝官方的这些做法，对清朝史学发展产生了重大影响。一方面，清朝官方对遗民史家毕其一生所坚持原则的回应，是不断加深对中华文明认同与归属的一种行为，这在一定程度上有利于中国传统史学的继续发展。另一方面，清朝官方通过自身史学的建构，合理处理明遗民史家的相关问题，使清朝官方史学在斗争中得以壮大，官方的史学观念主掌一切史学领域，使清代中期以后的史学发展出现了"万马齐喑"的局面。不控制史学的发展方向，不利于官方意识形态的控制；控制史学的发展方向，又可能会对史学发展起到限制作用。在维护王朝统治稳定的大前提下，任何一个王朝的统治者都不会忽视对史学领域的管制，清朝也不例外。遗民史家与清初官方史学之间的关系，其实就是将"无序"的史学秩序重新回归到官方控制下的"有序"之中。历史书写的原则与规范由遗民史家转移到清朝官方，这是遗民史家历史使命的终结，是一种常态；而对于清朝官方来说，不断掌控史学发展方向，发挥国家的政治文化功能，这也是一种常态。对于易代之际的史学与史家来说，最后的选择可能就是回归常态。

如果说遗民史家群体的归宿是回归常态，那么仕清史家群体的任务就是协助清廷重建常态。仕清史家群体在政治上选择了加入新兴的满族政权，但在文化立场上则坚守汉文化的优越地位。他们竭力推动满族汉化，是清初文化秩序建构中不可或缺的重要力量。

仕清史家通过交游、幕宾等形式将其他群体的史家纳入自己的关系网络，邀请他们参与修史，从思想、行为和实践等各个方面对他们施加影响，在一定程度上改变了他们对清廷的态度，促使他们调整自己的政治与文化立场，也在一定程度上影响到了他们的历史书写方式。从这个意义上说，仕清史家在推动史家主体性向常态回归方面起到了一定作用。作为史家，他们对史学原则的坚持也是重建史学常态的一种努力。尽管仕清者因自身的政治身份，往往站在清廷一方，在一些原则问题上与明遗民展开斗争，极力论证清统治的合法性和正统地位。但是，史家的责任感和主体意识又鞭策着他们去冲破政治立场的局限，敢于向朝廷提出异议，发表自己的见解，而不是一味附和官方论调。比如，仕清史家在官修《明史》的修纂过程中，坚持"信史"原则，从史料采择、史法体例、具体列传传目的设置等一系列问题上提出了自己的意见，在反复辩难中坚持了自己的原则。而清廷予以很大程度的妥协与采纳，为修成一部高质量的《明史》奠定了坚实基础。这种对史学原则的尊重与坚持使修史之人感受到了对自我的尊重，有利于调融不同群体的史家，可以使他们在共同的史学原则基础上增强相互的认同感和信任感。

贰臣史家渴望回归常态，这意味着他们可以不用再受现实与道德的双重煎熬，可以回到他们所熟悉的文化环境，让自己的人生重新获得尊重与价值。因为贰臣身份使他们面临着道德与现实的双重困境，而悔过自责的人格心态又使这一群体总是带着一层悲剧色彩。与仕清史家相比，他们没有在清初政治上留下浓墨重彩的一笔，而是暗淡退场；与遗民史家相比，他们大节有亏，是被批判的对象，有口难言。

贰臣史家的遭际、情绪、心态等方面体现了清初时人对于明清易代的"不适应"与"适应"，以及在迷茫、徘徊中寻求自我解脱的过程。

在清初贰臣史家寻求自我解脱的过程中，史学成为他们的精神乐园，修史成为他们入清之后生活的重心，使得贰臣史家群体无形之中参与了清初文化秩序重建的过程，成为重构文化秩序的众多主体之一。在史家参与重建清初文化秩序的过程中，遗民史家群体因为赖以立身的政治秩序被清廷彻底破坏，而将斗争视角转向重建文化秩序主导权的争夺，自然成为清初私家修史的主体和代表，与清朝官方力图主导的文化秩序历经了斗争、融合的过程。仕清史家则由于对清政权的依附性，成为清廷支持下与遗民史家相抗衡的力量，又因为仕清史家本质上对汉文化的认同，使得他们成为清王朝与遗民史家相互妥协、融合过程中的"润滑剂"，在他们的影响与推动下，清廷逐渐与遗民史家走向妥协与调融。无论是和清廷相互抗争的遗民史家，还是支持清朝的仕清史家，都有着强烈的文化诉求和较为明确的目标，因此在文化秩序建构的过程中有着清晰的自身定位，历史书写原则明确。而贰臣史家由于自身的尴尬身份，缺乏既定的归属感，在文化秩序重建的过程中摇摆不定，其文化诉求也相对的模糊与无力，在清初文化秩序重建的格局中处于较为边缘的地位。当他们想融入遗民所倡导的文化秩序之中时，却因与清王朝的合作而不为所容；当他们想在清王朝主导的文化秩序中寻求一席之地时，却又被自己的故国之思和强大的舆论压力所折磨。最终，仕清史家依托清王朝，掌握文化秩序的主导权；遗民史家随着时间推移和政治环境的变化，经过斗争后逐步融入新的文化秩序；贰臣史家则被边缘化，在清初史学格局中较早走向消亡。或许可以说，他们最终消融在了官方主导的文化秩序之下，回归到了历史的常态。

文化秩序诉求归根结底是政权的合法性与自身的选择性问题。对于清廷来说，主要目的在于树立自身统治的合法性并获得原来明朝治下臣民的信服与支持。对于遗民史家来说，明朝的合法性丧失与清初的合法性认同之间存在尖锐矛盾和冲突，造成了他们的合法性认同危机。如何克服这种认同危机，才是他们的焦虑所在。贰臣史家通过自身的出处选择回避了这个问题，仕清史家选择了认同清朝的合法性，而遗民史家则通过对清朝重整秩序能力和意图的认可，默认了清朝统治的合法性，而将明朝合法性的丧失之痛留在了自己的心中，独自承受精神的煎熬。而从史家和史学的存在形态上来说，易代之际的风云激荡渐趋平和，史家和史学关注的主题、书写的方式都由激烈转向平静，史学与政治的关系也渐趋稳定，史家与史学皆回到了自身在文化秩序中的惯常位置。当他们找到这个位置时，说明他们已经消解了明清易代所带给他们的冲击与焦虑，文化和史学上的易代终于完成了。

第三章　明清儒医的医宗典籍编纂
及其理想形象

　　"儒医"之名始于北宋，至明清时期儒医成为从医者之主流中坚。不仅数量远超前代，且在身份认同、医典道统、医疗执业、济世关怀等方面体现出医儒结合的特征。由于读书人众而科举取仕有限，儒生出身的读书人或世家子弟习医、从医十分普遍，医者向儒、宗儒也成为杏林风气。所谓"不为良相，便为良医"，儒医以医儒同道相尚，既以医为职业谋生立业，又以儒之情怀济世，在解决个人生计的同时，也推动中医学术与社会医疗的发展。在业界、家族、地方之间，儒医又具有多重的社会身份，既是传统医疗体系的从业者，也是社会与时代的参与者。

　　作为古老职业的医生，儒医并非明清特有，而是中医在明清的承继与扩展。不少学者在讨论医学学术史、医者身份时对儒医有所探讨，如谢观《中国医学源流论》、刘伯骥《中国医学史》、范行准《中国医学史略》、马伯英《中国医学文化史》。[1] 近年来医史研究呈现了较大的转向，医疗社会史研究成为极受关注的交叉研究领域，注重医学产生的社会文化背景、医学知识的传承、医学的社会功用，以及将医家置于社会网络中，探讨其社会生活及社会交往，以揭示医家理想形象背后的生活状态。宋元以来儒医阶层的兴起，引起了学者的广泛关注，韩明士（Robert Hymes）等注意到宋代以后随着人口及政

---

　　① 谢观：《中国医学源流论》，上海中医书局 1935 年版；刘伯骥《中国医学史》，台北华冈出版部 1974 年版；范行准：《中国医学史略》，中医古籍出版社 1986 年版；马伯英：《中国医学文化史》，上海人民出版社 1994 年版。

治重心的转移，金元两代江南名医渐多。[1] 由于国家对医学和医疗事业的相对重视、印刷术的发明而带来的知识传播条件的改善、民间医疗卫生资源的缺乏以及士人的增多等诸多因素的影响，士人的尚医风气逐步形成，医生成为儒者在科举之外的另一条出路，一个新的儒医阶层日渐兴起，医生的社会地位也相应地有所提升。[2]

在传统正史、方志的人物传中，医生常被归为方技、技艺或艺术类。明清儒医人数的倍增，对于医生这个群体而言是推动了其专业化，还是更加"业余"化？席文（Nathan Sivin）曾指出 occupation、profession 这两个词皆可译为中文的"职业"，但其内涵有明显差异，任何职业都是 occupation，但是只有需要水平特别高的教育且由此获得高的社会地位的职业才是 profession。传统的医生，更接近于西方所谓 occupation，而非 profession，中国古代任何人都可以行医而不管其受何种教育，他们不需要专门的学位或者行医执照。在文化精英的思想里，（受过技术训练的）御医不仅没有特殊地位，他们的姓名也无人知晓。人们唯一耳熟能详的大夫，只能是来自士大夫阶层精英当中有才华和天赋的业余大夫。作为医生，为他们带来名声的是其社会地位，而非其医生的角色。直至 20 世纪 20 年代之前，医生并没有组织成一个职业。[3] 韩明士（Robert Hymes）对元代抚州儒医的研究揭示，当时儒家学者与医学研究之间存在着错综复杂的关系。[4] 陈元朋则进一步提示，"儒医"称谓的产生与北宋中期以后"士人尚医风气关系

---

[1] Hymes, Robert P., "Not Quite Gentlemen? Doctors in Sung and Yuan", *China Science*, Vol. , 1987, pp. 9 - 76.

[2] 陈元朋：《两宋"尚医士人"与"儒医"——兼论其在金元的流变》，台湾大学出版委员会 1997 年版；杜正胜：《作为社会史的医疗史——并介绍"疾病、医疗与文化"研讨小组的成果》，《新史学》6 卷 1 期，1995 年。

[3] ［美］席文（Nathan Sivin）：《科学史方法论演讲录》，任安波译，北京大学出版社 2011 年版，第 33—35 页。另外高居翰在讨论绘画的业余化时，曾引用席文未刊书稿 *Ailment and Cure in Traditional China: A Study of Classical and Popular Medicine before Modern Times, with Implications for the Present*，并在注释中指出，所谓"业余"并非意味着中国传统医者在医术上的不足。参见高居翰《画家生涯——传统中国画家的生活与工作》，生活·读书·新知三联书店 2012 年版，第 6 页。

[4] Hymes, Robert P., "Not Quite Gentlemen? Doctors in Sung and Yuan", *China Science*, Vol. 8, 1987, pp. 9 - 76.

密切"，原意指"尚医士人"中"医学精湛"的一群，至南宋、金，其适用范畴扩大，"弃仕为医"的士人、"医而有儒"的专业医家皆适用这一称谓。① Florence Bretelle – Establetce 试图通过对云南、广西、广东三省清代地方志中医家传记的分析，来审视医家的身份认同，并理解当时人对于理想医者形象的期许。② 并且当时大量医书序言文本的文章中，也都着力于对儒医形象的塑造。③

不过亦有学者指出儒医带来了医疗的专业化（professionalization）或专门化（specialization）。④ 梁其姿也指出，由于医学书籍越来越容易获得，金元以来有了新传播手段，即"专业网络"，由医学和学者、民间印书坊构成的网络，开始在出版行业、领导潮流和制造医学明星方面发挥越来越重要的作用。⑤ 新的医学入门模式的出现，明代的医学入门书呈现出儒医模式，仿效儒家教育模式设计入门书，把教学奠基于背诵从经典淬炼出来的文字之上，文字内容有明显的简单化，以方便教导初学者。从这个意义上，她指出明清医学行业的专业化与西欧医学的"医学行会"（Corps medical）无关，其专业化体现在他们共有的职业利益、认同和价值认识，这个共识不曾转变成大规模和自我规范的专业机构，亦不需要为了加强医生的影响力而与政府合作，这些共识反而是靠个别医者的规诫和小型地方团体来相互连贯。明清

① 陈元朋：《两宋"尚医上人"与"儒医"——兼论其在金元的流变》，台湾大学出版委员会 1997 年版，第 45—111 页。

② Brettelle – Establet, Florence. "Chinese Biographies of Experts in Medicine：What Uses Can We Make of Them," *Technology and Society*, 3：4（2009），pp. 421 –451.

③ Brettelle – Establet, Florence. "The Construction of the Medical Writer's Authority and Legitimacy in Late Imperial China through Authorial and Allographic Prefaces," *Journal of the History of Science, Technology and Medicine*, 19：4（2011），pp. 249 –390.

④ Unschuld, Paul. *Medical Ethics in Imperial China：A Study in Historical Anthropology.* Berkeley：University of California Press，1979.

⑤ Leung, Angela Ki – che "Medical Learning form the Song to the Ming", in Paul Jakov Smith and Richard von Glahn, eds．，*The Song – Yuan – Ming Transition in Chinese History*, Cambridge and London：Harvard University Asia Center，2003，pp. 374 –398. 梁其姿：《宋至明代的医学》，《面对疾病：传统中国社会的医疗观念与组织》，中国人民大学出版社 2012 年版，第 3—28 页。

医学的专业化和通俗化息息相关。① 赵元玲亦反对西方学者将中医视为不专业的说法，她以苏州医生群体为例，虽然这个群体不是一种同质性的职业群体，但在其生平、著述、活动、论争及认同的发展轨迹中，呈现一个专业化（professionalization）医学传统建立的历程。②

近年来研究表明，无论"儒医""学派"抑或学派思想，都不是一个绝对的历史实体。祝平一指出虽然"儒医"以模仿儒学建立道统的方式来书写医史，但在社会中，"儒医"更多的是一种比附"儒"的社会声望标签，而非一个有清晰疆界的社会阶层，他们比附"儒"的策略实际反映了医者难以向上提升的社会窘境。③ 王文景指出明代儒医人数虽倍增于前代，但受到隐于医卜观念的影响，不愿以医显名于世，因而明代儒医未有如当时宫廷内宦官或朝中士大夫般形成群体，产生群体意识。④ 余新忠对"良医良相"说源流进行考论，指出这一名言非但不是范仲淹所言，甚至很可能与他本人无关。"良医良相"说的不断被引述和阐发，非但无助于作为职业的医的地位独立和提升，反而强化了人们将其视为儒的附庸的意识。⑤ 医与士的交游，对于学者而言，这或许是其获得医学知识与医疗资源的重要途径；但对于医者而言，其意义却不仅只在于传播专业知识，更是其经营人脉、传播声名的方式，并进一步塑造了这一医者群体在当时社会中的身份与形象。⑥ 医者以儒风示人，反映出儒不仅在职业上是效法的对象，也是为人处世、自我定位和社会评判的标准。

① Leung，Angela Ki-che "Medical Industration and Populariation in Ming-Qing China，" *Late Imperial China*，24：1（2003），pp.130-152.《明清中国的医学入门与普及化》，《面对疾病：传统中国社会的医疗观念与组织》，中国人民大学出版社2012年版，第29—47页。
② Chao，Yu？an-ling：*Medicine and society in late imperial China：a study of physicians in Suzhou*，1600-1850，New York：Peter Lang Publishing，2009.
③ 祝平一：《宋明之际的医史与"儒医"》，《"中央研究院"历史语言研究所集刊》第77本，第3分，2006年，第401—449页。
④ 王文景：《明代的儒医》，台湾《通识教育年刊》第4期，2002年，第35-57页。
⑤ 余新忠：《"良医良相"说源流考论——兼论宋至清医生的社会地位》，《天津社会科学》2011年第4期。
⑥ 王敏：《清代松江"医、士交游"与儒医社交圈之形成——以民间医生何其伟为个案的考察》，《社会科学》2009年第12期。刘小朦：《医与文，仕与隐——明初吴中医者之形象与社会网络》，《新史学》第26卷第1期，2015年，第1—57页。

就医学知识系谱的建构而言，蒋熙德（Volker Scheid）并不把医派当作一个理所当然的分类，而是一种知识和认同创造的动态过程。从 17 世纪到 21 世纪孟河医派在不同历史时期的内涵与外延不断变化，而其内部的认同仍通过个人及其社会网络不断传承。作为一群宣称拥有共同原则和理念的医者群体，不同学派之间并没有坚实的疆界，学派内部的传承网络关系亦以比附居多。[1] 被普遍视为宋以后最重要的"儒医"和"丹溪学派"的创始者朱震亨，也有一个从地方社会拥有侠、儒、医多面形象的士人上升为明清后世儒医偶像和"丹溪学派"始祖的历史过程。[2] 韩嵩（Marta Hanson）亦指出所谓学派的思想原则也不固定，譬如清代江南"温病学派"的"温病"，在从汉至清的历史文本中含义多变，是一个随着医学理论和社会发展不断变化的疾病观念。[3]

医者之所以获"儒医"之名，并非由国家进行资格认证，而是基于职业出身、医术水平、医学著述、社会交往、济世关怀等社会化标准的形象认同。[4] 儒医群体的出现是近世中国社会士人分化的一个产物。这一群体既具有医的专业化特征，又具有儒的知识性特点。他们以医术服务社会，以医道教化大众，在医疗、教育、救济、慈善、文化传播等领域发挥着不可替代的影响，充分反映了近世转型期知识群体的社会化、专业化取向。

大批知识分子由儒入医，改善了医生的文化素质和知识结构，出现了专门的医派、医学团体，甚至专门的医学杂志。如吴中医派、新安医派、孟河医派、钱塘医派等，由于商路的便利发达，人才易于流动，医家往往会以师承教育、应邀出诊、访友集会等方式，使得各个

---

[1]　Scheid，Volker：*Currents of Tradition in Chinese Medicine* 1626 - 2006，Seattle：Eastland Press，2007.

[2]　张学谦：《从朱震亨到丹溪学派——元明儒学和医学学派的社会史考察》，《"中央研究院"历史语言研究所集刊》第 86 本，第 4 分，2015 年，第 777—809 页。

[3]　Hanson，Marta：*Speaking of Epidemics in Chinese Medicine：Disease and the Geographic Imagination in Late Imperial China*，London and New York：Routledge，2011.

[4]　冯玉荣：《医籍、医名与医理：明末李中梓的儒医形象及知识传承》，《华中师范大学学报》2014 年第 4 期。

医派之间医学交流活动频繁。民间还形成了一些医学团体，如隆庆二年（1568），由徐春甫等在北京发起和创办的"一体堂宅仁医会"。康熙年间，张志聪集诸弟子讲学于侣山堂，集讲学、研究与诊疗为一体，编有《侣山堂类辩》。此外，还出现了类似现代期刊特性的不定期的专门医学刊物，乾隆五十七年（1792）创刊的《吴医汇讲》，由唐大烈编辑，先后出版 11 卷，至嘉庆六年（1801）唐氏逝世才停刊，极大地拓展了医学学术的交流。

医书的广泛刊刻、医派林立，传统医学在明清时显得异常兴盛，但繁盛背后藏着极大的隐忧，庸医鱼龙混杂、门户医学严重、业医者重术轻道、医患关系扭曲，"医之病"凸显，极不利于医学的发展。部分有着强烈忧患意识和以拯救医学为己任的医家，清醒地认识到了"人有病，医亦有病。欲医人，先医医"，充分认识到了医医的重要性，走上自医之路。[①] 明清儒医着力于医学理论的传承，编纂医宗典籍，总结出各种医鉴，组织医会，举办医学讲堂，试图让医生走向专业化，以此来提升业医队伍的专业水平和道德品质，促进医学发展。但是，这些自医的措施过于理想化，缺乏政府的强力支撑，在如何实现技术的发展、理论的革新、思想的变革、学科的进步等方面未能实现突破。儒医试图通过知识的建构寻求专业化的发展，但是在近世西学西医的冲击下，在转型中陷入更大的困境，并没有为中医开拓出一条理想之路。

本部分主要从两个侧面来窥探近世儒医群体的专业化与社会变迁，其一，儒医群体内部对专业化的建构，考察明清之际儒医群体如何通过对医学典籍的整理，将医学经典化，构建"医宗"，以加强身份认同提升其地位。其二，从明清医者的画像、像赞，可观察到，"其貌清癯，心存仁术，志好儒书"已成为其时医者推崇的理想形象。医者的儒道医风，显现其专业声誉与社会地位的关联，而此种趋同的代价是医者放弃自身之职业识别。医者画像，在一定程度上是医、儒

---

① 刘博学：《医之病与医医之方：明清医家之自医》，硕士学位论文，华中师范大学，2013 年。

在社会身份上难以界分的佐证。

第一节　医学的正典化与大众化：明清 之际的儒医与 "医宗"①

宋元以来，儒医作为医者主流，更加注重通过医学知识的文本建构来归纳学术、彰显医名甚至开宗立派。在儒医医名的养成与传播过程中，所著医籍居于中心位置。其医籍既重医理归纳普及，亦重医案汇集分析。随着中医知识的演进，医学流派渐增，但较为普遍地存在门户之见。医家多囿于一家一派之言，以专为胜，不究会通，由此造成医理混乱，医道不明，习医者、诊治者均无所本。至明代，一些知名儒医基于学术归纳及职业应用之需，编纂以 "医宗" 为名的民间医学典籍。就目前传世文献而言，较早以 "医宗" 命名的书，为刊于明万历三十五年（1607）的《百代医宗》，此书为一方书，由明太医院刊行。民间流传较广的医宗类医籍是明代名医李中梓于崇祯十年（1637）所刊行的《医宗必读》，此书还专撰有《医宗论》一篇。松江名士夏允彝在序言中说："庶医道明，而时师知所归矣。于是受弟子之请，而著书曰医宗云"②。可见医宗之著，首在使习医有所归，医道有所宗。书中所辑内容，极尽综合，有破除门户、兼采众长之意，可作为医术会通的导引。而后则以乾隆年间《御纂医宗金鉴》影响最大，为朝廷参与医学典籍编撰的重要体现。③ 自晚明至晚清，以 "医宗" 为名之医学书籍近二十余种，多编纂于《御纂医宗金鉴》之后，其体例多相似，皆采录历代诸家精论，言浅意深，简便易行，流传皆广。

---

① 此部分曾刊于《学术月刊》2015 年第 4 期。
② 夏允彝：《医宗必读序》，《李中梓医学全书》，《明清名医全书大成》，中国中医药出版社 1999 年版，第 69 页。
③ 《御纂医宗金鉴》收录在《摛藻堂四库全书荟要》，《医宗必读》收录在《续修四库全书》，四库系列丛书中，其他以 "医宗" 命名之书皆未录。

　　在医学知识体系演进的脉络下看，明清医宗类医籍的编撰体现出中医学术的集成正典取向。李建民先生指出中国"正典"医学发展的两条线索：一是以《内经》系为主流、根据同一批文本不断重编的历史，另一是注解这些医经的传统的形成。[①] 与儒学的注经传统相较，这两条线索其实体现的是相似的路径，早期中医学术也是在守常与创新之间逐渐丰富的。赵元玲先生提出了医学必须立基在"世医"传统之上，还是医生必须熟悉三种经典（《黄帝内经》《素问脉诀》《神农本草》）的疑问，其实是说医者在养成过程中，是更为倚重"经验"，还是"经典"。[②] 祝平一先生则通过对"儒医"的身份认同与其文本知识的态度如何表现在宋、明之际的医史书写上进行了探讨，指出宋代的医史比附佛、道的宗教传统，明代的医史转而比附儒学传统，以建立医家统绪的模范，而以16世纪李梴的《医学入门》大致可以认为"医学道统论"成立。[③] 在细致梳理前代医者的过程中，由于门户之争及医道不明所带来的混乱，17世纪的医史书写进一步发展，开始了对"医宗"的建构。医宗的编纂则不是单纯的对经典医籍进行注解或重编，而在于通过综合百家，集合众长，来构建共同的专业知识体系，能为习医与行医者所通用。由宋明之际儒医对"医史"的书写，至明清之际对"医宗"的建构，这个过程是不断深化的，不仅《内经》等经典著作得到强化，张仲景的地位也不断得到尊崇和圣化，[④] 此也是养成医名、扩展职业医疗市场的需要。[⑤] 明清之际医宗编纂既重视医理归纳，也注重临床实践，将通用性、实用性和大众化相结

---

　　① 李建民：《中国医学史研究的新视野》，《新史学》第15卷第3期，2004年。

　　② Chao，Yuan - ling，*Medicine and Society in Late Imperial China—A Study of Physicians in Suzhou*，1600 - 1850，New York：Peter Lang，2009，pp. 26 - 27。

　　③ 祝平一：《宋明之际的医史与"儒医"》，《"中央研究院"历史语言研究所集刊》第77本，第3分，2006年。

　　④ 余新忠先生曾指出张仲景尊崇和圣化运动于12、13世纪初步兴起，15世纪中期到18世纪中期进一步发展到医界独尊地位的确立，此过程恰好与由宋明之际的医史书写到明清之际的医宗建构的过程相匹配。余新忠：《医圣的层累造成（1065—1949）——"仲景"与现代中医知识建构系列研究之一》，《历史教学》2014年第14期。

　　⑤ 冯玉荣：《医籍、医名与医理：明末李中梓的儒医形象及知识传承》，《华中师范大学学报》2014年第4期。

合，可能恰恰体现出这一时期医学正典化的新取向。

下文通过系统梳理有关"医宗"的论述，以"医宗"命名的著作为依托，考察明清之际儒医群体如何通过对医学典籍的整理，将医学经典化，构建"医宗"，以加强身份认同提升其地方儒医的地位。借由医宗典籍的编撰，医学的知识体系趋于标准化和系统化，并通过医籍文本的刊刻，使之走向大众化，可为习医者、行医者所用，也可为患者及公众所知。在清王朝新政权下，王权也干预到医宗的编辑之中，在强化医籍权威的同时，也可能包含着将民间"医宗"的构建纳入到大一统中的政治隐喻。在儒医与医宗的问题关联之下，同时试图考察医者职业与医学学术演进间的内在关系。

一　门户之见、医道不明与医宗之兴

宋以后医籍传世者增多，这与宋以后雕版活字印刷术盛行、造纸业的发达关联甚大。历代政府重视医学者无过于宋，特别设立"太医局"，用以培养医学人才，又设立校正医书局，以负责编纂整理历代重要医籍。当时官纂之书，本草而外，有《太平惠民和剂局方》（以下简称《局方》）及《圣济总录》。① 对繁多的方药进行筛选鉴定，使漫无边际的方书由博返约。《局方》一书出，"官府守之以为法，医门传之以为业，病者恃之以立命，世人习之以成俗"②。官方医学教育的发展，也促进了民间医学的发展，民间医家个人也热衷医方书籍的研究和出版。经宋人收集传世的医书中，医经类甚少，而方书独多。至金元四大家之兴才改变了唐宋以来崇尚成方、推行成药的局面，他们基于各自所处的年代、地域以及临床所接触到的疾病类型不一致，提出不同的学说，形成各个不同的学派，刘河间寒凉派、张从正攻邪派、李东垣补土派、朱丹溪补阴派，后起的学派往往对先前的学派加以补充或纠偏而形成。③

---

① 谢观：《中国医学源流论》，《宋明间医方》，上海中医书局1935年版，第33页。
② 朱震亨：《局方发挥》，《四库全书》史部第746册。
③ 朱建平：《中国医学史研究》，《明代空前发展的中医药学》，中医古籍出版社2003年版，第110页。

四库馆臣称，"儒之门户分于宋，医之门户分于金元"①，医学的门户之分大致在金元时期，这一看法普遍被接受。清人徐大椿（1693—1771）曾称："元时号称极盛，各立门庭，徒聘私见；迨乎有明，蹈袭元之绪余而已。"② 明承金元，医学流派更为繁盛，但门户之见也愈发严重。概一医派崛起，必依一学说为根基，创立者以此行医立道，著述立说，为世人推崇，受医者习教，学说和医治的声名与之俱增。后世习医者受此影响，也往往取其一皈依之，倚门派学说与其他医家相区别，以专为胜，而不是努力去融会贯通各家学术思想。医学名家大多囿于一家之言，贬抑他人，或矫枉过正，意气相争。门户之见纷呈，既说明医学在不断创新发展，又反映其知识体系尚未完全定型，医学学术的演进受到职业竞争的影响。

从职业的角度观察，门户医学的存在与当时医生的训练方式、医学的传承方式和医家的行医方式有很密切的关系。家传、师传、自学是习医者步入医学的主要途径。③ 医家在传授弟子医学时，多是传授其自身医学心得，或者是其所宗之师。而至于自学，除最基础的医学知识外，大多数习医之人往往也是选取某一医家的学说和著作作为主要的学习和参考对象。但从晋至清，医书甚繁而不可枚举，医家虽多有发挥创新，但是又未免拘泥于自家学术与个人经验，或专而无度，或博而不精，或杂而不一，相互诋毁、互相矛盾者亦不鲜见。在医学并未列入庠序之教的情况下，学派可为医家养成之基础，但也为后人习医带来了难以选择、无所适从的困惑。习医者往往只习某一人之学，只宗某一人之术，"守一家之说，滥称专门焉"④，挟专胜以获令名，陷偏执而不自知，导致临病时不能正确辨别病因，易致误诊。

医学上的门户之见，直接影响到临床行医的诊断方式。金元以

---

① 永瑢、纪昀等撰：《四库全书总目》卷 103，子部十三，医家类一。
② 徐灵胎：《医学源流论》卷上《方剂古今论》，《四库全书》史部第 785 册，第 659 页。
③ 梁其姿：《明代社会中的医药》，《面对疾病：传统中国社会的医疗观念与组织》，中国人民大学出版社 2012 年版，第 183 页。
④ 孙一奎：《赤水玄珠·凡例》，《四库全书》史部第 766 册，第 3 页。

来，临床医学上影响最深的还是河间（刘完素）、丹溪（朱震亨）的医学。张景岳（1563—1640）指出"当世之所宗范者，无如河间、丹溪矣，而且各执偏见。左说盛行，遂致医道失中者"，因而在诊治时，"见热则用寒，见寒则用热，见外感则云发散，见胀满则云消导"，动不动就说病人是火热，喜用降火之药而导致病人生气全无，元阳败损，杀人而不觉。假若有人不用此法，则很容易导致他医持河间之说，群起而攻之，医生而无从辩驳。① 固守门户之见，诊治流于教条。至于病人体质，病理病因，反而不究会通，如此不仅"医道失中"，临诊失据，医家本身也是非难辨。

医学的正典化不足导致习医者在职业养成过程中缺乏系统公认的学术训练，其水准也参差不齐，能会通医道、承旧创新者并不多见。"逮晋、唐以后，则支流愈分，徒讲乎医之术，而不讲乎医之道，则去圣远矣。"② 习医者虽本《内经》，效法张仲景（张机）等名医前贤，但能达到追求医道境界的人只有少数医界翘楚，"高者为艺术，低者为糊口计，日趋日下"③，仅仅将医学当作一门"术"，甚至只是为了养家糊口。"医道不弘"，导致医学沦为"下厕之技流"④。之所以会这样，有医者自省，认为主要在于习医之人"所习之法全非正法，经书不识，旁径乐趋"⑤。松江士人何良俊（1506—1573）也指出："今世但以朱丹溪为儒医，学医者皆从此入门，而不知《素》《难》为何物矣。正如学者不体认经书，但取旧人文字模仿成篇，欲取科第，亦有幸而偶中者，然学者以误国，医以杀人，其祸亦岂小小哉。"⑥ 学医者囿于门户，不深研经典，以偏法行医，重术轻学，医道

① 张景岳：《景岳全书》卷3《传忠录下·误谬论》，《四库全书》史部第777册，第60页。

② 徐灵胎：《难经经释·自叙》，清刻本，《续修四库全书》第983册，第707页。

③ 吴瑭：《医医病书·医以明理为要论》，《吴鞠通医学全书》，《明清名医全书大成》，中国中医药出版社1999年版，第173页。

④ 孙一奎：《赤水玄珠·凡例》，《四库全书》史部第766册，第5页。

⑤ 萧京：《轩岐救正论·自序》，《福建历代名医著作珍本》，线装书局2011年版，第6页。

⑥ 何良俊：《四友斋丛说》卷20《子二》，中华书局1959年版，第183页。

不明，流弊甚大。习医者、就医者都陷入困惑之中。

门户之见与医道不明，既造成了医疗活动的无序紊乱，也加剧了社会对医学和业医者的疏远和不信任。医生各执偏见，相互攻伐，在病理与治法上难得共识。中医学的知识体系亟须归纳整理，辨析源流，正典明理。正德年间虞抟（1438—1517）也指出医学为"民命死生所系，其责不为不重"，故撰《医学正传》，尊《内经》为医家之宗，医家之祖。以此为提纲，脉法皆采摭王叔和脉经要语，不同科目再宗其人，如伤寒宗张仲景，内伤宗李东垣，小儿科多本于钱仲阳，其余诸病悉以丹溪要语及所著诸方，冠于其首，次以刘张李三家之方。① 弘治年间王纶也称，《内经》如儒道之六经，四大家仲景、东垣、河间、丹溪，犹如中庸、孟子，各发明一义，为精通经典的台阶，并无优劣可言。外感法仲景，内伤法东垣，热病用河间，杂病用丹溪，这样才可"医道大全"②。此说以《内经》比附六经，以四大家比附四书，推崇其作为医学正典的地位。四大家开创医派，其学说历经检验，在医理及临床上都广受认同，推为正典并不为过，所谓"主《内经》而博观"，正是强调从基本医理出发来探幽发微。有些医派循此路径，在医学创新方面有所成就，但在临床诊治中却画地为牢，自设藩篱，又失其创新本意。至于有些医家以医派自重，相互贬损，就更是江河日下，就偏离医学发展之正途。

万历年间方有执（1523—1594）认为医道始于本草经，阐明于素难，至伤寒论大备。但是神农本草只是"世传其说而不经见"，凭借师学相传，未有文字。两汉名医张仲景、华佗，始因古学，附以新说，通为编述，本草才于见经。张仲景首先将医学学说付诸文字，为"有是论之作则其先后素难而股肱之"，因而功不亚于神皇、轩岐与越人，医门尊奉为"圣"，如同"儒门之圣孔子而宗师焉"③。明代医家

---

① 虞抟：《医学正传·自序》，《医学正传·凡例》，明嘉靖刻本，《续修四库全书》第1019 册，第 241—242 页。

② 王纶撰，薛已注：《明医杂著》卷 1《医论·仲景东垣河间丹溪诸书孰优》，江苏科学技术出版社 1985 年版，第 1—2 页。

③ 方有执：《伤寒论条辨前序》，《四库全书》史部第 775 册，第 2 页。

开始有意识地整理医家谱系，以廓清医家源流与尊崇的对象。儒医对医史脉络的梳理越来越依赖文本的路径，其实体现的就是医学学术发展的正典化取向，《内经》被尊奉为医学经典，张仲景被推崇为医圣，大抵体现的也是这一趋势。因此，在门户医学趋于严重的同时，也有医家意识到其弊端所在，开始着手编纂医宗类典籍。医宗类典籍的出现可以说是医学正典化传统的继续。

　　基于学术归纳及职业应用之需，明后期开始编纂以"医宗"为名的医学典籍。太医院医官涂绅编纂《百代医宗》，刊于明万历三十五年（1607），"捃摭诸籍，参以己意，经十余年而成一书"，内容"凡男妇小儿、内外诸科，罔不具备"，称"医学之指南，百代之宗主"①。此书介绍了多种病症，方论兼重，使读者易于学习，学术适用价值颇高，但主要是一方书，对于医道、医理梳理较少。大致是沿袭了《局方》这一趋向，但更为简约。

　　万历四十年（1612），罗周彦著《医宗粹言》。罗周彦曾南游吴楚、北走淮泗，结交医学名流，穷搜方技群书，自是见闻日博，羁旅良安十年，编辑成帙。此书多宗《内经》以及选取历代各家论述，如张仲景、李东垣、刘河间、李东垣、朱丹溪、王叔和、罗谦甫诸名家，"皆胪揭其精旨而摘录之，不敢以他岐惑世，故命篇曰医宗粹言"②。其书大抵摘前人诸籍精粹之言，附以己意，但已经体现出综合百家、贯通各科的医宗意识。

　　这两本医宗之书已体现出两个倾向，由博返约、探究经典。到李中梓编撰《医宗必读》，并撰《医宗论》，就表明医学界已经明确认识到门户医学之弊，因而构建医宗也就在医学正典化和学术通用性方面具有了双重意义。

　　据笔者的统计，在明万历年间涂绅编《百代医宗》之后，及至清乾嘉时期，医宗编撰已经代有所出，达到 11 种之多。在道咸以后，

---

① 张应试：《百代医宗序》，涂绅《百代医宗》，明万历三十五年（1607）刻本，《中医古籍孤本大全》第 1 辑，中医古籍出版社 1996 年版，第 538 页。

② 罗周彦：《医宗粹言·凡例》，吴崐撰述，罗周彦增定《医宗粹言》，明万历四十年新安罗氏刊本，新文丰出版公司 1982 年版，第 31 页。

医宗编撰仍在继续，达 14 种之多。到民国时期，医宗编撰大为减少，大致晚清以后中医学科渐立，医学的学院式教育体系建立起来，现代医学的教科书编撰也逐渐完备。此外，越南、朝鲜、日本汉医也有医宗典籍的编纂，足见其影响。兹列医宗典籍如下：

表 3 - 1 　　　　　　　　明清以"医宗"命名的医籍①

书名	类型	作者	现存最早版本
《百代医宗》十卷	方书	涂绅	明万历三十五年（1607）
《医宗粹言》十四卷	临证各科	罗周彦	明万历四十年（1612）
《医宗必读》十卷	综合性著作	李中梓	明崇祯十年（1637）
《医宗摘要（撮精）》	临证各科	薛己撰，黄承昊评注	明崇祯十二年（1639）
《医宗说约》六卷	临证各科	蒋示吉	清康熙元年（1662）
《（神验医宗）舌镜》	诊法	王景韩	清康熙四十年（1701）
《医宗承启》六卷	伤寒金匮	吴人驹	清康熙四十一年（1702）
《医宗己任编》	综合性著作	高鼓峰撰，杨乘六编	清雍正三年（1725）
《御纂医宗金鉴》九十卷	综合性著作	吴谦	清乾隆七年（1742）
《医宗宝镜》四卷	临证各科	邓复旦编	清嘉庆三年（1798）
《医宗备要》三卷	临证各科	曾鼎	清嘉庆十九年（1814）
《医宗辑要》十卷	临证各科	张楷	清道光三年（1823）
《医宗铁网》二卷	临证各科	彭大墉	清咸丰十一年（1861）
《（医宗三法）百证图》三卷	临证各科	佚名	清同治元年（1862）
《儒门医宗总略》	临证各科	熊煜奎	清同治十年（1871）
《医宗宝筏》	基础理论	凌堃	清光绪元年（1875）
《医宗解铃语》	医案医话医论	谭焯	清光绪十六年（1890）
《医宗摘要》	临证各科	林子峰	清光绪二十一年（1895）
《医宗简要》十八卷	临证各科	任锡庚	清光绪二十二年（1896）

① 此表主要根据《全国中医图书联合目录》（中国中医研究院图书馆编，中医古籍出版社 1991 年版）制成，主要辑录目前存世文献。其中《（神验医宗）舌镜》《海上医宗心领》未收录，《（神验医宗）舌镜》收录在《明清中医珍善孤本精选》（十）（上海科学技术出版社 1989 年版）。有关《海上医宗心领》的刊刻情况可参考阮氏李、杜尹心、王寅《越南黎有卓〈海上海宗心领〉述评》，《云南中医学院学报》2013 年第 3 期。

续表

书名	类型	作者	现存最早版本
《新医宗必读》	临证各科	何廉臣	清光绪三十三年（1907）
《医宗便览风证门》	临证各科	王朝嵩	清光绪三十四年（1908）
《医宗返约》五卷	临证各科	张调梅	清宣统二年（1910）
《医宗便读》六卷	临证各科	徐镛	清宣统三年（1911）
《（家传）医宗大成》	临证各科	黄显	清宣统三年（1911）
《医宗心法》十卷	临证各科	佚名	1936
《海上医宗心领》	临证各科	［越南］黎有卓	清乾隆三十五年（1770）
《医宗仲景考》	医史	［日］平笃胤	清道光六年（1826）
《医宗损益》十二卷	临证各科	［朝鲜］惠庵（黄度渊）	清同治六年（1867）

资料来源：中国中医研究院图书馆编《全国中医图书联合目录》，中医古籍出版社1991年版。

在明万历至清乾嘉年间的11种医宗典籍中，依编者可分为两类：其一是医家自编，如李中梓《医宗必读》、蒋示吉《医宗说约》、吴人驹《医宗承启》等皆是；二是医家奉旨编纂，主要是新安名医吴谦受乾隆旨意所编的《御纂医宗金鉴》。医家自编占据主要，这些编纂者多是在医学著述和临床行医方面极具盛誉的江南儒医名家。他们在根究医理之时，注重会通，同时又将行医过程中所遇疑难及经验列注书中，既注重基础医理，又注重临床实践，适合医者、患者学习查备之用，受到业界及社会推崇。同时，医宗医籍的编撰又极大扩张了医家的声名。吴谦本为徽州名家，乾隆年间曾为御医，任太医院判，极受乾隆信任。因秉皇命而编，又称《御纂医宗金鉴》。医宗金鉴的编撰是由朝廷推动进行的，说明清廷已经意识到医学集成的重要性，其影响与民间医家自编还是有所不同。

医宗典籍如按体例而论，也可分为两类，一类重综合，一类重临证。综合者，诸如医理、医案均包括在内。临证类，重点在于医方、医案，重于实用。两类都能超越门户之见，以基本医理和临床实效为标准，在通用性和大众化方面异于一般医书。从这个角度看来，医宗典籍的编纂使医学的正典化不再单纯依赖于一家之说的解注，而更为注重综合各家之长，贯通医理，究之实用，构建出超越门户之见的共同性专业知识。医宗所促进之大众化，首先其实是面对医者，使其在专业知识养成的过程中不囿于一家一派之学说，能够从基本医理出发，博采众长众长。在大规模的医宗编纂之前，习医者欲求融通而不易得。在医宗类医籍广为刊刻后，习医、行医者就有了"渡河之筏"。其次，医宗的编纂体例风格也更易阅读，《医宗必读》《医宗说约》阐释医理并不晦涩，还有很多实例。医者容易理解掌握，就是一般大众也可以将之当作"医科全书"，从中了解病症，增加医学的知识水准。医宗编纂者的"医名"，也在业内和社会上广为传播。

在众多医宗典籍中，李中梓所编《医宗必读》（1637）始对医宗进行系统诠释，康熙年间的蒋示吉所编的《医宗说约》重视医学知识的通俗化，《御纂医宗金鉴》则体现了皇权对医学正典化的干预。本书即以此三案为例探讨医宗类典籍之兴创，至于19世纪医宗类书籍的近代走向则后续撰文以阐释。

二　渡河之筏：崇祯年间的《医宗必读》

对于"医宗"作系统的诠释，应当从晚明李中梓始。李中梓在《颐生微论》中专有一篇"医宗论"，此书初刊于明万历四十六年（1618），崇祯十五年（1642）再版时，书名为《删补颐生微论》，虽对部分章节做了修订，但《医宗论》这一篇被完整地保存下来。崇祯十年（1637）还撰有《医宗必读》一书，当是在习医与实践的过程中不断体会与升华之后，对于"医宗"的系统诠释。

李中梓的《医宗论》，在开篇中论及无论是医家或病家，医学知识的庞杂引起了更多的困惑，医家无法对于医疗知识的基础有共识，病家则无从判断医者之良窳。

> 医诚良而听之宜也，今医师遍天下，而术未工，病者疑信半而姑听命焉。又以好全恶危之心待之，病非在皮肤，效期于旦夕，旦不效，旦更；夕不效，夕更，而医始不能尽其技矣。故天下不尊医，医亦不自尊，急而求医，医亦急而求术。古之艺精而

试，今之艺试而精。古之人，法治病；今之人，病合法。①

　　此段话曾出现在沈一贯为徐春甫《古今医统大全》所作的序之中，但是至李中梓，几乎是完整地照抄下来。也就是说医学知识的庞杂，建立正统知识以求共识的焦虑仍存在，并且显得更为迫切。中国关于医史学、医学史，向无专书。唐朝甘伯宗的《名医传》久经散佚，较早的有明朝李濂的《医史》、徐春甫的《古今医统大全》。徐春甫曾希望解决此焦虑，应此而作，但是这部大部头的百卷医书也成了医疗文本雪崩中的碎片。②徐春甫在《古今医统大全》中载有《历世圣贤名医姓氏》，网络甚富，从五帝三代谈起，所涉及医者数量庞大，多达270人，甚至是传说中的人物也列入其中。③而李中梓在《医宗论》中则取之较为精粹，仅34人，"历考前代医籍之传者，五百九十六部，一万有九十二卷，而吾熙朝之彦，续有万余卷，不能枚举。兹特述其尤者，亦说约之意也"。徐氏详载其生平传记，只述医史，不作评价，较为温和。李中梓言简意赅，重在叙述医籍、医术、医理，并且考辨得失。如同样叙述扁鹊，徐春甫详述其生平，并举扁鹊见齐桓公一例来佐证。而李中梓则强调扁鹊之著述，"成难经八十一卷"，开后学之师表。同时指出扁鹊医学知识的谬误，"以命门一穴为右肾"。再如张仲景，徐春甫先叙其生平为官经历，再论其著述，而李中梓则直接论其著述，推举张仲景为"伤寒之鼻祖，济世之慈航"④。李中梓不拘泥于医史的梳理，而是提要钩元，针砭时弊，既指出诸医家的精到处，也指出诸家的偏颇处，重在分析前人医学思想的得失。尤其重视医家的传世医籍，有意识地整理医家谱系，以廓清医

---

　　①　沈一贯：《古今医统大全序》，载徐春甫《古今医统大全》，《新安医籍丛刊》，安徽科学技术出版社1995年版，第16—17页；李中梓：《删补颐生微论》卷1《医宗论》，《李中梓医学全书》，第656页。

　　②　祝平一：《宋明之际的医史与"儒医"》，《"中央研究院"历史语言研究所集刊》第77本，第3分，2006年。

　　③　徐春甫：《历世圣贤名医姓氏》，《古今医统大全》，《新安医籍丛刊》，安徽科学技术出版社1995年版，第5－57页。

　　④　李中梓：《删补颐生微论》卷1《医宗论》，《李中梓医学全书》，第656—658页。

家源流与尊崇的对象，重在构建以文本为传承的统绪，使习医、行医有所本有所宗，"医宗"之意明也。

李中梓（1558—1655），字士材，松江华亭人。李氏出身科甲门第，衣冠薮泽之家。晚明大儒陈继儒曾赞李中梓六岁时，已见"少成之性""能自力于文章令，名噪诸生间，所至夺席，所去悬榻，斯已奇矣"[1]。李中梓十二岁即取得生员资格，但此后屡试不第，复因两亲子被庸医用凉药所误而亡，自己又体弱多病，遂转而学医，以贡生终焉。[2] 李中梓未曾拜于当时的医学名家门下，因熟谙儒学经典，儒与医通，为"同源而异流"，通过研读《内经》《伤寒论》等历代医学典籍，自究医理，自学成才，自称"余儒者也"[3]。

李中梓著《医宗必读》一书，目的是救二失。其一，《内经》虚设，时师厌为畸书。其二，百家相因而起，匡正之术，必至于偏，时师药其成法，偏滞益甚。在李中梓生活的时代，一般医生为了应付门诊，多半只学习唐、宋以来各个医家的药书、方书，从中找出几个治病的药方，而对传统的医学经典《内经》等著作并不感兴趣，更不愿为研究这些著作而下苦功夫。医宗为"呼吸存亡之变，埒于行师；转盼补救之功，同于澍雨"，需要"考坟索、率典常以揆方，叶神化以通微之为得""当本之内经，以立其正，合之诸家，以尽其变。苟有长也，必有以持其后，使善处其长；苟有短也，必有以原其意，使巧用其短。庶医道明，而时师知所归矣。于是受弟子之请，而著书曰医宗云"[4]。

他认为《内经》为"医学之祖"[5]，"上穷天纪，下极地理，远取诸物，近取诸身，更相问难，阐发玄微，垂不朽之弘慈，开生民之寿域"，从事医学者应勤求精究。故在《医宗必读》卷首即设《读内经论》，并指出只有"精深儒典，洞彻玄宗，通于性命之故，达于文章

---

① 陈继儒：《医宗必读序》，载《李中梓医学全书》，第 67 页。
② 李中梓：《删补颐生微论·自序》，《李中梓医学全书》，第 643 页。
③ 李中梓：《删补颐生微论》卷 4《医案论第》，《李中梓医学全书》，第 749 页。
④ 夏允彝：《医宗必读序》，载《李中梓医学全书》，第 69 页。
⑤ 李中梓：《删补颐生微论·凡例》，《李中梓医学全书》，第 646 页。

之微，广征医籍，博访先知，思维与问学交参，精气与《灵》《素》相遇，将默通有熊氏于灵兰之室，伯高、少俞，对扬问难，究极义理"，才能担负关乎病者性命的神圣使命。① "用兵救乱，用药救生，道在应危微之介，非神圣不能善中"②。只有读书习字，博通古今，才能更好地掌握医理，究天人、参禅玄，才可擅专门学，力图使医由"术"上升为"道"。

《医宗必读》首篇《读内经论》之后，次篇即《读四大家论》，前人之说博而繁，泥守其常，必有偏颇，"若夫百家者相因而起，匡正之术也，然而必至于偏，如仲景所未备，河间补之；东垣所未备，丹溪补之，四家之言，非相违也，而相成也。而后人执其一说，其失一也。"③ 李氏言不善学者，师仲景而过，则偏于峻重；师守真而过，则偏于苦寒；师东垣而过，则偏于升补；师丹溪而过，则偏于清降。譬如侏儒观场，为识者笑。"四大家，以其各自成一家言。总之阐内经之要旨，发前人之未备，不相撼拾，适相发明也"。④ 李中梓有关四大家的讨论，承继了王纶的说法，并不特指金元四大家。清代医家将张仲景奉为医圣，故将张从正与张仲景替代。李中梓首阐内经，再提四大家，指出四大家也是依内经而来，纠偏补弊，各有发明。而明代医学的主流，主要依循丹溪养阴降火的理论，一般医者学其偏，反以苦寒降火为主，因而产生不少流弊。李氏一再强调仅仅知某一派之医术，往往会偏颇，其治学主张贯通诸家之长，不偏不倚。李中梓既重视脾胃，也重滋阴养阳，提出"先天之本在肾""后天之本在脾"的医学思想，成为明代温补学派的代表。⑤

《医宗必读》一书仅十卷，首阐明经旨，次列诊察要诀，次辨药性，次详伤寒治法，次录病机，所集颇广，更附治验之案，以资参

---

① 李中梓：《医宗必读》卷1《读内经论》，《李中梓医学全书》，第79页。
② 李中梓：《删补颐生微论·自序》，《李中梓医学全书》，第643页。
③ 夏允彝：《医宗必读序》，载《李中梓医学全书》，第69页。
④ 李中梓：《医宗必读》卷1《四大家论》，《李中梓医学全书》，第80页。
⑤ 李中梓：《医宗必读》卷1《肾为先天本脾为后天论》，《李中梓医学全书》，第81页。

证，最后选录切要古方，随各病证分条列载。从理、法、方、药诸方面阐释其治疗手段和经验，内容系统规范。从著述来看，他不仅对经典著作颇有钻研，而且有丰富的实践经验，更为重要的是，他还能够将经典论述与自身的实践和思考很好地结合起来，形成一套自己独到的治疗原则和治疗方案。先述病症，再附药方，再举医案，提供了整套为医家诊断治病的方案。虽简明，但百科全书式地构建了整个传统医学的架构，也可以成为初学医者的必读书目。"阅其所刻医宗必读，仅五册，词简而明，法精以详，允为当世正法眼。"① 李中梓《医宗必读》《删补颐生微论》得到新安吴氏的资助得以出版。新安吴肇广称："明通者读之，而无遗珠之恨；初机者读之，而无望洋之叹。"②在经典与临床之间架起一座桥梁，为"渡河之筏"。

此后，李中梓还专门对《内经》和《伤寒杂病论》两部经典加以探究，著述提供了理解经典文本的《内经知要》以及《伤寒括要》。前代《内经》注本虽多，但大多较为繁杂，《内经知要》只有《黄帝内经》的十分之一，选择内容比较精炼，概括性强，宜使人掌握重点，适合初学者。《伤寒括要》亦如此，"夫病机繁赜，变迁无穷，如珠之走盘，纵横不可测，虽纵横不可测，而终不出此盘也。是帙者其珠之盘乎？审是帙者，其持盘者乎？操通灵之法，以应无穷之变，惟变所适，而不胶于法也，斯善读《括要》者矣"③。黄宗羲在《明儒学案》里也曾指出："大凡学有宗旨，是其人之得力处，亦是学者之入门处。天下之义理无穷，苟非定以一二字，如何约之使其在我？故讲学而无宗旨，即有嘉言，是无头绪之乱丝也。学者而不能得其人之宗旨，即读其书，亦犹张骞初至大夏，不能得月氏要领也。是编分别宗旨，如灯取影。杜牧之曰，丸之走盘，横斜圆直不可尽知，其必可知者，是知丸不能出于盘也。一夫宗旨亦若是而已矣。"④ 学术

---

① 萧京：《轩岐救正论》卷5，《福建历代名医著作珍本》，线装书局2011年版，第113页。

② 吴肇广：《医宗必读序》，载《李中梓医学全书》，第68页。

③ 李中梓：《伤寒括要·自序》，《李中梓医学全书》，第290页。

④ 陈祖武：《清儒学术拾零》，湖南人民出版社2002年版，第26页。

发展到一定阶段需要整理，不论是居于正统的儒学，还是视为方技的医学，在这方面均有共识，着意于各家宗旨的归纳介绍，确有"如灯取影"之效。"珠之走盘""丸之走盘"，在学术经典化的道路上，医与儒殊途同归。

　　可见，李中梓著《医宗必读》，其意并不在取代原有经典，而是强调贯通经典，纠正门派医学中忽视基本医理与公共常识的偏失。朱熹通过经典诠释、历史重构以及对思想世俗化的努力，再度确立了所谓"道统"。①李中梓研读儒家经典，由儒入医，有意识地模仿儒家尊经传统来设计其必读书，其中也体现出其立言立功的雄心。《医宗必读》主张厚基础，明医理，求会通，重临床，对原有医学经典极为看重，"内经为医学之祖"，"仲景《伤寒论》暨《金匮要略》，诚为千古医宗"。在以医宗定位《内经》《伤寒论》经典地位的同时，又以《医宗必读》作为个人著作的书名，显然是将自己视为承前启后的医道传承者。李中梓自认为其著作《医宗必读》"为后学作渡河之筏"，并称张仲景伤寒一书为"济世之航"。暗含之意，是续接了张仲景以来的医道。通过医宗提供的理解经典的途径，可为后学开启登堂入室之门，将医术上升为医道，使其成为医学的"集大成者"。

　　李中梓以《医宗必读》为"渡河之筏"的说法并未言过其实。他的学说除由门人加以弘扬外，时人及后世也多有肯定。其著作刊印以后，流传甚广，时人读其著作后慕名求医，甚至把李中梓当作张仲景再世，"镌而悬之肆，乃翕然遍走天下……以请一刀圭者，日且相迫，三吴中遂以长沙氏目相之"②。名医张璐比李中梓约小近三十岁，历经明万历及清康熙年间的社会变动，对医道之变深有体悟。他十分推崇李中梓，在《张氏医通》中引用了《颐生微论》《医宗必读》《病机沙篆》《诊家正眼》《士材医按》等内容，并邀请了李中梓门人尤生洲、马元仪等参阅校订。③张璐认为"艺术之学，惟医林最繁，

<hr/>

①　葛兆光：《中国思想史》第2卷，复旦大学出版社2004年版，第226页。
②　李中梓：《删补颐生微论·自序》，《李中梓医学全书》，第643页。
③　《张氏医通引用书目》《张氏医通参阅姓字》，张璐《张氏医通》，清康熙宝翰刻本，《续修四库全书》子部第1023册，第187页、第183页。

汗牛充栋，莫可名喻"①，"有志之士，务在先明《灵枢》、《素问》、《伤寒论》《金匮要略》四经，为医门之正法眼藏"②，并专撰《伤寒缵论》，"缵者，祖仲景之文；绪者，理诸家之纷纭，而清出之"③，对李中梓强调基本医典、融会医理的说法十分赞同。

《医宗必读》一出，得到医界及社会的认同，可以纠正门户医学的偏失，后来医宗的编纂就代有承继，甚至在清光绪三十三年（1907）绍兴医学会会长何廉臣还著有《新医宗必读》，并且蔡元培亲为之作序。④医宗的名目，在前文已有列举，其中还可以看到《医宗承启》《医宗己任编》等著作。从书名看，就包含有树立医宗、承前继后的意味。其他著作，也多以辑要、备要、说约名之。整体上说，医宗的编纂体现明清之际医学知识走向归纳集成的新取向。在促进医学正典化的同时，也通过文本刊刻传播，推动了医学的大众化应用，在医学人才的培养和医学知识扩散方面发挥出实际的社会功用。

三　大众化与通俗化：康熙年间的《医宗说约》

医宗类医籍在内容方面讲究会通，说理力求具体易懂，文风也多平实简易，有别于《内经》《伤寒论》的晦涩简约，更便于习医行医者掌握运用。《医宗说约》接《医宗必读》之后，更能体现其通俗化的面貌。

《医宗说约》刊刻于清康熙元年（1662），作者蒋示吉，字仲芳，为江苏吴县人。其幼时家境贫寒，尝寄食于舅氏家中。于"诵读之暇，间阅方书"，"究心《灵》《素》，博涉群书，斟酌尽善"，而成《医宗说约》一书。⑤《医宗说约》仅六卷，为临证小书。蒋示吉认为"望色、闻声、问症、相形俱业医之首事也"，望、闻、问、切是中医诊断最基本的方法，合称"四诊"，为医家所必备。因而卷首即介绍

①　张璐：《张氏医通·凡例》，续修四库全书本。
②　张璐：《诊宗三昧·医学》，《张璐医学全书》，《明清名医全书大成》，中国中医药出版社1999年版，第939页。
③　张璐：《伤寒缵绪二论自序》，《张璐医学全书》，第556页。
④　严世芸主编：《中国医籍通考》第3卷，上海中医院出版社1992年版，第3716页。
⑤　蒋示吉：《医宗说约·自序》，《明清中医临证小丛书》，中国中医药出版社2004年版，第1—2页。

四诊法，"今摘《灵》《素》之奥旨，百家之微论，取其切要者，贯于编首，为初学登高之自"，以通俗的语言将中医四诊知识介绍给读者，十分简明扼要。再介绍脉法，认为"脉法行世者多矣，备者繁多，简者缺略"，因而"以《内经》脉法为主，附以先贤确论，二十九象主病，分明熟读细玩，指下自然了然"。所介绍四诊知识及脉法，简易实用。卷首还编制《药性炮制歌》，介绍常用药物 316 种，认为"医之用药，犹将之用兵也。不识兵法，何以定乱？不知药性，何以攻疾"，因而"取本草之切用者，删繁去泛，编成歌诀，以便记诵"，均采用四字歌诀的方式，如"人参味甘，功专入肺，止渴生津，大补元气，更能养血，肺热乃忌。黄芪甘温，力专补气，收汗固表，内伤有济，专托溃疡，生肌大利"①，将药物的药性、功效、主治、禁忌等用歌诀描述，朗朗上口，便于记忆。

卷一、卷二列杂症，"上究《灵》《素》，下采百家，勾精摘要，编成是诀"。先言病原、病状，次述病方，再随症加减，以尽寒热虚实之变，"其言浅，其意深，其词简，其法备，细心熟究，实能活人"。如背痛，"背属太阳膀胱经，太阳气郁痛不行。通气防风汤可用，藁本羌活独活存，防芎一钱及甘蔓，生姜为引水煎成。身重腰沉加防己，脉迟附子药如神，二陈合治脉来滑，背心一点冷如冰，劳役过度常常痛，十全大补定功成"②。短短一则七言歌诀之中将症状、治法、方药都纳入，其论简明，其治详尽，以治为重，深入浅出，极便学诵。

卷三论治伤寒，以张仲景为"鼻祖"，但《伤寒论》所载法、方繁巨，颇费记诵。陶华（节庵）提纲举领，著《伤寒六书》，集四十方，但是又过于简略。蒋示吉"勾其精要，编赋二章，以节庵之方，

---

① 蒋示吉：《医宗说约》卷首《药性炮制歌》，《明清中医临证小丛书》，中国中医药出版社 2004 年版，第 26 页。

② 蒋示吉：《医宗说约》卷 2《背痛》，《明清中医临证小丛书》，中国中医药出版社 2004 年版，第 101 页。

补其未备，约歌六十，熟读会通，自有补耳"，"庶无遗珠憾也"①。内容编排上，也没有一味地照抄照搬古代医书，而是经过精心选择，仔细推敲，重新排列，钩沉要旨，以便熟读会通，显然有助于初学者的学习，为普及中医药知识作出了贡献。

卷四主要介绍儿科、妇科常见、多发病的论治。卷五介绍疡科疾病的论治。蒋示吉因幼时家境贫寒，深知民众罹患疾病之苦，洞晓民众求医问药之难，书中收集了大量治疗妇儿疾病的简便验方，栏目清楚，查阅方便，宛如现代的诊疗手册。所用之药均为常用中药，无偏僻及贵重之药，尽力普及常见病的简易治疗方法，普及的医药知识不仅惠及当时的民众，而且芳泽后人。

蒋示吉医术精湛，活人无算，名播江浙。他虽非李中梓的登门入室弟子，但治学精神是一脉相承的，也是由儒入医，重视医学经典，强调会通，纠偏补弊，并着力于医学知识的普及。"宗古人书，采专科法，并独得秘，编诀具陈，使学者知所宗，不致望洋而叹。"成书的目的也是为初学指南，"医自岐黄之神圣，历代之名医方书充栋，精微玄奥，未易入门"，主张从《内经》《伤寒论》等经典著作入手，鉴于古代经典医书的深奥难解，采用明白晓畅的语言，力求使其通俗实用。治学严谨，学宗诸家，择善而取，不偏拘于一隅，上达仲景之法之方，下逮刘（完素）、张（从正）、李（杲）、朱（震亨）、薛（己）、李（中梓）、陶（华）等诸家所长。认为"东垣（李杲）补养正为先，子和（张从正）三法去邪为急，河间（刘完素）火热，丹溪（朱震亨）湿痰，立斋（薛己）温补，各臻其妙"，而非相互矛盾。"古人著书议论，不是特别有见地不传医案，不是疑难杂症不记载，以补前人所未备。"金元时期著名医家基于他们各自所处的年代、地域以及临床所接触到的疾病类型不一致，因而在医学、药学理论上提出不同的学说，从而形成不同的学派，后起的学派往往是对先前的学派加以补充或纠偏而形成的。当今学者拘泥其说，往往有偏僻之

① 蒋示吉：《医宗说约》卷3《说约歌》，《明清中医临证小丛书》，中国中医药出版社2004年版，第130—131页。

弊。因而提出"人有南北，病有轻重"，应因人因地而变更，不能拘泥一家之言，以避偏僻之诮。① 他在书中曾三次提到"士材先师"，因而有学者据此推断他曾问业于李中梓。可能由于李已晚年，蒋亦知名于时，不欲屈蒋于门墙之列。所以尤乘在《医宗小补》序文中，称示吉为先生而不称同门，亦秉承师意而尊之之义，与李中梓的学说渊源是一脉相承的，"医宗"的流派是宛然可接的。②

不过相较李中梓的《医宗必读》卷首列《读内经论》《读四大家论》等，《医宗说约》卷首即列四诊常识、药性歌诀，从书的编排上来说，更为实用，更易入门。书中将深奥的中医理论、繁杂的治疗手法、诸多的方药均编写成简易歌诀，通俗易懂，形象生动，方便记诵。全书仅有六卷，简约明了，"名曰《说约》，庶几学岐黄者得会归之源，去烦苦之失耳"③。并且此书不仅是面向医者，也面向普通大众，"即未谙医者，一展卷则脉症方治，虚实加减，灿然于目，亦可对症投药矣。敢曰活人心切，聊为济众者之一助也"，反映其更加通俗化、大众化的倾向。

《医宗说约》之后，后世民间所编的众多医宗著作基本上都是循着这种简约通俗的路径。刊于嘉庆三年（1798）的《医宗宝镜》，由邓复旦所编。全书仅四卷，卷一载有药性二十五篇；卷二录医方歌诀十五条，同载方二百六十余首，每方皆列主治病症及用药炮制之法；卷三为医方论治，讨论内科及妇科、儿科等病证，并附便用杂方、小儿种痘方、救荒辟谷简便奇方及医方歌诀七十余首；卷四主要阐述十二经脉、奇经八脉和辨脉的方法。此书"辞简易而义周详""药性精详，医方明备，而论症论脉，无不采摘诸家之微言奥旨，况其修辞则诗歌赋论不一其体，释义惟字诠句解，益尽周详，熟读是书者，又不

① 蒋示吉：《医宗说约·凡例》，《明清中医临证小丛书》，中国中医药出版社 2004 年版，第 2 页。

② 徐荣斋：《读书教学与临证》之《李士材学说综概》，人民卫生出版社 1985 年版，第 230 页。

③ 蒋示吉：《医宗说约·自序》，《明清中医临证小丛书》，中国中医药出版社 2004 年版，第 2 页。

必更读他书耳"。论述深入浅出，方歌易懂易记，对初学者有引径之功。并且此书不仅为医家必备之书，"即农工商贾以及穷经考道之士，亦当购置案头随时参阅，虽在荒僻无医之处，不至仓皇而无策，其有以济人之生、救人之疾者何其广也！"① 此外，张楷的《医宗辑要》(1823)、任锡庚的《医宗简要》（1896）等，均荟萃诸书之学术经验，介绍诊断、本草、方剂、各科临证的基本知识，并多以歌诀形式写成，简易通俗，为临证入门读物。②

无论是内容上的综合，还是体例文风上的通俗，都体现出医宗编撰的实用导向。不仅饱读诗书的儒者可用，初识岐黄的入门者也易记易懂。一般的社会公众也可以借助口诀和病例，通晓基本的医理。这种通俗易懂的口诀方式甚至连皇家编纂的《医宗金鉴》也有采纳。医宗编撰的大众化和通俗化，对推动医学人才养成和医学知识传播大有补益。

四　皇权与正典：乾隆年间的《御纂医宗金鉴》

医学并非儒家正统之学，医书的编纂多是民间医者以个人和学派之力进行，朝廷向来极少干涉。不过明清之际，医风盛行，医者向儒，儒者知医，在江南地区极其普遍。读书人"比户皆医"③，多为生计，皇帝观医书，就另有"圣意"。

康熙帝本人博学多才，对医书也多有涉猎，"朕研究经史之余，披阅诸子百家，至黄帝素问内经诸篇，观其义蕴，实有恻隐之心。民生疾苦，无不洞瞩。其后历代医家虽多著述，各执意见。若难经及痘疹诸书，未能精思极论，文义亦未贯通，朕甚惜之"。在研习经史之余外，还重视医学经典《内经》诸篇的阅读，并且也意识到历代医家著述虽繁，但各执意见，书中尚有"未能精思极论"的部分，指示太医院医官，"尔等可取医林载籍酌古准今，博采众言，折衷定论，勒

---

① 邹璞园：《医宗宝镜·序》，载邓复旦编《医宗宝镜》，上海文瑞楼据清嘉庆三年刊本石印本。

② 裘沛然主编：《中国医籍大辞典》，上海科学技术出版社 2002 年版，第 1523 页。

③ 张璐：《医通自序》，张璐《张氏医通》，《续修四库全书》第 1022 册，第 179 页。

成一书，以垂永久，副朕较恤元元至意"①。康熙亲研医书，以帝王身份垂训示范，无疑对医学教育有推动作用，也促使了民间好医之习蔚然成风。

皇帝挟天子的权威对医学表示重视，可以提升医学的学术地位，提升"知识"的权威性。康熙四十四年（1705），康熙南巡至吴，名医张璐之子张以柔呈献《张氏医通》等医著，并《进〈医通〉疏》。御前儒医张睿查看后，于康熙四十七年（1708）闰三月二十六日具折覆奏云："此书各卷全是原于《内经》，可比《证治准绳》，奉旨是即发裕德堂，另为装订备览。"② 此书深当上意，寻命御医院校勘，置之南熏殿。③ 康熙年间尽管文网甚严，但对于医书的刊刻，是持比较开放的态度。此外，民间献医书的活动，也表明民间也希望借助于皇权，通过世俗权威来强化其医学的正统性。

到乾隆年间，乾隆帝允准由御医编纂《医宗金鉴》。编纂的原因在于"医道废弛，师范不立久矣，皆因医书驳杂，人不知宗"，希望以朝廷名义编纂医宗，立医者师范。乾隆帝谕令御医吴谦主持，从乾隆五年（1740）夏开始至乾隆七年（1742）冬，历时二年半完成，全书共90卷，子书15种。由乾隆帝钦定并书写书名为《医宗金鉴》，"赤文绿字，寿世鸿编"，目的"修医书，以正医学"。为了编纂好《医宗金鉴》，太医院内专门设立医书馆，不仅选拔精通医学、兼通文理之人，还于翰林院及各部院官员内，查派通晓医学者。编辑者需具备儒与医的学养，以使对前代词义深奥的医书进行考订，既欲理明，亦须辞达；既贵详晰，尤须贯串，因而医理、文理、分修、总修，四者缺一不可。并将大内所有的医书，以及京省书坊现行医书，此外还有旧医书无版者、新医书未刻者、并家藏秘书及世传经验良方，令地方官婉谕购买，或借抄录，或本人愿自献者，集中送太医院进行纂修。《医宗金鉴》的编纂，一方面是为了"改正注释，分别诸家是

---

① 《清圣祖实录》卷120，康熙二十四年四月辛丑条，中华书局1985年版，第267页。
② 张以柔：《进医通疏》，载张璐《张氏医通》，第179页。
③ 朱彝尊：《张氏医通·序》，载张璐《张氏医通》，第179页。

非";另一方面也是"使为师者,必由是而教;为弟子者,必由是而学"①。希图重振医学教育,使学有规范,医有所宗。

《医宗金鉴》推崇仲景学术,认为《伤寒论》《金匮要略杂病论》,"诚医宗之正派,启万世之法程,实医门之圣书",但原文比较深奥,要很好理解,必须选读各家注释,但后世的注本、改本太多,"或博而不精,或杂而不一,间有自相抵牾,反足惑人"②。如同儒家经典《大学》,后世改本愈多,其义愈晦涩。因此要详定二书,纠讹补漏,以标证治之正轨。③ 故全书首先对这两本经典医籍进行全面订正,其《订正仲景全书》与《伤寒心法要诀》分册内容占据全书三分之一,分量之重,足见对张仲景学术的重视。编写上先引用原文,再集合诸家注释,采其精粹,正其错讹,删其驳杂,补其阙漏。将历代学说精华收于其中,而略去诸家学术争议,以便于初学者学习和把握。④

《医宗金鉴》重视中医经典理论,四诊、方论及临证各科,皆以经典理论为指导,各分册均可见"经曰",所指以《黄帝内经》为主。强调"医非博不能通,非通不能精,非精不能专,必精而专,始能由博返约",强调广博会通,由精而专,由博返约,不偏不倚。此书从医理、方书、脉理、运气等方面构筑知识体系,结合临床医学的发展,进而分化出伤寒、杂病、妇科、幼科、痘疹、外科、眼科、刺灸、正骨等门类来整理当时的医学成果,内容全面系统,作为官修医书,去其繁杂,统一各家学说,使医学理论和临床各科知识趋于规范化,"并不拘泥前人,惟在启发后学,足裨实用"⑤。显示出医生训练内容上日益专门化,传统时代的医学分科也趋于定型,中医的专业化和分科的逐渐细微反映了中医学科体系的逐渐建立。

采取民间沿用的歌诀体裁,是《医宗金鉴》的一大突出特色。歌

---

① 《御纂医宗金鉴》首卷《奏疏》,人民卫生出版社1998年版,第5—8页。
② 同上书,第5页。
③ 永瑢、纪昀等撰:《四库全书总目》卷104,子部十四,医家类二。
④ 《御纂医宗金鉴》卷1《订正仲景全书伤寒论注》,第9页。
⑤ 《御纂医宗金鉴》,《订正仲景全书凡例》,第3页。

诀图解直观精确，使医理法技的演绎更加生动形象，实用性强。但这种形式向来被认为是浅陋的，难登大雅之堂，而《医宗金鉴》作为皇家主编的专用教材，居然大部分采用了这种歌诀的形式，"皆有图、有说、有歌诀，俾学者既易考求，又便诵习也"①。此书十五种子书，要诀类著作占三分之二者，出于文学积淀深厚的儒医之手，又配备专门画工，故其歌诀图表直观形象生动。歌诀既融会经典理论知识，且以浅近文词表达，便于熟读默记、融会贯通，易读易解，有会心之乐而无望洋之叹矣。②

在清代以前，由政府统一整理编纂规模较大的医书为宋代的《圣济总录》（1118），由北宋政府组织医家广泛收集历代方书及民间方药，历时七年编成。全书共二百卷，所载病症包括内、妇、外、儿、五官、针灸、正骨等十三科，方近二万首，几乎囊括了前代全部方书。但是"漫无指归，不可为法"③，"校刊古书而已，不能有所发明"④。相较而言，《医宗金鉴》重视经典、遵循古法，博采众家之长。既有经典理论，又汇集众家之长，驳其错杂而成，选取合适以为典范。其临证基础的阐述深入浅出，临床各科的理法方药辨证施治易于掌握，实用性强。清代考据学盛行，使得医书的编纂也取得巨大成就。特别是康熙亲自研究医学，并指示太医院医官："历代医家虽多著述，各执意见。若难经及痘疹诸书，未能精思极论，文义亦未贯通，联甚惜之。……尔等可取医林载籍酌古准今，博采众言，折衷定论，勒成一书，以垂永久，副联较恤元元至意"⑤。谕旨之后启动，并在雍正时完成了《古今图书集成·医部全录》。乾隆年间，设四库医书馆，编纂了《四库全书》，其中包括子部医家类。《医宗金鉴》作为集大成文化的总结，推动了医学知识的普及化、专业化、规范化。

清廷为表彰编纂此书的有功人员，对该书的主要编纂人员，除每

---

① 永瑢、纪昀等撰：《四库全书总目》卷104，子部十四，医家类二。
② 《御纂医宗金鉴》卷36《编辑伤寒心法要诀》。
③ 永瑢、纪昀等撰：《四库全书总目》卷103，子部十三，医家类一。
④ 永瑢、纪昀等撰：《四库全书总目》卷104，子部十四，医家类二。
⑤ 《清圣祖实录》卷120，康熙二十四年四月辛丑条，中华书局1985年版，第267页。

人加升一级俸禄外，还赏给《医宗金鉴》一部，及特制的小型针灸铜人一具。① 从《医宗金鉴》整个编纂过程来看，专设医馆，精选人才，广征医书，财力资助，对这部医著的编纂十分重视。《清史稿》称此书"荟萃古今学说，宗旨纯正"，"从俗从宜，隐示崇实黜虚之意"②。"书成后，颁布天下。乾、嘉、道、咸、同五朝之习医者，于《内》《难》《仲景》之外，即以此书为入手方法。盖其平正通达，条理分明，所集方药虽多，而以理法为重，不拘泥于一偏之说，故全国可以通行。"③《医宗金鉴》被称之为"集诸贤之大成，开后人之心法"④，"酌古以准今，芟繁而摘要，古今医学之书，此其集大成矣"⑤，"诚万世遵行之盛典也"⑥。此书代表了当时医学著作的最高水准，不但在其后的医学教育中作为基本教材一直使用到清末，而且医官审证处方也多依据此书。此书远播朝鲜、越南、日本，对域外汉医学界产生了深远的影响。⑦ 但是《医宗金鉴》作为集大成之作，在此后鲜有突破性发展，甚至出现太医院御医诊病时，诸医拟方必用《医宗金鉴》，取不能批驳。⑧ 反而造成医学理论与临床的束缚，这又是始料未及的。

《医宗金鉴》由乾隆皇帝钦定并书写书名，与《十三经》《二十四史》等同出于皇宫武英殿刊行。借此过程，乾隆帝在把自己塑造成政治权威的同时，将政治势力介入思想与文化传统，并延伸到医学领域。这种对"圣君"形象的追求与角色定位，从乾隆帝钦定到御赐铜人嘉奖中可见一斑。医经正典化的历史进程并不是滚雪球式的越来越

---

① 傅维康：《〈医宗金鉴〉之编撰与清廷颁奖》，《医古文知识》1997 年第 3 期。

② 《清史稿》卷 502《艺术一》。

③ 谢观：《中国医学源流论》，福建科学技术出版社 2003 年版，第 75 页。

④ 李治运：《临证指南医案序》，载叶桂撰，华岫云辑《临证指南医案》，清乾隆三十三年卫生堂刻本，《续修四库全书》第 1027 册，第 14 页。

⑤ 周中孚：《郑堂读书记》卷 43，民国吴兴丛书本，《续修四库全书》史部第 924 册，第 498 页。

⑥ 曹禾：《医学读书志》卷上，中医古籍出版社 1981 年版，第 19 页。

⑦ 赵林冰：《御纂〈医宗金鉴〉辨证论治学术特色及其传承研究》，硕士学位论文，中国中医科学院，2008 年。

⑧ 李秉新等校勘：《清朝野史大观》，河北人民出版社 1997 年版，第 134 页。

多的累积历程，而是以排除为原则，不断地把既有医经的正典性挖掘出来，也就是经由重新编辑，命名，注解旧有经文来重建该学科的秩序与权威。① 梁其姿认为，1742 年的《医宗金鉴》在此时出版并非偶然，它将现存的通行的医书著作综合整理刊行，使入门教科书和一般医学的参考书的功能合而为一。虽然没有创新医学教学养成模式，却无疑是当时最有影响力的医书的一个综合体。② 《医宗金鉴》体现了清廷大一统文化意识的渗透，通过医著的编修与体例的不断修正，乾隆帝意在鼓吹正统，确证本朝为亘古未有之得统至正的国家。③ 《医宗金鉴》规范了医学，使医学教育有了依据和准绳，将医家经典的解释权掌握在帝王之手，以消解民间对医宗的尊奉和理解，将医道等小技也与主流文化一样纳入到"大一统"的文化中，以显示其得统至正。

　　明清之际，江南一带经济发展，人口增多，城市规模也有扩展，医疗市场其实在不断扩大。而同时，读书人渐众，科举之途有限，不少儒者转而业医，儒医群体不断扩展。宋元以后，医学流派渐增，门户之见加重，一方面是因为医学的职业养成路径，另一方面也未尝不是医疗市场的职业竞争所致。但不同流派的医学探索，也在客观上为医学学术的正典化提供了基础。一些眼光宏阔、医名卓著的儒医名家敏锐意识到门户之争及医道不明所带来的混乱，在总结个人行医经验理论之时，也注重知识的集成整理。最为突出者，当属"医宗"类民间医学典籍的编纂。自明初至清后期，以"医宗"为名之医学综合类书籍二十多种，大部分出自江南儒医之手，尽管医宗类书籍并没有一定的模式，也无强烈的传承关系。但是不论是民间医家自编医宗，还是御纂医宗典籍，都有两个倾向，一是探究经典，二是由博返约。医

---

① 李建民：《中国医学史研究的新视野》，《新史学》第 15 卷第 3 期，2004 年。

② 梁其姿：《明清中国的医学入门与普及化》，《面对疾病：传统中国社会的医疗观念与组织》，中国人民大学出版社 2012 年版，第 46 页。

③ 杨念群曾论及"大一统"历史观对清朝乃至以后的中国文化再生能力的抑制作用，特别是对精英阶层精神气质的再塑造扮演的关键的角色（杨念群：《何处是"江南"？清朝正统观的确立与士林精神世界的变异》，生活·读书·新知三联书店 2010 年版）。就医学而言，同样存在类似的问题，李中梓等江南学者通过著书行医形成影响巨大的温补学派，《医宗金鉴》之后的医宗撰写者则在医学理论上无甚建树，此问题可再撰文探讨。

宗类著作囊括了所有医书的撰写形式，有经论、医方、医案、歌诀，等等。既对中医的基础脉象经络、病因病机学说予以总结，亦通过医案对临床诊断应用知识加以阐释，提倡研经典、明医理、求会通、重临床，有破除门户、兼采众长之意，可为医术会通作导引，极大促进了医学知识体系的正典化与大众化。

医宗所体现的医学正典化路径与儒学的经注传统相似。朱熹通过经典诠释、历史重构以及对思想世俗化的努力，再度确立了所谓"道统"。《四书》《五经》的再注解和编定，使其成为儒学经典普及化世俗化的典范。而李中梓的《医宗必读》，也试图构建医史演进的脉络，树立医宗，得道而通，使其成为医学的"集大成者"，并且他试图通过使他的书成为必读书，取得与儒同尊的地位，尽管他的书在后世也曾受指责。① 医家尊奉经典，梳理医史的系谱，归纳医学的宗旨，与此时学者对儒学宗派的梳理几乎是亦步亦趋的。在学术经典化的道路上，医与儒殊途同归。由李中梓的《医宗必读》，再到康熙年间的《医宗说约》，明清儒医对医学经典的探讨，虽未像理学一样建构一个新的医学体系，但医宗的编纂推动了医学知识的通俗化和普及化，使之超越门户，扩散至一般医者甚至民众。以至同治年间有刊行《儒门医宗总略》（1871），仅从其书名即可管窥儒学渗透之一斑，其旨在正本清源，发明经义。② 医家本身也得益于医宗编纂，其学术、职业及社会声望得以强化。

医宗类医籍的编纂主要是由儒医名家所推动，其医理综合及临床案例都有鲜明的个体化特征。在门户之见愈来愈严重的情势之下，医宗典籍的编纂对推进中医学的学科化方面的作用不可小视。医宗书籍的传播也并未完全脱离家传、师承、自学的职业养成路径，但借助于印刷文本的流传，在一定程度上满足了社会的医疗需求。国家权力的介入也有助于推动医学知识超越门户之见。清廷广修丛书，通过医书

① 清人陈念祖称"四大家，声名噪；必读书，错名号；明以后，须酌量；士材说，守其常"。称李中梓误将张仲景列入四大家，但也肯定其常说"守常"，对初学者有益。陈念祖：《医学三字经》卷1《医学渊流第一》，《续修四库全书》子部第1026册，第406页。

② 熊煜奎：《儒门医宗总略序》，《儒门医宗总略》，同治十年（1871）崇训堂刻本。

刊刻、史书收录、太医制度等，参与医学知识体系的建构。由太医院领衔主持编纂的《医宗金鉴》，提升了医宗典籍的权威，有助于中医学术的专业化与大众化，后世医家基本以此为圭臬。直至今日，它们仍然是中医学校的教学参考书之一。在近代化的医学职业教育体系之前，《医宗必读》《医宗金鉴》等医宗书籍可以说扮演着医学教科书的角色，是医学的社会化知识构建和传播路径的重要依托。

第二节　儒道医风：明清医者画像中的理想形象①

在近代职业化的进程中，东西方都发展出与职业属性相关的识别体系，既与不同职业相区别，又与职业内的专业及身份等级相关联，以彰显职业的专业形象，如职业资格认证、职业服饰符号等皆是。其包含的文化内涵，不仅增强了从业者的专业认同，也提供了社会公众以外在的评判标准。西医一袭白衣白褂，而中医则在国医的旗号下坚持儒者长袍，均体现出医者形象中既有个体形貌气质的因素，也有同业者和公众的文化想象。传统社会中服饰虽有士庶贵贱之隔，但也与职业特性相关。宋以前的医者形象较为多样化，有扛药锄、挂药葫的草泽铃医形象，有仙风道骨的道医形象，也有宽袍方巾之儒士形象。宋以后，儒医成为医者主流，亦使得医者形象有了很大改观。可惜在明清之前，只可从文字略窥宋元医家风骨，极少有医者画像存留。到明清时期，因医籍刊刻崇尚插图版画，加以士林流行画摹肖像，方可见医者画像。像为医家，而风近儒者，所谓医儒同道，竟然在画像上也难分轩轾。画像存留，与像主、画者、刊者、观者均有相关。书中所刊今日所见之医者画像，究竟是写实的"真像"，还是写意的"抽象"？是医者的自况，还是画家的白描？是医家的想象，还是社会的标准？此类问题，综合医者画像与像赞，以图文互证，或者可以同中

① 此部分曾刊于《华中师范大学学报》2016 年第 3 期。

寻异，画外寻真。近年来，学界虽关注医学图像对医学发展及医学知识传播所起的作用，但对医者自身形象的肖像画其实论之不多。[①] 本书希望通过医者图像的解读，侧面探究医者的自我认知与理想形象，时人与后世描绘医者的标准何在，也追寻图像所反映的职业观念。

一 明清医者画像

唐以前，医家图像殊为难见，较多的是神化了的名医像，以供后人祭拜所用，如金雀山出土的西汉帛画神医扁鹊的神化图以及汉画砖上的扁鹊图。唐朝虽敕诏建三皇五帝庙，立有神农雕像，但并不是专作为医者塑像。唐甘伯宗始纂《名医传》，纪远古以迄于唐之医，而世无传本。南宋许慎斋曾据甘书，纪五季以来之医，有图而无传。[②] 元朝命郡县通祀三皇，名医从祀两廊，每年两次以医师主祭祀，郡县遍修三皇庙。[③] 故元明以来庙宇、药皇殿、医圣祠多立有医者塑像，但以历代名医为主，以供祭祀，医者生前画像留存则较为罕见。[④] 后世流传的名医形象亦不统一，[⑤] 明人王圻所撰《三才图会》将医圣孙思邈（图3-1）与道教神话人物张果老，以及道教人物张三丰等归

---

① 2005年由 Wellcome Trust 资助在北京召开国际研讨会"全球中医史：图像史"，并于2007年出版《形象中医：中医历史图像研究》一书，该论文集涉及炎帝药学文化的历史图像、中医古书插图，以及有关针灸、诊法、本草、养生等图像的解读，重在中医的疗法、身体经络、中药本草的形象化表达，但惜其未有对医者本身肖像画的研究。参考王淑民、罗维前《形象中医：中医历史图像研究》，人民卫生出版社2007年版。

② 祝平一在论及宋明之际的医史，对《名医传》有详细的考证。祝平一：《宋明之际的医史与"儒医"》，《"中央研究院"历史语言研究所集刊》第77本，第3分，2006年。

③ 赵元玲一书对三皇庙有详细的考证，参见 Chao, Yuan-ling, *Medicine and Society in Late Imperial China—A Study of Physicians in Suzhou, 1600 - 1850*, New York：Peter Lang, 2009。

④ 高春媛、陶广正：《文物考古与中医学》第六章"绘画书法医学资料简编"，专列"名医刻画像"类，将庙宇中的名医刻画像、名医画像册、文物资料中的名医像进行梳理，但数量极为有限。高春媛、陶广正：《文物考古与中医学》，福建科学技术出版社1993年版，第166—175页。

⑤ 马继兴曾收集炎帝药学文化的图像，多至22类，炎帝呈现多样化的形象，既有汉代武梁祠石刻神农躬耕像，也有辽代应县木塔背篓采药像，形象并不统一。马继兴：《炎帝药学文化的历史图像》，载王淑民、罗维前编《形象中医：中医历史图像研究》，人民卫生出版社2007年版，第10—20页。

为一类，为肩扛药锄、身负药筐、跣脚垢面，赴深山采药的铃医形象[1]，而熊宗立所绘《历代名医图》中孙思邈（图3-2）则为真人形象[2]。同人而不同像，"神医"祭祀更重其神，并不在意绘出的是否是庐山真面目。

图3-1　（唐）孙思邈像（《三才图会》）

图3-2　（唐）孙思邈像（《历代名医图》）

<hr />

① 图3-1（唐）孙思邈像，载王圻、王思义《三才图会·人物》卷11《孙思邈》，万历三十五刻本，《续修四库全书》子部第1223册，第717页。

② 图3-2（唐）孙思邈像，载明代熊宗立《历代名医图姓氏》（1476），收入自伏羲皇帝至唐代药王韦慈藏14幅名医图。熊宗立《历代名医图姓氏》，载陈嘉谟《本草蒙筌》，《中医古籍整理丛书》第19册，人民卫生出版社1988年版，第30—44页。

　　宋代以后，随着出版业的发达，大量医书得以刊刻。在医籍的刊刻流传中，插图版画不断增多，为解读医理和大众阅读带来了便利。同时，士人之肖像画也有增多的趋势。不过，单独的医者画像几无，仅见如王肯堂像①（图3-7）、张卿子像②（图3-13）等，此类人物本身在士林享有盛誉，其画像并不仅是作为医者身份呈现。明代医籍中除了说明医药的插图外，还出现了作者画像，此类肖像无论是画家，还是作者本身，应认可其医者身份。就现存医籍而言，在四库子部系列丛书中有两幅，一为明代汪机像③（图3-8），一为清代章楠像④（图3-12）。其他中医古籍中存有明代医家孙一奎像⑤（图3-9）、陈谏像⑥（图3-4）、张四维像⑦（图3-5）、蔡正言像⑧（图3-10），清代医家赵术堂像⑨（图3-11）。虽然数量稀少，但正因为难得，所以对于理解明清医者的真实面貌不可或缺。

　　按医者画像类型，属于肖像画，可归于人物画之一种。在中国绘画传统中，肖像画称为"写真""写照""写像"，同时具备传神写照的双重含义。肖像画的形式可以分为头像、半身像、全身像、群像

---

　　① 图3-7王肯堂画像，高130cm，宽75cm，金坛王氏家传，中国医史博物馆藏。载傅维康、李经纬、林昭庚主编《中国医学通史·文物图谱卷》，人民卫生出版社2000年版，第150页。

　　② 图3-13张卿子像，明曾鲸，绢本，设色，纵111.4cm，横36.2cm，浙江省博物馆藏，明天启壬戌年（1622）。

　　③ 图3-8汪机像，载汪机《痘治理辨》，明嘉靖十年（1531）刻补修本，《四库全书存目丛书》子部第43册，第633页。

　　④ 图3-12章楠像，载章楠《医门棒喝》，清道光九年（1829）刻本，《续修四库全书》子部第1029册，第169页。

　　⑤ 图3-9孙一奎像。孙一奎，明代医家，撰有《赤水玄珠》，《孙文垣医案》等书。《赤水玄珠》一书中之孙氏木刻画像，安徽中医学院图书馆藏。载傅维康、李经纬、林昭庚主编《中国医学通史·文物图谱卷》，人民卫生出版社2000年版，第149页。

　　⑥ 图3-4陈谏像，载陈谏《莒斋医要》，明嘉靖七年（1528）刻本，《海外回归中医善本古籍丛书》第2册，人民卫生出版社2002年版，第336页。

　　⑦ 图3-5张四维像，载张四维《医门秘旨》，万历同安张氏恒德堂刊本，《海外回归中医善本古籍丛书》第2册，人民卫生出版社2002年版，第14页。

　　⑧ 图3-10蔡正言像，载蔡正言《甦生的镜补遗》，《海外回归中医善本古籍丛书》第11册，人民卫生出版社2002年版，第331页。

　　⑨ 图3-11赵术堂像，载赵术堂《医学指归》，双湖先生像，《中医古籍整理丛书》第21册，人民卫生出版社1988年版，第11页。

等，"画法门类至多，而传神写照，由来最古，盖以能传古圣先贤之神，垂诸后世也"①。明清时期是人物画的成熟时期，上自皇帝、王公、名臣，下至隐者、佛道乃至市井，均可入画。肖像画在明清时期更加专业精细，"或精云身，或善衣冠"，既见相貌，也见风骨。以画派而论，如唐寅、仇英之工笔人物，吴中画派之写意，均知名于世。"南陈北崔"（陈洪绶、崔子忠）、曾鲸之波臣派在肖像画技法上尤有创新。曾鲸曾为江南名士画像，如王时敏、黄道周等，均有他的手笔传世。波臣派一脉名家辈出，谢彬、沈韶、徐璋均为传神妙手。乾隆年间，徐璋所绘松江《邦彦图像》更成写真肖像之典范。

早期的肖像画其实是作为辅助政治教化的手段而逐渐开展起来的，具有歌功、颂德的作用，是孝道观念、崇德思想的形象外化。肖像画大多为"祖宗像"，为了纪念和祭祀之用，描绘的对象是家族中年尊位显的长者，逢年节和祭辰日，拿出悬挂供奉，受人祭拜，以追念先贤的业绩，这类肖像画从不留下作者的名款。随着文人士大夫参与肖像画的制作，它的教化功能减弱，逐渐向观赏性和艺术性方面演变，明清两朝的肖像画其实也是这一创作题材的延续。医者肖像画大多是以个体形式呈现，或单独成帙，或附于所著医籍的扉页。所画肖像画，有头像（大首）、半身像（云身）、全身像（立正）。

肖像画所重者，一在服，二在相，三在神。官吏之服，朝服、公服可以彰显威仪，所谓祖宗像、名臣像多如此。在医者肖像中，也是依礼画像者。曾为官者，着公服、朝服，一般士子读书人出身，则为儒士巾服。

医家陈沂之画像即着朝服。朝服为君臣坐朝议政之服，戴冠，皆朱衣朱裳。明承前制，明太祖洪武二十六年定朝服之制，凡大祀庆典百官朝会，俱用梁冠，上着赤罗衣、里有白纱中单、青饰领缘，下着赤罗裳、青缘、赤罗蔽膝，腰间束带佩绶，穿白袜黑履。② 明代陈谏

---

① 沈宗骞：《芥舟学画编》卷3《传神总论》，清乾隆四十六年（1781）冰壶阁刻本，《续修四库全书》子部第1068册，第539页。

② 《明史》卷67《舆服三》，中华书局1974年版，第1634页。有关朝服沿革，亦可参见周汛、高春明编著《中国衣冠服饰大辞典》，上海辞书出版社1996年版，第9—10页。

在其医籍《茝斋医要》所载先祖陈沂像①（图3-3）即朝服像。陈谏是妇科名医世家木扇陈氏的传人之一，陈氏妇科世家可追溯至唐代干宁年间的陈仕良，至南宋，仕良裔孙陈沂治愈康后危疾，敕授翰林院金紫良医，督学内外医僚，得赐御前罗扇，后陈沂子孙行医者皆以扇表其门，以为世传，世人渐以"陈木扇"称之，陈沂"九传而至茝斋翁"②。

图3-3 （宋）陈沂像

陈谏，字直之，号茝斋，嘉靖年间活跃于钱塘，陈谏精于医术，"能治人所不能治之疾，预料妊娠男女生死，往往多奇中"③。陈木扇当时获天子嘉勉，思图大展鸿猷，画像（图3-4）中陈谏着锦袍，领襟有宽阔的黑边为缘，头戴五梁冠，笑容舒展，得意自如。朝服形制据《三才图会》所载："三品，五梁冠，衣裳中单、蔽膝、大带、

---

① 图3-3（宋）陈沂像，载陈谏《茝斋医要》，第335页。
② 陈谏：《茝斋医要·自叙》。
③ 虞淳熙：《（光绪）钱塘县志·外纪》，光绪十九年（1893）刻本。肖永芝对木扇陈氏亦有考证，可参考肖永芝《浙江妇科名医世家——木扇陈氏》，《浙江中医杂志》1998年第7期。

（白）袜（黑）履，革带用金钩，其锦绶用绿黄赤紫四色，织成云鹤花样，青丝网小绶二，金环二。"① 朝服为觐见皇帝时所穿戴的正式礼服，陈谏将陈沂之朝服像收在所撰医籍中，以此纪念祖先，亦是门庭之耀。

图 3 - 4 （明）陈谏像

图 3 - 5 （明）张四维像

① 王圻、王思义辑：《三才图会·衣服》卷 2《君臣冠服》。

　　明代御医王琠，字邦贡，号意庵，安徽祁门人，"笃志学古，肆力诗文，究《素问》，得医之奥，治疗神效，著有《医学碎金》"①。嘉靖中，授太医院入圣济殿，太子有功，升御医，被赞为"夙究儒书，爰精仁术"②，京城告老还乡后，在历溪建造五凤楼，光耀门庭。王琠身着公服（图3-6），手持笏板，极负荣耀。

图 3-6　　（明）王琠像

　　王肯堂高中进士，仕途显耀，辞职归乡，自成名医，其流传较广的画像是着公服（图3-7）。官服有公服与常服，"公服"用于每日早晚奏事、侍班、谢恩及见辞之时，盘领右衽袍，用纻丝、纱罗绢等制，袖宽三尺，依品级不同，颜色有定制，顶戴幞头。"常服"为辖属馆署内常朝视事时所穿，形制比较简便，戴乌纱帽，穿团领衫，上

　　① 王宏翰：《古今医史》续增明《王琠传》，清钞本，《续修四库全书》子部第1030册，第368页。
　　② 《历溪琅琊王氏宗谱·明太医院御医直圣济殿事王琠加授登士郎制》，转引自徐耖《明代御医王琠考》，《安徽中医临床杂志》1997年第5期。

图 3-7　（明）王肯堂像①

衣织绣有纹饰的补子，文职绣禽，武职绣兽，腰间佩有区别等级的革带銙饰。②"公服"与"常服"，以办公便利适宜为考虑，故不像朝服一样有许多烦琐的挂佩。宦服绘像的传统历史悠久，汉代麒麟阁、唐代凌烟阁悬挂的圣贤功勋，皆为政治生涯的宦服写照。明代初年的宦服画像接续这个未曾断绝的传统，以彰显政治宠遇与仕宦经历。③ 王肯堂身为显宦，是帝王之师，字宇泰，号念西居士，金坛人，万历十七年（1589）进士，选庶古士，官至福建参政。曾授翰林院检讨，参与国史编修，并于万历三十三年（1605）主持纂修刊刻北宋著名医书《千金翼方》，此书在现存版本中，以王肯堂刻本最佳。后由于朝廷不纳其抗倭疏议，愤然称病辞职。致仕后延请名医讲究医学，博读灵素、仲景、东垣、河间、丹溪诸家之旨，著《证治准绳》等，极其广

　　① 图 3-7 王肯堂像，130cm×75cm，中国医史博物馆藏。载傅维康、李经纬、林昭庚主编《中国医学通史·文物图谱卷》，人民卫生出版社 2000 年版，第 150 页。
　　② 周汛、高春明合编：《中国古代服饰大观》，重庆出版社 1994 年版，第 271—277页。王圻、王思义辑《三才图会·衣服》卷 2《君臣冠服》，即绘有此两种服制，第648 页。
　　③ 毛文芳：《观看自我：明人的画像自赞》，《图行成乐：明清文人画像题咏析论》，台北学生书局 2008 年版，第 103—105 页。

博，为后学之宗。① 画中的王肯堂清穆安详，身着公服，有庙堂气象。一手持束带，一手捻须。面容清癯，双颧突出，目光深沉，须髯疏朗，笑容可掬，气宇轩昂。绘画笔法工细，明澈入微，敷色华丽，具有很强的写实性，不仅真实地描绘了其外貌特征，还细致地描出官服纹饰，鲜明地表达了他的身份地位。

　　医者画像中较为普遍的服饰是着巾服，如汪机、孙一奎、蔡正言皆是。明代士人大多穿青布直身的宽大长衣，头戴四方平定巾，一般平民穿短衣，裹头巾。明代圆领大袖衫为儒士所穿的服饰，与其他官吏一样，都有详细的制度。如生员衫，用玉色布绢为之，宽袖皂缘，皂条软巾垂带。贡举入监者，不变所服。② 明代士人平时还喜欢穿着道袍、直身、直裰等交领袍服。张遂辰（卿子）（图3－13）所戴即四方平定巾，《三才图会》载"此即古所谓角巾也，制同云巾，特少云文，相传国初服此取四方平定之意"。明汪机（图3－8）、孙一奎（图3－9）、蔡正言（图3－10），均穿宽大长衣、带东坡巾。"巾有四墙，外有重墙，比内墙少矮，前后左右各以角相向着之，则角界在两眉间，以老坡所服故名，尝见其画像，至今冠服犹耳。"③ 医者如未曾出仕做官，则作士人打扮，亦可见平日所穿服饰与一般儒士无异。

图3－8　（明）汪机像　　　　图3－9　（明）孙一奎像

① 王宏翰：《古今医史》续增明《王肯堂传》，第370页。
② 《明史》卷67《舆服三》。
③ 王圻、王思义辑：《三才图会·衣服》卷1。

图 3 - 10　（明）蔡正言像

　　儒林有隐者，医中有散人。野服，农夫之服，贵族年终祭农时象征性地穿着农人之衣，亦称野服；渔隐志士在野闲居之服，有别于等级森严的礼服。[1] 宋人方凤《野服考》："野服之制，始于逸民者流，大都脱去利名枷锁，开清高门户之所为，是非缮性元漠、抱度宏虚弗能也。后世学士大夫，亦往往释恋簪缨、娱情布素若而人者，蝉蜕淤泥之中，浮游尘壒之表，其可易之忽之也耶？"于是鸿搜故牒，择野服之尤雅者凡 16 条，台笠缁撮、鹿裘带索、鹖冠、犊鼻裈、不借、白接䍦、草裳、短褐、聚芳图百花带、隐士衫、树衣芒屩、九华半臂、青笠绿蓑、飞云履、减样方平帽、太清氅等。[2] "野服"既是农渔樵民的装束，士人隐逸以充作郊野漫步的闲居便服，便可视为一种表征心志的"符号"，穿上了草芒竹叶粗制的"野服"，不见得真的舒适，却可摆脱一切的礼制俗套，并与着宦服的官场划清界限，由外在农渔樵的扮相传达内在的隐逸心志。[3] 章楠（图 3 - 12）、赵术堂（图 3 - 11）即着野服。章楠，字虚谷，自嘲非儒非道非佛，乃一"弃物"，写成《医门棒喝》一书，取警醒时流之意。《医门棒喝》一

----

① 周汛、高春明编著：《中国衣冠服饰大辞典》，第 10 页。
② 方凤著，方勇辑校：《方凤集》，浙江古籍出版社 1993 年版，第 158—162 页。
③ 毛文芳：《观看自我：明人的画像自赞》，《图行成乐：明清文人画像题咏析论》，台北学生书局 2008 年版，第 111—112 页。

书扉页所载戴斗笠、捻须沉吟之像，表现其超脱尘世，不愿同流合污之心态。

医者服饰的多样变化，其实并没有体现出职业的标准，服饰与医者的地位、出身和性情相关。到明后期，出自民间画家之手的医者肖像画逐渐增多，此类肖像画大多载于医籍中，随着出版业的兴盛，得以流传于市面。插图的目的一部分是用于后世纪念，另一部分是表明医者志向。有些肖像画的创作带有很强的商业性，画法也形成一套固定程序和模式，构思少有新意，形貌体态虽各异，但神情却少生气。基本上容貌淳朴，忠厚稳重，儒雅安祥。除面相具个性特征外，坐姿、头冠、服饰、图案都套用规范化的样式。不过画像中所呈现的从朝服、常服至野服的各种形象，从其装束来看，与一般士人无异。

肖像画象征社会地位和财富，无论士庶，皆希望通过肖像画确定自己的社会地位、经济实力，并且被画者可以依照自己心目中的形象来装扮自己，为后代留下尊容，让人瞻仰他们的模样及社会地位。肖像画基本是依照客人的吩咐特意定制的，没有一定的经济实力，肖像画的发展不会兴盛。明代社会经济的发展，为肖像画的发展提供了契机，肖像画在市民和士人阶层中逐渐流行。医者画像的留存，或与此风潮有关。明代名医张卿子的画像（图3-13）由当时著名肖像画家曾鲸，于明天启二年（1622）创作。画家在构图上作了大胆的尝试，由原来严肃拘谨、较为呆板的传统样式转化为颇具生活情趣的、生动的动态描绘。画中张卿子身穿素色长袍，乌巾朱履，左手捻须，右手下垂，作缓步行进状。画幅为竖长构图，人物在整个画面的下部二分之一处，高度约占通高的三分之一。这样，使张卿子好像迈步在天地之中，使整个画面显得十分空灵、静谧，而带有禅意，突出了张氏"悠然天地间"的文人情怀，灵秀飘逸。这一完美的布局，使得许多后来的题诗者都不肯在画心上着一字。文人画标举士气逸品，风格平淡清新，讲求笔墨情趣，重视画中的意境缔造。名画家作品名贵，能请画家专门作画，不是达官贵人，就是富商大贾，否则很难请到或有机会目睹。张卿子应是有很高的社会地位和经济实力，才可吸引画家为之作画。此画突破民间肖像画的传统模式，不仅强调其艺术水平而且还力求表现个性特征和文化品位，力图展示儒者文人风度。

医者画像主要是在医籍中的插图，目的主要在垂诸后世，以医籍为功业。医者画像并没呈现在群像中，或行乐图中，医者虽有雅持书卷的形象，但与文士三五成群的雅集图还略有不同。医者画像一方面反映医者本身的自信心增加，另一方面也显示医者处处比附儒，欲求与儒齐肩又不得的尴尬地位。如果说医籍插图在画像技法上还较为浅弱，难以充分表现医家的神情仪态，那么曾鲸为张卿子所作之专门肖像就可充分表现其儒道医风了。医者仁心，唯一"儒"字可得。

二　明清医者像赞

环绕着画像相关的题咏，即"赞"。刘勰称："赞者，明也，助也。昔虞舜之祀，乐正重赞，盖唱发之辞也。……本其为义，事生奖叹，所以古来篇体，促而不旷，必结言于四字之句，盘桓乎数韵之辞，约举以尽情，昭灼以送文，此其体也。"① 赞体源于宗教祭祀，为仪式场合中的唱颂之词，歌颂所赞对象的德行，四字为句，数韵成章。明嘉靖间徐师曾曾对赞体有过系统的梳理："其体有三，一曰杂赞，意专褒美，若诸集所载人物文章书画诸赞是也。二曰哀赞，哀人之没而述德以赞之者是也。三曰史赞，词兼褒贬，若史记索隐、东汉晋书诸赞是也。"② 赞体以褒美为主，一般用于人物文章书画或哀人之殁。史赞则继承《春秋》笔法的精神，词兼褒贬，如西汉司马迁《史记》等皆以赞体来臧否历史人物。

"像赞"一般指观看画像而作的赞文，"像赞"这种文体，产生的时间较早，汉代"像赞"这种文体就广泛运用了，《后汉书》载"初，（劭）父奉为司隶时，并下诸官府郡国，各上前人像赞，劭乃连缀其名，录为《状人记》"③。不过，用于人物画像的，仍以褒美的写作为主，形式以四言韵句为定式。"画像自赞"或称"像赞自题"，

---

① 刘勰：《文心雕龙》卷2，四部丛刊影明嘉靖刊本。
② 徐师曾：《文体明辨》卷48《"赞"按语》，万历建阳游榕铜活字印本，《四库全书存目丛书》集部第312册，第129页。
③ 《后汉书》卷48《应奉传》附应劭。

则限定为像主本人，像主因观看自己的画像而题写赞文。画像与题赞格式，或文上图下，或左图右文，或右文左图（如图3－8、图3－11、图3－12）。

图3－11　（清）赵术堂像

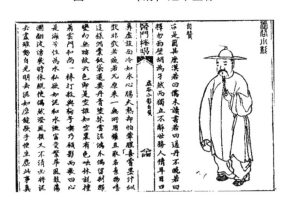

图3－12　（清）章楠像

明初的文士画像喜着朝服、公服，以表达个人的政治面向，画像题赞则亦围绕着政治宠遇，或仕宦经验相展开。[1] 医者画像亦如此，

---

① 有关文人行乐图中的政治赞颂可参考王正华相关研究，王正华《传统中国绘画与政治权力——一个研究角度的思考》，《新史学》第8卷第3期，1997年9月，第161—216页。Wang, Cheng - hua, *Material culture and emperorship: the shaping of imperial roles at the court of Xuanzong（r. 1426 - 1435）*, Ph. D. dissertation, Yale university, 1998, pp. 214 - 221。

有仕宦经验或受到帝王特别宠遇的医者，其像赞充满着深厚的政治气味。明代陈谏撰写《苈斋医要》，在医籍扉页特意提到祖辈的恩宠，"陈氏素庵，盖世所稀。康后扶疴，为帝所奇。出入禁中，扇惠宫仪。敕授翰院，金紫良医"①。陈沂治愈康后危疾，得赐御前罗扇，敕授翰林院金紫良医，督学内外医僚。医官虽不入流，但职位是判断名望高低的标准之一，不同职衔的官医所诊视的病人身份亦有差别，"国医，此名医中选差，充诊御脉，内宿祗应，此是翰林金紫医官"。②翰林院金紫良医，对于陈氏家族来说是无上的荣耀。至于陈谏本人，则赞曰："苈斋抱道，述著《医要》。济世活人，试之屡效。业匪三世，传流五百。公其阐之，惠及四国。毋炫其形，惟重其心。书垂不朽，千古惟馨。"强调陈谏继承了世医的传统，济世活人，并肯定所著医籍的重要性，"书垂不朽，千古惟馨"。

医者中虽未受政治宠遇，但也会强调其利民利国之荣。明代皖医名家张四维像赞，"伟然其貌，烨然其神。既质而文，亦肃而温。岐黄事业，杏橘流馨。寿民之命，膺国之荣。本来面目，岁月长春。以如是观，我识其心。皖水明月，龙山瑞云"③。张四维，字国本，别号筠亭，医名于世，诸上司奖之以匾额，士大夫赠之以诗文，难以枚举。出生皖医世家，父亲憨仙公为皖名医，"人有求辄往，往则疗治辄效，其报不报弗校也。至今皖人称医仁者，必曰憨仙"。据他本人自叙，憨仙君精专易理，谙通诸经，为郡弟子员。后投笔为医，殚精劳神，积有岁月，而医遂大进。他也遵父志，即学为儒，心弗敏也。后涉猎岐黄，并仲景、东垣、丹溪诸名家之书，医道备矣，因而著《医门秘旨》。④像赞他"其貌伟然，其神烨然"，有"寿民之命，膺国之荣"的功绩。

---

① 陈谏：《苈斋医要自叙》，《苈斋医要》，第 335 页。
② 赵升：《朝野类要》卷 2，中华书局 1985 年版，第 4622 页。
③ 《赞筠亭像》，进士出身中宪大夫都察院右佥都御使竹虚唐诗书。张四维：《医门秘旨自叙》，《医门秘旨》，万历同安张氏恒德堂刊本，《海外回归中医善本古籍丛书》第 2 册，人民卫生出版社 2002 年版，第 14 页。
④ 张四维：《医门秘旨自叙》，《医门秘旨》，第 17 页。

对于未曾入仕的民间医生，像赞则侧重于其医术与医德。明代闽医蔡正言像赞：

> 于惟先生，文而凤慧。在孝克敦，知生是卫。昔也瘅屏，今也丰厉。云卧松栖，儒巾野制。……先民有言，医必三世。先生崛起，遍敷民惠。丙夜焚膏，漱芳六艺。志乎远哉，无忝儒裔。①

蔡正言于天启元年（1621）刻成《甦生的镜》，蔡正言为蔡元定西山先生之后，蔡元定，福州建阳人，尝从朱熹游，曾登西山绝顶，忍饥读书，于遭放逐之时，著有脉学书，称为《蔡西山脉经》。因而蔡正言也以读书人入医，一改医者"采药野人、挂葫孤衲"的形象，② 被誉为"翩翩儒雅"③，"精通儒术，神解医经"，所著《甦生的镜》为《内经》之指南。④ 像赞中所描绘的医者形象，云卧松栖，儒巾野制，俨然一文士也。以至于像赞者发出"遍敷民惠，志乎远哉，无忝儒裔"的感叹。

清代医学家赵术堂，字双湖，号观澜，高邮（属江苏）人。后迁居兴化，于道光二十八年（1848）编著《医学指归》。"余少时立志于儒，因祖母病笃，延医罔效，深以不知医理即不能事亲为憾，遂肄医读《内经》诸书，乃知天人合一之道，本与儒通……唯谨守规矩之中，不矜奇，亦不炫异，谓我拙者听之，笑我迂者亦听之，终其身日以寡过自期……编释一册，愿后之子孙能儒则儒，否则欲学为医，亦当如余之由儒习医。"⑤ 在赵术堂的自叙中，自称其少时本来也是立志于儒，之所以转向医学，完全出于孝道，通过研读《内经》等医学典籍，因熟谙儒学经典，儒与医通，自究医理，自学成才。并告诫后世子孙，能儒则儒，若欲学

---

① 松溪友弟叶枢为受轩仁丈书于达观堂。蔡正言：《达观堂新镌甦生的镜补遗》，《海外回归中医善本古籍丛书》第 11 册，人民卫生出版社 2002 年版，第 331 页。
② 方尚恂：《题甦生的镜》，载蔡正言《甦生的镜》，第 3 页。
③ 梁梦环：《甦生的镜·序》，载蔡正言《甦生的镜》，第 6 页。
④ 陶宗器：《甦生的镜·序》，载蔡正言《甦生的镜》，第 11 页。
⑤ 赵术堂：《医学指归自叙》，《医学指归》，第 10 页。

医，还当由儒入医。故像赞亦称"先生之居，鬶湖胜湖；先生之学，名医名儒；儒为孝子，医亚淳于；著书寿世，奥阐灵枢"，其学问医儒贯通，德行甚高，并且以医籍传功业。此赞的颂美使医者脱离了简单的技艺角色，而更多地赋予了得道通儒的功业，因而有"名医名儒"之誉。

也有小像白描无图，《活人心统》载《荄山吴翁小像》（原书无图）"衣冠朴古，规范端庄，存恒有道，注集流长，良医良相，厥德相当"①。吴球，字荄仙，明代括苍人。早年专心经术，于医学所得尤精，《活人心统》为其著作之一。该书集先贤之成语，论脏腑之盛衰，录古今经验之方。其像赞强调医者形象，衣冠尚朴古，举止规范尚端庄，存恒有道，良医与良相地位相当。

除了他人像赞外，还有自题小像。"自题像赞"为作者自题，用漫画式的笔调描写自己的形貌，语言高度凝练，非一般传记可比。一般不描写其相貌特征，而紧扣"像"，以形来写神，具有很强的符号意义。明代新安名医汪机为人耿直，不阿权贵，性情恬淡，待人诚恳，其品行德操，堪称师表。他晚年为自己写了这样的像赞：

> 其容和粹，其貌清癯，心存仁术，志好儒书。鬓已华白，手不停搜，守居不敢干名而犯义，交际不敢口是而心违。事求先于流俗，礼求合于先儒，谦约节俭，乐易疎愚。不求闻达，甘守穷庐，宁为礼屈，勿为势扬。②

汪机的自题像赞，从外貌写到内心，从爱好写到志趣，从言行写到为人处世，以此表达自己高尚的德行，甘于淡泊的儒行。汪机，祁门人，自言士欲泽人，不宰相则医耳，肆力医书，所著有《脉诀刊误》《内经补注》《本草会编》③。

① 吴球：《活人心统》，《海外回归中医善本古籍丛书》第5册，人民卫生出版社2003年版。
② 汪机：《痘治理辨》，四库全书存目丛书本。
③ 何乔远：《名山藏》卷102《方技记》，明崇祯刻本，《续修四库全书》史部第427册，第569页。

章楠字虚谷，浙江会稽（今绍兴）人，著《医家棒喝》，道光五年（1825）在自序中强调"医固儒者之事"，他自称幼得赢疾，究心医理，虽从师请益，历览诸家，十年不知端绪。后读吴门叶天士医案而悟，谓自此略窥医理之奥，而见诸家意旨所在。他认为刘河间、张洁古、李东垣、朱丹溪诸子，各以己之阅历见解发明经旨一节，或论外邪，或论内伤，或主补气，或主滋阴，不过发明一节经义，原非执中之论，其辞旨抑扬不无偏处，学者应从流溯源，知其理之所归，倘执其偏，不免互相抵牾。于是他研读《内经》等经典，把向来未明之义，各相抵牾，据理辨之，成《医门棒喝》一书，取警醒时流，洞见本源之意。① 并在书中附有道光九年（1829）《虚谷小影自赞》：

> 这是个什么汉，若曰儒，未读书；若曰道，丹不晓；若曰释，勿面壁。胡为子然而独立，不解世务人情。耳目口鼻虚设，面冷如水，心肠大热。却怕荤腥，喜尝墨汁。似呆非呆若痴若兀，原来一无所用，权且取名弃物。嘻，这样酒囊饭袋，还要丹青涂抹，雪泥鸿爪，偶留刹那，变幻无迹。故云色即是空，谁知空里有色。咄休说撞着云门和尚，一棒打杀与狗子吃。乃顾影而歌曰，心是海号性为水，私欲如泥和水溷，富贵繁华风鼓涌，澜翻波涌几时休。纵使偶然澄，风摇又不清，必将泥去尽，虽动自光明，去泥如磨镜，歇手便生尘，此事真难事，用功可不勤。一旦转身见明月，乃知逐影枉劳神，营营终日竟何求，恰似春蚕在树头，茧成身死心未了，了得心时方自由。孤舟一叶顺江流，朝朝暮暮无人渡，醉卧江心月正圆，水中捞月谁知误。秋月印秋潭，潭枯月乃失，请君举头看，莫向潭中觅，说空原不空，执有却非有。要知空有两无关，明珠自在盘中走，打碎盘儿失却珠，毕竟落何处，快些寻来莫迟后。②

---

① 章楠：《医门棒喝》，清道光九年（1829）刻本，《续修四库全书》子部第1029册，第5—6页。

② 同上书，第169—170页。

　　这个像"赞"并非一般意义上的赞扬，而是用诙谐戏谑的语言来表露自己的思想、德行、操守、信仰。"若曰儒，未读书；若曰道，丹不晓；若曰释，勿面壁"，自嘲为"弃物"。虽困惑于自身身份，但是在操行上孑然而独立。虽面冷如水，但心肠大热。虽怕荤腥，但喜尝墨汁。画像自赞，传主与自己的过去对话，以功业与道德尺度审视自我，其笔触有时是发泄，有时则转为缅怀。文本中时时流露出自卑、自抑、自贬、自损的笔调，此传统似乎由来已久，明顾大韶（1576—1639）看自己也是非儒、非道、非释，就是个四不像："谓汝为释，汝不能断腥；谓汝为道，汝不能啬精；谓汝为儒，汝不能成名，而奚取乎矻矻穷经，不工、不商、不战、不耕，赖食先德，养此委形。"[1] 以释、儒、道三个理想的尺度来衡量自己，似乎都未达到，反问自己不工、不商、不战、不耕，只是依赖先人的寄生虫。徐渭（1521—1593）自问："龙耶？豬耶？鹤耶？凫耶？蝶栩栩耶？周蘧蘧耶？"[2] 自赞者由观看画像而滋生"我是谁"。张岱（1597—1689）的自为墓志铭堪为典型："学书不成，学剑不成，学节义不成，学文章不成，学仙学佛，学农学圃俱不成，任世人呼之为败子，为废物，为顽民，为钝秀才，为瞌睡汉，为死老魅也已矣。"[3] 自赞带有戏谑的文字，表达了对个人存在价值的质疑与嘲讽，或迷恋，或嫌恶，或夸耀，或厌弃，反映了自我认同的困惑，在同自我的质疑与对话的辩证中，重新审视自己，以他者的身份观照自己。如何自处，章楠在自题小影中，构建了一个超凡尘世、自处江湖、悠闲自适的"虚谷"形象。

　　在江南地区，受经济的发达和文化的刺激，士大夫从医或儒生弃举业习医更是一种普遍现象。他们的加入使得民间医者的整体文化素

　　① 顾大韶：《炳烛斋稿》，《自题像赞》，清道光二十年（1840）钞本，《四库禁毁书丛刊》集部第104册，第601页。
　　② 徐渭：《徐文长文集》卷22《自书小像赞》，明刻本，《续修四库全书》集部第1355册，第159页。
　　③ 张岱：《自为墓志铭》，载魏崇武选注《张宗子小品》，文化艺术出版社1996年版，第242页。

质得以提高，也使得儒医的概念深入人心，成为众医者努力达到的最高境界。相对于"世医""名医"而言，"儒医"更强调一种风度和气质，属于一种精神内涵的象征。在以道德标准为主导的价值系统中，人在各方面的努力都必须服从道德规范，医学技术也不得不考虑医者的道德水准。将医学视为能实现儒学思想中"仁"的理念的技术，试图通过行医济世来满足一个传统文人修身、齐家、治国、平天下的人生追求。在医者像赞中，也着力将其塑造成一个道德高尚的人。他人像赞多溢美之词，医的形象，基本上呈现衣冠尚朴古，举止规范端庄，存恒有道。从身份地位上，良医良相同，"先生之学，名医名儒"，儒医是最佳形象，尤其被用于形容那些医技精湛的尚医士人。从自题小像看，医者实有尴尬地位，行医尚需谨慎，处事不得张扬，对自身实有自我认同的困惑。不过明清像赞中对医家的褒奖，往往少不了"精通古韵诗文，可谓一代儒医"的评价，医术高明、医德高尚的儒医形象也渐成为医者形象的代表。

三 明清医者画像中的理想形象

明清医籍中的插图肖像画，随着医籍刊刻的流传而传播，但是并未引起太多的关注。而曾鲸所作张卿子画像，却流传甚广，这与时人对医者理想形象的向慕有密切关系。

画家曾鲸，天启年间为张卿子（1589—1668）作画时，张卿子时已有文名，万历年间以国子生游金陵，才名鹊起，华亭董其昌倾倒之。[①] 他的诗名较医名显著，与当时大儒董其昌、陈继儒等名家唱和，诗格澄澹，"微霜茅屋鸣残叶，细雨林塘湿野花"，被誉为名句，有野花诗人之称。[②] 诗集有《湖上编》《白下编》《蓬宅编》《衰晚编》等。明季杭州结社之风甚盛，有创登楼社，西湖八社西泠十子继之，张卿子继其后，与汪然明、李太虚、冯云将、顾林调有孤山五老会。[③]

---

① 李楁：《（民国）杭州府志》卷142，民国十一年（1922）本。
② 陈文述：《颐道堂集》诗选卷21《西泠怀古》，清嘉庆二十年（1815）刻道光增修本，《续修四库全书》集部第1505册，第191页。
③ 吴庆坻：《蕉廊脞录》卷3，民国求恕斋丛书本，《续修四库全书》子部第1264册，第48页。

崇祯季年潜名里衖，以医自给，能起人死，远近争迎致，卜筑城东。①

　　张遂辰精通医学，既不是来自家传，也无师授，而是"幼善病，日检医方，遂以医名"。他本人并不讳言医，所著《蓬宅编自序》，万历年间，科考不顺，居乡原准备治秋稼，扶耒以老。因病多，"喜读黄帝书，见同病者辄恻恻然相哀怜，为之决死生，辨强弱，无论中与否，丐方求诊，遂妇孺知名，几于长安市上不能凿坏遯矣"②。张卿子不仅医术高明，医德甚好，并告诫子弟，"家足过年之用，座无寒士之求，不唯有愧本心抑且无别庸俗"③。世人为了表示对他的敬仰，将其所居住的地方称为"张卿子巷"④。自南宋建都临安，当时由河南一带随从康王南迁名医很多。医生医好皇家的病，得到皇家奖赏，借此光耀门楣，煊赫一时。靳从谦因医好皇家病，被赏百子图，所居巷称为"百子图巷子"；陈沂医好康王的妃子，被赐御前罗扇，称为"陈木扇"。文人以官显者，常无人记。医类似此，御赐百子图、木扇之名医，这种虚名很快就被遗忘，但张卿子巷妇孺皆知。"一从大隐葬西湖，满镜春风出画图，何事尘埃有遗影，不教色相入虚无，迹似林逋长子孙，术如仓扁道心存，至今闾巷呼名姓，认得先生旧里门。"⑤

　　同乡晚辈孙治非常推崇张卿子，认为世人一般只是在某一方面被称道，"曰某者儒林、某者文苑、某者高士、某者耆旧、某者方伎、某者独行也"，但是张卿子各极其至，"深谙经学，于五经多所发明，不愧儒林；于书无所不读，不愧文苑者；始终不仕，栖迟以老，真高士也、耆旧者、为人所表率也；其活人尤算，方伎所未有也；长笃人伦，孤女孤甥相依于庑下，分金于亡友之裔，给粟于故人之家，不可胜道，独行所未有也"。以至于"天下莫不高贤先生之行义"，"古今

　　① 李楁：《（民国）杭州府志》卷142，民国十一年（1922）本。
　　② 张遂辰：《蓬宅编自序》，《康熙间刻抄配本四库未收书辑刊》第7辑集部第20册，第321页。
　　③ 李楁：《（民国）杭州府志》卷142，民国十一年（1922）本；吴骞：《尖阳丛笔》卷7，续修四库全书本。
　　④ 吴庆坻：《蕉廊脞录》卷4，第57页。
　　⑤ 周京：《无悔斋集》卷13《题张卿子先生遗像》，清乾隆刻本，《四库存目丛书》集部第277册，第233页。

之所未有者也"，非常之人也。孙治（1618 或 1619—1683，浙江仁和人）①，字宇台，号鉴庵，诸生。与陆圻等齐名友善，世称"西泠十子"。笃于友谊，吴百朋以举人官南和县令，客死他乡，往经纪其丧。刻意摹古，以著述称于时，求文者户外屦满，其文如商彝周鼎，剥蚀之余，光怪益露，著有《鉴庵集》②。作为同乡后学孙治又无不惋惜地感叹道："先生以医掩其学不然董仲舒扬雄又何足？"③ 张卿子深谙经学，德行亦高，始终不仕，儒林文苑，高士耆旧，活人无数。但是以医掩其学，孙治甚至将其与汉代大儒董仲舒扬雄相媲美。张卿子隐居城东，"中有贤人室，绿水绕前除，门外多车辙，室中唯图书，草木皆秀色，僮仆鲜嗟吁，客至感心醉，朋来结相于，借问主人谁，其人乃为儒"④。感叹其城东之寓所，所藏唯图书，应是一真儒。与妇孺皆知的张卿子巷以医见称，而成巨大的反差。

曾鲸为张卿子作画时，张尚以文士身份，但因医名而妇孺皆知。这幅画像引来无数文人关注与吟咏，画像四周有乾隆年间八位文人题诗。⑤ 清代杭州文人结社风气深厚，雍正、乾隆之际，厉鹗、杭世骏、丁敬等人在西湖一带频繁集会唱和。杭州诗社，自乾隆八年（1743）后称盛者数十年，每一会，率二三十人。⑥ 春秋佳日，辄与同人往来西湖之畔，流连觞咏。当时梁同书才弱冠，六十年后梁同书依稀记得诗会盛况，在《书汪复园红板桥诗画册后》序言称，"册内凡二十

---

① 南炳文：《明清考史录》，人民出版社 2013 年版，第 288 页。
② 朱彝尊：《静志居诗话》卷 22《孙治传》，清嘉庆扶荔山房刻本，《续修四库全书》集部第 1698 册，第 506 页；阮元：《两浙辀轩录》卷 1《陆圻传》，卷 7《孙治传》，清嘉庆刻本，《续修四库全书》集部第 1683 册，第 136、331 页。
③ 孙治：《孙宇台集》卷 8《张卿子序》，清康熙二十三年（1684）孙孝桢刻本，《四库禁毁书丛刊》集部第 148 册，第 732 页。
④ 孙治：《孙宇台集》卷 32《题张卿子隐居》，第 148 册，第 158 页；卷 37《挽张卿子先生》，第 149 册，第 122 页。
⑤ 吴庆坻谈及，"先大父旧藏张卿子隐君像一帧，天启壬戌闽人曾鲸波臣画，上有丁敬身、杭大宗、厉樊榭、梁芗林菣、林周，穆门柳洁夫、沈埼士、彭芝庭诸先生诗，汪氏东轩吟社尝以此命题。"参见吴庆坻《蕉廊脞录》卷 7，民国求恕斋丛书本。今人董志仁对乾隆年间八位学者的题诗进行了考证，参见董志仁《晚明杭州医人张卿子事迹》，《浙江中医杂志》1956 年试刊号。
⑥ 阮元：《两浙辀轩录》卷 19"梁启心"条，下引梁同书行述略，第 604 页。

人，诗皆即席手书"①。持图示友，征求题咏，为当时文人风气。他们以图题咏，将自己的生活情景、个人遭际吟咏其中。艺术性强、内蕴德行、具有出世意向的绘作，更能激发诗人的兴味。杭世骏题诗"先生清粹姿，冲抱薄华选"，"长身山泽癯，吟髭闲自捻"，以"清""癯""闲"来描述张卿子，堪称文人雅士。杭世骏（1695—1772 或 1773），雍正二年（1724）中举人，乾隆元年参加博学鸿词科考试，被授翰林院编修之职。其人狂狷，入仕不知时势，肆志并力于文章，落职杜门，与里中耆旧及方外之侣结南屏诗社，著述甚富。② 至嘉庆年间，后学胡敬还用杭世骏韵题诗，《题张卿子隐君像用帧中杭董浦前辈韵》："罗浮辟层轩，招客极矜选；主人方辑诗，耆旧录重演；展观诗老像，如鹤瘦不隽；衡茅近咫尺，名尚里门扁；卜居远尘市，谷口风可缅；想见坐澹窝，占易卦自衍；野花撷庭除，觅句哦且捻；流传悔少作，俗好把其浅；能医亦偶然，采药藉消遣；传当入逸民，史笔世今鲜。"③ 张卿子画像一方面出于名家曾鲸之手，另一方面其超脱飘逸的形象，更适合后世文人旷逸潇洒的品味，因而吸引后世不断吟咏。

图 3-13　（明）张卿子像

曾鲸在描绘张卿子时，没有强调表现他的职业特征，而是突出其

① 梁同书：《频罗庵遗集》卷 3《书汪复园红板桥诗画册后》清嘉庆二十二年（1817）陆贞一刻本，《续修四库全书》集部第 1445 册，第 426 部。

② 阮元：《两浙輶轩录》卷 21《杭世骏传》，第 654 页。

③ 胡敬：《崇雅堂诗钞》卷 9《题张卿子隐君像用帧中杭董浦前辈韵》，清道光二十六年（1846）刻本，《续修四库全书》集部第 1494 册，第 233 页。

学者、隐士的形象和风度。画面留出大片的空白，人物的形体虽小，而人格却更显高大。虽是布衣大袍却内蓄书卷气，充溢着天地有大美而不言般的禅悦之意，在普通的衣裳下却是一代文宗的不尽风流。此画像为后世文人提供了无限的遐想，他们称颂张卿子的医术，但更赞美他的人品，称为隐君，有高行。长洲名士沈德潜（1673—1769）题诗"闲向苏堤开杏圃，不为良相即良医……西泠自苦多高隐，为慕孤山处士风"。沈德潜，乾隆元年（1736）举博学鸿词科未遇，四年（1739）成进士，选庶吉士，后授编修。受高宗嘉赏，命值上书房，累擢礼部侍郎，后告归，九十七岁卒，以诗闻名，有"老名士"之称。① 长洲彭启丰（1701—1784），号芝庭，雍正丁未（1727）会试第一，曾官浙江学政，居官谨慎持重，为诗文操笔立就，但却始终未受高宗重视，郁郁不得志，② 也有"济时存素业，高寄近孤山，俯仰留遗影，支筇意倍闲"。以至于沈心（查慎行婿孙，沈德潜族侄）感叹，"茫茫浩劫老书丛，寂寞生涯感慨中。四海独歌紫芝曲，一身且作长桑公。经过曲巷名犹在，老死西山命固穷。喜有曾鲸留绘妙，讵同白傅写屏风"③，认为曾鲸此举，堪比白居易咏屏风，都是千古绝唱。

傅山（1607—1684）画像亦展现其不浊于世的气节，遗存画像一张为清癯老叟，蓄有胡须，未留辫子，着朱袍，右腿架在左腿上，倚石而坐；还有一张正面坐像，手捧书卷坐于石上，仍着朱袍，未留辫。④ 傅山，字青主，号朱衣道人，其书法、篆隶及诗古文辞一时珍贵之，康熙戊午举博学鸿辞授内阁中书未仕。以黄冠衲衣遂为道士装，常粥药四方。⑤ 吴尚先（1806—1886），名樽，字杖先，又字师机，号潜玉居士，浙江钱塘人，吴氏出身世家，侨寓扬州，以诗文自

---

① 李元度：《国朝先正事略》卷18《沈文悫公事略》，清同治刻本，《续修四库全书》史部第538册，第413—415页。

② 冯桂芬：《（同治）苏州府志》卷89《彭启丰传》，清光绪九年刊本。

③ 沈心：《题张卿子先生遗像》，载阮元《两浙輶轩录》卷23《沈心》，第11—12页。

④ 图3-14傅山像，两幅图均为山西省文庙博物馆藏。高春媛、陶广正：《文物考古与中医学》，福建科学技术出版社1993年版，第174页。

⑤ 戴震：《（乾隆）汾州府志》卷13，清乾隆三十六年（1771）刻本。王士祯：《池北偶谈》卷8《傅山父子》，《四库全书》子部第870册，第108—109页。

娱，兼攻医学，施药济人，于外治法，自成一家，撰成《外治医说》，为中医学外治法之集大成者。潜玉居士七十三岁小像，光绪四年（1878）十月，自题"静观"于静心室，以修身怡情为养身之道。①

图 3 - 14　（明）傅山像

图 3 - 15　（清）吴尚先像

① 　图 3 - 15 吴尚先像，载上海中医药博物馆编《上海中医药博物馆馆藏珍品》，上海科学技术出版社 2013 年版，第 57 页。

　　清代名画家费丹旭亦曾为张千里作《珠溪渔隐图》，此图现已亡佚。张千里，字子方，号梦庐，桐乡廪贡，官绍兴府训导。擅雅材，淹贯通达，平时敦本尚义，轻财好施，精医理，求者盈门，远近延视无虚日，所得金尽以赒亲朋。殁之日，家无余赀，第积书数千卷而已。家居后珠村，尝采村中事，作菱塘櫂歌百首。若侪于方技者流，则几以艺掩其学矣。① 张千里为这幅隐居图自题词曰："予之为医也，无悖获之心，无固求之志，不竞于人，不逐于物。沉静渊默，如钓之恭；夷犹澹荡，如钓之逸；故庐中之栖，放畔之吟。非渔而近于渔，非隐而近于隐，费子之为是图也有以哉。"② 张氏为医淡泊自如，志尚高雅。费丹旭，字子苕，号晓楼，乌程人，著依旧草常遗稿，天资聪颖，工画人物，兼善山水，亦能诗词。③ 一时名人画像皆出其手，曾为丁敬、金农、厉鹗等名士画过肖像，而厉鹗等人又为张卿子画像题咏过。费丹旭曾绘《笠屐图》（图 3 - 16）流传甚广，画中苏东坡御野服、执藜杖，徜徉于山月溪风中，这个画面来自于苏东坡被放逐于

图 3 - 16　　（清）费丹旭绘《笠屐图》④

――――――――――

① 陆以湉：《冷庐杂识》卷 4，清咸丰六年（1856）刻本，《续修四库全书》子部第 1140 册，第 494 页；潘衍桐：《两浙輶轩续录》卷 19，清光绪刻本，《续修四库全书》集部第 1685 册，第 494 页。

② 高春媛、陶广正：《文物考古与中医学》，福建科学技术出版社 1993 年版，第 173 页。

③ 潘衍桐：《两浙輶轩续录》卷 13，第 184 页。

④ 费丹旭绘《笠屐图》，绢本，设色，22cm×30.5cm，台北念圣楼藏，转引自毛文芳《观看自我：明人的画像自赞》，《图行成乐：明清文人画像题咏析论》，台北学生书局 2008 年版，第 114 页。

琼州、一日访友遇雨借笠着屐的故事，通过画家的笔触塑造了一个远离兰台仕宦、林园樵逸的形象。张千里所请费子之绘，以渔隐为记，亦是塑造了一个淡泊名利的高士形象。

医者的自我画像中，尚有以野服形象示人。如前所示章楠头戴斗笠，足着屐履，做捻须状，而赵术堂则雅持书卷。章楠附有自赞，其画像应是本人所首肯，而赵术堂则为后人所描绘尊照。章楠顶戴笠、着长袍，高蹈俗外之踪，看似志节高超，却"原来一无所用，权且取名弃物"，带着忏悔责难的语气，于尊贵、于出世，二路不通。继而再肯定自己"丹青涂抹，雪泥鸿爪，偶留刹那"，参悟人生，返璞归真，充满禅意。"若曰儒，未读书；若曰道，丹不晓；若曰释，勿面壁"，虽困惑于自身身份，但是在操行上孑然而独立。

在医者人物形象的塑造上，明代大学者王世贞曾对李时珍的相貌这样描述，"予窥其人，晬然貌也，癯然身也，津津然谈议也，真北斗以南一人"，并评价《本草纲目》"性理之精微，格物之通典，帝王之秘篆，臣民之重宝也"①。有关李时珍的传记资料少之又少，医籍中基本没有关于李时珍相貌的相关描述，而王世贞描述李时珍容貌清癯，成了此后李时珍的"标准像"，至于李时珍的本来形象如何，一点也不重要了。② 汪机自赞，"其容和粹，其貌清癯，心存仁术，志好儒书"，与王世贞评论医者形象有契合之处，可见汪机之自赞应是迎合当时文人对医者形象的理想构建。

宋代以后，医学学术传统"儒学化"的趋势日益显现，医者的分类偏重于道德上的评判，认为医者的道德和学术修养相当重要，甚至决定着技术水平，儒医逐渐成为医家统绪中的榜样地位，"仁"为核心，"用心仁而择术精""仁覆天下"。③ 由医者画像的变迁，亦可看出早期的名医画像及像赞试图比附佛、道的宗教传统，而宋明以后医

① 王世贞：《本草纲目序》，李时珍编著，夏魁周校注《李时珍医学全书》，中国中医药出版社 1996 年版，第 3 页。

② 郝长燚：《不断被记忆的李时珍——李时珍形象演变与社会文化变迁》，硕士学位论文，南开大学，2011 年。

③ 金廷瑞：《苣斋医要后序》，载陈谏《苣斋医要》，第 539 页。

者渐依附于儒学传统,① 以至于梁启心观张卿子画像后,感叹"是宜传儒林,讵止列方技!"② 不过,需要注意的是,医者之像大多载于医籍、文集,而此类医者形象只是整个社会医者形象的一部分。此类医者大多由儒入医,重视文本知识,亦重视文本流传,强调医学典籍的重要,并借由医籍的传承,扬其功业,医者形象承载的是读书人心中理想的医者形象,借以区隔靠经验、经方治病的医者,与一般民众所期望的药到病除、靠经验治病的医生形象亦有不同。尽管此类医者形象未必代表明清医者的全部,但是亦可以观察到儒医的出现,医籍的刊刻广布,对医者所期望的理想形象亦有改观。

由此观之,明清医者的画像,是医者向儒的具化形象。其中或有有意效法者,或有无意同化者。儒者从医,自不必论。医者由儒生养成,更增其习惯。儒之道在仁,医之道也在仁;儒之术在国,上医之术也在国。大致是由心至形、至性,医者仁心,雅好儒术,不止儒书,还有儒的生活方式,由形至神,医儒同道。像赞中除突出儒家道德精神,卓越的医学才能外,特别被强调的是高贵的人道主义精神及淡泊自甘的生活态度。在科举时代的价值体系中,儒者是知识人的本体,儒之伦理、职业是社会尊崇的标准。医之为术,意在谋生,并非正途。在赞医者形象时,往往以儒的标准加以衡量。

儒者习医从医之后,并未改其儒家本色。身穿儒服,交往高士,

---

① 祝平一指出宋代的医史比附佛、道的宗教传统,而明代的医史转而比附儒学传统,以建立医家统绪的模范。祝平一:《宋明之际的医史与"儒医"》,《"中央研究院"历史语言研究所集刊》第77本,第3分,2006年。Florence Bretelle – Establet 曾对清代云南、广西、广东三省方志中的医家传记进行分析,以理解古人对于理想医者形象的期许,并指出在一些医书序言中序言作者对于儒医形象塑造。Florence, Bretelle – Establet, "Chinese biographies of experts in medicine: what use can we make of them ", *East Asian Science*, *Technology and Medicine*, 3: 4 (2009), pp. 421 –451; "The construction of the medical writer' s authority and legitimacy in late imperial China through authorial and allographic Prefaces", *Journal of the History of Science*, *Technology and Medicine*, 19: 4 (2011), pp. 249 –390.

② 乾隆甲戌(1754)初春梁启心题诗:先生古学者,一画探微旨。生当前明衰,丝乱不可理。箓待遯上九,决策隐不仕。时出医国手,活人以自喜。姓字熟闾巷,至今名其里。我曾读遗集,诗格逼元李。复此瞻遗像,鬖鬖须颇美。风度谁得如,神识疑未死。是宜传儒林,讵止列方技。孙曾尽英拔,我友犹嫌娬。即事书短句,用以勗后起。载董志仁《晚明杭州医人张卿子事迹》,《浙江中医杂志》1956年试刊号。

吟和诗文，中道清逸，是不少医者崇尚的生活方式。上医医国，救世安身，医书传世，知名医家多以儒医同道作为医者之最高境界。画像虽不完全，但可见"其貌清癯，心存仁术，志好儒书"已成为其时医者推崇的理想形象。医者以儒风示人，反映出儒不仅在职业上是效法的对象，也是为人处世、自我定位和社会评判的标准。医者的儒道医风，显现其专业声誉与社会地位的关联，而此种趋同的代价是医者放弃自身之职业识别。医者画像，在一定程度上是医、儒在社会身份上难以界分的佐证。此种情形，在其他职业阶层中也有显现，这反映出在科举社会之中儒士阶层的至高无上。

西方医者在职业化的进程中，不仅医学走向学科化，且医者的职业制度也逐步建立，医者的专业水准、外在形象均有标准。医者既可在同业之内树立地位，也可为社会所识别。近代中国西医也是效法西方，建立职业制度，其服饰也是比照西方。即使是中医在保持传统的形象之时，其职业制度也逐步趋于与西医一致。如以明清之后向前追溯比较，可以发现明清时期的医者在学术上有步入专科化、学科化的趋向，但其职业在社会上却很难获得相应的专业地位。这其中，存在医术与正统、职业与社会间的内在矛盾。医之职业无自我识别、地位低下，处处比附儒，是以主动向儒同化来消解科举社会知识人走向职业化的内在冲突，也是社会标准在相当程度上影响了医者的自我评定。理想的医者形象，其貌清癯，心存仁术，志好儒书，可以带来医术上的信任，也可以带来道德上的信任。医者画像，执笔者不仅是画家，还是医者、社会的共同作品。

第四章　明清讼师群体及其专业化考察

　　作为知识群体，明清时期的讼师表现出强烈的知识社会化、专业化倾向，不仅在专业技能与组织构成上逐步走向专业化，且与国家、社会及其他群体积极互动，塑造了特定的社会形象，成为考察明清社会变迁的重要视角。

　　一般认为，讼师形成于宋代，活跃于明清时期。他们以专业性的法律知识为基础，以参与诉讼为主要活动方式，在基层社会扮演着重要角色。科举制下，大多数的读书人被仕途所淘汰，生存的需求使得落魄读书人成为明清讼师的主要来源，赋闲的官员、举人、生员、武生以及保长、里长等地方上层人物或基层小吏也纷纷干讼，熟悉诉讼程序的幕宾、胥吏、衙役、代书等在一定条件下也会变身为讼师，充当教唆或包揽词讼者。

　　由于古代社会司法权力归属的专利性，明清讼师为法律和官方所严厉禁止，但在诉讼实践中，民众对法律援助的需要为讼师的存在提供了现实基础。因此，明清讼师非但没有在历史发展中湮没，其专业化、职业化发展脉络反而愈加清晰。讼师本身并不具备正当的法律地位，其活动也没有合法性的制度支撑，但其以"地下"方式为当事人提供法律咨询、代作书状、与胥吏衙役进行交涉、帮助当事人搜集或伪造证据并出谋划策等，推动了健讼社会的形成。破鞋党、仓颉会、作文会等明确或模糊的讼师组织，也开始出现，这是明清讼师走向专业化的重要表现——符合某一特征的个人被界定为一个职业，而这个职业又被认同属于讼师这一专业知识群体。

　　讼师活动的地下性及其话语权的弱势，导致其相关记载较为零散，属于讼师自己的声音也极为微弱。而官方话语权的强势，导致恶讼师形象的广为流传，讼师角色的扮演及其在社会发展中的作用，是一个值得探讨的课题，而讼师社会形象的塑造，无疑也是讼师在参与诉讼活动中与外部环境碰撞，从而被社会认可或否定并塑造特定社会形象、走向专业化的重要路径。另外，从现有资料看，明清讼师的分布具有地域性特征，尤以江南地区的讼师更为特殊。

明清讼师的活跃及其专业化倾向，是当时中国社会变迁的反映，也是社会变迁的重要推动力量。将之置于明清时期特定的场域进行考察，审视该群体参与国家事务、地方事务的方式及其路径，探讨其与社会的互动关系及其价值取向和社会选择，无疑会深化对明清基层社会构建、儒家思想的政治运用和渗透等问题的认识，对地域社会、职业化、近代性等重大理论问题的探讨亦大有裨益。

最早将讼师纳入学术研究视野的多为法律史学者，主要考察讼师和法律、诉讼制度的关系以及与此相关的讼师业务活动等。如黄宗智《中国的法律、社会与文化：民法的表达与实践》，以清代巴县、宝坻县和淡水（分府）—新竹县的诉讼档案为主要资料，探讨法律制度的实际运作与清代官府的官方表述之间的关系时，论及讼师在官方话语权下的地位和生存环境，认为官方话语之中将讼师与讼棍区分，而实际上是以是否与官员保持一致为标准的，官方笼统地使用"讼师"一词带有贬义，即指"刁讼之师"，对于类似现代律师的协助诉讼或代理诉讼人员，连半合法的地位也未曾给予。[①]

日本学者夫马进《明清时期的讼师与诉讼制度》，将讼师置于明清时期的民事制度场域中探讨其与诉讼制度的互动关系。[②] 台湾学者邱澎生《以法为名：讼师与幕友对明清法律秩序的冲击》一文指出，明清讼师与幕友的普遍出现"皆非政府的有意设计，但两类人物却都巧妙地藉助当时审转与审限制度的加严加密而得到稳固发展的好契机"；而在讼师与幕友如影随形地介入各种司法实务的过程中，明显

---

① ［美］黄宗智：《中国的法律、社会与文化：民法的表达与实践》，世纪出版集团、上海书店出版社 2001 年版。

② ［日］夫马进：《明清时代的讼师与诉讼制度》，载 ［日］滋贺秀三等著，王亚新等编译《明清时代的民事审判与民间契约》，法律出版社 1998 年版。

以一种求胜的特殊心态来看待司法审判，并在"讼师秘本"与"幕友手册"中将这种心态表述无疑，对民间律法产生了重要影响。他认为，明清讼师与幕友的存在发展，"既冲击政府司法体系的运作逻辑，也重塑当时民众赖以调停纠纷或是进行诉讼的法律秩序"①。邱澎生《十八世纪清政府修订〈教唆词讼〉律例下的查拿讼师事件》②等文章对官方严惩讼师与讼师介入司法的互动关系也做了多方面考察。

党江舟《中国讼师文化——中国古代律师现象解读》，以讼师秘本和讼师事迹为材料支撑，考察了讼师文化在中华法文化体系中的地位，并对讼师在历史上各个阶段的史实状况和特征等进行了探讨，进而解读讼师文化在行为层面、物质层面、制度层面及精神层面对中华法文化的贡献。③袁瑜琤《讼师文化解读：一种法律工具主义的样本》，以明清讼师为切入点，提出了"法律工具主义"概念，并对其进行了分析，书中以清代笔记小说、传说故事及讼师秘本——《新锲法林金鉴录》为主要考察对象，对明清讼师形象做了梳理与描摹，并从讼师秘本传承的角度分析了讼师素质的养成，对讼师的法律生存空间——君主专制的强化和缘法而治的政治实践进行了较为通俗的解读。④李卫东《在野法曹：长江流域的律师与诉讼》再现了明清时期长江流域的讼师活动特征，对讼师的复杂形象及其对社会发展的冲击作用也有论述。⑤

霍存福《从业者、素养、才能：职业与专业视野下的清代讼师》，考察了讼师的来源及素养，认为讼师具有较高的法律素养且善用经史资料助讼，熟悉官场、通晓世情和讼案症结，是专业服务的需要，也

① 邱澎生：《以法为名：讼师与幕友对明清法律秩序的冲击》，《新史学》第15卷第4期，2004年。
② 邱澎生：《十八世纪清政府修订〈教唆词讼〉律例下的查拿讼师事件》，《"中央研究院"历史语言研究所集刊》第79本，第4分，2008年。
③ 党江舟：《中国讼师文化—古代律师现象解读》，北京大学出版社2005年版。
④ 袁瑜琤：《讼师文化解读——一种法律工具主义的样本》，中国法制出版社2011年版。
⑤ 李卫东：《在野法曹：长江流域的律师与诉讼》，长江出版社2014年版。

是官府与百姓之间知识系统沟通的需要。① 林乾《讼师对法秩序的冲击与清朝严治讼师立法》认为，在地方行政资源严重不足以及行政兼理司法的体制下，讼师势力的发展对司法功能的实现有着直接的影响，对原有法律秩序予以重大冲击。而乾嘉时期严治讼师定例，不但背离了"教唆词讼"本律的立法精神，走向重刑主义，而且使讼师的所有活动都在严禁之列，对民事诉讼制度的负面影响甚大。②

讼师群体的活跃，带动了以法律知识和诉讼技巧为主要内容的讼学文献的传播。关于讼学文献的研究亦是明清讼师群体研究的重要组成部分。夫马进《讼师秘本的世界》一文，认为讼师秘本始终是以传授诉讼文书的写作技巧为重点，并不旨在教授法律；他还通过对讼师秘本的解读，认为与中国地方官及幕友记载的模式化讼师形象不同，讼师秘本展示了不轻易兴讼、不捏造、不诬告等品质的讼师形象。潘宇《明清及民初的讼师与讼学研究》，围绕明清与民初的讼师与讼学，探讨了讼师与讼学的内容、特点、成因及基本运行规律，探寻遏制讼师、讼学的文化原因与实现方式，并试图分析讼学与主流文化的关系等。③ 潘宇《明清讼师秘本中的状词解析》，探讨了明清讼师秘本体系化、理论化、规律化的趋势。④

尤陈俊《明清日常生活中的讼学传播——以讼师秘本与日用类书为中心的考察》，通过分析现藏日本、美国以及中国台湾地区的讼师秘本与日用类书等稀见史料，认为讼学知识在明清民间的流传颇为广泛，且诉讼文书范本较为易得，但其传播途径在清代日趋缩小，如日用类书中讼学的内容逐渐被剔除，却始终未被彻底堵塞。⑤ 刘冰雪《明清讼师及讼学文献研究》指出，明清时期讼学文献大行其道，呈现出版本多、内容雷同及大多载有律文成案和诉讼技巧等特征，对民

① 霍存福：《从业者、素养、才能：职业与专业视野下的清代讼师》，《辽宁大学学报》（哲学社会科学版）2006 年第 1 期。
② 林乾：《讼师对法秩序的冲击与清朝严治讼师立法》，《清史研究》2005 年第 3 期。
③ 潘宇：《明清及民初的讼师与讼学研究》，博士学位论文，吉林大学，2006 年。
④ 潘宇：《明清讼师秘本中的状词解析》，《法制与社会发展》2007 年第 3 期。
⑤ 尤陈俊：《明清日常生活中的讼学传播——以讼师秘本与日用类书为中心的考察》，《法学》2007 年第 3 期。

间法律知识的普及起到了一定作用，丰富了明清法学的内容，对明清的法律秩序也造成了冲击。①

关于讼学文献的研究，需要特别提及的是龚汝富的系列研究成果，其《明清讼学研究》一书，考察了明清讼师的形成、讼师秘本的制作与讼学的缘起、内容、结构、发展及其流变等，进而揭示明清讼师、讼学与官方、当事人及民间社会在诉讼过程中的互动关系。"以讼师秘本为主要载体的民间讼学，已经发展成为中国古代法学的重要组成部分，对中国古代无讼观的价值理念有着冲击作用，并对地方司法体制形成潜在的挑战。"②《中国古代讼学撅议》一文，探讨了中国古代讼学的存在形式及其基本特质、讼学在中国法学史中的地位以及讼学形成的基本路径，并指出各种讼师秘本之间，内容雷同较为严重，导致讼学核心内涵贫瘠，缺乏创新路径③。《浅议明清讼学对地方司法审判的双重影响》一文指出，明清讼学传播从反面促进了传统司法制度的改革完善。④

关于好讼、息讼的研究，相关成果亦涉及明清时期的讼师群体。邓建鹏《健讼与息讼——中国传统诉讼文化的矛盾解析》认为，健讼社会里，息讼并非是由于儒家提倡的正心、诚意、修身、养性的立人、达人的道德或是中国古代司法黑暗等，民间争讼主要涉及私人之间的田土钱债纠纷而与官府没有直接的利益关系，健讼的出现一定程度上意味着官员教化不力、治民无方以及官府自身人力物力的局限，这是其深层的社会原因；而健讼本质上是民众对生存利益的争夺与维护，不可能随着息讼趋势而消失。⑤ 尤陈俊《"厌讼"幻想之下的"健讼"实相？——重思明清中国的诉讼与社会》，在综合各方面史料的基础上指出，明清以来的很多区域均不同程度地呈现出词讼数量激

---

① 刘冰雪：《明清讼师及讼学文献研究》，《法律文献信息与研究》2011 年第 3 期。

② 龚汝富：《明清讼学研究》，商务印书馆 2008 年版。

③ 龚汝富：《中国古代讼学撅议》，《法学论坛》2009 年第 6 期。

④ 龚汝富：《浅议明清讼学对地方司法审判的双重影响》，《法律科学》2009 年第 2 期。

⑤ 邓建鹏：《健讼与息讼——中国传统诉讼文化的矛盾解析》，《清华法学》2004 年第 1 期。

增而非民众普遍"厌讼"的社会景象，而关于地方衙门所收词状数量的记载，既对我们认识当时社会的诉讼实况有所帮助，也容易产生一些误导性的影响，实际上，衙门所收词状的总数，并不能被直接等同于讼案的实数，因为这些词状之中，有大量是属于针对某一相同案件的催呈或投词。重思明清时期的诉讼文化，不仅需要对明清衙门所实际面临的词讼压力谨慎估量，还应该对明清官方所常用的"细故""鼠雀细事"等称谓的微妙含义以及健讼之风的区域性差异加以关注。片面坚持"厌讼"旧论固然会使我们错失对问题的全面认识，但如果对一些相关史料不加仔细辨析便转而径自强调"健讼"新说，也容易堕入矫枉过正的陷阱。①

邓建鹏《清代讼师的官方规制》认为，清代词讼数量大增的根本原因在于好讼地区经济生活复杂化与人口压力的增加，讼师适应了健讼社会的需求。但在清代息讼传统下，讼师受到各地官府的严厉禁止，这就使得讼师参与诉讼的行为趋向非法化，而在司法实践中，官方的打击规制并未取得较好的实效。② 陈宝良《从"无讼"到"好讼"：明清时期的法律观念及其司法实践》一文则认为，从法律诉讼的视角来看，明清两代社会史层面发生了巨大转向，从"乡土社会"逐渐转向"好讼"社会，从而引起明清两代的学者与官员对"无讼"进行重新思考，力求通过具体的"听讼"过程而达到司法公正。③

讼师与律师的关系及古代讼师对近代律师制度、法律制度的影响、意义等，也是学界探讨的热点话题。诸如王荻《从"讼师"到"律师"——谈我国近代律师制度的产生及发展》，蒋冬梅《论传统语境中的讼师及其与律师的关系》，周娅《讼师命运与律师制度》，郭义贵《讼师与律师：基于 12 至 13 世纪的中英两国之间的一种比较》等。这些成果大都认为讼师是律师的先驱，他们在基本职能、服

---

① 尤陈俊：《"厌讼"幻想之下的"健讼"实相？——重思明清中国的诉讼与社会》，《中外法学》2012 年第 4 期。

② 邓建鹏：《清代讼师的官方规制》，《法商研究》2005 年第 3 期。

③ 陈宝良：《从"无讼"到"好讼"：明清时期的法律观念及其司法实践》，《安徽史学》2011 年第 4 期。

务性质等方面具有相似性，但在历史文化背景、业务范围、社会地位等方面又有较大差别。

将讼师或讼学纳入整体的司法环境中考察，有其必要性及进步意义，但这无疑缩小了讼师群体的活动空间，难以全面再现讼师存在的时代背景及其与时代、地方社会的互动关系，讼师的人生境遇、个体之间的协同与竞争关系、讼师与官府和社会舆情的博弈及因而引起的诉讼立场变动等亦缺乏应有的关注。

近年来，随着新文化史及微观史学的兴起，明清讼师的个体关怀亦新作不断，包括明清讼师的社会形象、人际互动及健讼环境下的个人抉择等。如麦柯丽（Melissa Macauley）《社会权力与法律文化：中华帝国晚期的讼师》，考察了讼师所处的政治环境、讼师的形成机制、讼师的"客户"以及讼师在福建、广东的土地产权争讼、宗族械斗中的作用等。该书采取"结构分析""文化分析"及"社会权力分析"的方法，结合社会经济史与心态文化史的不同研究路径，以呈转北京刑部的"教唆词讼"案件（主要是1736—1850）（包含中国第一历史档案馆所藏朱批奏折、刑科题本、录副奏折及《刑案汇览》等）以及戏曲与小说中的讼师文学故事（如京剧脚本《四进士》以及平襟亚小说《中国恶讼师》等）为主要素材，呈现了"行动与态度间的交互关连性"：官方与民间分别视讼师为恶棍与英雄的两种不同象征意义是构成中国"法律文化"的重要内容，而明清"国家建构"过程的特殊性造成讼师地位低下，在司法领域运作过程中，中央政府与地方精英之间的互动关系是影响明清讼师发展的重要原因。①

吴琦、杜维霞《讼师与讼棍：明清讼师的社会形象探析》一文指出，讼师的诉讼表现衍生出讼师与讼棍的二元形象。但历史记忆呈现的多为唯利是图的讼棍，这是官方强势话语权的结果。讼师的诉讼活动与儒家的"息讼"思想背道而驰，诉讼立场亦违于"学而优则仕"的初始理想，寻求与儒家及官方思想的契合成了其内心救赎的方式，

---

① ［美］麦柯丽：《社会权力与法律文化：中华帝国晚期的讼师》，明辉译，北京大学出版社2012年版。

但官府对司法使用的专利性，注定了其夹缝生存的历史命运。① 尤陈俊《清代讼师贪利形象的多重建构》，认为清代官员们在向民众宣扬讼师之恶时，往往极力强调其贪婪成性的逐利特点，并借助于对"贪利讼师"这一模式化形象的塑造和宣扬，来对民间助讼之人进行整体污名化。②

霍存福《唆讼、吓财、挠法——清代官府眼中的讼师》指出，官吏眼中的讼师都是唆讼、吓财、挠法之徒，但我们应以讼师所扮演的社会角色、所起的作用为主要着眼点进行观察。讼师参与大部分案件来源于被动收受，从而为当事人出谋划策，虽然讼师的确有无事生非、混淆黑白的事实，但是讼师主动要价、受财取利主要是由于缺乏组织管理、官府的约束以及受市场需求的影响。③ 林乾《从叶墉包讼案看讼师的活动方式及特点》，以道光时期的叶墉包讼案为视点，通过叶墉从告发书吏开始，走向开设客店、雇请讼师、包揽南汇县京控，并隐然建立从案源、作词，到伴护、投递全过程，覆盖省城至京城间的讼师活动网络，"讼师的诉讼活动具有四个特征：具有严密的组织系统；讼师对法律无比熟悉、对清廷政策掌握得极其到位；讼师借助隐语及技巧从事诉讼活动；主要参与人多是身份阶层中的下层"④。张小也《清代的地方官员与讼师——以〈樊山批判〉与〈樊山政书〉为中心》一文，考察了在诉讼活动中讼师与地方官员的关系，认为讼师是民间健讼之风的推动者乃至操控者，他们与地方官员之间的关系更多地表现为矛盾与冲突，在基层社会结构中看，这也是一种对权力的诉求。⑤ 潘宇《清代州县审判中对讼师的禁制及原因分

---

① 吴琦、杜维霞：《讼师与讼棍：明清讼师的社会形象探析》，《学习与探索》2013年第7期。

② 尤陈俊：《清代讼师贪利形象的多重建构》，《法学研究》2015年第5期。

③ 霍存福：《唆讼、吓财、挠法——清代官府眼中的讼师》，《吉林大学社会科学学报》2005年第6期。

④ 林乾：《从叶墉包讼案看讼师的活动方式及特点》，《北大法律评论》第10卷，第1辑，2009年，第6—24页。

⑤ 张小也：《清代的地方官员与讼师——以〈樊山批判〉与〈樊山政书〉为中心》，《史林》2006年第3期。

析》一文认为，州县官员在司法审判的各个阶段中禁制讼师，且其"方法与手段随着讼师在司法审判过程中的深入参与，呈现出惩罚逐渐加重，注重重点群体及特定要素，及经验传授不断普及化的趋势。在正统的治世思想的认同与遵循的同时，也为自身利益的考虑是官员禁制讼师的根本动因"①。朱良好《黑暗中的被放逐者——传统诉讼文化中的讼师地位考》②、胡瓷红《中国古代"讼师"正名论——以明清时期为例》③、章薇《讼师性质考——以明清时期为例》④ 等，都涉及讼师因被压抑而导致的负面形象，进而肯定讼师存在的积极意义。龚汝富《明清的尚讼现象和"职业"律师》⑤、《江西古代"尚讼"习俗浅析》⑥、侯欣一《清代江南地区民间的健讼问题——以地方志为中心的考察》⑦ 等，探讨了明清健讼现象及讼师活跃的区域性及其原因。

从新文化史的角度关注讼师群体，彰显"底层的真正声音"，对全面认识明清时期这一颇具特色的社会群体大有裨益，但现有成果亦有明显的不足。尤其是在明清时期社会剧烈变动、知识群体分层的大背景下，讼师作为知识群体的一部分，将知识与社会功用相契合，呈现出典型的专业化倾向，吴琦《近世知识群体的专业化与社会变迁——以史家、儒医、讼师为中心的考察》⑧ 一文对该问题进行了理论探讨。而在从社会史的视角观察讼师逐步专业化的过程，考察讼师

---

① 潘宇：《清代州县审判中对讼师的禁制及原因分析》，《法制与社会发展》2009 年第 2 期。

② 朱良好：《黑暗中的被放逐者——传统诉讼文化中的讼师地位考》，《理论界》2006 年第 9 期。

③ 胡瓷红：《中国古代"讼师"正名论——以明清时期为例》，《中共中央党校学报》2011 年第 1 期。

④ 章薇：《讼师性质考——以明清时期为例》，《科教文汇》2009 年第 5 期。

⑤ 龚汝富：《明清的尚讼现象和"职业"律师》，《文史知识》2002 年第 8 期。

⑥ 龚汝富：《江西古代"尚讼"习俗浅析》，《南昌大学学报》（人文社会科学版）2002 年第 2 期。

⑦ 侯欣一：《清代江南地区民间的健讼问题——以地方志为中心的考察》，《法学研究》2006 年第 4 期。

⑧ 吴琦：《近世知识群体的专业化与社会变迁：以史家、儒医、讼师为中心的考察》，《学习与探索》2012 年第 7 期。

群体的动态发展等问题上，相关研究尚付阙如。对于讼师群体与外部环境的互动，包括其与国家政权之间的对立与依附关系、与其他群体的互动以及在地方社会发挥的作用等，以往的探讨较少，对讼师渴望被制度承认的内心诉求也有所忽略。另外，讼师既是时代的产物，又局限于时代的捆绑，其在诉讼活动中所持的立场与社会背景间的关系以及如何评价讼师在诉讼中的优劣表现等，也是研究讼师群体不可回避的重要问题。而以往研究对于讼师的日常生活、收入、诉讼过程中必要性的开支等亦缺乏系统研究，视野关注较为笼统，原始材料的占有、解读也稍嫌欠缺。本书拟以"专业化"为观察视角，在充分占有资料的基础上，对明清讼师的地域分布、群体构成、知识体系、行业组织、道德规范等作全方位、立体式的叙述，力争对明清时期的讼师群体有较完整的认识，并侧重探讨讼师群体组建行业组织、传播专业技能、塑造社会形象的努力及其与国家政权的对立与合作表现，进而揭示明清时期地方社会的发展变迁。

第一节　健讼与明清讼师的活跃

明清时期的诉讼活动较之以往更为常见且类别繁杂，诸如"兴讼""嚣讼""健讼""好讼"等词语，大量出现于明清文献且与讼师紧密相关。明清官员一方面通过教化地方推行"息讼"主张，另一方面又以法家手段理讼并打击讼师。但法律思想传播、权利意识萌动的大趋势并未因之转圜。

一　健讼之风的盛行及成因

明清时期，健讼成风，"白发黄童，俱以告讦为生。刀笔舞文之徒，且置弗论，而村中执耒荷锄之夫，亦变为雄辩利口。……竟入市，市纸书讼词，郡中为之纸贵，一肆中有日得三十金者。……今市廛之徒，言讼者十家而九，四亩之夫，言讼者十家而八"①。"小民之

---

① 朱察卿：《朱邦宪集》卷 14《与潘御史》，江苏巡抚采进本。

好讼，未有甚于今日者。"① 文学作品中对健讼现象的影射颇为讽刺，《笑林广记》中就有一则关于健讼者的夸张描述：

> 一生好健讼，一日妻在坑厕上撒尿，见月色照在妻臀，乃大怒。遂以月照妻臀事，讼之于官。县令不解其意，挂牌拘审。生以实情诉禀，求父师伸冤。官怒曰："月照你妻的臀就来告理，倘日晒你妻的×，你待要怎么？"②

官府案件受理量的急剧增加是健讼现象的直观表现。清代嘉庆年间，安徽省六安州的知州在其在任的 10 个月间，曾处理 1360 件案件。③ 康熙年间任会稽（今浙江绍兴）令的张我观"每日收受词状一百数十余纸"④。乾隆年间汪辉祖在湖南省宁远县知县时，三八放告之日，每天收受 200 余份词状。⑤ 且"与绅民约：月三旬，旬十日，以七日听讼，以二日校赋，以一日手办详稿；校赋之日，亦兼听讼"⑥。雍正年间蓝鼎元在广东任职时，每三天放告一次，一天就收到一两千份告词："余思潮人好讼，每三日一放告，收词状一二千楮，即当极少之日，亦一千二三百楮以上。"⑦ 道光时期张琦任章邱知县时，"章邱民好讼，月收讼牒至二千余纸……翰风莅任岁余，五署无一纸至，而结新旧案二千有奇"⑧。与之相应，官府的案件积压状况也令人叹为观止，嘉庆十二年（1807）"闽省巡抚衙门未结词讼至有二千九百七

---

① 李渔：《论一切词讼》，载贺长龄辑《皇朝经世文编》，文海出版社 1972 年影印本，第 3340 页。
② 游戏主人、程世爵撰：《笑林广记》，团结出版社 1996 年版，第 150 页。
③ [日] 滋贺秀三：《清代中国的法律审判》，创文社 1984 年版，第 260 页。
④ 张我观：《覆瓮集》刑名卷 1 "颁设状式等事"，清雍正刻本。
⑤ 汪辉祖：《病榻梦痕录》卷下，梁文生、李雅旺校注，江西人民出版社 2012 年版。
⑥ 同上。
⑦ 蓝鼎元：《鹿州公案·偶记上》，《五营兵食》，群众出版社 1985 年版，第 5 页。
⑧ 徐珂：《清稗类钞》第 3 册《狱讼类》"张翰风治狱得民心"，中华书局 1984 年版，第 1098 页。

十七案之多"①"案牍纷如，讼狱繁滋，刁风日长也……所有闽省巡抚衙门未结词讼，起数汪志伊在任四年，未结案八百余件……温承惠在任七月有余，未结案三百余件……李殿图在任四年有余，未结案三百余件……"②

值得注意的是，诉讼案件的急剧增加也与官府不恰当的诉讼规则有关。如清人笔记中记载：青浦与嘉定两县接壤，青浦有关诉讼费用往往由原被告视情况分摊，而嘉定则一律由被告承担，因此嘉定县的民人一旦产生纠纷，为避免成为被告就纷纷挑头先告，如此一来，相邻两县诉讼案件数量差别甚大，青浦"岁以百计"，而嘉定则"岁以千计"③。

除传统意义上的弱势群体赴官告状外，士子阶层亦成了明清诉讼活动的主体。"枣阳县劣生蒋宗雅恃衿健讼，控案不赴审讯，于考试时面加诘究，该生语言刁悍，毫无愧惧……"④"刘诗胜本系好讼劣监，前因诈欺胡李氏钱文，被县挈究，挟嫌上控，已经定拟充军，因患病尚未起解，复遣仆赴京妄诉"⑤。在民人李其言状告县书李振甲等偷盗仓米等控案中，"系因生员傅焯先声言李振甲等，如非偷米何必连夜搬运，次日又向生员朱芹昌告述，李应昌（李其言之父）、朱芹昌遂先后具呈赴控，而李应昌旋即在押病故，其子李其言复控诉不休""傅焯多言肇衅，朱芹昌轻听妄控，均属不安本分，有玷学校"。将"傅焯、朱芹昌拟以杖责，仍请照例纳赎，未免轻纵，傅焯朱芹昌

---

① 中国第一历史档案馆：军机处上谕档，第 2 条，盒号 833，册号 1，嘉庆十二年（1807）六月二十二。

② 中国第一历史档案馆：军机处上谕档，第 1 条，盒号 834，册号 2，嘉庆十二年（1807）十月初十。

③ 王有光：《吴下谚联》卷 4《图准不图审》，中华书局 1982 年版。

④ 中国第一历史档案馆：军机处上谕档，第 5 条，盒号 716，册号 2，乾隆五十五年（1790）八月初二。

⑤ 中国第一历史档案馆：军机处上谕档，第 2 条，盒号 713，册号 1，乾隆五十四（1789）年十月二十九。

俱着斥革，按律发落，嗣后生员不守学规，好讼多事者，均照此案办理"①。士人好讼的现象引起了官方的警觉，"生员有切己之事赴州县告理者，先将呈辞赴学挂号，该学用一戳记，州县官验明收阅，倘有恃符健讼，重则斥革，轻则以劣行咨部"②"生员不守学规，好讼多事者，俱斥革，按律发落，不准纳赎。"③

有功名者、官吏、宗室健讼的现象亦常见于史册。如"举人白柯积年健讼，着即行斥革"④。奇台县举人田毓玉在回家探亲期间，与其父同为营书的陈耻被直隶州海顺掌责数下而心怀不平，借掌责陈耻之日正逢万寿庆晨，"即以逆臣海顺目无皇上，蛊惑人心等词缮呈，并牵砌六年军需列款"，被认定"平日武断乡曲，罔知检束，乃以不干己事，将前署县任意妄控，实属荒谬"，被"着即褫革，交地方官严行管束，嗣后倘再敢借端滋扰，着加等治罪，以示惩儆"⑤。"（官吏）刘启正前因逞刁健讼，革去顶戴，兹复以家事渎控，实非安分之徒"⑥"已革道员刘毅昌，以监司大员告病在籍，不思睦族洽邻，辄听从伊兄健讼多事，反噬地方官妄图挟制，实属不安本分，刘毅昌业经革职着永不叙用，以为职官不自检束者戒"⑦。四川在籍道员郭祖楷"以恃符健讼"被革职。⑧已革译汉官那尔康阿之妻宗室氏，遣抱告邓力儿控告刑部审办库案颠倒是非，故入伊夫流罪一案显示，那尔康阿"前以不干己事在中城挺身具控，旋复自具悔结，起灭自由……忽又

---

① 中国第一历史档案馆：军机处上谕档，第 2 条，盒号 878，册号 2，嘉庆二十年（1815）六月二十四。另见于光绪朝《钦定大清会典事例》卷 724，（清）祝庆祺等《刑案汇览三编》第 3 册，北京古籍出版社 2004 年版，第 1781—1782 页也有类似记载。

② 嘉庆朝《钦定大清会典事例》卷 306，见《续修四库全书·史部·政书类》。

③ 光绪朝《钦定大清会典事例》卷 724，见《续修四库全书·史部·政书类》。

④ 中国第一历史档案馆：军机处上谕档，第 8，9 条，盒号 911，册号 2，道光元年四月初二。

⑤ 祝庆祺等：《刑案汇览三编》第 3 册，北京古籍出版社 2004 年版，第 2241—2242 页。

⑥ 中国第一历史档案馆：军机处上谕档，第 3 条，盒号 836，册号 2，嘉庆十三年（1808）二月初十。

⑦ 中国第一历史档案馆：军机处上谕档，第 4 条，盒号 1142，册号 1，道光二十八年（1848）九月初五。

⑧ 《清德宗实录》卷 569，光绪三十三年（1907）正月，中华书局 1986 年影印本。

牵扯本案以前之事"，明显是在使用"拖累迁延之计""既藉端诓诈于前，又刁控图翻于后，行同无赖，不顾行止"，被加重改发乌鲁木齐。① "宗室祥佩前因健讼刁诈并包奸妇女各案，革去顶戴，发往盛京，照例折圈责罚。不知畏惧改悔，辄以硕海犯案被审，竟敢私戴顶戴，挺身纠众渎禀，复撷拾已经密办及尚未审定之案，指为有弊，意存挟制，实属怙恶不悛。祥佩着奕颢当堂重责三十板，改发吉林，交博启图严加管束"②。科尔沁贝勒达尔玛扎布"所控有因，究未得实，且屡次翻控，不候传提，率行赴案，实属健讼谬妄，请革去贝勒，下理藩院议"③。"塔布囊④丹巴先因捏控，畏质情虚逃匿，复敢纠众赴京，将已结之案翻控，实属健讼。着革去塔布囊，照积惯讼棍极边军例，枷号九十日"⑤。随着时代变迁，晚清宗室妇女健讼的现象也非常突出："近来宗室妇女往往骄奢无度，家产净绝，纠合匪党，肆行讹索，讹索不遂，便成斗殴。其呈控于步军统领者十有九虚。迨移咨刑部，不得不代传被告。若妇女赶到对质，其曲直尚可立判。无奈情节本虚，又恃贵胄之亲，延不到案。而从中闻说之人，皆其羽翼，辄向被告家中赫逼钱文。非大遂其欲，彼此分肥，决不和息。廿十余年来，良民之倾荡产业者，大都如此。"⑥

　　明清健讼现象的普遍存在，实际上是社会经济发展和私有财产关系复杂化的结果。明清时期，人口迅速增加，尤其在清代增速更为迅猛，1650—1850 年全国的人口增长率大约为千分之六，比明代千分之三点八的增速快得多，1500 年中国人口约为 1.03 亿，1700 年增至

---

① 中国第一历史档案馆：军机处上谕档，第 5 条，盒号 956，册号 1，道光九年（1829）五月二十七。
② 中国第一历史档案馆：军机处上谕档，第 1 条，盒号 949，册号 3，道光八年（1828）三月初六。
③ 《清宣宗实录》卷 279，道光十六年（1836）二月，中华书局 1986 年影印本。
④ 清代蒙古王公封爵名。
⑤ 中国第一历史档案馆：军机处上谕档，第 3 条，盒号 1256，册号 1，同治二年（1863）正月十二。
⑥ 朱寿朋编：《光绪朝东华录》卷 128，光绪九年（1883）九月，中华书局 1958 年版，第 1596 页。

1.38 亿，① 乾隆三十一年（1766）已突破 2 亿，乾隆五十五（1790）
为 3 亿，道光二十年（1840）达到 4 亿之多，人口增长和土地增长的
不同步必然会加剧资源的争夺。与此同时，人们的社会价值观随着商
品经济的发展出现了激烈的变化，地方社会民风和价值取向都有着潜
在的改变，重利轻义的思想暗流涌动，随着各种新的利益纠纷的滋
生，诉讼案件因而大量增加。

健讼社会里，财产纠纷诸如争产、争地、边界等问题在诉讼中最
为常见。明中叶之后徽州地区商品经济的发展较快，诉讼案件急剧增
加，"片语不合，一刻颜变，小则斗殴，大则告状不休"②；"嘉兴府
属之嘉善县，斜塘镇地方，商贾凑集，民情健讼"③；江西讼案繁多，
率由府省地方敛金置产，合族建祠，不肖之徒妄启事端所致。④ 在土
默特贝子旗已革台吉⑤与已革管旗章京乌尔图那素图因为地亩问题互
相诬控案中，"乌尔图那素图赎罪回家，该台吉疑系私逃，即令其子
阿育巴咱及家人等前往围挐，索诈骡头钱文后，因乌尔图那素图翻悔
未给，遂开列七款，赴三座塔税务衙门具控。乌尔图那素图并不赴案
质讯，邀同叶什桑保，亦将嘎尔玛斯第胪列多款，赴热河都统衙门呈
告"。两人互相捏造罪名，乌尔图那素图告嘎尔玛斯第等私立绰号及
聚会台吉商议别事等，嘎尔玛斯第则告乌尔图那素图私将军营带回大
炮卖给贼匪等，"互控各情，均属诬捏"。"（嘎尔玛斯第）因地亩细
故围挐乌尔图那素图，逼索钱物并捏词具控，实属不安本分，好讼多

---

① 李伯重：《江南的早期工业化：1550—1850》，中国人民大学出版社 2010 年版，第
309、304 页。

② 傅岩：《歙纪》卷 9《纪谳语》，黄山书社 2007 年版。

③ 《清高宗实录》卷 869，乾隆三十五年（1770）九月下，中华书局 1986 年影印本。

④ 中国第一历史档案馆：军机处上谕档，第 4 条，盒号 596，册号 2，乾隆二十九年
（1764）四月十九。又见于《清高宗实录》卷 709，乾隆二十九年四月下，中华书局 1986 年
影印本。乾隆朝《钦定大清会典事例》卷 399 也有类似记载（见《续修四库全书·史部·
政书类》）。

⑤ 清对蒙古贵族封爵名。位次辅国公，分四等，自一等台吉至四等台吉，相当于一品
官至四品官。惟土默特左翼旗及喀喇沁三旗称塔布囊。台吉，源于汉语皇太子、皇太弟，
是蒙古部落首领的一种称呼，一般有黄金家族血统的首领才能称台吉，黄金家族女婿身份
的首领称塔布囊。

事。乌尔图那素图既经被控有案，自应遵传赴质，乃抗传不到，复捏造重情，邀人赴热河越诉，希图准状，居心更属险诈"，"将两人都照例发往河南山东，交驿站充当苦差，由理藩院定地发配，事犯虽在恩诏以前不准援免"①。克什克腾旗台吉拉西巴拉珠尔招民种地，希图得租开种以致地窄，又欲展占巴林地界，于是呈控巴林王那木济勒旺楚克开地，经审明并断清三旗界址应以西英土哈拉和硕为界，"克什克腾台吉拉西巴拉珠尔以从前断结之案复行渎控"，且有诬告之实，"着照从前台吉济吉住诬控之例，革去台吉，发交邻盟充当苦差十年，无过方准开复，仍罚四九牲畜存公备赏，以为逞刁健讼者戒"②。

小农社会下民众获得财富的不易是其勇于诉讼、争相维权的基本动因，"在中国农民眼里，每一粒谷子都是珍贵的"③。而法律知识获得渠道的宽泛为普通民众权利意识的觉醒④提供了可能。明清时期官箴书及讼学文献的大量传播，拓宽了民众获得法律知识的渠道，讼师的存在又为人们提供了获得法律援助的可能，这些都为人们维权告诉提供了帮助。因此，"我们必须明确地舍弃一种所谓'常识'或'偏见'，即：由于明清时代基本上是农业社会，所以对于一般民众来说应该距离诉讼相当远，或者当纠纷出现时，应该付诸审判前，在村落、宗族或行会等小范围的团体或集体内部调解解决。实际上，对于当时的民众来说，涉及诉讼似乎是非常自然的事情"⑤。

另外，官员对诉讼的轻视以及在理讼上的懈怠，则助长了健讼社

---

① 中国第一历史档案馆：军机处上谕档，第4条，盒号1259，册号3，同治二年十二月初十。又见于《大清穆宗毅皇帝实录》卷89，同治二年十二月上，中华书局1986年影印本。

② 中国第一历史档案馆：军机处上谕档，第4条，盒号966，册号1，道光十一年（1831）正月二十五。

③ ［美］布迪、莫里斯：《中华帝国的法律》，朱勇译，江苏人民出版社1993年版，第225页。

④ 明清时期，人们的权利意识觉醒，自我保护的意愿变得强烈，出现了一些新型诉讼。《晚清奇案百变》中记载了这样一件事：有个丈夫因妻子不与同房，一纸状子把妻子告了。在清代名吏樊增祥审理的一些案件中，我们也能看到在现在看来正常不过但在当时令人有些匪夷所思的案件。

⑤ ［日］夫马进：《明清时代的讼师和诉讼制度》，载［日］滋贺秀三等著，王亚新等编译《明清时期的民事审判与民间契约》，法律出版社1998年版，第394页。

会的形成。"民人控告之案，原有虚实不同，如果随控随审，迅速办结，则含冤者既得早为申雪，即诬告者亦可随案立惩，不但讼狱得平，即告讦之风，亦当不禁自息。"但"督抚两司于控告之案，从不亲自提审，辗转发交属员，属员又层层递委，以致结案无时，任情枉纵，民人等不胜拖累之苦，因而来京赴诉。及至发交该省，又不过转委饬审，延宕如前"，从而导致"在良民既有屈难伸，而奸徒藉得以逞忿拖累，由此健讼益甚"①。嘉庆帝对此即深有感触，"州县为亲民之官，遇有词讼，原应速为审理，以免拖累，经朕时常降旨训饬，而外省因循疲玩，积习相沿，置若罔闻，或性耽安逸，怠于听断；或预防翻控，冀免干连，以致讼师逞其伎俩，颠倒是非，往往启衅甚微，久且酿成巨案，而上控京控呈词，亦日渐增多，皆不肖州县官养成刁风，而督抚多徇情袒护，吏治民习，日坏一日，实深痛恨"②。

讼师的参与也是健讼之风盛行的一个原因，尤其是部分完全以盈利为目的的恶讼师，从事唆讼、缠讼等活动，"大抵此辈皆系奸民猾吏，操心不仁，专窥瞰官府差错，采摘富家过失，或自身陈告，或教唆他人，兴灭词讼，把持官府，懦官弱吏往往为其所制，莫敢谁何"③，在一定程度上对健讼风气起到了推波助澜的作用。需要注意的是，官方由此以偏概全地将健讼根源归咎于讼师的存在，并形成了较为普遍的认识误区。实质上，健讼社会中，当事人需要专业的法律服务，而官方并不提供相关的法律援助，这才催生了讼师的出现与活跃。"健讼之风是因，讼师只是催化剂，讼师使得健讼最终适应了商品经济的发展状态。"④

二　官方息讼思想的推行

乡土社会里，"图财"是诉讼活动的主旨。而诉讼本身也要"耗

---

① 中国第一历史档案馆：军机处上谕档，第 1 条，盒号 830，册号 1，嘉庆十一年（1806）十二月。

② 嘉庆朝《钦定大清会典事例》卷 90，《续修四库全书·史部·政书类》。

③ 汪天锡：《官箴辑要》六《宣化篇》"治刁"，中国商业出版社 2010 年版，第 163 页。

④ 赵晓耕、沈玮玮：《健讼与惧讼：清代州县司法的一个悖论解释》，《江苏大学学报》2011 年第 6 期。

货财"，"递状要状式钱，讼师要做状钱，代书要戳记钱；一经批准，又要抄批钱；差票既出，又要草鞋钱、差礼钱；一经传审，就要禀到钱、干证钱、歇家钱、铺堂钱、甘结钱"①。所以，非到万不得已，普通家庭不愿轻启讼端，和讼、息讼机制因而普遍存在并日趋完善。

对于地方官而言，息讼、无讼是其普遍政治理想，削减讼事亦是地方官的首要施政考量。"无情之词，十无一实。县官贪取罪赎，辄多准词，致原被两家，同归于尽。民之穷困，此其一端"，"为民父母，当肫切劝化，令勿轻讼。事涉伦理，而无大故者，即为焚其状词，免其仇隙。其他苟无关系，概勿听可也"②。官员们认为，"地方官纵能听讼，不能使民无讼，莫若劝民息讼。夫息讼之要，贵在平情，其次在忍。以情而论，在彼未必全非，在我未必全是。况无深仇积怨，胡为喜胜争强……以此平情，其忿消矣，而何有于讼？以忍而言，彼为横逆，从旁自有公论，何损于吾人……以此为思，其念止矣，而何至于讼？"③ 清代官员陈宏谋常托病不接受讼状，他如是解释自己的行为："吾之所以不放告者，非独为吾病不任事。以今农月，尔民方宜力田。苟春时一失，则终岁无望。若放告，尔民将牵连而出，荒尔田亩，弃尔室家，老幼失养，贫病莫全。承贷营求，奔驰供送，愈长刁风，为害滋甚。"他认为纵容乡民告状不仅耽误农时，荒废农田，且理讼除了耗费精力并无任何意义，一旦放告，"民之来讼者，以数千。批阅其词，类皆虚妄。取其近似者穷治之，亦多凭空架捏，曾尤实事"，因此他决定"自今吾不复放告，尔民果有大冤矣，人人所共愤者，终必彰闻，吾自能访而知之。有不尽知者，乡老据实呈县，不实，则反坐乡老以其罪至余宿憾小忿"④。

破家耗财是地方官劝谕地方、削减讼事的主要话语依据。汪辉祖

---

① 程春荣：《泉州从政纪略·劝民息讼示》（不分卷），同治丙寅秋镌，吟雨楼藏版。

② 高攀龙：《高忠宪公责成州县约》，载陈生玺辑《政书集成》第 8 辑，中州古籍出版社 1996 年版，第 143 页。

③ 黄六鸿：《福惠全书》卷 12《刑名部·问拟余沦》，《官箴书集成》，黄山书社 1997 年版。

④ 陈宏谋：《从政遗规》，载陈生玺辑《政书集成》第 8 辑，中州古籍出版社 1996 年版，第 55—56 页。

认为健讼之弊即在于此："衙门六扇开，有理无钱莫进来"，"非谓官之必贪吏之必墨也，一词准理，差役到家则有馈赠之资，探信入城则有舟车之费，及示审有期，而讼师词证以及关切之亲朋相率而前，无不取给于具呈之人，或审期更换，则费将重出，其他差房陋规名目不一。谚云：在山靠山，在水靠水。有官法之所不能禁者，索诈之赃又无论已。余尝谓作幕者，于斩绞流徙重罪无不加意检点，其累人造孽多在词讼。如乡民有田十亩，夫耕妇织可给数口，一讼之累费钱三千文，便须假子钱以济，不二年必至鬻田，鬻一亩则少一亩之入，辗转借售不七八年而无以为生，其贫在七八年之后，而致贫之故实在准词之初"①。

王元曦在其《禁滥准词讼》中对滥准诉状情形下，讼师、胥吏等狼狈为奸、为祸百姓的情形做了淋漓尽致的描述，发人深省：

朝朝放告，日日投词，片纸只字，无不批行。承牌者有正差，有副差，有接差之差，有提差之差，钻干不休，四道并出，或恣鹰挚于爪牙，或假贪狼于羽翼，拘摄之票一来，中人之产立尽。似此吮吸已属难堪，不谓愈出愈甚，更添一种烹肥分噬之举。有等衙官，专在堂官面前，奴颜婢膝，趋承帮凑得其欢心，因而串通内衙之主文，又凭央堂上之吏胥，上下关通，结成一片，县官词讼山积，那有件件自理？又思衙官趋炎附热，岂可无事相酬？遂以批审为代劳之具，两造为赠答之资，内之主文，外之吏胥，又从旁玉成，择其题目大被告多者，贴以浮签尽批佐贰。佐贰亦遂多罚谷石，重拟罪名，以此图报当下，更以此招致将来，一词到手，原被勒其馈献，胥吏唆使调停，止较金钱之多寡，即为听断之输赢。彼佐贰下役，饿眼馋口，幸而有此一日，如调饥而得粱肉，惟恐肚皮难填，如积渴而得酒浆，恨不一吸立尽，要钱不已，必至丝麻布绢尽入网罗，狗彘鸡豚，悉为携载。

① 汪辉祖：《佐治药言·省事》，载陈生玺辑《政书集成》第10辑，中州古籍出版社1996年版，第159—160页。

尤可恨者，少不遂意，则回诳本官，或假为掷碎牌票，或借口欺
藐小官，因而大其名曰拒捕，役以是诳之官。官以是诳之堂，而
告状百姓遂不知死所矣，一家不已，延及亲朋，亲朋不已，延及
村落，村落不已，延及里图。嗟嗟不捕，盗贼而捕，百姓真正拒
捕之，盗贼反畏之如神明，不敢声喘之；百姓反残之如虫蚁，一
纸状词遂成卖男鬻女之文卷，一张牌票竟是倾家丧命之灵符，利
归鼠辈，怨贻官箴，虽至愚所不为，而谓长民者为之耶？①

为达到无讼效果，地方官主张谨慎理讼，“事非急切，宜批示开
导，不宜传讯差提人。非紧要宜随时省释，不宜信手牵连被告多人，
何妨摘换千证分列，自可摘芟，少唤一人即少累一人。谚云：堂上一
点朱，民间千点血。下笔时多费一刻之心，涉讼者已受无穷之惠，故
幕中之存心，以省事为上”②。并认为不能以理讼的数量来衡量官绩，
“案牍不烦，以养无事之福，此真才吏也”“好矜明察，好事深求，
遇事之来，每作意求之，其可已者不已，案牍必烦，大为斯民之累，
此真不才吏也”③。“来讼者固有不得已之情，而亦由不能忍。苟能容
忍，则十省七八矣。长民者果谆谆切切，劝民忍忿兴让，必有气平而
已讼者。”④

如果诉讼双方愿意“息销”“两造既归辑睦，官府当予矜全。可
息便息，亦宁人之道，断不可执持成见，必使终讼，伤闾党之和，以
饱差房之欲”⑤。明代松江知府赵豫的息讼举措在清代仍被传为美谈：
“始至，患民俗多讼。讼者至，辄好言谕之，曰：明日来。”千篇一律

① 王元曦：《禁滥准词讼》，载陈生玺辑《政书集成》第 9 辑，中州古籍出版社 1996
年版，第 805 页。
② 汪辉祖《佐治药言·省事》，载陈生玺辑《政书集成》第 10 辑，中州古籍出版社
1996 年版，第 159—160 页。
③ 袁守定：《图民录》，载陈生玺辑《政书集成》第 8 辑，中州古籍出版社 1996 年
版，第 983 页。
④ 同上书，第 1027 页。
⑤ 汪辉祖：《佐治药言·息讼》，载陈生玺辑《政书集成》第 10 辑，中州古籍出版社
1996 年版，第 162 页。

的对答，该知府被人嘲笑一时，"有松江太守明日来之谣"，但小小举措却取得了较好的息讼效果，"及讼者逾宿，忿渐平，或被劝阻，多止不讼"①。

值得注意的是，部分官员从防范诬告牵连的角度出发，主张已准的状子，必须走诉讼程序而不允许息和：

> 状不轻准。准则必审，审则断不许和息也。民间细故，或两造关系亲邻，其呈词原不宜轻准，诚以事经官断则曲直判然，负者不无芥蒂，往往有因此构怨久而酿祸者，不但耗费民财已也，其有不能不准之案，既经批准即应唤来审讯，实则究治，虚则坐诬，断断不准告息，盖一准告息，则讼棍逆知状可息销，便敢放心告状，即使凭空结撰，概属虚词，但须于临审之前数刻，一纸调停事即寝息，其诡密之情形、鬼蜮之伎俩，官既未讯无由得知，彼诬告者竟终其身，无水落石出之时，讼案之所以日滋，讼师之所以肆毒，未必不由于此。州县官既准之词，不许告息，其亦息讼而杜诬告之一道乎。②

为将息讼思想践行到基层社会，官吏对健讼的危害不厌其烦地宣传，警醒小民不要轻易涉讼。"若官不详究，点紧关一二人而追问，一付吏手，视为奇货，必据状悉追，无一人得免。走卒执叛在手，引带恶少，吓取无已，未至官府，其家已破。"③ 明代吕坤则劝谕百姓：

> 和处事情以息讼事。人生天地间，谁没个良心，各人挈出良心来，少人的就还人，恼着人就陪话，自家得罪于人，自家就认

---

① 袁守定：《图民录》，载陈生玺辑《政书集成》第 8 辑，中州古籍出版社 1996 年版，第 1028 页。

② 刘衡：《庸吏庸言》，载陈生玺辑《政书集成》第 10 辑，中州古籍出版社 1996 年版，第 687—688 页。

③ 杨昱：《牧鉴》卷 6，载陈生玺辑《政书集成》第 6 辑，中州古籍出版社 1996 年版，第 82 页。

不是，这等有甚么争竞？只为那奸狡的利己损人，强暴的欺大压小，昧心的枉口刁舌，或自知理亏先递拦头假状，或买求硬证，专告无影虚词。到那衙门时，吏书皂隶使了多少钱，椤板枷锁受了多少气，有年没月误了多少营生，往来酒饭使了多少盘缠，父母妻子耽了多少忧愁，一入衙门，身体不属自家，田宅不能自保。俗语云：原告被告四六使钞，又云：官府不明没理的也赢。你自寻思，告状那有一件好处？①

清代官吏刘衡的《劝民息讼告示》更为通俗典型：

为劝民息讼以保身命事。照得钱债田土坟山及一切口角细故，原是百姓们常有的，自有一定的道理，若实在被人欺负，只要投告老诚公道的亲友族邻，替你讲理，可以和息也就罢了，断不可告官讦讼。在讼棍必劝你，说他熟识衙门，不消多费，可以替你告官出气。若依本县府看来，这话万万听信不得。大凡告状的人，自做呈之日起，到出结之日止，无事不要花钱。到城市便被店家捉弄，到衙门便受书差吓索，过了好些时，花了好些钱，还未见官的面，等到示期审讯，先要邀请邻证，早早守候。房租吃喝夫马那一样不是钱？刚要审了，却又挂出牌来改了日期，你从前那些钱都白花了。又等了好些时，探听了好几回，到书办房里催了好几次，做工商的丢了生涯，耕田的雇人代替算起来也不知花费了多少钱，缠得见官的面，不问是输是赢，你的家产已先典卖空了，你的身子已先折磨坏了。若是输了，枷杖收卡，身受苦楚，被人耻笑，气也气死，还要花许多怄气的钱；若是赢了，那对头人吃了亏，记了仇，断不肯和你干休，总要想出主意来害你，叫你防备不得，便到子孙手里还要报复，闹出人命也不定，更是可怕。这都是你自己不能忍气，又被讼师哄骗，所以到这个

① 吕坤：《实政录·乡甲约卷之三》，载陈生玺辑《政书集成》第 6 辑，中州古籍出版社 1996 年版，第 611—612 页。

田地。本县府不忍见你如此，所以苦口劝你，为此示谕百姓们知悉，你们日后若遇田土钱债等小事，就算有十分道理也要忍气，牢牢记得本官的话，只要投告亲族和息，就吃点亏总比见官较有便宜，若还只有五六分道理便要快快和息，你若不听本县府的话倒听讼师的话，只肯告状不肯和息，你父母兄弟妻子一家不安还是小事，只怕败了你的身家还要送了你的性命，那时想起本县府的话悔恨不该告状却已迟了。本县府在江西也是百姓，我家二百年来不敢告状讦讼，暗中得了多少便宜，也只是忍气的好处。你们不可辜负我教你一片苦心，切记切记，毋违特示。①

教化地方亦是地方官追求无讼社会的重要手段。"今置一本纪善簿放在乡约中，凡我百姓，不论贵贱贫富老少尊卑，有一善事不论大小，四邻报于甲长，到那会日，举在乡约里面，将那好事就记在纪善簿上"②，其中便有"他人告状劝回和解者一事为一善"③。与之对应，"纪恶以示惩戒"，恶行条件其中即有"造言生事，弄巧行奸，好讲闲斗，是非惯贴，匿名谣语，破毁人家好事，离间人家骨肉，这等坏心奸民，四邻甲长报知约正副小者，初犯纪恶改正，大者及再犯者，开揭送官，尽法重处"④。

士为四民之首，教化地方首先要"端正士风"，官吏们亦认为士风之于民风有着重要影响：

> 士习端则民风厚，不特甲科乡宦，民望攸归，即俊秀生儒，亦均有表率齐民之责。盖百姓颛愚，囿于近习，守令虽亲民之官，究不能家喻户晓所，赖读书明理之人，居处同乡，见闻较

---

① 刘衡：《庸吏庸言》，载陈生玺辑《政书集成》第 10 辑，中州古籍出版社 1996 年版，第 703—706 页。
② 吕坤：《实政录·乡甲约卷之四》，载陈生玺辑《政书集成》第 6 辑，中州古籍出版社 1996 年版，第 617 页。
③ 同上书，第 620 页。
④ 吕坤：《实政录·乡甲约卷之五》，载陈生玺辑《政书集成》第 6 辑，中州古籍出版社 1996 年版，第 625、634、635 页。

切，平时则一动一言，无非矩矱，遇事则排难解纷，动之以人情晓之以国法，百姓虽愚，见体面人如此恳恳勤勤，自然弱者感化，强者畏服，便息了地方多少事端，省了官府许多气力。可见一乡有善士，胜于一邑有好官。谓其情更亲而机亦顺也。①

　　缘此考虑，地方官大多要求士子积极承担教化地方的职责，"生等读圣贤书，所学何事？如作状唆讼，及一切习俗常犯之事，毅然有所不为，固不待言，惟种种易犯之事，里甲中必有误犯之人，可以瞒官长之见闻，断不能逃亲邻之耳目。况生等既为民表，则合族通乡，率皆望风式化，无论何事，但经开导，无不依从。较之本府告示印文，尤为易于取信"②。陈宏谋在上任伊始往往要求州县将其地方基本情况报告给他，其中较为重要一条即为："境内士习如何？生监好讼多寡如何？乡绅内大者某家小者某家，或现任？或原任？或在城？或居乡？"③ 以及"地方有无衙蠹讼棍豪强？曾否查拏？如何处治？现在有无其人？有无恃众行凶，不受钤制之事？果有大奸巨棍，密开具禀"④。

　　针对士子干讼的现象，部分官员"于诸生进见"时"设立门簿"，"或公事入，或私事入，悉登姓名；或自构讼，或为人讼，或自为证，或被人牵证，全在情节。其有事不干己，辄便出入衙门乞恩网利，议论官员贤否者，许即申呈提学官以'行止有亏'革退"⑤。也有地方官主张采取尊重、分化的应对方式。"士而干讼，必不可纵，然遽惩以法，又非育才之道。宁远士习浇漓，好以干讼为事，余至与诸生约：国家优待衿士，虽己事许用抱告，如事非切己，或为邻佑，或为干证，护符祖讼者，点名之后，概不问供，给予纸笔，令在堂右

---

　　① 刘衡：《庸吏庸言》，载陈生玺辑《政书集成》第 10 辑，中州古籍出版社 1996 年版，第 706—708 页。

　　② 同上。

　　③ 陈宏谋：《咨询地方利弊谕》，载陈生玺辑《政书集成》第 9 辑，中州古籍出版社 1996 年版，第 153 页。

　　④ 同上书，第 158 页。

　　⑤ 《州县须知》卷 2《约束生监》，乾隆五十九年刻本，四库未收书辑刊本。

席地作文。邻证中自有白丁在，审系白丁左袒，则与白丁并列之衿士，即以白丁之罪罪之。立会教官当堂扑责，白丁非左袒者，衿士亦不复取供，而以所作之文，年终汇送学使，职员监生，则先责后详，必不姑恕"①。区分士子与白丁、各取其法的措施，取得了一定成效："自有此约，竟无绅士试法者，终四年未扑一衿，故知衿士原多知礼，不当与讼师同日而语。""于通衢榜讼师姓名，白丁则详着其绰号，衿士则约举其里居，谕之已往不究，再犯必惩，令洗濯自新。"②"衿士则自榜示之后，皆改前非，并无以身试法者，乃知化士究易于化民也。"③故而，"盖士不自爱，乃好干讼。官能爱之，未有不知媿奋者。爱之之道，先在导之于学，为月课，为季考，拔其尤者收之书院义学之中，鼓舞之，振兴之，隆以礼貌，优以奖赏，与干讼者荣辱迥殊，则士以对簿为耻，莫不砥厉廉隅。不独文教之可以日盛也"④。

地方官对期望士子教化地方的具体行为也有论及：

> 务将上年制宪戴刊发圣训六谕，及恭衍诗章六十首，广为讲解，并将孝亲敬长，睦族和邻，毋习邪教，毋好讦讼，毋好勇斗狠诸大端，随时劝说。总要视乡里人如自己人，视乡里事如自己事，不但诚饬其子弟，并且劝诱其父兄；既以身先，又以言教，既不费力，又易见功。在今日为翘材，在他年必为良吏，化先里党泽，及儿孙于以敬桑梓而培元气，则果能相与以有成也，地方之福，长官之幸也。⑤

当然，息讼并不代表避讼，官员在追求无讼社会的过程中，亦认

---

① 汪辉祖：《病榻梦痕录》卷下，梁文生、李雅旺校注，江西人民出版社2012年版，第60页。

② 同上。

③ 同止书，第76页。

④ 汪辉祖：《治士子干讼》，丁日昌辑《牧令书辑要》卷6，载陈生玺辑《政书集成》第9辑，中州古籍出版社1996年版，第734—735页。

⑤ 刘衡：《庸吏庸言》，载陈生玺辑《政书集成》第10辑，中州古籍出版社1996年版，第706—708页。

为堵塞诉讼之路并非治本之策。"今之人不能听讼，先欲无讼，不过严状式、诛讼师，诉之而不知，号之而不理，曰吾以息欲云尔。此如防川，怨气不伸，讼必愈多。"① "事有必不可已者，屡控不准，势必忿然不平，归而寻衅，转滋事矣。事有殊可已者，来控即准。迨后传齐质审，无大是非，徒滋扰矣"②。"乡间之弊，莫大于奸民得志，而良民受害。夫安分之人，业在田亩，自幼至老，足未尝蹑官府，事切于己，尚隐忍不欲讼。其有不务正业、专事健讼者，欺其善懦，往往搜求其短，诬告挟贿。县令不明，则吏置之狱，枝蔓追究，必破其家。县令苟明，追证即备，罪有所归，则诬告者惧罪，不待理断而妄饰其词，今日走郡，明日走监司，脱其转送或索案，则又因循逦逦以幸脱矣。此奸民所以终于得志，而良民受害。故凡投词，有事不干己者，必加惩治，无使脱判以害良民。"③

并且，官方也认识到其眼中的民间细故对普通民众来说并非小事，"户婚田土钱债偷窃等案，自衙门内视之，皆细故也。自百姓视之，则利害切己，故并不细。即是细故，而一州一县之中，重案少，细故多，必待命盗重案，而始经心，一年能有几起耶？"④ 故而，汪辉祖提出初到任时应准新词："邑虽健讼，初到时词多，然应准新词，每日总不过十纸，余皆诉词催词而已。有准必审，审不改期，则催者少而狂者惧，不久而新词亦减矣。手自注记，日不过数行，何至于劳幕中为之？已有明效，官则受词时可以当堂驳还，新词断不能多，何惮于记？"⑤ 袁枚认为听讼是无讼的前提："无讼之道，即在听讼之中。当机立决，大畏民志，民何讼耶？所谓侧弁垢颜，不投于明镜是也。然而一哄之狱，情伪万出，或在案中，或在案外，听之者恃才、

① 袁枚：《答门生王礼圻问作令书》，载陈生玺辑《政书集成》第 9 辑，中州古籍出版社 1996 年版，第 166 页。
② 袁守定：《图民录》，载陈生玺辑《政书集成》第 8 辑，中州古籍出版社 1996 年版，第 1025 页。
③ 郑端等：《为官须知》，"告讦必惩"，岳麓书社 2003 年版。
④ 方大提：《平平言》"勿忽细故"，清光绪十八年资州官廨刊本。
⑤ 汪辉祖：《学治说赘》，载陈生玺辑《政书集成》第 10 辑，中州古籍出版社 1996 年版，第 428 页。

恃气、恃廉、恃公皆不足以听也。虚以受之，灵以应之，周详以求之，旁见侧出以察之，庶足以听也。大凡事过而尝自悔，其误者其误常少，此所谓政如农功，日夜思之者也；事过，而常自信无一事之误者，其误必多。"① 作为名吏，汪辉祖也主张勤于听讼："与绅民约：月三旬，旬十日，以七日听讼，以二日校赋，以一日手办详稿；校赋之日，亦兼听讼。官固不敢怠也，尔等若遵期完课，则少费校赋之精力，即多留听讼之工夫。"② 速速审结已经受理的词状，是官员听讼的要旨，"无他术，祇速审结则诸弊不及作，而民受其福。若拖延岁月，不特奔走守候，费时损功，而证佐饮食之，书差勒索之，讼棍愚弄之，百弊丛生，而所费多矣"③。

勤于理讼、严刑峻法，是官吏息讼思想的外在表现。儒法手段的相互融合，是官员们治理地方的内在指导思想，"儒家和法家各有其被运用的范围。儒家思想占统治地位的范围是社会体制、精神道德教化和学术领域，法家思想占统治地位的则是施政的原则和统治的方法"④。而讼师既受儒家思想的排斥，也是法家规制的对象，从体制上来讲，是政权矛盾的指向。

官方之于健讼的限制及息讼思想的推行，"试图在民众的观念与意识中树立好讼的负面形象，从而在心理上减少或铲除民众对词讼的诉求，最终减少官府承担受理词讼所带来的压力"⑤。这一理念的践行，在道德领域的确产生了较大影响，使得当事人"即便一旦鼓足勇气走上公堂，其心理的道德压力远甚于对法律本身的恐惧，随之而至的社会舆论的劝阻甚至责难，更令当事人陷入众矢之的的窘境之中，

---

① 袁枚：《答门生王礼圻问作令书》，载陈生玺辑《政书集成》第 9 辑，中州古籍出版社 1996 年版，第 166 页。
② 汪辉祖：《病榻梦痕录》卷下，梁文生、李雅旺校注，江西人民出版社 2012 年版。
③ 袁守定：《图民录》，载陈生玺辑《政书集成》第 8 辑，中州古籍出版社 1996 年版，第 1032 页。
④ 冯友兰：《中国哲学简史》，北京大学出版社 1997 年版。
⑤ 邓建鹏：《健讼与息讼——中国传统诉讼文化的矛盾解析》，载许章润主编《清华法学》第 4 辑，清华大学出版社 2004 年版，第 188 页。

从而丧失勇气和决心"①。但不可忽略的是，息讼、寡讼毕竟是官方一厢情愿的政治理想，其出发点在于维护社会稳定及便于治理地方，而非出于维护民众的切身利益，这显然并非完治健讼社会的良方，只是在道德上强加给人们一道紧箍咒而已。且能够在地方社会践行教化的良吏并非比比皆是，息讼思想所能收到的实际效果事实上也微乎其微。因此，健讼之风并未由此收敛，反而愈演愈烈。"贱讼"的指导思想使"健讼"也成为官方惯用的蔑视口吻，扣在诉讼者的头上，如山东曹县樊宗智家被盗，官府破获后非但扣留赃物，且"纵容捕役勒索事主京钱八十余千，旋欲给还息事，事主之子武生樊鹏飞不允，承审官遂诬以刁诈健讼，详革衣顶"②。而随着健讼之风日炽，讼师群体获得了日臻活跃的宽广舞台。

三　明清讼师的活跃

健讼社会里，讼师参与诉讼的现象较为普遍。"后世词讼，必由讼师。虽理直之家，其所讼情节，每为讼师雌黄，既非本情，便有差谬。"③京控中，亦"有不肖之徒，以不干己事，挺身包揽，纠敛钱财，作为资斧，既遂贪心，复称仗义"④，"（山）东省京控之案甲于他省，皆由讼棍播弄把持，或藉端讹赖，或构衅欺凌小民，因其挑唆之言以生斗阅，其帮扛之□以恣豪横，地方官畏其钩棘不敢查挈，而讼棍转能挟制地方官，持其短长以□，刁健之风日炽"⑤。

（一）明清讼师存在的制度前提

诉讼活动的日渐专业化是讼师存在的重要原因。明清时期，"各府州县受词衙门责令代书人等俱照后式填写。如不合式者将代书人重

① 马作武：《中国古代法律文化》，暨南大学出版社 1998 年版，第 166 页。
② 《大清仁宗睿皇帝实录》卷 357，嘉庆二十四年（1819）闰四月，中华书局 1986 年影印本。
③ 袁守定：《图民录》，载陈生玺辑《政书集成》第 8 辑，中州古籍出版社 1996 年版，第 1036 页。
④ 中国第一历史档案馆：军机处上谕档，第 1 条，盒号 793，册号 4，嘉庆五年（1800）六月二十四。
⑤ 中国第一历史档案馆：军机处上谕档，第 6 条，盒号 905，册号 1，嘉庆二十五年（1820）三月二十六。

责枷号，所告不许准理"，其具体内容包括"人命告辜式、人命告检式、告辩盗状式、告奸情状式……告地土状式、告婚状式、告赌博状式……告财产状式、告钱债状式……"①，列举一状式如下：

> 《谋杀人命呈式》："具呈尸属某人为呈报事。窃某有亲父某人［或亲母、伯叔、兄弟、子侄等类照填］向与某人有何仇隙［或因奸盗等项止许简叙一二语］，今于乾隆某年某月某日在某处地方被某人［止许开列实在同谋如下手，毋许牵扯无辜］，如何谋害致死。有某人确证［止许开列确证，毋许捏开］，事关人命，理合呈报。伏乞即赐验殓讯究。为此上呈"②。

专业化的状词书写、规范的诉讼流程，使得诉讼之事非"常人可为"，讼师的存在成为社会必然。

"抱告"机制是讼师存在的制度基础。抱告，即允许原告委托亲属或家人代理出庭，其目的在于不使尊贵之人抛头露面，承接《周礼·小司寇》中"凡命夫命妇，不躬坐狱讼"的精神，"今有官职之人与人讼，必使家人抱告，所以贵贵也"③。同治五年，陕西巡抚乔松年曾奏请"京控案件，除本身被押与年老笃疾及妇人准用抱告外，余俱不准抱告等"，但被驳回，"各省京控之案，其中黠猾之徒，捏饰重情，逞刁健讼者，固所不免，然亦有实因原审官任性偏断，负屈含冤不得已而来京呈控者。各直省督抚果能于京控交审各案秉公剖断，其实被屈抑者立予平反昭雪，捏词诬陷者即行按律治罪，将刁诈之风不禁自绝。国家定制，凡有赴京呈诉之案，悉准受理，并无不准抱告之例，遽示以限制，倘小民真有冤抑，偶因疾病等事，不获遣抱，伸诉民隐何由上达？地方官于承审各案益将草率从事，不复悉心审断，流

---

① 吕坤：《新吾吕先生实政录·风宪约》卷6《状式》，明末影钞本。
② 不着撰者：《治浙成规》卷5《办案规则》，道光十七年（1837）刊本。
③ 袁枚：《随园随笔·抱告》，江苏广陵古籍刻印社1991年版。

弊滋多"①。抱告制度的存在，提供了讼师活动的空间，"有讼师假托犯人亲属，进监探视教供，以致案情多有翻易，人证反受拖累"②。

讼师行为的区别对待及代书行为的法律认同，是讼师存在的法律保障。《大明律》"教唆词讼"条规定："凡教唆词讼及为人作词状增减情罪诬告人者，与犯人同罪。若受雇诬告人者，与自诬告同。受财者，计赃以枉法从重论。其见人愚而不能申冤，教令得实，及为人书写词状而罪无增减者，勿论。"③ 也即是说，因他人不能书写而代人写诉状，只要不增减情节，如实誊录便不违法，不需要承担责任，只有增减情罪诬告他人，才需要承担责任。《大清律例》的"教唆词讼"条的附例中虽对"教唆词讼""积惯讼棍"等行为作了严厉规定，如："代人捏写本状，教唆或扛帮赴京及赴督抚并按察司官各处，各奏告强盗、人命重罪不实，并全诬十人以上者，俱问发近边充军""审理词讼究出主嗦之人，除情重赃多、实犯死罪及偶为代作词状情节不实者，俱各照本律查办外，若系积惯讼棍串通胥吏，播弄乡愚，恐吓诈财，一经审实，即依棍徒生事扰害例问发云贵两广极边烟瘴充军""凡教唆词讼，及为人作词状，增减情罪诬告人者，与犯人同罪。（至死者，减一等）若受雇诬告人者，与自诬告同。（至死者，不减等）受财者，计赃，以枉法从重论"等，但该条还是基本继承了明代法律的精神："其见人愚而不能申冤，教令得实，及为人书写状词而罪无增减者，勿论。"④

（二）讼师的构成

明清讼师的来源十分广泛，构成较为复杂，不仅有落魄读书人，也有"衣冠子弟"，地方上层人物干讼者也比比皆是，宗室、官吏、胥役等有时也会化身为诉讼背后的讼师。

① 中国第一历史档案馆：军机处上谕档，第2条，盒号1279，册号4，同治五年（1866）四月十五。
② 中国第一历史档案馆：军机处上谕档，第3条，盒号887，册号1，嘉庆二十二年正（1817）月二十二。也见于《清仁宗实录》卷326，中华书局1986年影印本。
③ 怀效锋点校：《大明律·刑律五》"诉讼"，辽沈书社1990年版。
④ 田涛、郑秦点校：《大清律例·教唆词讼》，法律出版社1999年版，第490页。另，卷30《刑律·诉讼》中有"教唆词讼"条、"军民约会词讼"条、"官吏词讼家人诉"等。

士人干讼，"学儒不成，弃而学律"①。"生员内有串通窃盗，窝顿牛马，代写词状，阴为讼师，诱人卖妻，作媒图利者"②，"贡监生员每多揽词讼，平空插入，打帮讼事"③。

在抗粮抗漕等事件中，往往有士人充当主谋，进行鼓动教唆。"浙江杭嘉湖三府，近来钱漕逋欠甚多，俱系生监，上控有案，包漕闹漕，抗不完纳。地方官不能催征，加以讼户名目，与讼师讼棍无异。"④ 鉴于士人好讼、干讼与欠粮的习性，以"善治盗及讼师"著称的蓝鼎元则一方面予以惩戒，"请暂入狱中少坐，不论今日明日，今夜明夜，但粮米全完即出汝矣"，另一方面抓住士人好面子的弱点，在受理诉讼时"于当堂点唱之时，见系贡监诸生，必呼而问之曰：'若完粮否？'召户房吏书比薄堆积案头，立查完通。完则奖以数语，揖之退；逋则开列欠单，置之狱，俟完乃出。由是输纳者益多，而词讼亦稍减其半"⑤。前文我们提到官府受理案件数量多时，曾用蓝鼎元语："潮人好讼，每三日一放告，收词状一二千褚，即当极少之日，亦一千二三百褚以上"⑥，而此法竟使得词讼减半，可见贡监诸生参讼在诉讼中所占的比例。

部分地区，生员"以学习刀笔挑唆词讼为务"，如果某生员没有代讼业务，则被"笑为无能之人"⑦。四川讼师，"多系贡监文武生，唆架扛帮，大为民害"⑧；《秀山公牍》中也有拨贡生和革生成为讼师的例子。⑨ "黔州民情好讼，士习末端"，为变更风气，官方不得不加

---

① 吴光耀：《秀山公牍》（光绪二十九年刻本）自序："律者情理之准耳。古者经师亦注律。今乃取之术疏，官人之途杂，以为律者专门之学，大小衙门公事，阖无受成于刑名之宾，位尊务繁，则绮刑名，益专且重。业是者又往往学儒不成，弃而学律。"
② 嘉庆朝《钦定大清会典事例》卷93（吏部）十六，《续修四库全书·史部·政书类》。
③ 诸英：《州县初仕小补》，清光绪刻本。
④ 光绪朝《钦定大清会典事例》卷383，《续修四库全书·史部·政书类》。
⑤ 蓝鼎元：《鹿洲公案》，群众出版社1985年版，第4—5页。
⑥ 同止书，第5页。
⑦ 《申报》光绪二年（1876）九月十一日，《论士习》。
⑧ 光绪朝《钦定大清会典事例》卷383，《续修四库全书·史部·政书类》。
⑨ 吴光耀：《秀山公牍》［光绪二十九年（1903）刻本］卷1"通禀讼松草生吴怀证诬陷吴正斗父子，请发局或交新任本州审办"及卷1"通禀革办讼棍拨贡吴孝麟。"

强士子的课业及正途学习的监督，"令各属教官，严加月课，不得视为具文，应如所请，每月集文武生员于明伦堂，恭诵圣祖仁皇帝训饬士子文及卧碑所载各条，并按月月课，书文之外，兼试策论。教官训迪有方，著有成效，督抚学臣，核实保举，否则分别议处。生员内如托故三次不到，及无故终年不到，该教官详明学臣，分别惩戒斥革从之"①。

读书人如此，武生更易滋事，"武生倚恃衣顶，干预讼事，最易滋生事端，各省皆所不免"。乾隆年间，"临江府有迭次干讼滋事、不遵约束之武生傅振起，查明属实，即褫革衣顶示警"②。嘉庆年间，"已革武举聂超因恃符抗玩，经江西巡抚以逞刁健讼，咨部斥革"③。虽然我们无法得知事件的具体细节，官方对武生干讼的敏感性则反映了这一现象的普遍性，认为武生"全在该学政平时训饬，严加管束俾该生等咸知守分，不敢妄为，方足以整顿士习。……于所管武生，留心约束，倘有健讼滋事者，即随时惩治，俾各知所警惕"④。皇帝对士人干讼的情况也很重视，一再强调要整顿士风。道光曾说："朕勤恤民隐，惟日孜孜明慎用刑听讼，尤期于无讼。乃近来讼狱滋繁……生监滋讼，藉端诬告，讼师播弄以及胥役作奸积案不结……不可不严行饬禁。士为四民之首，欲正民风，先端士习。着各省学政严饬各学教官，随时稽查详报，毋使身列胶庠，恃符滋事。如有刁生劣监，即分别戒饬褫革，至巧构讼端，潜身局外者，必应严行惩办，其刁健之徒，凡审系虚诬，例严反坐。"⑤

当然，这里所说的士人，有的是普通生员，即我们常说的秀才，

① 《清高宗实录》卷224，乾隆九年（1744）九月上，中华书局1986年影印本。

② 中国第一历史档案馆：军机处上谕档，第2条，盒号703，册号2，乾隆五十二年（1787）五月二十九。也见于《清高宗实录》卷1281，中华书局1986年影印本。

③ 中国第一历史档案馆：军机处上谕档，第5条，盒号856，册号2，嘉庆十六年（1811）四月二十七。

④ 中国第一历史档案馆：军机处上谕档，第2条，盒号703，册号2，乾隆五十二年（1787）五月二十九。也见于《清高宗实录》卷1281，中华书局1986年影印本。

⑤ 中国第一历史档案馆：军机处上谕档，第4条，盒号937，册号2，道光五年（1825）九月二十。

有的甚至已经取得功名，考取举人，还有在家闲居的官员、缙绅、乡保等地方上层人物，他们也纷纷干讼。官员子弟也是讼师的一个来源，"吴人之健讼可想矣，然多是衣冠子弟为之"①。另外如熟悉诉讼程序的幕宾、胥吏、衙役、代书等在一定条件下也会变身为讼师，②充当教唆或包揽诉讼的角色。如福建有幕宾"赵朗夫明知周栗争继涉讼，倚恃幕宾，怂令在伊家写立继书，事后借骗卖婢身价洋钱四十圆，勒作谢仪，又收受周栗折礼洋钱四十圆"③。嘉庆二十四年，衙役胜魁唆人捏告欠项，希图分肥，"充当承差，系在官人役，辄敢主唆彭兰清捏告欠项，冀图得钱分用"，最终被"比照申诉不实律杖一百，系衙役加一等，杖六十，徒一年"④。道光八年，县役王广居主使张居诬告侯秀林赌博，"并差役索诈钱文，致侯秀林情急自尽"⑤。

讼师内部还有等级层次之别，"最高者曰状元，最低者曰大麦"。"余识一张状元，昆山人，忘其名。每与筹计一事，辄指天画地，真有悬河建瓴之势。可令死者生，生者死，筹张变幻，时阴时阳，百出不穷，何愧状元名号哉。及其初亦为博士弟子也。"⑥

"状元"大多文笔畅顺，词采飞扬，"持蠹吮笔，随手信口，动成爰书"。并以自己书写的状子自比《战国策》《左传》《国语》等，"昔维沈天池、杨玉川，有状元、会元之号。近金荆石、潘心逸、周道卿、陈心卿，较之沈、杨虽不逮，然自是能品。其一词曰，此'战国策'也。其一词曰，此左'国语'也"⑦。与"状元"对应，部分讼师则"一概横拉野扯不通情理之词，希图抵骗。此种咬文嚼字初学

---

① 徐复祚：《花当阁丛谈》卷3《朱应举》，上海古籍出版社1995年版。

② 需要指出的是，讼师与幕友有相关转化的流通渠道，讼师可能会出任官员的幕友，或者官方代书。诸如，"沈弘原姓杨原系盐棍，专以打诈为事。有沈万龄者，任四川新宁主簿，倩老讼师陈某秀以行。其秀至新宁，见衙舍淡薄，不二月辄辞归。然而万龄已去安家银五十两。"参见李陈玉《退思堂集》"谳语二，都院一件驾抄屠门事。"

③ 祝庆祺等：《刑案汇览三编》第4册，北京古籍出版社2004年版，第402页。

④ 祝庆祺等：《刑案汇览三编》第3册，北京古籍出版社2004年版，第1779页。

⑤ 祝庆祺等：《刑案汇览三编》第4册，北京古籍出版社2004年版，第508页。

⑥ 徐复祚：《花当阁丛谈》卷3《朱应举》，上海古籍出版社1995年版。

⑦ 殷聘尹纂：《外冈志》，《中国地方志集成·镇志专集》第2册，上海书店出版社1992年版，第893页。

入门之讼笔，实辜负人家笔墨钱。应饬令田宗万交出此人掌责，庶免下次害人"①。

讼师不是官方认可的正当职业，且有大量兼职讼师存在，往往以"在城教书为名"②。故而，关于讼师人数的详细统计数据几不可得。目前只能从零星记载中略窥一斑，如《湖南省例成案》中认为湘乡县"原被按期递状，势必托唆讼之辈代作。若辈散处城乡，实繁有徒，要不止于百十余人"③。

党江舟在其《中国传统讼师文化研究》中，从《清稗类钞》《刀笔菁华》《历朝折狱纂要》《客窗闲话》《鹿州公案》《刀笔词锋》《讼师狡智》《智惩恶讼师》等文献中梳理出明清时期的讼师72名，并以此分析了讼师的籍贯和地域分布，这无疑是大胆且有益的尝试。但以之解读明清时期讼师的人数状况，尚显牵强且不具代表性，江西、湖南、湖北作为健讼之地，均只有1名讼师活动，恐与历史事实相距甚远。

明清时期的讼师，在性别上多为男性，但少数文学作品中也有女讼师的机智形象，如清代曾衍东的笔记小说《小豆棚》中便有女讼师疙瘩老娘为人作状的故事。"湖州有婺妇④，号疙瘩老娘。能刀笔，为讼师，远近皆耳其名。凡有大讼久年不结者，凭其一字数笔，皆可挽折，虽百喙不能置辩。因之射利，计利厚则蔑理甚。"可谓功力深厚。如有富家媳早孀欲改嫁，夫家不许，这个媳妇求助于疙瘩老娘。老娘要了一千六百金的酬谢，送其十六字的诉状："氏年十九，夫死无子，翁壮而鳏，叔大未娶。"官遂令其改嫁。另外还有得三千金为不能贩米江南的江北米商做诉状："列国纷争，尚有移民移粟；天朝一统，何分江北江南。"为与伶人戏语而伶人依其法致人命的吴某作状，引

---

① 吴光耀：《秀山公牍》卷3《田宗万呈无契可立批》，清光绪二十九年（1903）刻本。

② 吴光耀：《秀山公牍》卷1《录复田步云州控并清验惩讼师叶云帆》，清光绪二十九年（1903）刻本。

③ 《湖南省例成案·刑律诉讼》，转引自党江舟《中国讼师文化——古代律师现象解读》，北京大学出版社2005年版，第152页。

④ 丈夫外出，没有随从的少妇。

孟子言燕可伐一节，"伐燕固在齐而不在孟子"，等等。这些讼师故事及笔法在其他处也多见，但主人翁却不同，可以揣见是当时讼师活动中的经典事例，被人们广泛流传所致。疙瘩老娘其人的存在确乎并不可信，因为古代社会女子受教育不具有普遍性，且女子抛头露面从事公开活动的更为稀少。

（三）讼师的地域分布

明清时期，讼师"各省皆有"，相应的记载亦俯首皆是。如安徽省，"民情刁健，讼案繁多，总以控准提省、拖累多人为得计。……近日京城拏获开设剃头棚人犯数起，讯系安徽池州石埭一带之人，居多卑污下贱，引诱善良，相习成风，恬不为怪"①。

山东省，"民刁健讼"②，"更兼讼师播弄，告讦不休"③，"皆讼师架词耸听"④。"讼棍得以把持教唆"的原因是"吏治废弛"，故而，官吏要"勤明听断"，对于"其著名讼棍，并随时访拏重惩"⑤。浙江省，"士习好讼，而嘉湖尤甚。嘉兴有红帽子，湖州有白帽子之谣，谓嘉兴则生监，湖州则乡民也"⑥。

福建省，"民情刁悍，讼狱繁多，皆由讼棍教唆，以致捏情混控……无赖讼师，倚恃刀笔，逞其刁唆之能，遂其诈骗之计。卒之两造受累，而讼师逍遥事外，实堪痛恨。……闽省民多好讼，皆出一班讼棍，遇事教唆，各属代书贪钱兜揽，遂至积习相沿，成为风气……总有轻听讼师唆哄，遂得逞其刀笔，以遂诈骗之计"⑦。"往往有一命盗之案，任意诬扳，且有寻常事件架词耸听，而讼棍等从中播弄，又

---

① 中国第一历史档案馆：军机处上谕档，第1条，盒号898，册号1，嘉庆二十四年正月二十六。
② 《清仁宗实录》卷341，嘉庆二十三年（1818）四月，中华书局1986年影印本。
③ 《清仁宗实录》卷182，嘉庆十二年（1807）六月下，中华书局1986年影印本。
④ 《清高宗实录》卷823，乾隆三十三年（1768）十一月下，中华书局1986年影印本。
⑤ 《清仁宗实录》卷341，嘉庆二十三年（1818）四月，中华书局1986年影印本。
⑥ 《清宣宗实录》卷245，道光十三年（1833）十一月，中华书局1986年影印本。
⑦ 《福建省例》刑政例下《士民约法六条》，《台湾文献史料丛刊》，台湾大通书局1987年版，第963—969页。

复利其不结，所谓图准不图审者，实有此。"① 其辖区台湾，"每将地方官已结各案，屡向巡察衙门控告"，其中多有健讼棍徒②。蓝鼎元也认为："台地讼师最多，故民皆健讼。"③

湖南省，"民情本多刁诈，又利有司之疲玩因循，以遂其诪张为幻之计，讼师痞棍从中播弄，黠书蠹役因缘为奸，所控虚多实少，被证动辄数十，或一人而数名分控，或一呈而窃列多人，又或无干扛帮，凭空诈索，递呈之后，图准不图审，图拖不图结，俗谓之'打油伙'。听审时不由差役传唤，须令歇家保户往传，谓之'请审'。迨被告已到，原告无踪，或传者续至，来者又逸，被累之人不胜其苦，因而私嘱贿和，原告得饱所欲，始到案递呈首悔"④。

两江地区的讼师活动也较突出。"江苏讼牒繁多，衙蠹讼师因缘为奸，往往一案幻为数案"⑤，"牧令之事，烦杂难理，江左较多，苏常二府尤甚。而讼狱其大端也，大抵人多智巧，好事喜争，理曲者强词夺之，尚易辩白，或将无作有，或欲扬先抑，或欲取姑与，官司听之急则不暇致详，轻喜易怒，稍有失平，民得持柄而摇以耸上司之听，缓则日久变生，狡计百端，莫可究诘，以致一案化为数案，小事酿成大事，逆料其词不可信，置之不理，则虚实难明，繁者益见其繁，刁者愈逞其刁矣"⑥。"吴中健讼成俗，讼师地棍表里作奸，往往驾捏虚词，教唆诬告，与本等事情毫无风影。"⑦ 福建延平、建宁、邵武三府，原本风俗素淳，"近亦健讼"，究其原因，实为江西健讼风气的影响，"缘有一种寄籍民人，大半自江西、汀州、漳、泉等处而来，

① 中国第一历史档案馆：军机处上谕档，第 2 条，盒号 833，册号 1，嘉庆十二年（1807）六月二十二。

② 《清高宗实录》卷 203，乾隆八年（1743）十月下，中华书局 1986 年影印本。

③ 蓝鼎元：《鹿洲全集》上册，厦门大学出版社 1995 年版，第 46 页。

④ 中国第一历史档案馆：军机处上谕档，第 1 条，盒号 966，册号 1，道光十一年（1831）正月十五。又见于《清宣宗实录》卷 183，中华书局 1986 年影印本。

⑤ 《清高宗实录》卷 145，乾隆六年（1741）六月下，中华书局 1986 年影印本。

⑥ 陈宏谋：《论吴中吏治书》，载陈生玺辑《政书集成》第 9 辑，中州古籍出版社 1996 年版，第 775—776 页。

⑦ 吴元炳编：《三贤政书》2，台湾学生书局 1976 年影印本，第 874—875 页。

赁山开垦，种植茶果麻靛之"①。

清代四大恶讼的籍贯及流传下来有明确出现地的讼师秘本情况，亦可以窥见讼师分布的地域性。

表 4 - 1　　　　　　　　　清代讼师秘本情况

讼师或秘本作者	讼师籍贯或秘本所在地	时代或秘本版本	讼师表面身份、所著秘本名称
谢方樽	江苏常熟	清乾嘉之际	秀才，屡试不第，没功名
诸馥葆	江苏苏州吴县	清代	举人
冯执中	江苏昆山	清代	廪生
杨瑟严	江苏崇明②	清乾嘉年间	秀才，没功名，教书匠
小桃园觉非山人	江西	明抄本	《珥笔肯綮》
湘间补相子颍川氏	河南	明刻本	《新镌法家透胆寒》
不著撰者	江西	清抄本	江西万载讼师秘本三种
题西吴空洞主人	江苏苏州	明万历二十七年	《胜萧曹遗笔》四卷
佚名	江西赣州一带	同治年间稿本	《器利集》
佚名	广西万承土州民间诉状的辑录手稿	光绪年间（1875－1908）抄本	《万承诉状》

资料来源：

杨一凡主编：《历代珍稀司法文献》第 11、12 册，社会科学文献出版社 2012 年版。

龚汝富：《明清讼学研究》，商务印书馆 2008 年版。

龚汝富：《中国古代讼学摭议》，《华东政法大学学报》2009 年第 6 期。

上海市崇明县非物质文化遗产保护办公室编：《崇明机智人物杨瑟严》，学林出版社 2009 年版。

王昭武收集、韦顺莉整理：《万承诉状》，广西人民出版社 2008 年版。

杜信孚、杜同书：《全明分省分县刻书考》，线装书局 2001 年版。

讼师的身份通常是非公开的，其具体数量的分区域统计难以完成。但有限的史料大致可以反映出，明清讼师更多地分布在长江中下

---

① 《清高宗实录》卷 285，乾隆十二年（1747）二月下，中华书局 1986 年影印本。

② 即今上海崇明，清代隶属于江苏省。

游以南地区。"南方健讼，虽山僻州邑，必有讼师，每运斧斤于空中，而投诉者之多，如大川沸腾，无有止息。"① "江南珥笔之俗，最为不法。有一等豪猾、税户、罢吏、乡老把柄官府，乡老少有忤己者，使人饰词陈诉，及两讼在庭，辩口利舌。"② "此等刁健讼棍，各省多有，而湖北湖南尤甚"③；"（江西）好讼之风甚炽"④，"闻得浙中有等神棍，端一唆挑百姓起讼兴词，至婺郡则尤甚"⑤。

当然，江南地区⑥讼师群体的活跃与其教育程度有关。明清时期，江南地区读书风气兴盛，中进士的人数一直居全国首位。明代中进士的人数，浙江居全国各省之首，江苏次之；而清代则江苏第一，浙江次之。但明清科举考试的录取率极低，从明初到嘉靖以后，乡试举人录取率从6%下降到4%以下，而到清代更降至1%－2%。⑦ 由于实行地区名额分配制度，江南地区的录取率大大低于全国，这就导致大多数读书人根本不可能中举入仕。迫于生计，很多读书人不得不放下斯文尊严，从事代写书信、文书、塾师之类的职业，而也有不少人则将目光转向从事幕友和讼师等行业。讼师的高收入无疑对落魄读书人有着极大的吸引力，"不少读书人在科举失败后成了'讼师'、'讼棍'"⑧，清代四大恶讼之一的谢方樽即是一个典型的例子。⑨ 明代朱国桢《涌幢小品》中也记载有神童读书不成沦为讼师的事情："近地

---

① 袁守定《图民录》卷2"南北民风不同"，载陈生玺辑《政书集成》第8辑，中州古籍出版社1996年版，第1054页。

② 杨昱：《牧鉴》卷6，载陈生玺辑《政书集成》第6辑，中州古籍出版社1996年版，第82页。

③ 《清高宗实录》卷1370，乾隆五十六年（1791）正月上，中华书局1986年影印本。

④ 《清仁宗实录》卷86，嘉庆六年（1801）八月，中华书局1986年影印本。

⑤ 王元曦：《禁滥准词讼》，载陈生玺辑《政书集成》第9辑，中州古籍出版社1996年版，第805页。

⑥ "江南"地区的划分在历史上不断演变，而在目前学术界关于江南地区的研究中，迄今也未见完全统一的认识。本书所指江南地区，主要是指长江中下游以南地区，尤以两江（江苏、安徽、江西）、闽浙（福建、浙江）、湖广（湖南、湖北）地区为重。

⑦ 巫仁恕：《明代平民服饰的流行风尚与士大夫的反应》，《新史学》第10卷第3期，1999年3月。

⑧ 方志远：《明清江南"好讼"成风》，《小康》2004年第10期。

⑨ 谢方樽一身才华，却屡试不第，前后八次参加乡试而未中举，最后只能成为讼师为人助讼。

有沈姓者，少聪慧，年九岁，应试，知县奇之，命题作破，以为政第二、八佾第三、里仁第四、公冶长第五为题，应声云：'政平于上，犹有干政之人，俗美于下，不免负俗之累'，大奇之，以为神童。后以骄惰无所成，流为讼师。"①

江南地区的讼师有其独特性，传播讼学即江南讼师的一个特点。明清时期，讼师尚不是一个合法的职业，代讼获利亦为官府、舆论所不容。故而，讼师及其活动多不公开进行。但江南地区的讼师不仅以讼获利，更大张旗鼓地"持斋诵经"②。揽讼也是江南讼师的重要特征，与其他地区讼师的"教唆"相比，江南讼师更勇于"代讼"，"他处讼师，尚是唆民起讼，此处讼师，专是代民奸讼，视殷实可唉之家，偶遇小事小故，辄代驾虚词投官府，以疾病老死为人命，以微债索逋者为劫夺，以产业交易户婚干连者，为强占，为悔赖。不独被告不料，亦且原告不知"③。一告而牵连多人是讼师诉讼中常见行为，而江南讼师更甚。"潮属词讼，好奇告多人，相磨累以示威；或捏造花名，居奇网例；或行贿改匿，移向他人。"④

（四）讼师的收入

"诬报重情，计图得贿"⑤，利益驱使是讼师参讼的直接动因。"仙邑教读，修金俭薄，诸生贫不自安。民富而怯，以钱为胆，虽自信理直，必思托人贿赂，才敢登堂。故利欲熏心，入兹孽障，非真有刀笔伎俩，不过笔头上骗钱生涯而已。然士习日坏，人心风俗之大忧也。"⑥

至于其收入，由于缺乏直接的数据支撑，目前只能从案例中的模

---

① 朱国祯：《涌幢小品》（下）卷25《资表不足恃》，文化艺术出版社1999年版，第163页。

② 《清仁宗实录》卷86，嘉庆六年（1801）八月，中华书局1986年影印本。

③ 王元曦：《禁滥准词讼》，载陈生玺辑《政书集成》第9辑，中州古籍出版社1996年版，第806页。

④ 蓝鼎元：《鹿州公案》"改甲册"，群众出版社1985年版，第142页。

⑤ 《清高宗实录》卷44，乾隆十六年（1751）十二月上，中华书局1986年影印本。

⑥ 陈盛韶：《问俗录》卷3《仙游县》之"师傅"，书目文献出版社1983年版，第77—78页。

糊记载略窥一斑。诉讼案件发生后，当事人找到讼师，"一案投门或千余金，或数百金，约定不贰。案内人用费尽向渠说，初不知有主人翁"[①]。孀妇自缢案中，犯罪嫌疑人汤翁"辇金"求谢方樽作状词;[②] 因奸杀夫案中，罪妇亲属以"千金"请讼师陈惠慈作一状;[③] 争奁[④] 一案中，陈翁以"三千金"求讼师吴墨谦作一状;[⑤] "乞书于刀笔之费，及治装投宿舍饮之费，一人近一金，则万人近万金"[⑥];"乡民结讼者，每遇游府放告投文，动辄数百人候之，至有一词费千金者"[⑦]。

时人对讼师生活情况的描述亦是了解讼师收入的一个突破口，《花当阁丛谈》有一则这样的描述："邨老曰，甚矣，吴人之健讼也。俗既健讼，故讼师最多。然亦有等第高下，最高者名曰状元，最低者曰大麦。然不但状元从此道获厚利成家业，即大麦者亦以三寸不律足衣食、赡俯仰，从无有落寞饥饿死者。"[⑧]

讼师还常常充当歇家，假开店门，包揽词讼，"乡民一入其门，则款之以菜四碟、酒二尊，号曰迎风。于是写状、投文、押牌、发差等事皆代为周旋，告状之人竟不与闻也，及被告状诉亦然。百计恐吓，巧言如簧，原、被不敢不从。始则乡人行词，终则歇家对矣。结之后，又款之以菜四碟、酒二尊，号曰算账。袖中出片纸，罗列各项杂费，动至百金。无论讼之胜负，歇家皆得甚富，或有破家荡产，卖妻鬻女以抵者"[⑨]。讼师周某原为某省太守，卸职归乡后"则包揽词

---

① 陈盛韶《问俗录》卷3《仙游县》之"师傅"，书目文献出版社1983年版，第77页。

② 虞山襟霞阁主编辑:《刀笔菁华正编》第1册《讼师恶禀精华》，上海中央书店1934年版，第1页。

③ 同上书，第8页。

④ 奁，古代妇女梳妆用的镜匣，代指嫁妆。

⑤ 虞山襟霞阁主编辑:《刀笔菁华正编》第1册《讼师恶禀精华》，上海中央书店1934年版，第9页。

⑥ 朱察卿:《朱邦宪集》卷14《与潘御史》，江苏巡抚采进本。

⑦ 曾羽王:《乙酉笔记》，《上海史料丛刊·清代日记汇抄》，上海人民出版社1982年版。

⑧ 徐复祚:《花当阁丛谈》卷3《朱应举》，上海古籍出版社1995年版。

⑨ 康熙《束鹿县志·风俗志》，转引自梁治平《法意与人情》，深圳海天出版社1992年版，第173页。

讼，武断乡曲，所入与作吏时略等"。丰厚的收入令周讼师狂喜不已，认为"吾今而后知绅之足以致富也，何必官？"这位周讼师最终被仇家灭门，而其妾生子名叫周屠的，在母家未归幸存下来，后来靠劫掠发家，又"善营生，乡之市肉者，必之周屠"。可是周屠的富裕"较其父产，弗逮千之一耳"①。

由于常人一般不会将自己收入的细目向他人宣示，关于讼师收入的记载，在人们口耳传诵中往往是一种模糊的估量，其中难免有夸大成分。而《鹿洲公案》中记载的林军师为人出谋划策所得的报酬，不过是"先送贽仪三两五钱，许事毕之后，谢金十二两"。这些实际案例中记载的具体数字，似乎可信度更高。而该讼师被官府拘审后，在其家中发现案头状稿中不仅有此次代作呈词，"并有为萧、姚、林、赵数姓舞弄刀笔，及代人上省告诉之稿，又开列各当事款单，积成卷轴"②。可见其诉讼活动非常频繁。以该讼师此次助讼收入为基数保守推算，假使一年其能为人助讼 10 次，其讼师活动年收入有 150 两以上，置于经济较为发达的江南地区中，这个数字是清代前期江南农户生计需求的 5 倍，是其农田年收入的 7 到 8 倍；与清代后期江南农户相比，是其生计所需的 3 倍，是其农田年收入的 7 到 8 倍。③

与知识群体中分化出来的其他专业群体的横向比较，也可以对讼师的收入有一立体的认识。幕友是与讼师有着相似知识背景、常协助官员处理讼案介入司法领域的从业群体，根据所投效的官员级别不同，幕友的收入也有区分，"知府和州县官的幕僚……的平均年收入估计为 250 两银子……地方大员的幕僚……估计每人平均的年收入为1500 两"。总的来说，"一个幕僚平均的年收入为 560 两左右，大约

① 徐珂：《清稗类钞》第 3 册《狱讼类》"周某唆赵某诉讼"，中华书局 1984 年版，第 1196 页。

② 蓝鼎元：《鹿洲公案》，群众出版社 1985 年版，第 241—242 页。

③ 张妍在其《18 世纪前后清代农家生计收入的研究》中对清代江南农户生存消费收支进行对比，推算清前期其生存消费支出年需求 32.6 两，"户耕 10 亩"的农户农田年收入银 20.6 两；清后期生存消费支出年需求 58.31 两，"人耕 10 亩"的农户农田年收入 20.6 两。且这些仅仅涉及生存消费支出，农户的文化消费、生产工本等支出都没有涵盖在内。参见张妍《18 世纪前后清代农家生计收入的研究》，《古今农业》2006 年第 1 期。

只是官员平均收入的十分之一，但却是为乡梓服务的绅士平均收入的
5 倍"①。明清塾师群体队伍庞大，但收入不够稳定且水平较低，"近
见蒙馆中，富者学钱止一二千，贫者学钱止七八百，甚至有二三百文
者，殊属不成事体。屈指一堂学生，已有二十余人，统计一年学赀，
不过十三四千。比之人家雇工，虽见有余，较之有等匠师，则大不
足"②。徐梓认为，塾师通过教学课徒获得的收入，主要有束修（酬
金）、膳食和节敬三项。"不具有绅士资格的普通塾师，一般一年只有
30 两左右收入，所得就更加低微。在明清时期，一般劳动者的年收入
约为 10 两，与这些人比起来，塾师的收入显然又高出许多。"③ 因此
他认为塾师是知识阶层中收入最低的一个阶层。张仲礼也指出，"有
绅士身份的塾师还是有相当不错的收入，其数量要比非绅士的塾师高
得多"④。"教师的年收入就在 30 两到 150 两之间，一般劳动者为 10
两一年"，"普通塾师的年平均收入不足 50 两银子"⑤，"每位有绅士
身份的塾师平均每年 100 两的收入，是官员平均收入的五十分之一，
是幕僚收入的五分之一，并略低于提供绅士服务者的平均收入"⑥。而
与塾师类似的社师⑦的收入也不高，明代周汝登在《社学教规》中
说："教读在学自爨，则一年之饩，须二十金，少者十五金，视生徒
众寡以为隆杀。"⑧ 而丁日昌在其所制定的《社学章程》中规定："塾
师一人，课徒以十人为率，每月酌给束修缮金五千文，月费一千文，

①　张仲礼：《中国绅士的收入》，费成康、王寅通译，上海社会科学出版社 2001 年版，
第 81 页。

②　石平士：《童蒙急务》卷 1《劝尊师第十》，道光三十年刊本。

③　徐梓：《明清时期塾师的收入》，《中国社会经济史研究》2006 年第 2 期。

④　张仲礼：《中国绅士的收入》，费成康、王寅通译，上海社会科学出版社 2001 年版，
第 85 页。

⑤　同上书，第 95 页。

⑥　同上书，第 102 页。

⑦　"社学是设在府州县司卫的治所及乡镇里社最基层的一种地方官学，招收一般平民
子弟，带有普及教育的性质。……通常要求聘用至少取得'生员'身份或者生员以上已经
获得一定社会地位的人。"参见李良品《明清时期社师的遴选、教学及经济收入》，《华东师
范大学学报》2009 年第 2 期。

⑧　民国《阳信县志》，成文出版社 1986 年影印本，第 400 页。

按月支领。"① 儒医群体也是明清时期较为典型的知识群体,"儒医的收入要高于普通医生……从整体来说,儒医的收入也明显地高于很多只从事教学的绅士"②。张仲礼推测"当医生的绅士平均的年收入约为 200 两"③。我们以表格的形式来总结以上群体的收入,或能使比较结果更为简明:

表 4-2　　　　　　　　　部分知识群体年收入对照

知识群体 年收入	文官	幕友	讼师	儒医	塾师	社师
收入波动 (单位:两白银)	33.114-180	250-1500	150-?		30-150	15-60
年平均收入 (单位:两白银)	5000多	560		200	50-100	

由于其隐性身份,明清讼师相对于其他群体而言,其收入量化的难度较大,且无法把握上限。但从以上这些较为概括的数字来看,讼师的收入在分化后的知识群体中处于中上游水平,应与幕友收入相近甚或高于幕友收入,从事教书行业的收入则完全不能与之相提并论。因此,明清社会很多表面上以教书为业者暗地却会从事讼师活动的现象则显得更易解读。

第二节　明清讼师诉讼活动的专业化倾向

明清时期,随着知识社会化的进程,知识群体裂变为一个个专业

---

① 吴荣光:《佛山忠义乡志》卷12,《中国地方志集成·乡镇志专辑》第29辑,江苏古籍出版社1992年版。
② 张仲礼:《中国绅士的收入》,费成康、王寅通译,上海社会科学出版社2001年版,第110页。
③ 同上书,第113页。

化或倾向专业化的群体，如讼师、幕友、塾师、儒医、史家等。与一般知识群体相比，明清讼师不具备正当、合法的社会地位，被律法和官方所禁止，在现实中却又是半公开的状态。诉讼制度的发展与讼师群体的兴盛相互推动促进，官方对讼师的严厉规制与诉讼当事人对提供法律援助的需要相互交织，明清讼师非但没有在历史发展中湮没，其专业化、职业化发展脉络反而愈加清晰。他们以专业性的法律知识为基础，将已有知识与诉讼实践相契合，通过"地下"方式为当事人提供法律咨询、代作书状、与胥吏衙役进行交涉，帮助当事人搜集或伪造证据并出谋划策等，推动了"健讼"之风，构成了讼师提供服务的需求和市场，形成了以讼学文献为主要形式的理论化成果。

一　学以致用：明清讼师的专业素养

不管是落魄读书人，还是考取功名的士人、缙绅，均经历过为致仕而读书的成长过程。结果虽然不同，但受教育的内容是没有差别的，这是他们可以充当讼师的必要基础。科举考试的内容主要是儒家典籍、四书五经等，在长期的学习过程中，读书人具备了读书写字的基本能力和较为扎实的文字功底。而且，"士子的读书绝不只限于儒家的典籍，他们也被鼓励涉猎政治、行政上有用的书籍"①。奔着从政的目标而来，士子们往往会学习从政之道，研习法律知识。明清两季虽没有设立专门的法律学校，"但在中央和地方官学以及私学、书院中都设有法律课程，学习法律法令"②。况且，如要做官，熟悉律法也是必备的素养："读书万卷不读律，致君尧舜也无术。……入官之初，先将大明律见行条例，伺公余研究，仍选善刑名法家一人，朝夕议论。其申呈上司招供，俱要情与律合，律与招同。若不明于律法，则舞文之辈贿赂抗法，出入生死，致情律不同，上司翻驳，切宜戒之。"③ 可以说，法律法令是读书人的必修科目。

事实上，明清社会读律习法的风气十分盛行，《明史·刑法志》

---

① ［日］滋贺秀三等：《明清时期的民事审判与民间契约》，王亚新等编译，法律出版社 1998 年版，第 69 页。

② 何勤华：《中国法学史》第 2 卷，法律出版社 2006 年版，第 225 页。

③ 《初仕要览》"明律令"条，见《官箴书集成》，黄山书社 1997 年版。

记载，"囚有《大诰》者，罪减等。于是，天下有讲读《大诰》师生来朝者十九万余人，并赐钞还"。另外，私家注律之风及进行法律著述较为兴盛，流传至今的明清时期的律学书籍有二百六十余种。① 官箴书、讼师秘本等在这一时期也达到鼎盛，官吏著述中对律法和诉讼涉及较多，这些都为士子们读书学律提供了丰富的渠道。

正是具备了上述要素，讼师才能提供更专业的诉讼服务。如在康某用长矛杀人案中，讼师刘某熟悉律法，也熟知官府办案的基本程序，他用长矛刺康某左股，并令其到县自首。县令诘问案情时，康某则说死者过去横恣于乡，被人评告，康某曾作证结仇。昨天路过其门，其人执矛，刺中其股，康某乃夺矛回刺之，被刺之伤仍在。县令检验，果然有伤，遂断令入于缓决。②

而在社会的另一端，普通民众受教育程度极低，对法律知识一窍不通，"愚夫不知其法，妄兴鼠牙雀角，及至公庭（辦）［辨］折，反坐诬招非，本欲制人而制于人，本欲申冤而诎于冤，此倒持太阿而自割其肉也"③。更遑论公堂辩斥，"足未尝一履守令之庭，目未尝一识胥吏之面，口不能辩，手不能书"。黄六鸿在其《福惠全书·钱谷·苏排落甲》中也指出："乡人望城市如地狱，见差胥如狴鬼，魂飞胆栗。而一党凶神，因其畏缩，诱以代办之词，科其不赀之费。"与"健讼之民，朝夕出入官府，词熟而语顺，虽譊譊独辨，庭下走吏，莫敢谁何？"相比，"良善之民，生具山野，入城市而骇，入官府而怵，其理虽直，其心战惕，未必能通"④。

为了减轻阅读诉状的负担及遏制健讼风气，明清官方开始限制诉状的格式及字数，"今与吾民约，自今非有迫于躯命，大不得已事，不得辄兴词。兴词但诉一事，不得牵连，不得过两行，每行不得过三十字。过是者不听，故违者有罚。县中父老，谨厚知礼法者，其以吾

---

① 何勤华：《中国法学史》第 2 卷，法律出版社 2006 年版，第 243 页。

② 周尔吉编：《历朝折狱纂要》卷 6，中国书店 1999 年版，第 87 页。

③ 管见子注释：《新刻法家萧曹雪案鸣冤律·兴讼入门要诀》，载杨一凡主编《历代珍稀司法文献》第 12 册，社会科学出版社 2012 年版，第 397—398 页。

④ 郑端等：《为官须知》，"通愚民之词"，岳麓书社 2003 年版。

言归告子弟。务在息争兴让"①。因为"每逢放告之期，批阅呈状，非密行细字，即累幅粘单，或混加不美之名，各攻奸讳言之隐。文致被罪，几于罄竹难穷。肤诉已冤，竟似覆盆莫白。告一事而牵列数事，告一人而罗织多人"②。福建省甚至将条款状式刊入省例，具体如下：

> 告验伤保辜式（不许多报一伤，违者看明重究。路远告辜，不得过五日）。
>
> 某府州县某人为殴伤事。有某（父、母、伯、叔、兄、弟、妻、子）年若干岁，某年月日，某刻，与某人为某事（多不许过二十字）相争，被其执拏（砖石、金刃、他物，或用拳脚）将某（父、母、伯、叔、兄、弟、妻、子）打伤某处（青、红）色共有几伤，某人见证。为此抬扶到官，伏乞验看，或伤重不起，伏乞往验候取保辜。上告。
>
> 告人命验尸式
>
> 某府某州县某里某人为人命事。某年月日，有某（父、母、伯、叔、兄、弟、妻、子）被某人殴打重伤（伤痕前已报验，取有辜限医治不瘥），至某日某刻因伤身死，乞验尸究抵。上告。（其有登时打死者，将伤张填入，不许增减。）
>
> 告盗情式（不许混开，违者究出以证告良善论。）
>
> 某府某州县某里某人为盗情事。某年某月日某刻，有不知姓名或（强、窃）盗约有几人，（或剜透墙房暗偷，或各持器械火亮打开门窗吓集，或在洋面乘危抢夺，或肆行劫掠，有无执持金刃火器等项伤毙人命）盗去某物若干件（系甚花样，有何记号）。银钱若干数（整锭、散碎或人口俱惊散或轮奸某妇女）。保邻人等（俱来、不来）救护（或追赶不前或不知去向）。伏乞勘验拏

---

① 王守仁：《王文成公告谕》，载陈生玺辑《政书集成》第8辑，中州古籍出版社1996年版，第54页。
② 《福建省例》，《台湾文献史料丛刊》，台湾大通书局1987年版。

究。上告。

告奸情式

某府某州县某里某人为奸情事。某（妻、姐、媳、妹）某氏，年若干岁，被某人（或诱奸拐逃，或强奸不从，现有某处伤痕，或强奸已成，现有扯破何衣，夺下何物，何人闻喊知证，或羞奋自尽死）某人知证。伏乞拿究。上告。

告田宅式（卖过十年者不准）。

某府某州县某里某人为田宅事。某年月日，同中某某买到某人（田、宅）若干（顷、亩、间数），价钱若干，（已、未）经过割承粮。今被某人侵占（田、宅）若干。地保、田邻某人知证。伏乞断追。上告。

告婚姻式（指腹割襟者不准）。

某府某州县某里某人为婚姻事。某年月日，凭某人用财礼若干，聘定某人第几女为（妻、媳），有婚帖为据。讵某悔婚，不行知会，改（聘、嫁）与某人为（妻、媳），（已、未）成婚。伏乞讯断。上告。

告财产式

某府州县某人为财产事。某（祖、父）某遗下（房几所、地若干亩、资本银若干两、首饰衣物若干件）应该某与某（伯、叔、兄、弟）照支派均分，或（有、无）分单，今某某持强霸去（财产）若干。族长亲友某人知证。伏乞讯断上告。

告钱债式

某府州县某人为钱债事。某人于某年月日借去（银若干两、粟若干石），言定加几出利，有中见某人并借约为据。讵某延至几年，本利分文不还，或止还（本、利）若干，尚欠（本、利）若干。屡讨不还，伏乞讯追。上告。

告土豪准折式

某府州县某人为土豪准折事。某年月日，有某缺（用、食），向某人借（银若干两、粟若干石），取利过本，因穷苦无偿，竟将某（妻、妾、子、女、房屋、牲畜）强行准折。某人知证。伏乞讯究。上告。

告开场局赌式（输银自告者不准。）

某府州县某人为开场局赌事。某年月日，有（弟、侄、子、孙）某被某人在某人家开场诱合同赌，被某赢（钱、银、物）若干。甚至勒写借约，逼卖房地偿还。某人见证。现获赌具某物为据。伏乞讯究。上告。

告欺凌孤寡式

某府州县某人为凌夺事。某氏于某年月日丧夫，（有、无）子女，遗下（房若干、地若干、牲畜若干、粮食若干、衣物若干）矢志守节，被某（伯、叔、兄、弟）凌夺，将氏暗许某人，强来逼嫁。某人知证。伏乞讯究。上告。

告书差索诈式

某府州县某人为书差索诈事。某年月日，某人指称何衙门书役，捏以某事，将某妄拏，在于某处私行拷打，索诈去财物若干。某人见证。如虚愿甘坐诬。上告。

告诡隐钱粮式（审实有赏，虚者治罪）。

某府州县某人为诡隐钱粮事。某里某人将自己（民地欺隐、军地诡寄）若干（减折额粮、躲避差徭）。有乡保、地邻某人或（黄、审）册可证。上告。

告恃衿抗粮式

某府州县某人为恃衿抗粮事。某人现有田地若干顷亩，应纳（银、粮）若干，倚恃绅衿，抗不完纳，致某（受比、赔累）。乞准拘究。上告。

告代纳侵欺式

某府州县某人为侵欺事。某年月日，被（里库吏、乡保、仓书、包户）某人将某应纳（银、粮）包揽代纳，凭某人见证。讵被侵欺，未曾代纳，致被追呼。伏乞究追。上告。

告贪污作赃式

某府州县某人为贪污诈赃事。某年月日，被某（官吏）某人，为何缘故（不得过二十字）将某逼索得（银、物）若干，某人过付可审。如虚愿甘坐诬。上告。

告草菅故勘式

某府州县某人为故勘无辜事。某年月日，被某官（挟仇妄听）将某无故拘拿（监禁、拷打）身死。某人见证。如虚愿甘坐诬。上告。

告重征钱粮式（无串票者不准）。

某府州县某人为重征钱粮事。某户名下应纳（银、粮）若干，业于某年月日如数交纳，挈有串票为据。今某书役又复提票重征，某人见证。合将原纳串票呈验，如虚坐诬。上告。

首状式（审实分别奖赏，虚得照所告加等坐诬）。

某府州县某人为据实首告事。今有某处某人（或窝娼赌、或窝窃盗，或邪教不法等事），伙党某某，共有若干人，某系近邻，获有何物证据，于某年月日曾经投知地保某人不理，恐日后事发干连，合将查获实据投首，并出具如虚坐诬甘结存案。上告。

诉状式（无证见者不准）。

某府州县某里某人为辩冤事。某平日作生理，原因某事（不得过二十字）与某人有仇，某人知证。某日某实在某处何干，某人见证。今被某妄告攀诬同（殴、奸、赌、盗）等事，乞赐查讯，庶免冤枉。

——上诉以上二十条，其有不能尽列者俱仿此。①

官方要求告状人"不拘在何衙门投递呈词，必须遵后开状式书写，状人姓名填入，不许妄告一人，不许捏告一事，违者所告俱不准理，仍挐混写呈状人查究"。在官方看来，只要有了统一状式，自然可以"禁遏刁风"，"凡愚夫愚妇略知文义，即能照式书写，代书无从多索银钱，讼棍难以巧施伎俩，于民甚便。饬大小各衙门一体责令官代书照式填写"②。

---

① 《福建省例》，《台湾文献史料丛刊》，台湾大通书局 1987 年版。
② 同上。

而现实生活中，由于知识话语权的弱势，普通民众一旦涉讼，对于书写诉状简直无能为力，本来能书写文字者就很少，在既定框架甚至字数内表述清楚讼告的因由，简直是难上加难。且限定的格式用平凡的词汇填充，往往失之平淡，告准告赢都不可知，这就不得不向"有着专门法律知识和诉讼技巧"的讼师"寻求帮助"①。且"凡兴讼，务宜量力而行，不可（安）［妄］置异说，枉法（前）［煎］民。一时告状容易，他日受刑难当。如果［有］冤不申，乡都莫分曲直，毕竟要鸣府县，须待高明作为有理状词"②。《珥笔肯綮》的作者也指出，"慨自民伪日滋，案牍日烦，上之人日益厌焉，故限字之法立。字限渐少，愚民每每不能自伸其词；说不已，而求之能者。奈何浅见陋学之士人，不能以数十字该括情词，往往负人者多矣"③。而读书人出身的讼师，有着扎实的文字基础和高超的写作素养，加之一般都熟悉相关律文、条文的内容，对于这些都能从容应对，从而成为健讼社会的现实需要。他们在助人诉讼中，通过自身的不断钻研，掌握一定的诉讼法律技巧，精通词状之术，通过代写诉状、替人出谋划策、充当诉讼当事人与诉讼各方的媒介等，实现了群体知识与社会功用的结合，并从知识社会化逐步走向专业化。

二　讼师的诉讼活动及其专业化倾向

官方对讼师的描述及评判，摒弃其因立场不同产生的感情色彩，可以大致折射出讼师诉讼活动的范畴："乃有奸宄不法之徒，好事舞文，阴谋肆毒，或捏虚以成实，或借径以生波，或设计以报宿嫌，或移祸以卸已罪，颠倒是非，混淆曲直，往往饰沈冤负痛之词，逞射影捕风之术。更有教唆词讼者，以刀笔为生涯，视狱讼为儿戏，深文以冀其巧中，构衅而图其重酬，乡里畏之，名曰讼师。因而朋比协谋，

---

①　段啸虎：《中国古代衙门百态》，东方出版中心 1997 年版，第 187 页。

②　管见子注释：《新刻法家萧曹雪案鸣冤律·兴讼入门要诀》，载杨一凡主编《历代珍稀司法文献》第 12 册，社会科学文献出版社 2012 年版，第 398 页。

③　觉非山人：《珥笔肯綮·序》，载杨一凡主编《历代珍稀司法文献》第 11 册，社会科学文献出版社 2012 年版。

党恶互证……"① 京控事件中，"有受讼师主唆，代作呈词者；有事不干己，得财挺身包揽者；有案尚未定，情虚先遁，希图脱罪者；有案已拟结，遣人上控，妄思翻异者……讼师土棍所在皆有，往往将毫不干己之事，从中唆使，代作呈词，甚或从中渔利，包揽具控，又或于地方官审案未定之先，情虚畏逃，来京呈控。且有结案时本无枉纵，亦俱妄思翻控，希冀幸免者"②。"讼师最为民害。地方偶遇鼠牙雀角，本无讼心，若辈从中唆耸，或以是为非，或以小架大，蜃楼海市，尽掩真情，百计千方，包告包准，因而勾通书役，设法捺延，且复牵累无辜，故为朦混。甚至拖延日久，两造之气早平，而若辈之谋益肆。其害不可枚举"③。概而言之，讼师的诉讼活动包括代写词状、出谋划策、疏通关系、代打官司等，他们在提供的一系列法律服务中，表现出系统化、规范化甚至理论化的倾向。

（一）代写诉讼词状

代写词状是讼师的基本活动。在长期的参讼过程中，明清讼师积累了丰富的书状经验，状词书写日益规范，形成了所谓的"刀笔理"。"（董）〔黄〕公（诐）〔诚〕曰：'未作琴堂稿，先思御史台。不谙刀笔理，回受槛车灾。'旨哉言乎！……故凡事之大小，都中经投之状，必须酌量如法，有显有隐，有奇有正，出罪而入罪，开门而关门，譬之良将（川）〔训〕兵，操纵开合，变行莫测，此百战而百胜者也。切不可乡都一词，府县一词，官司又一词。事情虽（异）〔实〕，辞语情理尚有参差，则官府犹豫，不肯准理。"④

状词书写要先定"规格"，同时注重遣词造句、叙事详略、文章布局等。"词须要规格先定，然后布词，捡点成篇。切不可记见语子套之"，"体有三段。前段推写来历，为何事相干，中间指出被告根

① 嘉庆朝《钦定大清会典事例》卷318（礼部）二十四，《续修四库全书·史部·政书类》。
② 《清仁宗实录》卷187，嘉庆十二年（1807）十一月上，中华书局1986年影印本。
③ 《福建省例》刑政例下《访拿讼棍示》，《台湾文献史料丛刊》，台湾大通书局1987年版，第1118页。
④ 管见子注释：《新刻法家萧曹雪案鸣冤律·兴讼入门要诀》，载杨一凡主编《历代珍稀司法文献》第12册，社会科学文献出版社2012年版，第397—398页。

繇，或云岂期豪强占或强骗等情。须用紧要干证，明白赃物，以点实之。后段要严切言语，辨得前项事情，勿使宽踈。中间倘有不密之处，宜生情掩过，方可告准。朱语不入招，重着无妨。"①

律法是状词书写的主要依据，将法律知识、官方规定综合考量，是讼师书写诉状的首要考虑。

　　一、作者先看事理、情势何如，务要周详，不可忽略。或二事俱发，取其重者作主；轻者点缀，在首上或尾上，作辅佐。必用重关字面，转换成篇。庶不犯了一词两事之弊也，然要词语简洁连续。

　　一、作者不可搜罗事砌，不可虚空扯曳，致自招诬重罪。或遇一时难准之状，不得不架捏者，亦要招诬无大罪，方可。又必观者信之，乃善。

　　一、事经判断，后复翻告者，须看判语并供招，不合律处，明白挑出。若如初告之词，一样孟浪，终无益也。②

"审情""度理"是与"知法"并存的写状依据。"盖法律千条万绪，不过准情度理、天理人情，心所同具。心存于情理之中，身必不陷于法律之内。"③ 在"谋命夺妻"的诉状中，讼师以"夺宗妻"事实为核心展开诉状，进而争取验证"谋命"可能，堪为步步为营书状之范本：

　　谋命夺妻事。淫豪奸嫂氏，逐兄流外；日，身浼寻回，岂豪欺身居远，与嫂阴谋，兄午到家，晚即暴亡；乘夜密殓，令急移魋葬。身知奔理，嫂已被夺归家，强占为妾，族长可审。痛兄无

---

① 小桃源觉非山人：《珥笔肯綮》，载杨一凡主编《历代珍稀司法文献》第 11 册，社会科学文献出版社 2012 年版，第 3 页。
② 同上。
③ 嘉庆朝《钦定大清会典事例》卷 318（礼部）十八，《续修四库全书·史部·政书类》。

故暴亡，谋害显然。况又强夺宗妻，兼更难掩。乞吊兄尸，捡伤正罪。告。①

作者按语中指出，"此死者，难必是何伤，然中风卒故者，亦有之，故不可硬说。只以奸情而指其谋，则捡之无伤，招亦无罪；在彼，奸夺宗妻之罪，重于我矣"。在法律范畴内，避轻就重，以对方难以洗脱的罪责为中心重点陈状，可谓有守有攻，必将被告置于无法逃匿的境地。一旦代违法者作辩护状，就要回避法律的规定，用天理人情为犯罪者辩护。如宿州徐有仁蔑伦杀兄一案中，状中辩称"救护父母情真"，又有徐有仁因"父无人服侍，仍欲搬回。并称其情急回身，酒醉昏迷"等语，以孝道掩盖恶行，为之婉转声叙，被官方认定是"刁恶讼师猾吏，藉以舞文；而庸劣幕友，复狃于暗积阴功之见"②。

设身处地站在官长及原告、被告多方立场上反复推详，亦是讼师代写词状缜密考虑的必要过程。"凡为人初作状词，更当全神贯注，字字缜密，语语细详。作者宜置身其间，暗自推详，一文既成，反复阅之。然后试处己身为长官，吹毛求疵，以驳之无疵焉。更处己身为被告，委婉曲屈以辩脱之，然后入之。则所谓万丈高楼从地起，汪洋漫野一川收者是已。"③ 在诉状中，讼师还要考虑到对方的辩状，并作出预先的判断。"知彼知己，百战百胜。我既'审情''度理''知法'以告人，尤须防被告者之捏情敌我，我须百方探听之，体察彼之如何辩诉为止。熟思逆料，然后不达所欲之地位不止。如下棋然，平心静想，一着有一着之局，一步防一步之变，谋出万全，方能应敌。斯可制人而不受制于人，百战而百胜也。"④ 孀妇杨女要求"归家"

① 小桃源觉非山人：《珥笔肯綮》，载杨一凡主编《历代珍稀司法文献》第11册，社会科学文献出版社2012年版，第44页。
② 《清高宗实录》卷958，乾隆三十九年（1774）五月上，中华书局1986年影印本。
③ 诸馥葆：《解铃人语》，载虞山襟霞阁主编《刀笔菁华正编》第1册附录，上海中央书店1934年版。
④ 同上。

的诉讼案中，讼师冯执中不仅在诉状中用几个字彰显了孀妇的悲惨境遇，"十七嫁，十八孀"，更用简短言辞描述了其尴尬处境，"益以翁鳏叔壮，顺之则乱伦，逆之则不孝"①，将"归家"因由的矛头指向了孀妇的公公和小叔，读者品味其中之意，虽未明言，却能感知孀妇似乎受到某种隐含的欺辱，故评述者指出"非恶讼师想不到此，诚含血喷人，恶毒之尤者也"。

为了达到准讼、胜诉的目的，著名讼师"莫不研习于深刻之笔墨、险峻之语调。往往一语足以生杀多人，一字足以左右全案"②，机智而关键的词句让状词显得精彩纷呈。③ 如无赖钻穴逼奸及勒女金条案中，原告状中初书"揭被勒镯"字样，李讼师将其改为"勒镯揭被"，并解释说"揭被勒镯者，意在镯，故揭被不过取财耳！其罪一也。勒镯揭被者，则既劫其镯，复污其身，是盗而又益之以奸，两罪俱发，无生望矣"。果然，"状下，判处死刑"④。较为有名的状中珠玑，"如有人以'驰马伤人'改'马驰伤人'，竟以自脱于罪者，又有人以'屡败屡战'改'屡战屡败'；而语意截然不同者，抑亦神乎其笔矣"⑤，这些都充分展现了讼师的文化素养与机智，也彰显了其精于诉讼的专业能力。

可见，明清讼师代写词状，既需要精通法律和官方的习惯行为方式，精通诉状的行文布局，又要具备超于常人的智慧，能够抓住诉讼的关键点，紧扣司法者的思维，善于巧妙运用言辞机巧，集合多方面因素争取准讼和胜诉。这些都促使了词状书写的规范化和精致化，是一般读书人难以做到或难以做好的，明清讼师群体的社会功用发展到

① 虞山襟霞阁主编辑：《刀笔菁华正编》第1册《讼师恶禀》，上海中央书店1934年版，第2页。
② 虞山襟霞阁主编辑：《刀笔菁华正编·编辑微意》，上海中央书店1934年版。
③ 关于词状书写中用语的总结，在讼师秘本中多有呈现，后文"讼学文献与讼师的专业化"一节中另有论述。
④ 衡阳秋痕楼主：《刀笔余话》，载虞山襟霞阁主编辑《刀笔菁华正编》第1册，上海中央书店1934年版。
⑤ 诸馥葆：《解铃人语》，载虞山襟霞阁主编辑《刀笔菁华正编》第1册附录，上海中央书店1934年版。

一个其他人群无法随意跻身其中的专业化领域。

当然，在讼师缺乏正当社会地位而不可能出现统一管理的时代中，讼师代写词状的弊端还是无法避免。为吸引阅状者的注意，讼师作状常"架词耸听"，"架重大之情而诳听"①，"状中叙事仅数语，而形容彼罪，张大我冤，常居十六，冀骇闻一，受耳不知，波及蔓引，无辜者为殃"②，以致形成"无谎不成状"的诉讼风气。讼师诸馥葆在其著述里即指出，"凡作讼词，第一笔不喜平语"③，因平铺直叙毫无文采情感，自然难以获得司法官员的眷顾，故而讼师在作状中总是夸大事实，危言耸听。诸如"佃户赖租"的诉状中，讼师将"要求补交荒年租金"的地主描述为"虎嚼民膏""敲骨吸髓"④；为了诬赖一个所谓"好勇斗狠"而毫无危害事实的拳师，诸馥葆在状中描述其令"万姓闻风战栗，千门未暮扃扉"⑤。在长期理讼的过程中，官员也发现状词中夸大之词泛滥："或因口角微嫌而驾弥天之谎，或因睚眦小忿而捏无影之词。甚至报鼠窃为劫杀，指假命为真伤，止图诳准于一时，竟以死罪诬人而弗顾。庭讯之下，供词互异……而且动辄呼冤，其声骇听。及唤至面讯，无非细故。"⑥ 究其原因，词状夸大主要是为了引起厌烦烦琐讼事的官员的注意，正如徐忠明所说："诉讼两造之所以要'虚构'案件的事实和情节，是因为想以此'打动'司法官员，博取他们的同情；也是为了'耸动'司法官员，以此引起他们的重视。"⑦ 而虚构和夸大行为不一定会让讼师承担过于严重的责任，"在司法实践中，帝国官僚对'架词设讼'乃至'诬告'的行为，只要没有产生危害后果，实际上并没有给予什么严厉的惩罚，最

① 张我观：《覆瓮集》，清雍正刻本。
② 吕坤：《新吾吕先生实政录》，《官箴书集成》，黄山书社1997年版，第555页。
③ 诸馥葆：《解铃人语》，载虞山襟霞阁主编辑《刀笔菁华正编》第1册附录，上海中央书店1934年版。
④ 虞山襟霞阁主编辑：《刀笔菁华正编》第1册《讼师恶禀》，上海中央书店1934年版，第31页。
⑤ 同上书，第25页。
⑥ 吴宏：《纸上经纶》，载郭成伟、田涛点校整理《明清公牍秘本五种》，中国政法大学出版社1999年版，第221页。
⑦ 徐忠明：《案例、故事与明清时期的司法文化》，法律出版社2006年版，第12页。

多只是杖刑而已。……民间诉讼的起因常常无足轻重，在帝国官僚眼中，更是鸡毛蒜皮的'细故'，所以倘若'如实'陈述两造的纠纷事实，恐怕不能引起司法官员的重视，也不足以打动他们久惯官场因而变得有些麻木的感情"①。

讼师代写词状中架词及诬告的不当行为方式与当时官方的理讼态度不无关系，即便在这些不当行为中，讼师仍显示出了较高的法律素养和文字修为。总的来说，这一层面并未干扰明清讼师代作词状的专业化倾向，他们不仅强化作状的技巧，还将官方处理诉讼的规则、法律的规定、默认的人情规范以及对立当事人的情况等都纳入作状的依据中来，既立足于当事人所求力争一状即准，将对手一招打倒，又不忽略讼师本身，强调作状人规避风险的需要及方式，可谓深思熟虑，面面俱到，词状书写在这一时期已经上升到理论层面，形成了一套成熟规范的作状体系。

（二）制定诉讼策略

为当事人制定诉讼策略是明清讼师参与诉讼的重要活动之一，简而言之，即为当事人出谋划策，也即官方所认为的"教唆词讼"行为。在孀妇自缢案件中，谢方樽指使被告换掉孀妇的绣鞋，做出"弱质闺姝，黑夜焉知汤墓？连霄春雨，香钩初未沾泥"的假象，主动告诉，声称是有人移尸嫁祸，请官府予以昭雪。② 在赵乙被害案中，杀人者王甲黄昏时分杀人，谢方樽教唆其连夜远奔，出境三十里并潜入李姓家"作盗物状"，并被送至邑署。杀人事发后，谢方樽为之作状指出："甲地与乙所水隔三重，路遥卅里，若谓小民当日杀人于甲地，岂能偷盗于乙所？且杀人称在夜半，掘壁尚在黄昏，以情度理，事迹昭然。"③ 李氏与族人争产案中，李氏求教于讼师杨瑟严，杨教其打破家中什物器皿，然后诬陷族人"欺孤灭寡，毁家逼醮"，状词中辅以虚构情节：所谓"势逾虎狼。成群结党，黄夜入氏家中，将亡夫灵位

---

① 徐忠明：《案例、故事与明清时期的司法文化》，法律出版社 2006 年版，第 20 页。
② 虞山襟霞阁主编辑：《刀笔菁华正编》第 1 册《讼师恶禀》，上海中央书店 1934 年版，第 1 页。
③ 同上书，第 17 页。

撤去，逼氏别抱琵琶。田产悉被分占，仓庾尽为所夺。家资尽罄，呼吁无门。什物搬移一空，情形有如盗劫"①。清末，某公嗣一子却不喜爱，废弃又没有理由，讼师潘某直言"欲加之罪，何患无辞？"为之出谋划策，让某公出钱派子出去购物，中途潘某诬赖嗣子偷其身上钞票百元，巡警搜嗣子身得钱，而某公却不承认有托子购物之事，导致该子被拘留两个月，事后某公以此为由不认嗣子，另嗣他房之子为子。②

江苏吴县富民朱应举谋夺僧人田产案中，朱应举将僧人置于木罌③中，令家僮乱捶致死，后贿赂僧人的徒弟"火其尸灭口里中"。后"哗传欲讼官"，某讼师为朱应举谋划，说"待众人讼，何如使其徒讼？可从中弄机权也"。然后指导朱应举贿赂僧人徒弟状告朱应举"朱某以某月某日殴杀我师"，而时间则选择朱应举"请三学博饮"的日子。官府审讯后，有三博士为证，则断定僧人徒弟是诬告，"乃坐僧"，而僧人徒弟已受贿，也不深辩，从而暂时使朱应举逃过了罪责。④

《鹿州公案》中的讼师林炯璧，直接号称"林军师"，"善为词状者，当今第一利害有名之人，邑内外谁不知之"。在吴家抗租案中，林军师教吴家"竟置欠租勿道，反控田主霸占官溪，横抽虐民；一面遣人赴省遍控上司，以壮声势。县官闻控列宪，自然不敢拘审。他日奉宪准行，则我原告势居上风；使其不准，亦已迁延月日。久租细故，时过事灰，此万全之策也"。蓝鼎元虽然识破了讼师的计谋，也不觉赞叹"林军师设想原奇，手段原非小可，以此争讼，何往不胜？所谓当今第一利害有名之人，非阿好也"⑤。

讼师以设计情节或假象为当事人开脱，一方面显示了其与当事人

---

① 虞山襟霞阁主编辑：《刀笔菁华正编》第1册《讼师恶橐》，上海中央书店1934年版，第29页。

② 衡阳秋痕楼主：《刀笔余话》，载虞山襟霞阁主编辑《刀笔菁华正编》第1册《讼师恶橐》，上海中央书店1934年版。

③ 木制的盛流质容器。

④ 徐复祚：《花当阁丛谈》卷3《朱应举》，上海古籍出版社1995年版。

⑤ 蓝鼎元：《鹿洲公案》，群众出版社1985年版，第242—243页。

紧密的利益关系；另一方面，表明讼师对律法和官方诉讼活动手法的烂熟于心，这与近代律师尽力维护当事人利益，在法律范围内尽可能降低当事人罪责的专业要求有着相对一致性。但不可否认的是，明清讼师虽然具备了较高的专业素养和诉讼活动中的专业化倾向，但在我们可以看到的记载中，其为当事人充任"军师"的表现更多的是制造假象或钻律法空子的"不合法"行为，这就说明他们还是仅仅具备了专业化的倾向，而不能实现完全的专业化从而完成向律师的转型，当然，这既是时代的局限，也与官方记载的倾向和口吻有着密切关系。

（三）处理诉讼关系

讼师长期参与诉讼活动，与官府及涉及诉讼的各色人等都有千丝万缕的联系。诉讼活动中，为助人胜诉，讼师常常利用自己的"熟人"资源，为当事人疏通关系，扭转败局。"讼师生存在不见阳光的阴暗地界。然而正是其生存于阴暗地界，他们的行为手段一旦在有利可图时，无所不用其极。……审判的结果充满了相当大的自由裁量度。正是因为如此，官府的幕僚、胥吏、衙役才得以有因缘的空间，很多当事人为了打赢官司，行贿、送礼、买通、投托、打点等想方设法。讼师则充当了这种中介。"①

打点关系是人情社会的常态活动。"讼者求胜心切，每好使钱，谓之钻门路。奸徒从中播弄，绐之曰：吾有路矣。议金若干，固封，交在事人掌之，待事成交收。其后事幸中，则曰：孔方兄之力也。讼者感激图谢之不暇，何暇穷其所以？不中，则曰：尔不能言。或曰：尔理太屈，官无能为。以原金反之。讼者得金，亦不虞有他。所以百不发一，谓之撞木钟，亦曰撞太岁。明世已有之。见逌斿琐言。判讼者切宜堤防此事。"② 而讼案的拖延给予了讼师打点关系的时间，"盖

---

① 党江舟：《中国讼师文化——古代律师现象解读》，北京大学出版社 2005 年版，第 84 页。

② 袁守定：《图民录》卷 2《撞木钟》，载陈生玺辑《政书集成》第 8 辑，中州古籍出版社 1996 年版，第 1057—1058 页。

吴中风气最讲打点，又善营求，夜长则梦多，事久必弊生"①。

在《拍案惊奇》中即有讼师邹老人为杀人者贿赂刑部衙门，买通死囚代认杀人罪行的故事。②无独有偶，《刑案汇览》也记载了道光九年，盗犯盛添甲受唆使，"供指良民刘万一、刘小孩为盗"的案例。③清人笔记《客窗闲话》中记载了某生与孀妇的私通案，二人被族人抓了现形："哄入寝室，生与妇皆裸卧，不及遁，连卧具卷而缚之，送城。"因为是夜间，衙役暂时将之关押密室没有呈报。如此明白案件正常来讲应无悬念，但周讼师应某生妻子的恳求而为之出谋划策，令其"披发毁妆"一起来到衙门，"役识，金曰：'先生何为暮夜至此？'"讼师谎称某生妻子是自己妹妹来探监，并"以金授役"得以进入密室，从而偷梁换柱，将某生妻子与孀妇调换。次日升堂问案，只剩夫妻二人，某生底气十足，族人哑口无言，最终"官杖族人而释生"。夫妇二人归，厚酬讼师。④从这则案例我们可以看到，周讼师与官府中的役吏颇为熟悉，且衙役对讼师口称"先生"，十分尊重。衙役对讼师的尊重，本就建立在利益的驱动上，即使对其偷梁换柱心知肚明，也绝不会揭穿，反而乐此不疲。

讼师为当事人疏通关节的行为，使得诉讼活动显得更加纷繁复杂，抑或说适应了复杂的诉讼活动的需求。能够充当并胜任这个中介的作用，可见明清讼师在诉讼活动领域建立了较为广泛的社会资源网络体系，其虽然有着被法律和官方明令禁止的身份，却在现实中得到了各个层面群体的默认，这对于讼师群体被民众广泛认同自然有着不可估量的作用。

（四）直接出头代讼

讼师往往将自己隐藏于诉讼的背后，不公开自己的身份和行为。但在利益的驱使下，也有一些讼师甘冒风险，钻抱告制度的空子，以

---

① 陈宏谋：《论吴中吏治书》，载陈生玺辑《政书集成》第9辑，中州古籍出版社1996年版，第776页。

② 冯梦龙：《初刻拍案惊奇》第11卷，黑龙江人民出版社2004年版。

③ 祝庆祺等：《刑案汇览三编》第4册，北京古籍出版社2004年版，第122页。

④ 吴炽昌：《客窗闲话》，河北人民出版社1987年版，第52—53页。

亲属的身份亲自出头代当事人打官司。如前文提到的"浙中有等神棍，端一唆挑百姓起讼兴词。至婺郡尤甚，他处讼师尚是唆民起讼，此处讼师专是代民奸讼"①。《刑案汇览》中类似的记载比比皆是。如道光六年，讼师杨一清代作呈状，教唆林成章捏控张端用鸟枪轰伤孟大寅身死一案中，杨一清为了帮林成章胞兄林汉章找到替罪羊，不但代作呈词捏造"在逃之张端用鸟枪轰伤孟大寅身死"，且因林成章缺乏抱告之人，便自己"捏林焕章之名顶名赴院呈控"，受理后他被递回由"府檄县会审"，而"该犯虑恐讯出顶名上控情弊，经解役吴守廷受贿大钱七百文，将该犯卖放"。讼师杨一清在此案中，不但代作呈词，且教唆诬陷，怂恿上告，更不惜以身犯险，亲自抱告。但他也深知律法对这些行为的严厉制裁，从而在被遣回重审的路上通过行贿逃跑，结果仍被"拟流加徒"②。嘉庆二十二年，在夏芳觉图财顶名代告，复怂尸子京控案件中，夏芳觉"因无服族祖夏耀魁受伤身死报县缉凶"，在收受尸子夏绍秀银两的情况下，"顶名尸侄代控讯结"，其为了渔利，"添砌情节唆令夏绍秀京控"，终被"比照讼棍拟军例上量减一等满徒"③。

"允许诉讼当事人委托代理人来进行诉讼活动，是律师制度发展的一个重大关键"④，明清讼师出头代讼的案例明显多于以往朝代，他们虽是出于利益的驱使，但也不自觉地发展了诉讼活动中的辩论环节，无形中推进了知识群体社会化的进程，在现在看来无疑有着进步的意义。

三　讼学文献与讼师技能的专业化

讼师文化的交流与传播，既是讼师群体专业化倾向的表现，也是其专业化倾向的重要结晶。讼学文献即讼师文化的文字载体，作为讼师从事诉讼活动的著作及经验总结，它不仅仅是讼师内部交流互动、

① 王元曦："禁滥准词讼"条，载陈生玺辑《政书集成》第9辑，中州古籍出版社1996年版，第805页。
② 祝庆祺等：《刑案汇览三编》第3册，北京古籍出版社2004年版，第2200页。
③ 同上书，第1843页。
④ 郭建：《中国讼师小史》，学习出版社2011年版，第37页。

对外宣传讼师文化的方式，更是讼师诉讼技能专业化的明证。

（一）讼学文献的传播

讼师群体的活跃，带动了以法律知识和诉讼技巧为主要内容的讼学文献的传播。讼学文献，就其性质来讲，分公开传播的世俗读物和秘密流传的讼师秘本。

1. 世俗读物

明清时期，"下层百姓，虽大多并不识字，但购买一部内容包罗万象的日用类书以备日常参考之需，亦非罕见之事，通文墨的士人自不待言"①。这些包罗万象的日用类书，往往收录有类似讼师秘本的内容，"讼师秘本中包括语、珥语与文例在内的语言与技术，曾扩大到当时的日用类书之中，例如崇祯十四年（1641 年）序刊本的《新刻人瑞堂订补全书备考》卷十八'状式门'上栏刊载的'词状珠语'与各种《萧曹遗笔》的'珠语'大同小异，此外，上海图书馆本《萧曹遗笔》中的文例在《三台明律招判正宗》里面几乎全部收入，十段锦用法也几乎就是做状十段锦玄意的翻版"②。部分日用类书，甚至还在所收门类的目录中直接写上"萧曹遗笔"的字眼。③

明清时期广泛流传的公案小说，亦有讼学知识的记载，部分公案小说的安排，其实与讼师秘本并无二致。④ 公案小说《合刻名公案断法林灼见》，44 则内容中有 40 则与讼学紧密相关，《廉明公案》和

---

① 人类学家 James Hayes 的研究显示，在 20 世纪五六十年代的香港新界地区，日用类书是家有余赀的下层民众优先考虑购买的书籍，这亦是当地普通家庭最容易接触到的文字资料之一，参见 James Hayes，"Specialist and Written Materials in the Village World"，in David Johnson，Andrew J. Nathan and Evelyn S. Rawski（eds.），*Popular Culture in Late Imperial China*，Berkeley，Los Angeles and London：University of California Press，1985，p. 78，87 - 88。

② ［日］夫马进：《讼师秘本〈萧曹遗笔〉的出现》，载［日］寺田浩明主编《中国法制史考证·丙编第四卷·日本学者考证中国法制史重要成果选译·明清卷》，郑民钦译，中国社会科学出版社 2003 年版，第 489 页。

③ 如明万历四十二年（1614）梓行的《新刻搜罗五车合并万宝全书》。《新刻搜罗五车合并万宝全书》，卷16"词状门"目录，明万历四十二年（1614）予章羊城徐企龙编辑、古闽书林树德堂梓行，日本宫内厅书陵部藏本，收入［日］酒井忠夫监修、坂出祥伸、小川阳一编《中国日用类书集成》第 8 卷，东京都汲古书院 2001 年版，第 11 页。

④ 《廉明公案》抄自讼师秘本《萧曹遗笔》的 61 处，与讼师秘本一样，均只录原告的告词、被告的诉词与官府的判词。

《祥刑公案》各抄录 20 则。①

表 4－3　明代六种日用类书收录有词状撰写相关内容的门类目录②

书名	刊本		相关门类项目
《新锲全补天下四民利用便观五车拔锦》	明万历二十五年（1597）刊本	卷二十四体式门	上层：诸般体式（内状词、禁约、分关、文契俱全）下层：珥笔文峰（内作状规格、贯串活法俱全）
《新刻天下四民便览三台万用正宗》	明万历二十七年（1599）刊本	卷八律法门（律例门）	忌箴歌；词讼体段法套；附结段尾附遗
《新刻全补士民备览便用文林汇锦万书渊海》	明万历三十八年（1610）刊本	卷十七状式门（上下层）	分条硃语；硃语呈状；珥笔文峰；体式活套；前段后段；缴段截段
《新刻搜罗五车合并万宝全书》	明万历四十二年（1614）刊本	卷十六词状门（上下层）	萧曹遗笔；十段锦说；贯串活套；分类珥语；告诉真稿
《鼎锲崇文阁汇纂士民万用正宗不求人全编》	明万历三十七年（1609）刊本	卷五体式门	下层：作状规格详备
《新板全补天下便用文林妙锦万宝全书》	明万历四十年（1612）刊本	卷十七体式门（上下层）	玉石经分；硃语呈状；珥笔文峰；体式活套；前段后段；缴段截段

2. 讼师秘本

讼师秘本是明清时期讼学文献的主要载体，其作者大多为讼师，以"生平所经历者，逐类叙之。各类之中，又择人情所变迁者，缉而录之。凡一件，存一词。遇缺，则补焉。重者，则删去。词内含蓄机关者，又为该述于外，以发明其终始"③。讼师秘本的流传始于明代嘉

---

①　陈大康：《明代小说史》，上海文艺出版社 2000 年版，第 402 页。

②　尤陈俊：《明清日常生活中的讼学传播———以讼师秘本与日用类书为中心的考察》，《法学》2007 年第 3 期。

③　小桃源觉非山人：《珥笔肯綮》，载杨一凡主编《历代珍稀司法文献》第 11 册，社会科学文献出版社 2012 年版，第 3 页。

靖年间至万历初年,^① 清初曾因法律禁止而沉寂,至清中期又再度繁荣。

关于讼师秘本,日本著名法律史学者夫马进在《讼师秘本〈萧曹遗笔〉的出现》一文中列举了亲见的 37 种讼师秘本,其中很多为海外藏本。^② 国内学者龚汝富在《明清讼学研究》一书中又列出 7 种讼师秘本,该学者收藏、经孙家红整理校勘的《江西万载讼师秘本三种》近亦面世。在中国国家图书馆馆藏古籍善本中还有 6 种学界少有提及的讼师秘本版本。现分述如下(版本相同而藏地不同者合而为一):

表 4 - 4   明清讼师秘本一览

名称	编著者	藏地
《萧曹遗笔》2 卷		上海图书馆
《新锲萧曹遗笔》4 卷,万历二十三年序刊本	竹林浪叟	日本左蓬文库、东京大学东洋文化研究所、中国国家图书馆
《新锲萧曹遗笔》4 卷	竹林浪叟	哥伦比亚大学东亚图书馆
《新镌音释四民要览萧曹明镜》5 卷,明刊本	江湖逸人	中国国家图书馆
《鼎锓法丛胜览》4 卷,明刊本		中国国家图书馆
《新刻摘选增补注释法家要览折狱明珠》4 卷,万历三十年序刊本	清波逸叟	日本内阁文库、尊经阁文库
《新刻校正音释词家便览萧曹遗笔》4 卷,万历四十二年序刊本	豫人闲闲子	"中研院" 历史语言研究所
《新刻校正音释词家便览萧曹遗笔》4 卷	豫人闲闲子	中国社会科学院历史研究所
《鼎锓金陵原板按律便民折狱奇编》4 卷,明刊本	乐天子	美国国会图书馆

---

① [日]夫马进:《讼师秘本〈萧曹遗笔〉的出现》,载[日]寺田浩明主编《中国法制史考证·丙编第四卷·日本学者考证中国法制史重要成果选译·明清卷》,郑民钦译,中国社会科学出版社 2003 年版,第 485 页。

② [日]夫马进:《讼师秘本〈萧曹遗笔〉的出现》,载[日]寺田浩明主编《中国法制史考证·丙编第四卷·日本学者考证中国法制史重要成果选译·明清卷》,郑民钦译,中国社会科学出版社 2003 年版。

续表

名称	编著者	藏地
《刻法林照天烛》5 卷，明刊本	醉中浪叟	尊经阁文库
《合刻名公案断法林灼见》4 卷，卷首 1 卷，天启元年序刊本	湖海山人清虚子	蓬左文库
《新镌订补释注萧曹遗笔》4 卷，明癸未序刊本	徐昌祚	尊经阁文库
《新镌订补释注霹雳手笔》4 卷，明刊本		美国国会图书馆
《新刻法家须知附奇状集》6 卷附 1 卷，崇祯六年序刊本		日本内阁文库
《袖珍珥笔全书》10 卷		美国国会图书馆
《法家秘授智囊书》2 卷	读律斋主人	尊经阁文库
《新镌法家透胆寒》16 卷	补相子	美国国会图书馆藏
《鼎刊叶先生精选萧曹正律刀笔词锋》存 2 卷（三、四卷）		国家图书馆
《新刻法家管见汇语刑台秦镜》8 卷，康熙十二年序刊本	竹影轩主人	中国国家图书馆
《新刻法笔新春》2 卷，清刊本		东京大学东洋文化研究所、哥伦比亚大学东亚图书馆
《新镌法家透胆寒》16 卷	补相子	东京大学东洋文化研究所
《新镌法家透胆寒》16 卷，道光十九年刻本	补相子	中国国家图书馆
《新刻平治馆评释萧曹致君术》7 卷	卧龙子	东京大学东洋文化研究所
《新刻法笔惊天雷》2 卷，清刊本		东京大学东洋文化研究所、清华大学图书馆
《新刻法笔惊天雷》4 卷，清刊本		东京大学东洋文化研究所、中国国家图书馆
《新刻校正音释词家便览萧曹遗笔》4 卷，清刊本（封面有壬辰重刊）	豫人闲闲子	东京大学东洋文化研究所、哥伦比亚大学东亚图书馆
《新刻校正音释词家便览萧曹遗笔》4 卷，清刊本（封面有乙卯春镌）	豫人闲闲子	东京大学东洋文化研究所

续表

名称	编著者	藏地
《新刻法家新书》5 卷，清刊本（封面同治元年）	吴天民、达可奇	东京大学东洋文化研究所
《新刻法笔天油》2 卷，清刊本（封面同治元年）		东京大学东洋文化研究所
《新刻法家萧曹两造雪案鸣冤律》（《两便刀》）4 卷，清刊本	管见子	"中研院"历史语言研究所、上海图书馆、北京大学图书馆
《新刻法笔惊天雷》8 卷，清石印本		上海图书馆、哈佛燕京图书馆
《新刻增补法笔惊天雷》4 卷，清刻本		中国国家图书馆
《新刻校正音释词家便览萧曹遗笔》4 卷，清石印本	豫人闲闲子	上海图书馆、中国国家图书馆
《珥笔肯綮》（不分卷），明代稿本	婺源觉非山人	婺源县图书馆
《新锲法林金鉴录》三卷，不著撰人姓名，一函二册，明末刻本		法兰西学院汉学研究所
《法家体要》二卷，二册，明嘉靖间刻本		中国国家图书馆
《新刊便读律例附注龙头主意详览》，明末刊本，现存残书五卷。		田涛收藏
《警人新书》又名《法笔新春》，道光十三年刻本		龚汝富收藏
《新刻法家萧曹两造两便刀、法家惊天雷二集》		北大图书馆
《江西万载讼师秘本三种》		龚汝富收藏
《萧曹随笔》，清介锡堂抄本		中国国家图书馆
《新刻法家萧曹雪案鸣冤录》4 卷，清刻本		中国国家图书馆
《惊天雷》8 卷，民国八年上海锦章图书局石印本		中国国家图书馆

　　明清时期，讼师秘本的刊刻、售卖是不合法的，《大清律例》中对查禁讼师秘本有着明确规定：

坊肆所刊讼师秘本，如：《惊天雷》《相角》《法家新书》《刑台秦镜》等一切构讼之书，尽行查禁销毁，不许售卖。有仍行撰造刻印者，照淫词小说例，杖一百、流三千里。将旧书复行印刻及贩卖者，杖一百、徒三年。买者，杖一百。藏匿旧板不行销毁，减印刻一等治罪。藏匿其书，照违制律治罪。其该管失察各官，分别次数，交部议处。①

不过，法律禁止的只是讼师秘本的刊刻，而不及抄写。讼师秘本因而得以以刻本、抄本两种形式流传，目前存世的讼师秘本大多为抄本，部分讼师秘本甚至只有稿本、抄本，从未刊刻过。故而，官方的查禁努力，事实上并没有禁绝讼师秘本的暗自流传，"矧坊刻恶滥连篇直书，拾残唾以涂眉，认尘羹为指窝，彼此争剽而互夺"②，"此等构讼之书，阶之历也。严讼师而禁此等秘本，亦拔本塞源之意也。然刻本可禁，而抄本不可禁，且私向传习仍复不少，犹淫词小说之终不能禁绝也"③。

与讼师秘本相比，刊有讼学知识的日用类书及公案小说的传播则是公开、合法的。明清时期，讼师秘本获取的渠道或较为狭窄，但刊有类似讼学知识的日用类书、公案小说等则较容易购得。正是通过这些方式，"讼师之类所谓的'隐秘'世界的语言及其技术也掺入到日用百科全书……所谓'公开'的世界里"④，并为民众所知（而非为少数讼师所垄断），"从而大大方便了村镇塾师、童生或生员、通文字的村庄头面人物、乡保乃至四处巡游的算命先生或风水先生等民间通

---

① 嘉庆朝《钦定大清会典事例》卷637（刑部）十三，《续修四库全书·史部·政书类》。

② 李应升：《落落斋遗集》卷9《白鹿书院令规》，《四库禁毁书丛刊·集部》第50册，北京出版社2000年版，据中国社会科学院文学研究所图书馆藏明崇祯刻本影印。

③ 薛允升：《读例存疑》（重刊本）第4册，黄静嘉编校，成文出版社1970年版，第1021页。

④ ［日］夫马进：《讼师秘本〈萧曹遗笔〉的出现》，载［日］寺田浩明主编《中国法制史考证·丙编第四卷·日本学者考证中国法制重要成果选译·明清卷》，郑民钦译，中国社会科学出版社2003年版，第489页。

文墨者在拟写词状之时依样画葫芦"①。

值得注意的是,由于大清律例对讼师秘本的查禁,清代中后期的日用类书大多删弃了与讼学相关的内容。正如台湾学者吴蕙芳所言,明代刊有讼学知识的日用类书,在讲述如何撰写词状时有较为详细的解说与模式刊载,内容囊括绝大多数可能发生的情况。"而发展至清代前期的三十二卷版本时,相关内容已遭大幅缩减,仅有土豪、人命、奸情、贼情四种活套范例,及若干对象称呼及情境陈述的用语活套而已。再到清代前期的三十卷版本及清代后期的二十卷版本时,'矜式门''体式门''状式门''词状门''律例门''律法门'等载有讼学知识的门类甚至彻底消逝"②。

(二)讼学文献与讼师的专业化

明清时期,讼学文献对明清诉讼的影响,首先体现为状词的专业区分。翻检这一时期刊刻及抄录的讼师秘本,③ 其词状范本大多有明确的分类,只是存在类目多少的区别(见下表)。

表 4 - 5 明清讼师秘本的状词分类

讼师秘本	词状范本类别
《新刻摘选增补注释法家要览折狱明珠》(明刻本)	争占类、盗贼类、人命类、户役类、补遗人命类、继立类、婚嫁类、奸情类、负债类、商贾类、衙门类
《霹雳手笔》	呈状类、说帖类、奏本类、状式类、律问类、律例歌、犯奸歌、骗害歌、坟山歌类、户役类、执照类、婚姻类、田宅类、债负类、奸盗类、人命类、洗冤类、检验式
《折狱奇编》	人命类、贼盗类、坟山类、争占类、骗害类、婚姻类、债负类、户役类、斗殴类、继立类、奸情类、脱罪类

---

① 尤陈俊:《明清日常生活中的讼学传播———以讼师秘本与日用类书为中心的考察》,《法学》2007 年第 3 期。

② 吴蕙芳:《万宝全书:明清时期的民间生活实录》,台湾政治大学历史学系 2001 年版,第 483—484 页。

③ 明清时期的讼学文献,内容上具有同质性。公案小说及刊有讼学知识的日用类书,其内容在讼师秘本上均有体现。因而,以讼师秘本为依据解读明清讼学文献的专业分类是可行的。

续表

讼师秘本	词状范本类别
《法林照天烛》	人命、坟山、奸情、户役、盗贼、债负、骗害、婚姻、斗殴、继立、执照、呈状、禀帖、奏本、嬉笑状、分款粹语、六赃总论、七杀总论、断律问答、律例总歌、犯奸总歌、诸状式
《法家须知》	奸情、辨奸、惩污、产业、伐冢、钱债、强盗、窃盗、人命、殴骂、教唆、婚姻、假银、弊书、牙行、水利、继立、和息、除害
《新镌法家透胆寒》	首淫类、叛逆类、人命类、坟山类、房屋类、婚姻类、田土类、耕种类、钱粮类、推收类、固楬类、税竹木、刁拐赌博类、贪官墨吏类、一切私条类
《新刻校正音释词家便览萧曹遗笔》	家业类、田宅类、坟山类、婚姻类、骗害类、钱债类
《新刻法家惊天雷》	奏本类、婚姻类、人命类、户役类、蠹骗类、商贾类、脱罪门、投呈类
《新刻法家萧曹两造雪案鸣冤律》	人命类、奸情类、债负类、贼盗类、坟山类、婚姻类、户役类、斗殴类、争占类、骗害类、继立类、脱罪类、诈类、伪类、僧道类、赌博类、告状类、杂状类

资料来源：清波逸叟编：《新刻摘选增补注释法家要览折狱明珠》，明万历三十年（1602）序抄本；张伟仁主编：《中国法制史书目》第 1 册，《"中央研究院"史语所专刊》第 67 辑，1976 年；杨一凡主编：《历代珍稀司法文献》第 11 册，社会科学文献出版社 2012 年版。

部分讼师秘本甚至将状词范本进一步归类细化，如《珥笔肯綮》中，其状词范本以吏、户、礼、兵、刑、工为区分归为六大类，然后逐类细化：户中分钱粮户役、山田坟地、财本私债、商贾等；刑中分人命、辨人命、盗贼、辨盗、告奸、诉奸、告不孝、诉不孝、侵坟、诉侵坟、告啜诱、告杠棍、诓骗、斗殴等。在形式上，所录状词又涉及告、诉、呈词、禀帖式、执照等。① 《法林照天烛》中，每一状词类目中又分些许具体的案目，诸如人命类，包括兄告弟死、妻告夫死

① 小桃源觉非山人：《珥笔肯綮》，载杨一凡主编《历代珍稀司法文献》第 11 册，社会科学文献出版社 2012 年版，第 3 页。

等；坟山类包括告争山、告山归官等；奸情类包括告侄奸婶、首僧行奸等；户役类包括告脱里长、脱户长等；盗贼类包括首强盗、告窃盗等；债负类包括告磊债占产、告欺寡妇债等；骗害类包括告酷吏、生贡告骗害等；婚姻包括告抢亲、告重嫁等；斗殴类包括告侄殴叔父、告厮殴堕胎等；继立类包括告争继立、告继子等；执照类包括娼妇从良执照、寡妇改嫁执照等；呈状类包括呈旱灾、呈除恶等。①《鼎锲金陵原板按律便民折狱奇编》甚至将硃语以"吏条硃语""户条硃语""诉条硃语"为标准，划分为 17 类 200 余条。

讼学文献中状词的书写格式亦有明显的专业化倾向。讼师秘本的作用在于使读者明白做状的基本规则和法律，免得"未作琴堂稿，先思御史台。不谙刀笔理，反受槛车灾"②。在讼师秘本的示范作用下，写状词就像八股文一样，有一个固定的、可供操作的写状规程，流传最广的法则当属"十段锦"，"状有十段锦，犹时文有破题破承、起挑泛股、正讲后股、缴结大结也，先后期顺序，脉络贵相联"③。

　　首段名曰主语，必要先将事情本末缘由详细译明，方投事。而此或借意，或依律，必于（裁）（截）语相应。何谓借意？如告衙役则用蠹骗类 [狐威嚼民事] 是也。何谓立意？如 [生民涂炭事] 是也。何谓依律？如户役类 [课国殃民] 是也。

　　二段名曰缘由。此乃当先事迹之根源也，务与计由成败相应，不可脱节，不可繁多。当用于冒语之后。如 [捉田担无措，盗遇认指窝] 是也。何谓缘由？谓缘事由兹而起矣。

　　三段名曰期由。此乃事后△月△日而成也，若年月远而誊入词中，难期必备。然不可用于前后，亦不可涉虚不用。

　　四段名曰计由。此乃事之显迹处，句句见真，为入彼罪之路，务宜斟酌，必与得失相应。不可繁杂失节，不可含糊脱字。

---

① 张伟仁主编：《中国法制史书目》第 1 册，《"中央研究院"史语所专刊》第 67 辑，1976 年，第 320 页。
② 江湖逸人编著：《新镌音释四民要览萧曹明镜》卷 1《兴词切要讲意》，明刻本。
③ 《新刻法家须知》卷 1 "十段锦"，崇祯癸酉年（1633）序刊本。

如［假硃手，统白役］是也。何谓计由？谓计彼恶迹显露之由也。

五段名曰成败。（出）［此］款乃论（访）［计］由之后成败之故，亦为入罪之门，务宜精详定决，包含前后，诚为一状主宰，奥妙奇谟，悉系于此。当深笔紧握，熟度雌雄。如［擒身锁打，踢妻伤胎］是也。何谓成败？谓彼之恶迹既成，（显）［败］露昭彰之难掩也。

六段名曰得失。此款□状中诈骗有据，可宜证由之前，不宜证由之后，乃人彼之诈赃，脱自己之罪路。然状中必要此段，方可入人之罪。何谓得失？谓诈得人之财务，失入己之赃罪。如［酷骗三两，蓝绸一疋］是也。

七段名曰证由。此款谓成败得失之后，必有见证付证，方有确据。为一词之轴，犹最关切要。惟恐偏护，受其私贿，诚要择人而用，不致语话支吾，才可入人之罪。何谓证由？如词中所谓［（二）［△△］付证］、［□人见证（驳证）］之类是也。

八段名曰截语。此段乃一状之中总断，务要言言合律，字字精详，词语壮丽，情理惨伤。状中有此一段，名曰关门，则府县易为决断。无此一段，名曰开门，则人犯易为辩驳。何谓截语？如［设果（真盗），何不送官。若果非盗，何故诈钱。城狐不追，宪造民秧］是也。

九段名曰结局。此乃状中之总结处，先须遵循官府，后要言明律法，务宜详而言之。何谓结局？如［恳天法究，以（正）典偿］等语是也。

十段名曰事释。此乃告词之后，用二字或四字收之。如［剪害安民，敦俗正伦］［含冤彰法］［斧赃正法］［追告］［单告］［佥告］等语是也。①

---

① 《新刻法笔惊天雷》（下）之《法门十段锦定式直解》，载杨一凡主编《历代珍稀司法文献》第 11 册，社会科学文献出版社 2012 年版，第 245—247 页。

　　与《新刻法笔惊天雷卷》类似，其他版本的讼师秘本也大多收录有"十段锦"的内容，只是存在着详略、字句的差异。① "（设）[段]段必要周详，字字必要缜密，情理必要昭晰，文词必要条达，不可重叠言词，不用艰险字眼。如是则智囊包括，笔阵纵横，有不战，战必胜矣"②。

　　词状中的用语，讼师秘本亦有相应的范本。诸如人情类，可写成窥贪、晒贪、瞰得、窥得、蓦得、窥某、瞰某、窥蚁、探蚁、俟蚁；切情类可写成只得、不已、无奈、冒控、冒死、冒（钱）钺；称官类可写成投天、叩天、吁天、祷天、恳天、投台、叩台；求怜类可写成作主、乞怜、俯怜、乞赐、俯赐、垂怜；乞亲类可写成亲提、亲勘、亲劈、亲剿、亲验、亲断；乞断类可写成雷断、斧断、霆断、劈断、笔断、霜断；惩罪类可写成昭法、彰法、昭律、彰律、昭典、彰宪；感恩类可写成感激、含恩、衔结、活恩、衔环、迫切；结尾类可写成上告、叩告、哀告、单告、佥告、上诉、单诉、哀诉、泣诉、迫告、（大）伏告等。③

　　讼学文献还总结有专门的诉讼技巧，以供学习。"凡与人讦告，必料彼之所恃者何事，如所恃者在势力，先破其势力之计；如所恃者欲到官，先破其到官之计，引而伸之，虚虚实实，人之变计尽矣！""凡构讼之事，与行兵无异，我若决告，彼示以不告之形，使不防备，我若不告，则虚张以必告之状，使之畏怯。所谓用而计之不用，能而示之不能，虚实实虚之诡道也。"④

　　讼学文献对法学知识的归纳、总结，也大都根源于司法实践的具

---

① 诸如明刊本《新锲订补释注霹雳手笔》之《法门箴规十段锦》，明刻本《新刻法家须知》之《古忌箴规》，清刻本《新刻法家萧曹两造雪案鸣冤录》之《法门箴规》，清刻本《新刻法笔惊天雷》之《古箴十忌》，明刻本《鼎锲金陵原板按律便民折狱奇编》之《做状十段锦》。

② 《新刻法笔惊天雷》（下）之《听讼指南》，载杨一凡主编《历代珍稀司法文献》第11册，社会科学文献出版社2012年版。

③ 《新刻法笔惊天雷》（下）之《法门十段锦定式直解》，载杨一凡主编《历代珍稀司法文献》第11册，社会科学文献出版社2012年版，第247—248页。

④ 竹林浪叟辑：《新锲萧曹遗笔》卷1《法家管见》，万历二十三年（1595）刊本。

体判断，有较强的技术性和操作性。如讼师秘本中的《犯奸总括歌》，不仅包括刑律定罪量刑的规则，还囊括了地方官吏处理案件时的习惯性做法，"男女和奸者，各该杖八十。有夫若和奸，加等杖九十。刁奸引出外，各杖一百止。强奸污妇名，奸夫当拟绞。强奸若未成，杖百流三千里。十三岁下女，虽和作强论。和奸与强奸，男女同罪戾。若有奸生子，子付奸夫养。奸（如）[妇]从夫嫁，不嫁由夫主。嫁与奸夫去，原夫杖八十。妇人离归宗，财礼入官去。强奸本男意，妇女不坐罪。媒合容通奸，各减杖一等。私合奸事者，犯人杖二等。非奸所捕获，指盗皆勿论。奸妇有身孕，罪坐妇人定。纵容妻及妾，与人通奸的，本夫奸夫妇，各该杖九十。买休及卖休，和奸人妻者，夫妇卖休人，各杖一百整。妇人必离异，财礼入官定。卖休人与妇，勒逼夫休弃，卖休得连坐，买妇杖六十，卖休徒一年，其余罪收赎。给妇本夫家，妾媒减等半。同宗无服亲，和妻犯奸者，各杖一百齐。缌麻以上亲及妻，妻前夫之女，同母异父妹妹，杖百流三年。强者斩须知。从祖祖母姑，从祖伯叔母，姑从父姊妹，母之妹与姑，兄妻及弟妇，兄弟之子妻，已上犯奸绞，强奸斩已定。若奸父祖妾，伯叔母及姑，己之子并妹，子孙曾之妇，兄弟生女侄，各斩罪无诉。妾各减一等。强者绞奸人。男妇诬母翁，弟媳诬执兄，欺奸者处斩，未成问充军。奴及雇工人，奸家长妻女，各斩决勿疑。家长期兄及期妻，奸工罪当斩，妇罪减一等，杖百流三千。奴工强者斩，妾各减一等，强者亦斩拟"①。即便是律法条文没有明确的处理办法，讼师秘本亦有结合司法实践的界定，"如辱骂妻之父母，律例无文，当作何断？答曰：当引缌麻三月服。作尊属论"②。

---

① 《新刻法笔惊天雷卷》（下）之《犯奸总括歌》，载杨一凡主编《历代珍稀司法文献》第 11 册，社会科学文献出版社 2012 年版，第 227—228 页。

② 《新刻法笔惊天雷卷》（下）之《八律科罪问答》，载杨一凡主编《历代珍稀司法文献》第 11 册，社会科学文献出版社 2012 年版，第 233 页。

第三节　讼师社会资源网络的构建

构建社会资源网络是讼师在从业活动中形成群体意识、获得社会认同以拓展生存空间的重要活动，是讼师走向专业化的关键环节。明清讼师内部既有竞争也有联合，破鞋党、仓颉会、作文会等明确或模糊的讼师组织也开始出现，一个特征明显、群体活动鲜明且影响社会发展的专业知识群体已初具雏形。讼师在诉讼活动中穿梭于官吏、胥吏、衙役、代书人、地保、诉讼当事人之间，与之来往密切，他们既有立场上的冲突与撞击，又有现实中的利益交叉及联合，构建了讼师活动的社会资源网络，客观上使得讼师群体以一种特有的、被社会认可的身份活动在政权及社会的各个层面。

一　内部整合：讼师间的竞争与联合

明清时期，讼师群体喧嚣尘上，日渐庞大，其内部竞争也渐次激烈。为了生存，讼师通过各种途径招揽诉讼生意，知名的讼师或可借助声名，由诉讼方主动上门求助。多数讼师则只能盘旋在衙门附近或充当"歇家"，以接近诉讼者。如讼师吕彦芳即常"盘踞县前，冒充代书"[①]；劣生韩映离，"恃衿唆讼，盘踞衙前，包揽官司，累害百姓，无人不知，无人不恨"，诉讼人均称呼其"韩老爷"[②]。部分讼师甚至居住在衙门附近，"大抵此辈住房总不离官衙左右，须于夜阑人静或黎明时亲自围挐，且搜其唆讼确据，如呈稿抄批之类"。[③] 地方上的讼师还常到京师兜揽生意，"都察院衙门附近，即有山东讼棍窝留

---

①　樊增祥：《樊山批判》卷 6 "批吕彦芳呈词"，载杨一凡等主编《历代判例判牍》第 11 册，中国社会科学出版社 2005 年版，第 261 页。

②　樊增祥：《樊山批判》卷 11 "批劣生韩映离呈词"，载杨一凡等主编《历代判例判牍》第 11 册，中国社会科学出版社 2005 年版，第 511 页。

③　刘衡：《庸吏庸言》，载陈生玺辑《政书集成》第 10 辑，中州古籍出版社 1996 年版，第 696 页。

其闲，包揽词讼，城外各会馆庙宇中，亦有藏匿者"[1]。

歇家是讼师包揽诉讼的重要场所，后来成了讼师的代名词，"（歇家）并非普通人，他们中很多是有功名在身的读书人，即通常所说的'讼师'"[2]。在词讼领域所指的"歇家"，表面上是一种落脚休息的客店，实际上主要是容纳外地尤其是乡民进城诉讼者，"刁悍之地，多有保歇诈骗，私向人犯称云：我能打点衙门，我能关通相公掌稿。令之封银若干，俟事定后收用者。凡事曲直必有胜负，负家原银虽还，胜家则被此辈哄去矣。此等到处多有之。蜀滇黔谓之顺风旗，中州吴楚谓之撞太岁，都中近日谓之撞木钟，故凡保歇有此者，务明示严禁。若衙门人做保歇，尤于官府不便，须差人密访或时问听审人犯，违者加等重处。"[3]

乡民不通世事，畏惧诉讼，往往依赖歇家全权代劳。"讼师皆在城中。每遇两造涉讼者，不能直达公庭，而必投讼师，名曰歇家。人证之到案不到案，虽奉票传，原差不能为政。惟讼师之言是听，堂费、差费皆由其包揽。其颠倒是非、变乱黑白、架词饰控固不待言，甚至有两造欲息讼而讼师不允，官府已结案而讼师不结，往往有奉断释放之人，而讼师串通原差私押者，索贿未满其欲也。"[4] 岸本美绪认为，"歇家作为国家权力机构与民间之间的缓冲机构是必需的"[5]。歇家[6]具有官方默认的公开地位，与明清之前的书铺有相似之处，当时

<hr/>

[1]　光绪朝《钦定大清会典事例》卷112，见《续修四库全书·史部·政书类》。也见于中国第一历史档案馆：军机处上谕档，第2条，盒号878，册号2，嘉庆二十年（1815）六月十五。

[2]　张小也：《社会冲突中的官、民与法——以"钟九闹漕"事件为中心》，载张建民主编《10世纪以来长江中游区域环境、经济与社会变迁》，武汉大学出版社2008年版，第348页。

[3]　郑端：《政学录》卷5，载陈生玺辑《政书集成》第7辑，中州古籍出版社1996年版，第1187页。

[4]　严辰：《光绪桐乡县志》卷2《疆域下·风俗》，《浙江府县志辑》第32册，江苏古籍出版社1993年版，第119页。

[5]　［日］太田出：《明清时代"歇家"考——以诉讼为中心》，《东洋史研究》第67卷第1号，2008年4月。

[6]　此处的歇家专指诉讼领域的"歇家"。事实上，明清时期的"歇家"存在于各个领域，还可以充作政府与乡民的桥梁，甚至有着追征赋役、拘禁里长或纳户、勾摄、引领所保里长到衙门赴比等功用。相关论述可参见胡铁球《明清保歇制度初探——以县域"保歇"为中心》，《社会科学》2011年第6期；《"歇家"介入司法领域的原因和方式》，《社会科学》2008年第5期等。

所谓的"保歇"制度对其地位也有一定的巩固作用。因此，歇家作为一种店铺或者讼师的表面身份，成为招揽诉讼最有效的方式之一。

唆讼也是讼师招揽生意的重要手段。部分讼师会预判潜在的"客户群"，事前介入，挺身唆讼，从而达到包揽诉讼、以之获利的目的。在周某唆赵某诉讼的案例中，讼师周某窥视赵某乡人的钱产，值赵与邻人沈某因文昌会会产之事起争执，"沈以宿忿，复殴辱赵"。"周闻之，大喜，谓沈弗让，而唆赵讼之官，曰：'吾为子助。'赵信之，因讼焉。顷之，周语赵，事大棘手，官索酬重，必与之。赵计酬，与所损略相等，欲弗讼。周曰：'不可，官事非儿戏，讼之作辍，宁由尔邪？'又故激之，赵不得已，忍痛与如数。未几，周又曰：'事难矣，官已准尔，而沈讼之省，即官亦弗能庇，奈何？'赵大惧，属周为之谋，周曰：'省中大吏皆余旧友，救尔不难，顾非千金不可。'赵曰：'吾安所得此？'周沈吟曰：'今官中非贿不行，非可以一纸讼词争曲直者。且吾闻某要人为沈借箸，不速了，子必无幸，无已，子以券来，吾贷尔可耳。'赵慑其言，又不解官事，以为事良危，则勉措半数而贷其半于周，署券约偿。已而闻沈实未讼，皆周为之，则怒不可遏，往与拚，周则缚而送之官，以讹诈罪之。赵老，又愤怒苦痛，死于狱。"① 此案双方只是发生矛盾，讼师即出言挑唆，先是表示愿意助讼，当事人发现得不偿失不愿意继续诉讼后，讼师又以讼事的严肃性施加压力并加激将，甚至以被京控来恐吓当事人，进而提出"千金"的费用支出。

更为典型的是，清代还出现了讼师将自己参与胜诉的官司四处张贴宣扬，以标榜自己的诉讼技能的现象。乾隆二十七年，江西布政使在访查中发现："沿途所到之处，留心观察，见有各县审断事件所发献语俱刊刻，随处刷贴，更有好事之徒，于献语之后，复自叙讼胜情节，任意夸张，实属讼棍恶习。本司正在察访各府情形，禀请通饬严禁间，兹据湖口县许万岕陈办理地方情形内称，该县民风，凡纤讼之

---

① 徐珂：《清稗类钞》第 3 册《狱讼类》"周某唆赵某诉讼"，中华书局 1984 年版，第 1196 页。

辈，每逢审结案件，必将官发献语刷贴城乡。有理屈者，既经审输，已遭谴责，复被张扬，彼此嫌隙日增，多方讦讼以泄其愤。"① 宣传自己胜诉的案例是讼师招揽生意的一种手段，而如此大肆宣扬，且每州县都有此种情形，只能说明讼师存在的普遍性和数量增多，"同时也说明当时讼师人数已经很多，以致他们不得不为赢得顾客而奔走竞争"②。

讼师之间既有竞争，亦有利益的联合。清代任职福建、台湾的官吏陈盛韶在其《问俗录》中指出，其所辖诏安县的"讼棍与住京讼师相为推挽，顺风航海，七日达天津，三日至都门，遂成京控"③。青浦县监生陆鼎京控一案中，讼师周国琛"信内所称三叔在京照料，及与芝亭商议，必系讼棍窝藏在京"，"现据该督等将周国琛访获，提省究办，讯据私信为主使陆鼎京控，情节显然，至信内所称三叔及芝亭两犯，自系积惯讼棍，岂无籍贯姓名，即窝藏在京，当有的确住址，着陶澍等即就现获之周国琛，并京控之陆鼎两犯，确切讯究信内所称两犯籍贯姓名及在京住址，迅速奏闻，密拏严办，毋任闻风潜匿远扬，致令漏网"④。

嘉庆十七年的上谕中，记载了生员魏瑞麟充当讼师被揪出，官方"尚恐魏瑞麟、姚元泰、广修等另有串通在京及外来讼棍包讼滋事之?，连日研审"⑤ 的案例，说明当时讼师之间的勾结联合现象是较为普遍的。而南北之遥，讼师之间尚有千丝万缕的联系，同处一地的讼师之间合作盈利则更为便利，他们之间关系非常紧密，往往以同行、亲眷、朋友、同学的关系联合在一起。如在《钟九闹漕》中出现的几

---

① 江西按察司辑：《西江政要》，光绪后期江西按察司衙门刊印。
② 党江舟：《中国讼师文化——中国古代律师现象解读》，北京大学出版社2005年版，第140页。
③ 陈盛韶：《问俗录》卷4《诏安县》"京控"，书目文献出版社1983年版，第89页。
④ 经官方查访，其代为"斟酌指引"的何芝亭系浙江人，"先在刑部，后在户部当差"，是典型的官府中人充当讼师的例子。见《清宣宗实录》卷258，道光十四年（1834）十月上，中华书局1986年影印本。
⑤ 中国第一历史档案馆：军机处上谕档，第5条，盒号864，册号1，嘉庆十七年（1812）十月十三。

位主要讼师，蔡德章与钟人杰是结拜兄弟，汪敦族"与钟九是同学"，而蔡绍勋与钟人杰不仅是师生，还有可能是甥舅关系。① 官方认为讼师之间的联合即是相互勾结，共同商谋，瓜分盈利："有唆讼而未能包唆者，地方游民粗知文墨，与人代作词状，引至包讼之家，彼此结连，欺骗瓜分。亦有大蠹巨豪，广寓构讼之人，家延讼师，商谋倾陷，或雇买硬证，或假造凭据。"②

除了无规则的利益联合，部分地区的讼师还组建有类似于行业组织的社会团体。如《明英宗实录》中记载的直隶丹徒县徐义等人，"唯持人短长，告讦以取钱帛"，他们自取绰号"开山龙""猛烈虎""利言鹦鹉"等，结盟把持诉讼，"共刺血誓，生死无相背"③。

江西地区亦有所谓的"破鞋党"④，"光绪乙亥，江右有所谓破鞋党者，讼师咸师事之，坏法乱纪，此其极也"。既然称为"党"，起码是一个多人联合体，且讼师们都以之为师，由此可以推测，"破鞋党"应该是一个有组织地进行讼师技能传播、学习或交流的团体。且该团体向诉讼者提供诉讼服务，并有胜诉的具体案例：

> 有父送其子忤逆者，子大恐，持重金投讼师。师曰："子无诉父理，奚以救为！"子出金跽请，师曰："汝有妻乎？"曰："甚少艾。"师曰："能书乎？"子曰："予曾应童子试，亦能书。"师受其金，曰："得之矣，汝试作数字。"子书以示之，师熟视之曰："汝转背反手向予，试书符汝手，握之见官，则无患矣，第不得私视，否则符泄不灵，且致大患，慎之慎之。"子诺，听其书毕，亟握而去，自投公堂。官果诘问，子痛哭不对，官怒呼杖，子如师教，膝行而前，舒掌向官，官视其左手曰："妻有刁

---

① 张小也：《史料、方法·理论：历史人类学视角下的"钟九闹漕"》，《河北学刊》2004 年第 6 期。

② 《湖南省例成案·刑律诉讼》卷 10《教唆词讼，严禁棍徒唆讼包讼》，转引自党江舟《中国讼师文化——中国古代律师现象解读》，北京大学出版社 2005 年版，第 155 页。

③ 《明英宗实录》卷 34，正统二年九月，"中研院"历史语言研究所 1962 年版。

④ "破鞋党"是其自嘲所取的名字，还是时人对之的一种蔑称，目前尚不得知。

蝉之貌。"其右手曰:"父生董卓之心。"官掷笔与之,曰:"书来!"子书以献,官对其掌,字迹同,遂叱其父曰:"老而无耻,何讼子为! 其速退,勿干责也。"①

"破鞋党"一词也自然演变成讼师的代名词,在文人笔记、小说中时有出现。如在小说《唐祝文周全传续集》中,祝枝山戏弄杭州名恶讼师徐子建,春节在其家大门上写了两幅诅咒的对子。徐子建约请城中读书人一起与祝枝山讲理,"约了几位知己朋友,却都是杭城的破鞋党",这些人闻听此事,都说:"若不和他讲理,将他羞辱一场,以后我们杭州的读书人,岂不被天下耻笑?"于是请了五六十斯文人,约在正月初四上午,大开明伦堂(读书人的公所),和祝枝山评理。在等祝枝山到来的过程中,"众秀才莫不书腐腾腾,怒气冲冲,你也岂有此理,他也岂有此理,七嘴八舌,都替徐子建不平"。而"众秀才中,十有七八却是那教读先生",坐着没有事,"那赵秀才与钱秀才,大讲其教书经验"②。这段材料虽然来自文学作品,与史料之功不可同日而语,却折射出当时从事讼师活动的读书人往往联系比较紧密,他们有着相同或相似的表面身份,内心有着对讼师身份的认同,且有抱团的倾向。

近代著作里,仍然有以"破鞋党"代称讼师的情况。诸如《评曾国藩官经,论胡雪岩商道》,有"张秀才这个人在杭州城算得上是一个很特别的角色,此人本是'破鞋党',自认为衣冠中人,可以走动官府,平日专揽诉讼事宜,欺软怕硬,为非作歹"③;《二十世纪中国小说发展史》中的《怂恿》,是一篇早期反映农村生活的名作,故事讲的是相当于讼师角色的牛七怂恿政屏夫如向家族要公道的故事,茅盾评价说"他写出朴质善良而无知的一对夫妇夹在'土财主'和

---

① 徐珂:《清稗类钞》第 3 册《狱讼类》"讼师伎俩",中华书局 1984 年版,第1191 页。

② 何可人:《唐祝文周全传续集》,海天出版社 1988 年版,第 240—242 页。

③ 听夜人编著:《评曾国藩官经,论胡雪岩商道》,内蒙古文化出版社 2009 年版,第80 页。

'破鞋党'之间，怎样被拨弄而串了一出悲喜剧"①。

讼师的身份多为读书人或教书先生，因此其组织形式往往以文人聚会为掩盖。道光十四年，湖南省会同县东街的仓颉庙就是"包揽词讼往来聚会之所"②，"县城东角文庙门口，有仓颉庙者。访闻系道光十四年有痞棍龙道漠周金鹏等结成一党，号为三十六英雄，凑钱共买斯地，修造店房，以为包揽词讼往来聚会之所。既而恐人告讦，乃就其中奉祀仓颉。未几有□二里杨姓争田构讼拖累不堪。将该田捐入仓颉庙，遂成仓颉会焉。然此田有人收租无人完钱粮。里差亦无可奈何。久之其党以争收租谷相互猜忌，而田遂荒芜。"③ 史料反映出，仓颉会是一个典型的讼师联合体，以信奉创造文字的始祖仓颉为掩盖，至少有三十六七人参与结会，从事包揽词讼的活动，其会有会产，但管理不是很严谨，组织纪律估计也较为松散，从而导致因会产分配不均产生内部矛盾。

另外，所谓"作文会""文昌会"等也是讼师组织的形式之一：

> 袁宝光者，讼师也，一日为某家作讼词，事毕，夜已阑，急返家。半途，适州牧巡夜至，喝止之，问为谁，袁答曰："监生袁宝光。"问："深夜何往？"曰："作文会方回。"牧久耳其善讼之名，追问曰："何题？"曰："君子以文会友。"曰"稿何在？"曰："在此。"乃将讼词稿呈上。牧遂令卒提灯照阅，袁睨其方展开时，直前攫之，团于口中，曰："监生文章不通，阅之可笑。"牧无如何，释之去。④

讼师袁宝光口中所谓的"作文会"，正是讼师群体交流讨论书写

---

① 易新鼎主编：《二十世纪中国小说发展史》，首都师范大学出版社 1997 年版，第168 页。

② 光绪《会同县志》卷 12 "艺文"，转引自林乾《讼师对法秩序的冲击与清朝严治讼师立法》，《清史研究》2005 年第 3 期。

③ 光绪《会同县志》卷 12 《艺文》，"仓颉庙地基田租断归三江书院记"。

④ 徐珂：《清稗类钞·狱讼类·讼师伎俩》，中华书局 1984 年版，第 1194 页。

诉状的团体组织，表面上是文人谈诗论词的高雅聚会，暗地里却从事为人代写词状等讼师活动。前文所引《清稗类钞·讼狱类》中记载的周某唆赵某诉讼的案例中，周某唆讼的端由便是赵与邻人沈某因文昌会会产之事起争执。党江舟亦认为，这二者"很有可能就是讼师的地下行业协会"①。

需要注意的是，讼师的松散或团体联合，并没有形成有效的层级管理体系，在文献及史料中，也未见其流传下来的纲领性文件或组织规定，这可能一是本身就没有，二是在严厉的政治氛围下未能流传广播。而在讼师自觉联合的过程中，讼师群体的从业意识与道德操守也逐渐形成，虽然恶讼师的活动在所难免，但从事讼师活动者往往有意识地尊重法律规定，向官方靠拢，其自律性渐渐成形，这也是讼师群体专业化倾向的重要表现之一，后文第四节中，笔者会重点涉及，在此不多赘述。

二　外部关系：讼师社会资源网络的构建

讼师的诉讼活动不可能局限于自我的空间范围内，与其他群体的互动是其专业化走向必不可少的构成要素，尤其是与经常活动在诉讼场域内的官吏、胥吏、代书、保长、里长以及诉讼当事人等的互动往来，构建了讼师活动的社会资源网络，推动了讼师群体身份的社会认可。

（一）讼师与官吏

诉讼是讼师存在、生存的根本，而地方官代天子牧守一方，息讼、平和是其施政的永恒追求。从这个角度观察，二者存有内在的矛盾性，"单纯地以朝廷律例的标准看，循吏良官与讼师正可谓是两相对立的社会角色：一官，一民；一方抱持儒学文化道义，可以规避朝廷律例，一方恰恰在形式上遵守法律条文，却在实质上背离法律的精神价值"②。

缘此考量，地方官多主张严惩讼师，对其严格执行"反坐"条例，"劝息争讼，此仁人长者为民惜身家惜性命之苦心也。……然徒

---

① 党江舟：《中国讼师文化——中国古代律师现象解读》，北京大学出版社 2005 年版，第 162 页。

② 袁瑜琤：《讼师文化解读——一种法律工具主义的样本》，中国法制出版社 2011 年版，第 112 页。

悬息讼之令，而不严反坐之条，则奸人之心，以为吾之讼胜，固可以制人，负亦不至损己，何所惮而不试其长技乎？亦有神明宰官，审虚怒发，始虽恶其无实，旋复悯其无知，亦仅薄责示惩，不皆依律重拟。奸人之心，以为吾之讼成，固可以直寻，败亦止于枉尺，何所惮而不幸其偶中乎？以故息讼之劝虽殷，好讼之风不灭，亦徒劳慈父母之诲尔谆谆矣"。并提出具体的执行标准，"惟如王汤谷先生按浙时示民云：前来赴告者，必要一字不虚，言言可质方可投递。如所告人命，三命内二命情实，一命情虚，自治二命以应抵之罪，必加一命以反坐之条，所告赃私，百两内九十两为真，十两为假，自追九十两以已得之赃，亦必坐十两以虚诬之律……如此则有所劝于前而知感，复有所惩于后而知畏，庶几乎讼心可以革，讼庭可以闲矣"①。

部分地方官上任伊始，就着手查访当地的讼师情况，并采取相应的打击措施，"珥笔健讼之徒，官司当取贯迹姓名，如遇诉讼到官，少有无理，比之常人，痛加惩治"②。清代名吏汪辉祖，以"治害民之讼师、地棍、盗贼，不敢不严，余无他能"③自评，他出任湖南省永州府宁远县知县时，"以衿士为襄治之人，不见则不能周知风俗，属学师谆切传谕，士稍稍来，以礼接之，有呈文字者教正之。凡见必问其所居之里，种植所宜，有无盗贼、讼师、地棍，有则考其名姓、年貌，一一籍记，升堂必检阅一过，以备稽查"④。

惩戒讼师得力的官吏，往往颇为自得且为同辈称赞，"先生听讼如神，果有包孝肃遗风，每当疑狱难明，虚公静鞫，似有别钩之术。虽狡黠讼师，积年老贼，词说不能难，夹责不能服者，一见先生即鬼诈不知何往，不待刑而毕输其情"⑤。

---

① 房廷桢：《严反坐》，载陈生玺辑《政书集成》第 9 辑，中州古籍出版社 1996 年版，第 834 页。
② 杨昱：《牧鉴》卷 6，载陈生玺辑《政书集成》第 6 辑，中州古籍出版社 1996 年版，第 82 页。
③ 汪辉祖：《病榻梦痕录》卷下，梁文生、李雅旺校注，江西人民出版社 2012 年版，第 76 页。
④ 同上书，第 60 页。
⑤ 蓝鼎元：《鹿洲公案》，群众出版社 1985 年版，第 1 页。

当然，惩戒讼师、拆穿其伎俩需有一定的方法。"摘唤须详慎，省事之说，大属不易。尽词之讦控多人者，必有讼师主持其事，或以泄忿傍牵，或以左祖列证，我苟不堕其术，则反以经承弊脱为词，百计抵诉，甚且含沙射影，妄指幕友关通，启官疑窦，故核稿时必须细加量衡，惟庭讯应问及者方予传唤，则凡摘释之人，自有确然可删之故，遇有刁诉，无难明白批斥，使讼师不敢肆其诐张庶株蔓之风渐息，而无辜不致受累"①。汪辉祖对此颇有心得，"若辈有犯，即干遣戍，然罪一人应有证，成其罪者势将累及平民。且若辈党羽勾连，被累之人惧有后累，往往不敢显与为仇，重办亦颇不易。向在宁远，邑素健讼，上官命余严办。余廉得数名时时留意，两月后有更名具辞者，当堂锁系，一面检其讼案，分别示审，一面系之堂柱，令观理事。隔一日审其所讼一事，则薄予杖惩，系柱如故。不过半月，惫不可支，所犯未审之案，亦多求息。盖跪与枷皆可弊混，而系柱挺立有目共见，又隔日受杖宜其惫也，哀吁悔罪，从宽保释已，挈家他徙，后无更犯者，讼牍遂日减矣"②。《病榻梦痕录》中记载了其惩戒讼师黄天桂的案例：

> 一日，有黄丹山具词，察其年貌，与籍记南乡讼师、绰号"智多星"、名黄天桂者，诘实，先命杖击之堂柱，检其讼案，分别示审。问日，审唆讼一事，则命杖二十，系柱如故。不半月，惫不可支，未审各案，其母求被告人吁息。又系十日，以累母不孝，复予重杖，涕泣悔罪，取结释逐。其弟黄天荣，绰号"霹雳火"，皆挈眷窜居道州矣。③

汪辉祖应对讼师的手段得到部分地方官的认可、效仿，"获案后

----

① 汪辉祖：《治讼》，载陈生玺辑《政书集成》第9辑，中州古籍出版社1996年版，第788页。

② 汪辉祖：《学治臆说》卷下，载陈生玺辑《政书集成》第10辑，中州古籍出版社1996年版，第323—324页。

③ 汪辉祖：《病榻梦痕录》卷下，梁文生、李雅旺校注，江西人民出版社2012年版，第60页。

情重者照例详办，其稍轻者仿照萧山汪龙庄先生学治臆说所载，将该犯锁置堂柱，令其鹄立，看本官审断他案，间日责决数板，旬月之间未有不悫甚告饶者。虽极繁难之缺，但须办一二案，惩两三人，则若辈闻风丧胆，外来者裹足，本籍者革面矣"①。

区别对待原、被告中的讼师，稍用权术让其知官威所在亦是地方官应对讼师的具体办法。清代官吏刘衡认为：

> 如审系被告理曲，但非再犯，其杖笞以下罪名不妨宽免，只令对众长跪，已足示惩。盖予负者以改过自新之路，即留胜者以有余不尽之情，亦长官造福之一端也。若审系原告情虚，则必须依律照例加等严惩，断断不宜姑息，庶诬告者知畏而讼日稀矣。抑又有请者，牧令为执法之官，而用法至枷杖而止枷杖之外，不得自专，原不宜轻视枷杖，惟既用枷杖则必须临莅大堂，于万目其睹之地，示以不测之威，并震以难回之怒，如击案疾呼离座挺立之类，不妨稍参权术，俾与浩然之正气相辅而行务令观者人人晓然于官之所深恶而痛绝者专在于此，则一惩百警，此后转可以缓罚而省刑此子产之所以称惠人也。总之官纵慈祥，而惩治棍蠹，绝不可露一矜怜之语，与稍假以和霁之容，一为所窥，或被旁观冷眼看破，此后人人玩法，措手尤难，此不但治讼棍为然，其书差及一切莠民似皆宜用此法。②

不过，官员的严惩侮辱也会引起讼师的伺机报复。讼师"平日赋税则任催不纳，词讼则抗断不遵，偶因地方官决狱催科，小施刑罚，即捏词上控，希图报复"③，而律法对官吏断案所应承担责任的相关界定，成为讼师报复官吏的法律支撑。诸如律法条文中的"官司出入人

---

① 刘衡：《庸吏庸言》，陈生玺辑《政书集成》第 10 辑，中州古籍出版社 1996 年版，第 696 页。
② 同上书，第 697—698 页。
③ 中国第一历史档案馆：军机处上谕档，第 1 条，盒号 793，册号 4，嘉庆五年（1800）六月二十四。

罪"：凡官司故出入人罪，全出全入者，以全罪论。若增轻作重，减重作轻，以所增减论。致死者，坐以死罪。若断罪失于入者，各减三等，失于出者，各减五等。并以吏典为首，首领官减吏一等，佐贰官减首领官一等，长官减佐贰官一等，科罪。若因未决放及放而还获，若囚自死，各听减一等。"决罚不如法"：凡官司决人不如法者，笞四十；因而致死者，杖一百，均征埋葬银一十两。行杖之人，各减一等。其行杖之人，若所决不及肤者，依验所决之数抵罪，并罪坐所由。若受财者，计赃，以枉法从重论。若监临之官，因公事于人虚怯去处非法殴打，及自以大杖或金刃手足殴人至折伤以上者，减凡斗伤罪二等。致死者，杖一百，徒三年，追埋葬银一十两。其听使下手之人，各减一等，并罪坐所由。若于人臀腿受刑去处，依法决打，邂逅致死，及自尽者，各无论。"断罪引律令"：凡断罪皆须具引律令。违者，笞三十。若数事共条，止引所犯罪者，听。其特旨断罪，临时处治不为定律者，不得引彼为律。若辄引彼，致罪有出入者，以故失论。①

另外各省例中对官吏审理词讼的期限及功过也有不同的规定，这些也成为讼师挟制官府的重要依据之一。

表4-6　部分地区省例对不同时期官员审理词讼功过的规定②

	浙江·乾隆	江西·乾隆	江西·同治	江苏·同治	福建·同治	山西·同治	山西·光绪
记功	一季自理词讼全结		一季审结上控、自理均过半者记一次，全结者记二次	一季二十案以上全结，三十以上结九成，五十以上结六成，一百以上结五成，记大功一次	一季新案全结，旧案审结九成，随时奏奖；旧案五成，汇案奖叙	一月内自理词讼二十案以上全结	听断敏速者酌请记功

① 怀效锋点校：《大明律·刑律》11《断狱》，法律出版社1999年版。
② 根据王志强《论清代的地方法规：以清代省例为中心》相关内容整理，载刘东主编《中国学术》总第7辑，商务印书馆2001年版。

	浙江·乾隆	江西·乾隆	江西·同治	江苏·同治	福建·同治	山西·同治	山西·光绪
免记	审结过半	一月审结七八成	审结一半				
记过	审结不过半	一月审结四五成记过一次	审结不及一半，记一次；全不结，记二次	一季审结不及三成，及弄虚作假	审结之数不及新收	逾限每案记一次；此后两月内每过二十日记一次	同左
记大过			延宕一年以上			迟延两月，每案一次	迟延两月、隐匿、虚报，每案两次
备注	上季未完事件汇入下季；三季不及半者咨参	是否颠倒、无故拖延、一月审结二三成及记过累计三次，具揭请参	一年记功八次，简缺调繁，繁缺保荐；记过八次，繁缺调简，简缺撤回学习；大过八次以上撤任	如结案虽多而下月新收多于所结之数，可见讼风仍炽，不准记功	记过三次撤任	记功六次，现任者调剂，署事者另署；记过六次、大过三次，现任者撤任，署事者停委一年	记过不及六次、大过不及三次，每过罚银五十两，每大过罚一百两（后分别减为二十、四十两）；余同左

汪辉祖严惩讼师的行为就导致了讼师的衔恨反击，也成为官吏与讼师之间矛盾显现的典型案例。在其《病榻梦痕录》中对此有详细记载：

四月钦命内阁学士兼礼部侍郎满洲傅公（森）祭告舜陵，本道世公陪祭。舜陵在宁远南乡九疑山，距县城九十里。十三日，傅公由道州来，将入县境，天未明，有以砖裹辞掷入舆中，傅中秘之，宿行馆，向世公问余政声。世公言，勤民治匪，为湖南第一好官。祭毕，傅公问余曰："君为政何先？"余谨对曰："治害民之讼师、地棍、盗贼，不敢不严，余无他能。"傅公曰："君亦知若辈之不欲君久此乎？"余曰："不知。"傅公出辞授余，则具呈人赵司空讦余不理民事，不禁盗贼，纵恶殃民，浮收钱粮等十款，余悚然起立。傅公笑曰："君毋讶此，此仇君者陷君耳。余沿途体问，人人说君官好，与辞相反，吾将辞交世君，必禀巡抚，刁民固当治罪，然到省审理，君亦不免往还之费。闻世君言君廉勤不亏空，吾何忍累君，君自察治之可也。"余敬谢之，核其笔迹，即余丁未究逐之讼师黄天桂所书，侦之傅公以原辞畀余，又由道州窜入广西。讼棍之伎俩，一至于此。各前任之不敢究惩，非无所见，抑不能化以德，而第治以法，适招致怨耶。①

部分讼师甚至联合起来控告地方官。"讼师陈禹锡，老而黠，以揽讼为业，余怒批其颊"，"禹锡恨次骨，知余忤臬司，改名陈君宝，纠州生营阳何竹筠，及监生、佾生二十余人，讦余加征浮收。"士子联名上告，"抚军批司确查"，"因将钞存营阳，积欠抗粮底册禀呈，属委干员提鞫，浮加无据，抗欠有凭"。审查的官员"以事关历任垫完，上司均有失察之咎，碍难实办。欲拟竹筠等杖枷外结"。但"道州衿民刁顽成习，告官不究，后益难治。……余事已白，计日去湖南，不治若辈，于余何损。但为道州吏治起见，则若辈目无官长，将来必有大狱"②。陈禹锡等人最终被判处流放、徒刑。

事实上，官方对讼师诬陷官吏的行为也有所警惕。"各督抚等于属员中其声名平常，不孚舆论者，自当严行纠劾，而官声素好，被人诬捏者，亦当善为保全。至小民……砌词诬控，挟制官长，拖累善良者，尤不可不大加惩创。庶健讼之风，渐知悛改，民俗可日臻淳厚。"③对于挟嫌诬告官长的讼师，统治者往往予以严惩。如道光三年，年逾七十五的老讼师王天培因"署大城县知县陈晋将其掌责，心怀不甘"，就主唆作呈，令民人吕源上诉，"牵砌该署县侵蚀赈款重情，胪列指告"，经审定后均是子虚乌有。律法规定，年七十五罪责

①　汪辉祖：《病榻梦痕录》卷下，梁文生、李雅旺校注，江西人民出版社2012年版，第76页。

②　同上书，第87页。

③　嘉庆朝《钦定大清会典事例》卷635（刑部）十九，《续修四库全书·史部·政书类》。

可"以钱代赎",但"此等健讼之徒,挟嫌逞刁,诬告官长,若因年已七十五,竟免遣戍,必仍怙恶不悛,适为闾阎之害。吕源着即从重发往云贵两广极边烟瘴充军,不准收赎,以示惩儆"。① 文安县革生、讼师赵连第在县里张贴匿名揭帖,诬控知县减赈私征等,"并查起诗词稿底,核对语句笔迹,均属相符",类似的匿名揭在京城也有出现,"或系该犯素所熟识之人"所为,从而将赵连第"按例枷责,以示惩戒"②。

为打击讼师的诬陷行为,部分官员甚至杯弓蛇影,以致造成冤案事端。道光十四年,山东文登县桁里村民于二,在同县堡子土□菁村,与村人王枫因事口角,被王枫率众攒殴后死亡。其父于振逢屡屡上控,前后被"板责三十""掌责逐出",后越诉登州府,"经该府饬委海阳县知县邓肇嘉提审,该县并不审讯被告,反将原告等锁押掌责,逼问何人唆讼,并不问于二致死缘由,以致该尸嗣父于振逢在押自缢身死"。后查明于振逢"实因追问讼师,畏累自尽"③。

与官员、讼师间的寇仇态势对应,二者的利益联合亦较常见。"吃漕饭"即是讼师与官吏利益联合共同压榨普通民众的典型表现。漕米浮收问题是清代尤其是清中叶存在的严重社会问题,也是官吏中饱私囊的重要手段之一。为了避免讼师教唆乃至带头抗粮上诉,部分地方官给予讼师一定的好处,允许其"吃漕饭"。所谓"吃漕饭者,官征漕或浮额,黠者辄持短长,倡言上诉,官惧则令漕吏饵以金自数十至数百,称黠之力。若辈岁需专取给于漕,故谓之吃漕饭云"。黠者即指讼师,且往往是身兼功名并在地方上有一定影响的讼师。汪辉祖在《病榻梦痕录》中提到的"吃漕饭"的吴青华,作为"众黠之首",其身份即一名年轻举人。"吃漕饭"是官吏与讼师利益均沾、

① 中国第一历史档案馆:军机处上谕档,第 7 条,盒号 928,册号 1,道光三年(1823)十一月二十三。又见于《清宣宗实录》卷 61,道光三年(1823)十一月,中华书局 1986 年影印本。
② 中国第一历史档案馆:军机处上谕档,第 5 条,盒号 798,册号 2,嘉庆六年(1801)九月初五。
③ 《清宣宗实录》卷 281,道光十六年(1836)四月上,中华书局 1986 年影印本。

和平共处的折中方式，从中可以凸显出"严厉惩治讼师行为"的官员内心的虚弱。但这种利益折中的行为，毕竟是从地方官吏的既得份额中分一杯羹，大大折辱了官吏的威严，因此，在利益共享的表面下定然涌动着深层次矛盾。上例中自恃举人身份、带头吃漕饭的吴青华，后被官吏设计诬陷以强奸罪名，屈打成招，最终被湖州府知府判处"外遣"，发配到吉林、黑龙江、新疆等地充军，从事劳役。①

讼师大多是地方上的生员、缙绅，甚至举人，其与地方官吏的交往、联合是明清时期的常态活动。部分地方官"任听家人私松递犯刑具，并串同讼师绅民，欺凌属员"②。讼师则帮其粉饰政绩，"有于辞讼审结之后，胜者自以为得计，纠集亲友邻里，制斗造匾，悬挂公堂，以为媚悦，无识有司，亦恬然受之，不以为怪"，"此等阿谀献媚之习，适以启好讼生事之端"③。偶然还可以见到官吏充当讼师的现象：道光十七年，在籍刑部司员卢应翔"挟嫌屡次找寻尸亲，商□情节，教令上控，核其情罪，即与积惯教唆无异"④。"惩贪官"因而成了"治健讼"的相辅方法⑤。

（二）讼师与胥吏

胥吏是官府公务中的直接执行者，大概可以分为胥和吏两种。胥是供官府驱使的劳役，主要从事催征赋税、看守仓库、看押犯人、站堂等杂务；吏主要承办具体公务，包括文书事务等，如收发公文、处理文书、保管档案甚至造报账册等。胥吏在古代社会地位极低，明清时期更是普遍贱吏，但由丁他们是官方政策及官府意愿的具体执行者，官员不得不依靠胥吏进行地方管理，以至于"上至公卿，下至守令，总不能出此辈圈牢，刑名簿书出其手，典故宪令出其手，甚至于

---

①　汪辉祖：《病榻梦痕录》，梁文生、李雅旺校注，台湾商务印书馆1980年版。
②　《清宣宗实录》卷172，道光十年（1830）八月，中华书局1986年影印本。
③　乾隆朝《钦定大清会典则例》卷124，见《续修四库全书·史部·政书类》。又见于中国第一历史档案馆：军机处上谕档，第2条，盒号558，册号2，乾隆十年六月初三。又见于《清高宗实录》卷242，乾隆十年（1745）六月上，中华书局1986年影印本。
④　中国第一历史档案馆：军机处上谕档，第3条，盒号1005，册号1，道光十七年（1837）三月二十七。
⑤　《清仁宗实录》卷82，嘉庆六年四月，中华书局1986年影印本。

兵书政要，迟速进退无不出其手，一刻无此辈，则宰相亦束手矣。"①此外，胥吏还充当官方与民众的沟通桥梁，在民间社会有着重要的影响，"（官员）以官府之衣冠临天下，以胥吏之心计管天下"②，"本朝则与胥吏共天下"③。

由于胥吏地位低下，且正常收入菲薄，金钱和利益对他们有极大的诱惑性。他们受命于官府，屈服于官府的权威，在普通民众面前却是凶狠而贪婪。"良家子弟一受是役，鲜有不为民害者"④。道光三年，有"县役吴太，因挟姚应昌欠钱不还，捏造诈赃之嫌，喝令吴桂等将其按倒，插蜡凌虐"⑤。道光十四年，民人江文潍与县役李得学争殴，被对方用刀砍伤，且两眼被剜出。⑥个别胥吏甚至衔恨纠众大闹府衙：道光四年，安徽即有书役韩可训因被官吏责惩，"主使刘明纠邀刘忠、王荣、祁方相帮，刘明携带木棍……刘明等三人赶至大堂喊闹，刘明推翻公案，并将屏门打毁……该犯韩可训、刘明均系主簿衙门书役"⑦。

对胥吏之害，官员也深有体会：

> 盖吏胥之害天下，不可枚举，而大要有四：其一，今之吏胥，以徒吏为之，所谓皇皇求利者，而当可以为利之处，则亦何所不至，创为文网以济其私。凡今所设施之科条，皆出于吏，是以天下有吏之法，无朝廷之法。其二，天下之吏，既为无赖子所据，而佐贰又为吏之出身，士人目为异途，羞与为伍。承平之世，士人众多，出仕之途既狭，遂使有才者老死丘壑，非如孔孟之时，委吏、乘田、抱关、击柝之皆士人也。其三，各衙门之佐

---

① 梁章钜：《制义丛话》卷7《吏典》，道光三十年（1850）刻本。
② 陈正龙：《几亭全书》卷23《政书·乡筹》"御吏"，清康熙云书阁刻本。
③ 徐珂：《清稗类钞》第11册，中华书局1984年版，第5251页。
④ 《明大诰续编·戒吏卒亲属第十三》。
⑤ 祝庆祺等：《刑案汇览三编》第1册，北京古籍出版社2004年版，第662页。
⑥ 《清宣宗实录》卷250，道光十四年（1834）三月，中华书局1986年影印本。
⑦ 祝庆祺等：《刑案汇览三编》第2册，北京古籍出版社2004年版，第1382—1383页。

贰，不自其长辟召，一一铨之吏部，即其名姓且不能遍，况其人之贤不肖乎！故铨部化为签部，贻笑千古。其四，京师权要之吏，顶首皆数千金，父传之子，兄传之弟，其一人丽于法后而继一人焉，则其子若弟也，不然，则其传衣钵者也。是以今天下无封建之国，有封建之吏。诚使吏胥皆用士人，则一切反是，而害可除矣。①

由于身份的特殊性，胥吏之害往往表现为以不法手段在诉讼中谋取私利。道光十一年，陕西"书吏盘踞省会，串结各衙门书吏需索使费"②。在诉讼案件中恐吓讹诈当事人，是胥吏获利的重要途径。道光三年，浙江有"臬司衙门清书"孙用周，"因知孙可均聚赌，吓诈不遂，捏砌行凶扰害等词，以他人出名具禀，图泄私忿"③。嘉庆二十五年，两江"退卯刑书"王仲渊在"王广璧被王广林纠抢"案中，因王广璧乡愚可欺，"唆使王广林声称欲以诬良等词抵控，并乘机向王广璧吓诈分肥，又复独向索诈，致王广璧自缢身死"④。道光四年，直隶差役王起干因李柏年被人牵控作证，"原被未齐，欲行回家，王起干并不婉言拦阻，辄以禀报锁拿之言威吓，以致李柏年情急服毒自尽"⑤。道光五年，县役李成德"承票传唤谢廷柱，催交差车钱文，因有高六作保私行释放，并将差票缴销，则李成德已代为担承，官事已结。嗣向谢廷柱催索车价，辄以送官比追，用言吓逼，以致谢廷柱情急自尽"，为了脱罪，李成德事后又"串同捏报，谢廷柱系被薛进常催追旗租自缢，尤为狡诈"⑥。湖南"书差为蠹最巨，州县官袒护不究，呈控者遂无论曾否被诈，无呈不牵及书役，又该省钱漕采买多有痞棍包揽，名为漕口了，往往酿成巨案。州县浮收勒折之弊，未能

① 黄宗羲：《明夷待访录·胥吏》，中华书局1981年版标点本。
② 祝庆祺等：《刑案汇览三编》第1册，北京古籍出版社2004年版，第215页。
③ 祝庆祺等：《刑案汇览三编》第3册，北京古籍出版社2004年版，第1779页。
④ 同上书，第1873页。
⑤ 同上书，第1236页。
⑥ 同止收，第1236页。

尽除，而痞棍之挟制官吏，即借此为由，以致控案日多"①。

即便是京控案件，"阅其呈词，大约牵涉书差舞弊者为多"②，"自上年五月至本年四月一年之内，除案情重大奏交各省审办外，其咨交各案内，控涉吏胥舞弊、侵吞科敛者有五十三件之多。各省间有，而江苏为尤"③。惩治胥吏之弊因而成了地方官的工作内容之一，"州县中扰害百姓者，莫甚于书差，书差之弊不除，州县虽洁己奉公，百姓终不免于扰累"④，"近日各省京控案件，每将牵告胥役者，审系虚诬，难保无回护情事，着各督抚密访所属，有纵任胥役私禁私刑弊延索诈，以致平民受累者，除将胥役严拏究治外，并着将该管官立即严参"⑤。

不过，对经营诉讼的讼师来讲，胥吏之害正中其下怀。"官以门丁为心腹，门丁以书差为耳目，书差以土棍讼师为爪牙，土棍、讼师、书差即以门丁为靠背。"⑥ 讼师"恣弄刀笔，布成陷阱，甚至通同胥吏，高下其手"⑦，"蠹役与讼棍互为表里。蠹役之扰诈益甚，讼棍之播弄益多，地方官不能随事斧断，致多漫延拖累。皂白不分，屈直混淆，因而民无定志，互相欺诳。词讼之繁，实由于此"⑧。

讼师、书吏、衙役等合力完成并共同赢利几乎成为明清诉讼活动的通行模式："上司词状，多有打网，游棍将平日仇人，不论事之相干无干，一概俱入在状内，甚至有一张状单款，纷纷牵连数十人者，

---

① 中国第一历史档案馆：军机处上谕档，第 1 条，盒号 966，册号 1，道光十一年（1831）正月十五。又见于《清宣宗实录》卷 183，道光十一年（1831）正月，中华书局 1986 年影印本。
② 光绪朝《钦定大清会典事例》卷 843，见《续修四库全书·史部·政书类》。
③ 中国第一历史档案馆：军机处上谕档，第 2 条，盒号 941，册号 2，道光六年（1826）六月二十三。
④ 中国第一历史档案馆：军机处上谕档，第 3 条，盒号 961，册号 1，道光十年（1830）三月初七。又见于《清宣宗实录》卷 166，道光十年（1830）三月，中华书局 1986 年影印本。
⑤ 中国第一历史档案馆：军机处上谕档，第 4 条，盒号 937，册号 2，道光五年（1825）九月二十。
⑥ 方大湜：《平平言》卷 2《门丁不可用》，清光绪十八年（1838）资州官廨刊本。
⑦ 万友正：《乾隆马巷厅志》，光绪九年重修本，第 438 页。
⑧ 《福建省例》，《台湾文献史料丛刊》，台湾大通书局 1987 年版。

上司不查，信手准行，有司漫不加意，辄凭吏书一概钞写。此票一行，加以虎快作祟，不论被告干证，不论曲直真伪，动称上司人犯，愚民惧怕，每一名字要银几两方可销除。若系破解索银，尤狼在被告者一家，尚未被害而波连无辜，各家已受无穷打网之害也。"①

胥吏与讼师"合作较为融洽"的广东州县，胥吏往往在署衙内私设班馆，"名曰兰堂。头役白役，串同土棍讼师，日夜聚集其中，吓索愚民"，"据称广理省城南海县私设班馆，有起云仓惠福巷二处。……又有添设署前一所，在该县署墙之左。又有三间一处，在头门之内，马鞍街仙湖街等处，俱有该县役私馆，凡十余处。……番禺县之班馆，则在该县署前后左右一带庙内为多，而头门内有六间一处，尤甚者则大堂前之西边巷直东榨粉街为最。顺德县署之东，有支搁亭一所，又名知过亭，凡被虐将毙之人，置此待死。……又西街全是差役私馆，标其名曰一羁、二羁、三羁、四羁、五羁、六羁、七羁、八羁。香山县署内，有大班馆五所，该县照墙外、及县前街拱辰街等处私馆，亦十余所。三水县署内，有左右班馆二处，该县典史亦于堂侧私设一处"②。"（馆内）俱安设木闸，中开数孔，将讹索不遂之人，禁锢其中，引其手足从孔穿出，加以锁金□靠，致令不能坐卧，又有幽之囚笼者，令人不能屈伸。有闭之烟楼者，拘人楼上，楼极狭小，四不通风，以火烟从下熏灼，令人不能呼吸。尤惨者用铁杆三尺余长，竖立于地，卜顶喉颈，周用捆缚，锁镣手足，作盘踞状，欲坐不能，欲起不得，名曰饿鬼吹箫。又有将人倒悬墙上，鞭挞拳殴，名曰壁上琵琶，或将一手指一足趾用绳从后牵吊，名曰魁星踢斗。种种非刑，难以枚举。"

部分班馆甚至得到地方官的默许，"（该管官）派家丁巡查各馆，愚民见其一至，栗栗危惧，贿赂不行，不能免其荼毒"。这无疑便利了胥吏与讼师的勾结获利，"尤可恨者，乡曲愚民，家颇饶裕，本不

---

① 郑端：《政学录》卷5《听讼》，载陈生玺辑《政书集成》第7辑，中州古籍出版社1996年版，第1158—1159页。
② 《清宣宗实录》卷251，道光十四年（1834）四月，中华书局1986年影印本。

犯案，而蠹役垂涎，串同土棍门丁，捏造案情，拘系班馆，任其讹索，谓之种松摘食"①，"不遂其欲不止，需索洋银，动以尺称。洋银一百圆，谓之一尺，凡需索者动辄议十余尺数尺不等"。

讼师还会与胥吏串通一气，制造事端，以欺骗讹诈钱财。"州县书差奉票传人，必向两造需索差钱，差役需钱，至百余千及数百千之多，书吏所索，必加一倍，其欲不饱，必多方勒索，遂其所欲而止。又于地方殷实之家，搭台扰害，每每结连讼师土棍，凭空捏造事端，商令一人出控，随令数人说和，诈钱分用，鱼肉乡愚。"②

在"龙湫埔奇货"案中，讼师李阿柳、肖邦棉等，诬控他们认为"颇富饶"的杨家害死与之有口角之争的王元吉，唆使王元吉的弟弟王煌立上诉并代为作状投词，且勾结保正许元贵、刑书郑阿二等，先由保正出面散布"煌立欲赴县控，为肖邦棉、李阿柳所留，事可息和，须费银八十两"等信息，然后由胥吏郑阿二出面从中议价，恐吓勒索，杨氏不依，王煌立等"因伪入邑，至贵屿，邦棉、阿柳又伪为留回"。后又有所谓中人为之讲和等，如此这般做了多种表演，价钱也"自八十两降而四十、二十以及十两"。可惜的是，"杨如杰之母吴氏，以并无殴打王元吉事情，且系贫寡，无可措应，遂初而以藉尸勒酷具控"，最终导致一帮演员落网。"此案之兴，实由一般讼师、宄棍、奸保、蠹书傍风生事所为"③：讼师挑起事端，唆控代词，然后作出和事佬的姿态；胥吏负责恐吓讹诈，一旦成功，二者共同赢利："间有先不约定，零星花用，以少报多，与书差三七、四六分费，而案益纠葛不清。"④

胥吏充当讼师的情形也不绝于书。道光十二年，"退卯库书"徐爕堂"隐身办事"，于"周栗争继案"内为周栗找人做状，抄送批

---

① 《清宣宗实录》卷251，道光十四年（1834）四月，中华书局1986年影印本。
② 中国第一历史档案馆：军机处上谕档，第3条，盒号961，册号1，道光十年（1830）三月初七。又见于《清宣宗实录》卷166，道光十年（1830）三月，中华书局1986年影印本。
③ 蓝鼎元：《鹿洲公案》，群众出版社1985年版，第71页。
④ 陈盛韶：《问俗录》卷3《仙游县》之"师傅"，书目文献出版社1983年版，第77页。

词，照应讼案，并将"借欠周栗故父周荫制钱五百千令"作为酬谢。
"退卯后复隐身办事，先后被人控告至十五案之多，虽所控多虚而身
犯众怒"①。胥吏充当讼师，有人脉资源的便利性，县役王广居充当讼
师、主使张居诬告侯秀林致其自尽案件中，受害人妻子侯张氏具呈控
诉，"王广居复嘱王守业删减呈词，王守业希图酬谢，转嘱刘谨端将
侯张氏所告王广居唆使诬告及诈赃各重情，于呈内悉行删去"。真相
大白后，一干人等被认定"实实朋比为奸，王守业、刘谨端均应比照
吏典代写招草，增减情节，致非有出入，以故出入人罪论，故出入人
死罪未决放减一等律，于王广居绞罪上减一等，各杖一百，流三千
里"②。

讼师与胥吏基于利益之上的"合作"，无疑使涉讼的普通民众雪
上加霜。河南舞阳县人赴京城叩阍，"为祖遗田地被匪棍刘志元等串
通讼师李兰金，私捏契约，投县纳税，经身控告，被差役私押，县官
亦不根究，反被笞责，并被恶役胡中和等威逼讹诈，致令身妻投水而
死，子媳逃散未敢归家，为此情急，来京叩阍"③。讼师与胥吏勾结的
图谋对象有时甚至是地方官员，山阴县讼师"王祚恺恃符健讼，交接
书役，投递私书，刊刻无据之词，藉端挟制"，与县书关通舞弊，诬
控山阴县知县周镛浮收漕粮，被依律"拟发附近充军"④。

讼师牵控、胥吏横行及二者相互勾结的状况，官方也有所察觉，
"讼师奸吏，从中勾结播弄，无所惩创，遂致讼狱繁兴"⑤，"近日地
方奸徒往往藉一事为由，牵控多人，或挟嫌报复快其私忿，或乘机索
诈利其赀财，地方官率据呈词，茫无区别一经传案质讯，胥吏等因得
倚势横行，百端需索，及需索不遂，则又非刑拷打肆意凌虐，以致案
外毫无干涉之人，一遭拘系，楚毒备尝，甚或拖毙囹圄，即幸邀涵

---

　　① 祝庆祺等：《刑案汇览三编》第 4 册，北京古籍出版社 2004 年版，第 402 页。

　　② 同上书，第 508—509 页。

　　③ 中国第一历史档案馆：军机处上谕档，第 2 条，盒号 1429，册号 5，光绪二十二年
（1842）五月二十。

　　④ 《清宣宗实录》卷 159，道光九年（1829）八月，中华书局 1986 年影印本。

　　⑤ 《清宣宗实录》卷 7，嘉庆二十五年（1820）十月下，中华书局 1986 年影印本。

雪，而室家荡析，生计萧然，实堪悯恻。至于白役滥差、讼师包揽，尤属表里为奸。此辈日揣地方良懦，瘠以自肥，其中诪张为患，奸伪百出，不特命盗案件架词拖累，现当查拏逆案之际，设逞其诬罔罗织株连蚩蚩小民，其何以堪？"① 查办图财涉讼中的讼师、胥吏勾结现象因而提上了官方的议事日程，"有图产涉讼，及审结后复驾词上控者，即按律治罪，仍严访讼师衙蠹播弄把持之弊，惩处不贷"②，"讼师讼棍，串通衙役，诡名诬告良民诈财者，询实应照光棍三人以上例，为首立绞，为从，责戍"③。官员钱臻即因"能将积惯讼棍拏获，并讯出盘踞省垣之长随书吏杂役多人，一并获案"而得到皇帝褒奖。④

（三）讼师与代书

官代书制度根源于官方对讼师的防范活动。明代代书的存在缺乏资料印证，而清代早在入关之前便有了对代书的相关规定："满洲、蒙古、汉人凡有奏上及告状等项，代书者务要照本人情辞书写，后写代书名字。如有代书笔帖式分别假捏情辞，不写自己的姓名，问以应得之罪。无代书的名字，不准。"⑤ 到了雍正七年，官代书制度正式出现在《大清律例》中："内外刑名衙门，务择里民中之诚实识字者，考取代书。凡有呈状，皆令其照本人情词据实誊写，呈后登记代书姓名，该衙门验明，方许收受。无代书姓名，即严行查究。其有教唆增减者，照律治罪。"⑥ 代书职责的细化，则出现在同治时期，其相关内容如下：

一、被告干证不得牵累多人，若有将无干之人混行开出并告

---

① 中国第一历史档案馆：军机处上谕档，第3条，盒号872，册号2，嘉庆十九年（1814）七月十七。
② 嘉庆朝《钦定大清会典事例》卷602（刑部）七，见《续修四库全书·史部·政书类》。
③ 《清世祖实录》卷133，顺治十七年（1660）三月，中华书局1986年影印本。
④ 《清宣宗实录》卷7，嘉庆二十五年（1820）十月下，中华书局1986年影印本。
⑤ 《清太宗实录稿本·崇德》卷14。转引自张晋藩、郭成康《清入关前国家法律制度史》，辽宁人民出版社1988年版，第579—580页。
⑥ 田涛、郑秦点校：《大清律例·教唆词讼》附例，法律出版社1999年版，第490页。

奸盗牵连妇女作证者，除不准外，仍责代书。

一、无代书戳记者不阅，违式双行叠写，定责代书。

一、冒名代告、旧事翻新、虚词诬妄者，除本人反坐外，仍移代书责革。

一、凡争控坟穴山场，俱应据实直书，如敢以毁冢、灭骸盗发等词，架词装点，希图耸听者，除不准外，定将代书究革。

一、凡投词须查明两造前后批词及地邻原差一切禀恩批语，全开叙夹单呈阅，如敢故为遗漏开载不全及削改字句，只将初呈一、二批语填写者，察出，定该代书责革。①

代书的职责恰恰是讼师诉讼活动的基本部分，二者在代写诉状方面并没有实质性的差异，"前者是饱受打击的非法职业，后者是合法行业。……讼师是非法的官代书，官代书是合法的讼师。"② 讼师要通过其他渠道取得代书资格或与代书建立起利益关系，并非难事。因此地方官特别重视考定代书事宜，将之作为遏制讼师的首要手段：

新官莅境，投递红禀红呈，最易弊混。宜于未到之先，出示晓禁。除命盗各案准其接印后以红禀随时具控外，其余旧案及一切词讼，统候三日内考定代书，示期放告，违者概不收阅。同红示发贴照墙，履任次日，收考代书，颁发状式，其状面饬令分别做状人歇家字样，面谕代书务于两项下确询姓名填注，如状系自做，亦据实声明，总不得以自来稿三字混饰，倘敢漏填及抹匿前案不录全批者，即提代书重责并出朱谕晓示。凡依口代写呈词，原无干例禁，告状投宿，亦属情理之常，决不因填注有名，从而查究。惟所递呈状，语涉妄诞牵连，则讼棍必

---

① 姚雨芗原纂，胡仰山增辑：《大清律例会通新纂》，文海出版社 1964 年影印光绪年间刊本。

② 邓建鹏：《清朝官代书制度研究》，《政法论坛》2008 年第 6 期。

多唆使，所审案件，结后刁翻抗断，则歇家必为把持，定当按名严拏究办，如做状姓名系具呈人捏报，即令着交等语，示贴于代书公所。①

到任之初，即应照例考代书，不妨多取数人，当时给戳当差者两三人，此外数人，记名候补，概行榜示，其现在当差者，谕令遇有告状之人，无论事之巨细，均向其人查问明确，依口直书，不准增减情节，违者不宥。本官于大堂收呈时，即向递呈之人，逐细讯问口供，如有供词与呈词不符者，立传该代书入内署，严究词稿之所自来，及该原告系何人引来，同来者共有几人，一面亲笔书签立拏该原告同来之人，必究出真正讼师严办而后已；一面将该代书枷责革役，交保严束，以记名候补之代书挨次充补，如此则代书破胆，再不敢增减情节，而讼棍远扬，讼案日少矣。所可哂者，川省州县考代书，向有陋规之说，此壮夫之所不为，尤自爱爱民者所宜厉禁也。②

有在本治为人代书词状者，许赴本县定日当堂考试，词理明通且验其状貌端良者，取定数名，开明年貌籍贯，投具认保状。本县发一小木印记，上刻'正堂花押'，下刻'代书某人'，凡系告诉状词，于纸尾用此印记。③

此外，官员亦一再严谕代书："无论原被，止要据实明白直书，不许架空装点，本县审出真情，立拿代书并告人重责。"④"所取认代书，敢有欺凌乡民孤寡、任意勒索、不即与书写者，许本人赴禀重

① 胡衍虞：《居官寡过录》，载丁日昌辑《牧令书辑要》卷1，陈生玺辑《政书集成》第9辑，中州古籍出版社1996年版，第117—118页。
② 刘衡：《刘帝舫先生吏治三书》之《庸吏庸言·理讼十条》（第一条），载陈生玺辑《政书集成》第10辑，中州古籍出版社1996年版，第680页。
③ 黄六鸿：《福惠全书》卷3《莅任部·考代书》，《官箴书集成》，黄山书社1997年版。
④ 同上。

究。"① 代书在作词中超越代写诉状的范围并收取额外报酬的，往往会受到严惩。嘉庆十五年，"代书胡森经吕王氏请其作词，呈控毁墓重情，胆敢说合寝事，得吕祥酬谢京钱二十吊，合依枉法赃一十两杖九十，无禄人减一等律杖八十"②。

但官方认定的代书，收费标准一般不超过 300 文③（见下表），这显然无法满足代书的心理预期。为了钱财或人情关系，代书或架词构讼，或不肯代写的事例因而出现，"固由小民刁健，亦由尔等代书架虚谎告"④。《鹿洲公案》即记载了婆媳二人诉冤却拿着白纸作状的情况，原因即因为自己不识字且没有钱，而"代书者为李阿梅所阻，莫我肯代"⑤，李阿梅正是婆媳所告之人。

此外，官方规定的代书单一代写诉状的"誊录"功能事实上也不能满足诉讼当事人的需求，讼师写状而由代书为之盖戳记的现象也就顺理成章了，部分地方的官代书仅守着官戳，作状词的工作全由被称为"师傅"或"制堂"的讼师负责，如"仙游代书不解作词，惟终日守官戳。别有讼师作词，称曰师傅，又曰制堂"⑥。嘉庆二十二年，浙江讼师"沈玉堂，捏名蒙充抚辕代书，又因贪得笔资，假捏诡名兼充府代书"，虽然"尚无把持索诈增减及包揽教唆情事"，仍被"比照粮厅役一身充两役例，拟杖八十，徒二年"⑦。

---

① 黄六鸿：《福惠全书》卷 3《莅任部·考代书》，《官箴书集成》，黄山书社 1997 年版。

② 祝庆祺等：《刑案汇览三编》第 2 册，北京古籍出版社 2004 年版，第 752 页。

③ 当然，实际上代书在诉讼活动中的收入远远大于这个数字。如四川省"代书费至少者一百文，至多者一千文"，巴县官代书的正常收费为 560 文，而不法代书的收费最高至 2320 文。

④ 戴兆佳：《天台治略》卷 7《告示·一件严饬代书示》，清嘉庆九年（1804）活字重印本。

⑤ 蓝鼎元：《鹿洲公案》，群众出版社 1985 年版，第 62 页。

⑥ 陈盛韶：《问俗录》卷 3《仙游县》之"师傅"，书目文献出版社 1983 年版，第 77 页。

⑦ 祝庆祺等：《刑案汇览三编》第 1 册，北京古籍出版社 2004 年版，第 209 页。

表 4 - 7 部分地区官代书收费标准①

省份	认定官吏	标准	备注
福建省	福建省臬司	院、司、道、厅衙门呈词少，提议官代书每次用戳收纸张、笔墨、饭食钱二十四文，府、州、县衙门词讼更多，官代书每次用戳，准受纸张、饭食钱十六文。	以巡抚所定标准通行全省
	巡抚姚收	至代书填写呈状用戳，并需用纸张、笔墨、饭食等项，院、司、道准其受钱三十文，其府、州、厅、县准受钱二十文。	
湖南省	知府张修府	无论新旧词由，该代书拟稿、盖戳，准取笔资三百文，自稿盖戳一百文。	
四川省	四川巴县县令	每张给笔墨辛力戳记钱二百六十文，写字钱四十文。	

针对这种现象，地方官一方面寄希望于官代书的恪守、自律，"据词从直书写，如有增减情节者，将代书之人照例治罪"，"凡有来府递呈之人，该代书必先向歇家查询明确，果系本人告状，即列本人名目，如有多人联名告状，亦必查明人俱来郡，始准开列词内，若无其人不得混行开列。本府每逢告期亲自收呈，按名传询，倘词内有名，临点不到，即惟该代书是问。至收词后批已榜示，听其自便，若批未榜示，或传本人或传抱告不到，即惟该歇家是问。代书与歇家无不通同一气，均宜留心，毋稍玩忽，致干重惩"②。另一方面开始在理讼时鉴别代书与讼师的关系，"欲求无事，先在省事，此一方也，试之历验，实政官声俱不难致。放告须在日中，可以从容阅讯，令代书旁伺，情节不符即可根问保戳及作状之人，立究讼师，不致被诬者受累，安民之道莫善于此，断不可委佐贰收词"③。

并且，代书的弊端也开始凸显于官方视野中，"代书人等或有隐

---

① 据邓建鹏《清朝官代书制度研究》（中相关数据整理）。
② 裕谦：《谕各代书牌》，载陈生玺辑《政书集成》第 9 辑，中州古籍出版社 1996 年版，第 808—809 页。
③ 汪辉祖：《学治说赘》，载陈生玺辑《政书集成》第 10 辑，中州古籍出版社 1996 年版，第 429 页。

匿情节，并以戳记居奇需索，不肯印用，而惰逸自安之地方官，亦遂以无记不阅，推诿延搁。此等陋习，亦不可不加之饬禁"①。故而，"嗣后各直省听理词讼，大小衙门如系寻常控诉事件，仍照旧例由代书缮写，印用戳记，并留心稽察，严禁勒索钱文增减情节等。若遇小民急迫赴诉或横被冤抑，案关重大者，即随时喊禀，亦应准理，其所具呈状，不必责以定式，均令实时接收，速为审办"②。嘉庆十年，御史陈嗣龙就曾奏请"饬禁外省接收呈状无代书戳记不阅之陋习，以达民隐"③。

这就事实上承认了词状并非必由代书，为了告准、告赢，民众往往更愿意求助于讼师。虽然官方再三强调"一应词状，必须代书据实填写，不得假手讼师"，并严厉惩治"代书将他人写就呈状擅登姓名"，"如有讼师教唆增减，而代书受贿登名者，该衙门即严行究审，除将讼师及告状本犯，各照本律治罪外，代书照在官人役，计赃以枉法从重论，若审无入己赃私，及赃数轻者，仍照教唆增减本律，同讼师一体治罪"④。但在实践操作中，"民间词讼以小为大、增轻作重，甚至海市蜃楼凭空结撰，非因讼师教唆，即由代书架捏"⑤，"各该衙门或奉行不实，致使讼师代书串通作弊，一应呈状，虽登代书之名，实出讼师之手，狼狈为奸，势所难免"⑥，"闽省民多好讼，皆出一班讼棍遇事教唆，各属代书贪钱兜揽，遂至积习相沿，成为风气"⑦。

（四）讼师与基层小吏

保甲制度是明清时期较具成效的控制手段，地方官对保长、甲长

① 《清仁宗实录》卷152，嘉庆十年十一月上，中华书局1986年影印本。又见于中国第一历史档案馆：军机处上谕档，第1条，盒号821，册号1，嘉庆十年（1805）十一月十四。

② 《清仁宗实录》卷152，嘉庆十年十一月上，中华书局1986年影印本。又见于中国第一历史档案馆：军机处上谕档，第1条，盒号821，册号1，嘉庆十年（1805）十一月十四。

③ 《清仁宗实录》卷152，嘉庆十年十一月上，中华书局1986年影印本。又见于中国第一历史档案馆：军机处上谕档，第1条，盒号821，册号1，嘉庆十年（1805）十一月十四。

④ 嘉庆朝《钦定大清会典事例》卷637（刑部）十六，见《续修四库全书·史部·政书类》。

⑤ 方大湜：《平平言》卷2《代书》，清光绪十八年（1892）资州官廨刊本。

⑥ 嘉庆朝《钦定大清会典事例》卷637（刑部）十六，见《续修四库全书·史部·政书类》。

⑦ 《福建省例》，《台湾文献史料丛刊》，台湾大通书局1997年版，第964页。

的人选亦颇为重视。"保甲所以弭盗安民。今本县开报保长时，既餍
饱吏胥，而棍徒充当保长，又诈害良民无已，竟使善法，皆成厉政，
徒滋扰害而已。即不可惩噎而废食，岂可不循名而责实，要在贤者着
实举行，周密防备。天下多事之时，此实为未雨绸缪之计。不可
忽也。"①

保甲体系下，保长、里长是最基层的管理者，虽地位低微但直接
连接官府、民众，在诉讼活动中往往能起到重要作用，"州县征派，
务须里长率领众民公同陈告，方准受理"②。"作为官府与社会之间的
关键性中介人物，乡保既可在衙门审判中，也可在地方调解中逞其伎
俩。作为衙门的耳目，乡保可能对县官的看法起关键作用，从而影响
一件讼案的结果。同时，如果乡保刻意拖延不办，或玩忽职守，谎报
案情，知县即使决心再大，其查清真相、维护法纪的努力也可能
落空。"③

当然，乡保在诉讼活动中也可能与讼师勾结，以求共同获利。如
诬陷拳师王芝祥的案例中，即因为该拳师"好勇斗狠，为里正所患"，
被认为"所与往来者，皆江湖失业之人，行迹近乎匪盗"。里正为了
乡瑞安宁，就与讼师诸馥葆合计，诸馥葆便代作一状，诬告该拳师为
匪盗，指称乡里"窃案层出，而皆神出鬼没，不可思议。往往门户未
开，而金钱羽化"，而害群之马就是该拳师，其"绰号双飞燕，曾为
拳教师，好勇斗狠。而狐群狗党，悉皆下流，为害乡里，可想而
知"④。在保正假死诬告他人案中，保正郑侯秋借逃逸假死，与讼师陈
阿辰勾结，设计谋划，由郑的妻儿出面，借着溺死乞丐的尸体，诬告
肖邦武"匿契抗税"，愤恨保正，遂"统率凶徒萧阿兴、李献章、蔡

① 高攀龙：《高忠宪公责成州县约》，载陈生玺辑《政书集成》第 8 辑，中州古籍出
版社 1996 年版，第 146 页。

② 田涛、郑秦点校：《大清律例》卷 30《刑律·诉讼》"诬告"条，法律出版社 1999
年版，第 484 页。

③ ［美］黄宗智：《清代的法律、社会与文化：民法的表达与实践》，世纪出版集团、
上海书店出版社 2001 年版，第 125 页。

④ 虞山襟霞阁主编辑：《刀笔菁华正编》第 1 册《讼师恶禀菁华》，上海中央书店
1934 年版，第 24—25 页。

士显、庄开明等，拥家抄杀"，将保正逼得投河而死。①

乡约也是中国古代的一种基层社会组织，其主要职能是教化地方。②"乡约为教化内一要事也，但县官不以诚心行之，徒成虚文。而约正、约副等，反为民害。果有力行者，必敦请邑中德行乡绅，或孝廉贡士，为民钦服者主其事。而约正副等，以供奔走。乡约行，则一乡之善恶无所逃，盗息民安，风移俗易，皆得之于此。有记善簿、记恶簿，又须有改过簿，许令自新。"③ 可见，乡约主要是通过有德行者的感召力，集合地方势力，通过善恶理念教化普通民众。

乡约教化地方的职能，一定意义上与讼师的理念相悖，成为讼师挟嫌报复的对象。在乡民群集强借粮的事件中，"有本县民人孙铎为头，领了孙镒、杨汝芳等百余人到同泰号聂掌柜的烧锅铺内硬借粮食，挡住了同泰号的小米车辆不放行走"，山西文水县林家地乡约李世昌"怕有干系，就近禀知四家子驻刘的县丞武老爷，武老爷劝谕同泰号，年景不济借些粮食与众人也是好事，同泰号□借小米菾麦一百三十石，散给众人"。该乡约长负责分发，由于坚持将粮食按牌甲匀派并拒绝了孙铎多得粮食的要求，"孙铎怀恨赴县，告我霸粮，又捏说我主使张文富拒捕。秀才邹涫也说我主使张文富拒捕。这邹涫久惯唆讼，我所以在府里控告邹涫是讼师，原是有的，谁知告不倒邹涫，反被他怂恿黄廷欣捏造我令张文魁送字给张文富教他拒捕的情节。我牵告在内，今又被邹涫把我告了，其实我止托过张廷魁向黄张两姓说合，他们不愿和息也就不管了，实没有送字给张文富教他拒捕的事，张文富并邹涫、黄廷欣都在案下可以质对得的"④。从该乡约长的口供

---

① 蓝鼎元：《鹿洲公案》，群众出版社 1985 年版，第 82 页。

② 段自成在《明清乡约的司法职能及其产生原因》一文中认为，乡约也部分地被赋予基层司法职能，在调处民间纠纷、调查取证、勾摄人犯等方面参与基层司法，"是明清统治者防治讼师的治本之策"。见段自成《明清乡约的司法职能及其产生原因》，《史学集刊》1999 年第 2 期。

③ 高攀龙：《高忠宪公责成州县约》，载陈生玺辑《政书集成》第 8 辑，中州古籍出版社 1996 年版，第 139—140 页。

④ 中国第一历史档案馆：军机处上谕档，第 2 条，盒号 879，册号 2，嘉庆二十年（1815）八月初五。

可以看到，常态情况下，乡约对健讼、讼师是抵制的。但讼师事实上并不畏惧乡约长的道德权威，反而会乘隙报复，使之陷于尴尬境地。

（五）讼师与民众

讼师直接与民众相连，且必然存在着民众对讼师的迫切需要，而这正是讼师隐性身份在民间中被默认甚至尊重的现实基础，也是讼师在律法严控之下得以存续乃至活跃的深层次原因。

从利益角度而言，讼师与诉讼当事人密切相关，并在很大程度上代表了当事人的利益需求，在正常参与的诉讼活动中，二者之间应该是共赢的关系。知识群体选择从事讼师活动，或不能排除其心怀小民的高尚情节或在地方社会积累威望的需要，但大多数人的基本出发点还是生存的需求。因此，在诉讼活动中攫取回报和物质利益是讼师助讼的常态。关于讼师的收入状况前文已有论述，需要注意的是，部分讼师的高收入作为一种典型现象为人们所关注，更在官方指导思想中被夸大演绎甚至纳入非法范畴，使得人们形成一种讼师助讼获取回报是不正当行为的错觉。而当事人或许有着不同的认识，他们通过讼师的活动获得了写状的帮助，甚至控告成功、获取权益或减免刑罚。"让精通制艺又富有经验的讼师来代作讼词无疑是十分必要的。如果由一般民众自书或依其口述加以记录，那么状词能否入有着同样制艺知识背景的官员的法眼就值得考虑了。"① 可见，讼师对诉状能否被准有着关键的作用，这是诉讼当事人要延请讼师的重要因素，更是其争取既得权益的保障，这就促使民众不但接受讼师的存在，也心甘情愿地与讼师站在同一阵营，用带着偏见的官方口吻描述，即是"讼师吓以利害之言、骗以决胜之说。乡僻小民被其所惑，不管事之曲直，只图官司得赢，供其财物，听其指使，隐真捏假，罗织牵连，使案得一日不结，则伊得逞其诈骗之计。迨官研讯之下，多属子虚，追诘主唆代写呈词之人，尚执迷不悟，非捏称过路之人，不知姓名，即云算命先生，业已他往。"②

---

① 方立新、许翰信：《纠葛、讼师与中国古代法律文化》，《浙江大学学报》2003 年第6 期。

② 穆翰：《明刑管见录》之《查办讼棍》，《丛书集成续编》，上海书店出版社 1994 年版，第 633 页。

　　与一般民众相比，讼师在智商与社会地位上都有着明显的优越性，这就存在了讼师挑词架讼、愚弄小民而牟取暴利的可能，也为官方宣传讼师为民之害提供了口实。如"闽省风俗浇漓，小民好争健讼，而汀属之劣衿势恶，皆借刀笔以谋生。恃此护符屴以唆讼而网利。……每有山僻乡愚，偶以一日之微嫌希图捏词以嫁祸，或因情词妄诞府县未经准理者，或因审出真情已经薄惩反坐者，或因自知理屈难以取胜未经控府告县者，一遇若辈扛帮，无不堕其奸术。"① 讹诈普通民众钱财的讼师确有人在，宁化县生员伊志远便是此类讼师之一。"康熙三十一年间，有居民伍德年老失跌，受伤身死。志远因见其子伍松乡愚殷实，希图趁机诈骗，遂以弑父为题嘱令乡约首报。而宗房邻佑，俱为伍松辩冤保结。前令吴晟于讯取各供之顷，志远因欲壑未填，恐其当堂审释，诈骗无由，遂尔肆横县庭，掀翻公案。及该学教谕赴县戒饬，复敢咆哮无状，殴役詈官。且乃父伊天祥，自恃国学，鸣锣聚众，号召亡命之徒，勒令铺户闭门罢市。"② 还有些讼师仗着自己的才智，利用普通人的无心之失，以告诉相威胁，讹诈当事人的钱财。如"城内旧有药店曰'大德春'者，悬市招曰'大德春药店'。罗汉（该地方上对讼师的专称）某一日持状恐吓之，谓'汝真大胆，[大德]，今天子也，汝乃公然悬招曰[大德][春药店]，乃诬圣天子开店卖春药耶？'主人恐，贿数百金，碎招，事乃寝"③。

　　在一定场域下，讼师本身也置于诉讼当事人其中，充当了民众代表人物的角色。尤其是表面有着一定身份地位的讼师，其在公共领域的诉讼中，凭借自身的素养及威望，能够群领当地的士绅及民众，对抗官府，在维护地方利益的氛围下获取自身利益的满足。"地方上层人物运用他们在民众中的声望和与政界的关系，还运用他们对儒家行动准则和地方行政的知识，既提供钱财，又发挥个人的领导作用。他们构成了地

---

　　① 王廷抡：《临汀考言》，康熙刻本。引自《四库未收书辑刊》第8辑，第21册，北京出版社2000年版，第196－197页。
　　② 同上书，第284—285页。
　　③ 董作宾：《闽俗琐闻》，载广州《中山大学语言历史研究所周刊》第1卷第2号，1927年11月8日。

方官吏和官府统治的基础，没有这个基础，官府是不能有所作为的。反过来，地方上层，尤其是那些大绅士，便一起利用他们与官府的联系来保护他们的经济地位。"① 在抗粮抗漕的活动中，民众的反抗意愿往往是在地方上层人物的带动下以激烈的形态表现出来，带头诉讼者又往往是以笔杆子著称的讼师。如发生在湖北崇阳的"钟九闹漕"事件，即为典型的讼师领导的漕讼，在讼师的带领下花户们纷纷加入其中，最后甚至演变为暴动，该事件不但使得讼师成为民众心目中的救星人物，还被写入民间故事流传至今。② 官吏樊增祥所辖区内发生的花户们集体状告粮差案件，也是由讼师薛含瑞、季学忠等带头上控。而讼师纠集地方势力抗粮乃至形成"吃漕饭"的现象更为普遍，这是讼师利用民众一哄而上的心态形成势力、威迫官府出让利益的惯用手法，在这些公共领域中讼师获得的不仅仅是利益本身，更在地方社会累积了自身的威望和地位，促进了讼师社会身份潜移默化的认同。

官吏、胥吏、代书、保长、里长、民众、讼师等，是诉讼活动的主要参与者，讼师在与这些群体的频繁互动中，与之建立了各种微妙的利益关系，润滑了相互间的立场矛盾，获得了一种相对的平衡和外部群体对其身份的认同，建立了讼师活动的社会资源网络，从而为讼师参与诉讼营造了宽松的活动环境。

第四节　讼师与讼棍：明清讼师社会形象的塑造

讼师社会形象的塑造是其与国家、社会及外部群体频繁互动，从而被认可为一个群体、职业抑或非法职业的过程，这是知识社会化的

---

①　［美］费正清编：《剑桥中国晚清史1800－1911年》（上），中国社会科学院历史研究所编译室译，中国社会科学出版社1985年版，第15页。

②　相关记载可参阅《钟九闹漕》，崇阳县文联编《双合莲》，长江文艺出版社1998年版；《个案研究：湖北崇阳的"钟九闹漕"》，张小也《官、民与法：明清国家与基层社会》，中华书局2007年版；等等。

结果，也是讼师群体专业化倾向的重要内容。作为明清时期颇为特殊的知识群体，讼师的诉讼表现衍生出讼师与讼棍的二元形象。但历史记忆呈现的多为唯利是图的讼棍，这是官方强势话语权的结果。讼师的诉讼活动与儒家的"息讼"思想背道而驰，诉讼立场亦违于"学而优则仕"的初始理想，寻求与儒家及官方思想的契合成了其内心救赎的方式，也是讼师从业意识提升并逐步形成的过程，但官府对司法使用的专利性，注定了其夹缝生存的历史命运。

一　讼师与讼棍：明清讼师的不同影像

作为明清时期日趋活跃的社会群体，讼师留给我们的是极为典型的两面形象。

首先，作为法律从业群体，讼师因讼获利的同时，也有"申人冤屈、惩恶扬善"的内心诉求，讼师秘本及清人笔记中，类似记载屡见不鲜。少年胡维仲"对窗解袴，作种种秽亵状"，令王舜英羞愤自尽案中，本无律法依据将之绳之以法，讼师钱延伯以"调戏虽无言语，勾引甚于手足，种种秽亵情形，有难以形诸楮墨者"[1] 为状，官府最终将胡维仲以大辟论罪。土豪踢死民妇，丢下十两纹银作为偿命之资案中，死者家属畏惧土豪的权势，敢怒不敢言，讼师诸馥葆主动为之作状，"夫身有纹银十两，已可踢死一人；若家有黄金万镒，便将尽屠杭城"，要求官府"缉凶法办，以慰冤魂。上申国法，下顺民情"[2]。富户伪造"绝据"侵吞小民产业案中，讼师吴墨谦以"民家契券，既不可悬之于壁，又不可铺之于几，则藏之箧，复虑其污且损也，则夹之书中，故迭侵焉，然蠹痕必重迭，断无能东西穿穴之理。今此契折纹，与蛀穴参差，殊不可解，祈明府吊取藏券之器对之"为状，"富家无可呈，乃放赎"[3]。谢方樽也曾为荒年无法还租的佃户作状，"如此苛敛强征，何异狼贪虎暴？竭民胼手胝足之劳，难供敲骨

---

[1]　虞山襟霞阁主编辑：《刀笔菁华正编》第 1 册《讼师恶禀菁华》，上海中央书店 1934 年版，第 10 页。

[2]　同上书，第 22—23 页。

[3]　徐珂：《清稗类钞》第 3 册《狱讼类》"吴墨谦为人释讼"，中华书局 1984 年版，第 1047 页。

吸髓之惨"①，以悲愤诘问的语气描述了豪霸对佃户的敲诈，从而体现其对弱势群体的同情之意。

清人王又槐即认为，普通代书不过庸碌之辈，而讼师则是智能之士，讼师的帮助是良善小民申冤的重要条件："若夫安分良民，或为豪强欺压，或为仇盗扳累，大则身家几陷，小则名节攸关，捶胸饮恨，抱屈莫伸，仅假手于庸碌代书，具词呈讼，非格格不吐，即草草敷衍，徒令阅者心烦，真情难达，于此而得一智能之士，为之代作词状，摘伏发奸，惊心动魄，教令对簿当堂，理直气壮，要言不烦，卒至冤者得白，奸者坐诬，大快人心。"② 流传至今的民间故事中，讼师甚至被演绎为羽扇纶巾、机智勇敢，与贪官污吏、奸商恶霸斗智斗勇的传奇人物，"侠义"形象的民间书写无疑使讼师成为普通民众遭遇不公时发泄不满情绪的承载者和代言人。

当然，与"主持正义、帮贫助弱"的正面形象对应，"唯利是图、颠倒黑白"的恶讼师形象更是不绝于书。如孀妇陆婉珍与富户汤翁的土地纠纷中，孀妇因讨不到公道于雨夜自缢在汤家墓地。讼师谢方樽收到汤翁的钱财后，让其换掉孀妇的绣鞋，做出移尸嫁祸的假象，"弱质闺姝，黑夜焉知汤墓？连宵春雨，香钩初未沾泥"，以移尸假象抵赖逼死人命的罪名③。妇人因奸杀夫案中，陈讼师收取妇人亲属"千金之赂"，巧言相辩，"终为妇人开罪"④。孀妇何氏向小叔求偶不成，"出小剪刀，将叔之具剪去"而致夫弟死亡案中，讼师诸馥葆受"千金贿赂"后，以"不剪不节，不节不剪"为辩，何氏不仅没有坐"杀叔之罪"，反成了贞洁烈妇⑤。醉后杀妻案中，讼师教曰："汝邻人王大奎者，狂且也，可诱之至家刃之，与若妻尸同置于地，提二人

① 虞山襟霞阁主编辑：《刀笔菁华正编》第 1 册《讼师恶禀菁华》，上海中央书店 1934 年版，第 31—32 页。
② 王有孚：《一得偶谈》初集，嘉庆十二年（1807）刊本。
③ 虞山襟霞阁主编辑：《刀笔菁华正编》第 1 册《讼师恶禀菁华》，上海中央书店 1934 年版，第 1 页。
④ 同上书，第 8 页。
⑤ 同上书，第 15—16 页。

之头颅而诣官自首，则以杀奸而毙妻，无大罪也。"① 为利所驱，不惜再伤一命并捏造奸情，将"罔顾事实，颠倒是非"的恶讼师形象表现得淋漓尽致。

对讼师来讲，助讼的主要动因是获利，其行为并不拘泥于古代社会的礼教约束，当事人是否占据公理自然不是其考虑是否助讼的因素。如在邵姓女赖婚事件中，女之父悔婚不成郁闷致死，该女又生他志要与夫离异，讼师诸馥葆在代写诉状时对邵家赖婚之事只字不提，反语出惊人，字字尖刻有力："氏笄被夫掠婚，父衔夫死。若报亲仇，则杀夫；若从夫存，则不孝。祸起妾身，请死。"② 将该婚姻无法存续的理由上升到孝道的高度，让断案者无法不允许其另择出路，一段悔婚的事件演变成为全孝道而舍弃婚姻的高尚行为。而在生员王子猷与已许人之邻家汪女有染并求长久之计时，谢方樽也不忌讳二人苟且行为于礼法相悖，反而教唆王子猷夜入汪家故意被女父发现，将之当作窃贼扭送官府。王子猷家庭富庶，众人自然不相信其为偷盗从而群起观之，而王子猷在堂上也突然供述自己与汪女来往有半年之久，在谢方樽代书的诉状中，更厚颜与司马相如、宋玉等前人相较，说"相如学士亦效私挑，宋玉大夫曾闻窥隙"，私通之事古来有之，甚至说自己不过一时不检，被女父诬赖自己这样的"秀才""才子"为盗贼，蒙受不白之冤。最后还反问"淫人妻女，妻女淫人；妻女淫人，其咎谁归？"并求县令"开一线之恩，结百年之好"③。一件私通案件，被描述得情真意切，振振有词，而对该事件的公开宣扬，定然让女方父亲错愕之余也毫无选择，手法卑鄙自然毋庸讨论。此外诸如讼师王慧舟为私奔的佣工代写诉状、谢方樽为抢亲的土豪代写诉状等也是不胜枚举，列举二例如下：

曹小二是张大户家的佣工，与张家婢女阿翠私奔半年始归。张大

① 徐珂：《清稗类钞》第 3 册《狱讼类》"讼师伎俩"，中华书局 1984 年版，第 1195 页。
② 虞山襟霞阁主编辑：《刀笔菁华正编》第 1 册《讼师恶禀菁华》，上海中央书店 1934 年版，第 13 页。
③ 同上书，第 13—14 页。

户侦知情况后，准备控告曹小二奸拐之罪。小二大恐，求讼师王惠舟作一状，先控张大户：

告为生离虐待，恳赐成全事

民家破无依，佣于张大户佃田，当时议定，不取佣值。操作三年，妻以代婢。讵意期满领婢他去，张大户事后懊恼，反悔前议，乘隙诱婢到家，幽闭虐待。朝詈夕楚，有为辱之所弗堪，有为身之所难受。窃思昔年粒粒辛苦，今日活活分离，既不得同梦，更不得拥值，嗷嗷孑身，将为饿殍。泣求宪台断团圆。哀哀上告。①

土豪张子成，垂涎附近梅氏之女，后该女嫁与富豪邹祖根为妾。张即率众持械劫掠梅氏之女。事闻于富豪邹，中途又劫之去。张心有不甘，请讼师谢方樽作一状：

为势夺婚姻事

一夫一妇，乃人道之常；一马一鞍，系当然之事。今有恶霸邹祖根，倚富逞焰，时常凌辱平民，恶欲滔天，冤衔无地。恃有倚顿铜山之富，可资林甫鬼蜮之奸。早已流毒一方，弥不痛心疾首。身凭媒妁聘定同邑梅凤林之长女某某为妻，早已纳币，尚未过门，亲戚咸知，四邻共晓。前四月二十八日为迎娶吉期，途路所经，适过祖根门首，奸心忽动，遽起不法行为。爆竹一声，爪牙云集。金鼓声喧，截住香车不放；霜戈雪耀，俨同大敌临前。一池乱棒，惊散鸳鸯；卷地狂风，吹残连理所有。迎来人众，悉行鼠窜。坤宅妆奁什物，尽如劫夺入门，非复抢亲情状，直如强盗行为。如此光天化日之下，岂可无法无天？不仅有干法纪，实属风化攸关。民等身受荼毒，失魄亡魂。雀见菁糠，一场空喜。亲邻讪笑，耻辱难堪。如此平地风波，岂复意中所及？伏望宪台依律提讯，尽法严惩，扫尽碍途荆棘，驱除当道豺狼。大可以维风纪，小足以释私憾。然而怒发冲冠，相如纵完秦庭之

① 虞山襟霞阁主编辑：《刀笔菁华正编》第1册《讼师恶禀菁华》，上海中央书店1934年版，第14页。

壁，堪痛以牛易牛；孟敏无奈已碎之甄，心肺俱催，肝肠欲断。泣血
陈词，惟希矜察；和泪濡毫，裂肠伸纸。奇冤待白。不知所云。
上告。①

　　讼师因个人恩怨挟嫌报复、挑词架讼的情况也多见于记载。在
"三宄盗尸"案中，讼师陈伟度与陈天万本是五服内兄弟，因祖屋
变价，"有睚眦之仇"，遂串通讼师王爵亭等合谋，唆使王士毅诬告
陈天万嫡妻毒害其妾之子，陈天万等移尸灭迹。陈伟度教唆二王偷
尸越境，还细致分析了五条必胜原因："一则不忧检验无伤；二则
隔属不愁败露；三则被告者惧罪灭尸似实，陈天万兄弟妻妾，乡保
里邻，皆当以次受刑，夹椤糜烂；四则尸骸不出，问官亦无了局，
我等于快心逞志之后，开门纳赂，听其和息，莫敢不从，致富成家
在此一举；五则和息之后，仍勿言其所以然，阿雄尸终久不出，我
等亦无后患。"此案经百转千回，最后才追出陈伟度，真相大白后，
陈天万如梦方醒，说："吾兄何为至于此，吾与兄一本之亲，无大
仇怨，即曩因祖业微嫌，兄言欲害我破家荡产，不得留一锄存活，
吾亦不知祸从何起也。今者吾事已白，兄自苦奈何！"② 道光十四年
的县役恶性伤人案件中，受害人父亲不仅状告该县役将其子砍伤并
剜出两眼，且言该县役之后"又率领一百余人，各持刀枪，声言杀
害"，经查，"乃因讼师张金铎挟仇，唆令诬告史连仲，并牵控多
人"③。在无名浮尸案件中，讼师冯执中因为与县令有仇隙，就唆使一
死了丈夫近十八年却无骸骨的孀妇指认该尸是其丈夫，被县令斥责
后，冯执中又代写诉状，再次唆使该孀妇"抱状再诉"，状中声称
"若谓此尸而非吾夫也，吾夫何在？吾夫而非此尸也，此尸何人？氏

---

① 虞山襟霞阁主编辑：《刀笔菁华正编》第 1 册《讼师恶禀菁华》，上海中央书店
1934 年版，第 19—20 页。
② 蓝鼎元：《鹿洲公案》，群众出版社 1985 年版，第 24—25 页。
③ 《清宣宗实录》卷 250，道光十四年三月，中华书局 1986 年影印本。

上无翁姑，终鲜兄弟，所依何人？所恃何物？茕茕一身，万无生理"①。言辞锐利如刀，咄咄逼人，将一本"无人顾问"的浮尸案搅得混混沌沌，可谓给县令出尽难题。而在福建，讼师以人命事件挑词架讼的事件也较为多见："至人命事件，接踵而至，顺途勘验，动辄逾旬，偶遇盛暑，尸身易变，以海滨浮沙，味咸性凉，拥护尸身，以免腐烂，此亦不得已权宜之法，其始创之自官。遂有讼师恶棍，遇有路毙尸身，仿照海沙拥护之法，而和以盐，藏之隙地，捏造情节，诬告人命，谓之合虎药。"②

截然相反的诉讼表现衍生出讼师、讼棍的二元形象。"播弄乡愚，恐吓良善，从而取财者，乃讼棍耳"，至于为"安分良民"代作词状，教令对簿当堂，卒至冤者得白，奸者坐诬的"智能之士"，"不惟无害于人，实有功于世，不愧讼师之名哉"③。值得注意的是，讼师、讼棍更多的是"职业"讼师的诉讼表现，而不是明清讼师的全部，如上文涉及的讼师诸馥葆、谢方樽等，都是当时在民间名噪一时的讼师，位于"四大恶讼师"的行列。一般来讲，极端的典型事件更容易引起社会舆情的关注，从而成为历史书写者的素材，积淀为我们的集体记忆。

且即便同一个讼师，受利益的驱使或是个人职业道德底线的约束，在诉讼中也常常有两面性的表现，很难简单地将之归入善或恶，而"恶讼师"的社会形象显然更为夸大。讼师的助讼行为，有代小民出头申冤的，亦有助富人逃脱罪责的，所谓善恶不一而足。我们将《刀笔菁华》中有明显善恶倾向的诉状概括为下表，以解读讼师助讼的善恶情形④：

---

① 虞山襟霞阁主编辑：《刀笔菁华正编》第 1 册《讼师恶禀菁华》，上海中央书店1934 年版，第 2—3 页。

② 《清宣宗实录》卷 219，道光十二年（1832）九月上，中华书局 1986 年影印本。

③ 王有孚：《一得偶谈》初集，嘉庆十二年（1807）刊本。

④ 虞山襟霞阁主编辑：《刀笔菁华正编》第 1 册《讼师恶禀菁华》，上海中央书店1934 年版。

表 4 - 8　　　　　　　　　讼师助讼之诉状情况

序号	状词	讼师	内容	形象性质
1	遗产保存之恶禀	王惠舟	为孤儿控告其叔挥霍孤儿家产	正面
2	索债不偿之恶贻	顾佳贻	帮助朋友向避债之人讨债作状	正面
3	争夋不遂之恶辩	吴墨谦	状告亲家争夺陈翁田产	正面
4	调戏致死之恶禀	钱延伯	状告少年胡维仲调戏致少女羞愤自缢	正面
5	杀僧自首之恶禀	诸福宝	唆使儿子杀死与母通奸的和尚并报状自首	正面
6	请兵防匪之恶禀	王方诚	帮助官府作文请兵防匪	正面
7	匿女反诉之恶禀	谢方樽	帮助状告风流丈夫	正面
8	路见不平之恶禀	诸福宝	帮助弱民状告踢死人的土豪	正面
9	掘毁祖墓之恶禀	诸福宝	帮助李甲状告因仇隙毁其祖墓者	正面
10	图赖婚姻之恶禀	杨瑟严	帮助女婿状告其岳父赖婚	正面
11	争葬祖坟之恶禀	谢方樽	帮助富翁状告无赖	正面
12	佃户赖租之恶禀	谢方樽	帮助荒年交不起租的佃户状告业主	正面
13	控叔吞家之恶禀	谢方樽	帮助孤儿状告吞没其产的堂叔	正面
14	冒认腐尸之恶禀	冯执中	指使人冒认腐尸，与官府作对。	负面
15	肠血诬奸之恶禀	谢方樽	污蔑男人强奸男人	负面
16	龙阳污控之恶禀	谢方樽	同上案，诬陷上文受害者为龙阳君。	负面
17	逆子控父之恶禀	金鹤年	唆使小儿中伤其父（与讼师有仇怨）	负面
18	奸杀卸罪之恶禀	陈慧慈	帮助奸妇谋杀亲夫脱罪	负面
19	谋杀夫弟之恶辩	诸福宝	帮助杀小叔的淫妇脱罪	负面
20	杀人赖图之恶辩	谢方樽	帮助杀人者伪造不在现场证据并作状辩白	负面
21	囚犯剃发之恶禀	冯执中	在狱中中伤县令，含血喷人	负面
22	争妻劫女之恶禀	谢方樽	帮助抢劫妇女的土豪作状告该女亲夫	负面
23	逼奸杀妻之恶禀	诸福宝	空中楼阁之事，含血喷人	负面
24	挟嫌诬盗之恶禀	诸福宝	挟嫌诬盗	负面
25	栽赃辑赃之恶禀	杨瑟严	帮助甲某嫁祸诬陷仇人	负面
26	争产诬陷之恶禀	杨瑟严	伪造现场诬告族人欺负寡妇争产	负面
27	香钩沾泥之恶禀	谢方樽	移尸伪造现场	负面
28	古井生波之恶禀	冯执中	含血喷人	负面

续表

序号	状词	讼师	内容	形象性质
29	赖婚离异之恶禀	诸福宝	帮助妇人离异	无法明确划分
30	和奸卸罪之恶辩	谢方樽	帮助男子与勾搭之女成婚	
31	和奸脱罪之恶禀	王惠舟	帮助勾引婢女的佣工状告主人	
32	诙谐戏令之恶禀	诸福宝	为人作状饶舌调戏县令	
33	直言辩诬之恶辩	杨瑟严	被邑令抓进牢狱自辩	
34	窝赌强奸之恶禀	赵元卿		无法明确划分
35	帏薄不修之恶禀	孙大尹		
36	告夫宠妾之恶禀	卜林望		
37	妾诉妻诬之恶禀	张惠民		
38	强奸幼女之恶禀	王汝望		
39	并未强奸之恶禀	卜林望		
40	名士戏控之妙禀	赵瓯北		
41	滑稽讨鼠之妙檄	冯步云		
42	控告偷花之妙禀	缪良		
43	偷花自首之妙供	缪良		

以上 40 多则诉状案例中，以讼师形象划分，可以归入正面的有 13 例，明显是诬告或助纣为虐的有 15 例，无法明确划分或并未阐述事实仅有词状的有 15 例。"四大恶讼师"中的诸馥葆、谢方樽，正面形象、负面形象均有，收录的数量也不相上下。因此，所谓讼师与讼棍的划分，并没有绝对的标准，只能从某一案例着手分析，或者取决于评述者的地位和立场。从我们现在的观点来看，除却利益的因素，讼师从当事人立场出发，为当事人提供法律援助，无疑是具有积极意义的。

具体生活中，有一定职业（如塾师、代写书信人等），偶尔为人代写诉状的"兼职"讼师亦大量存在，只是由于不够"典型"而缺乏相应的文字记载，这种情况在乡村尤甚。正如黄宗智所说，"乡间很少有人专靠给人代笔吃饭。尽管打官司并不稀罕，但一个小地方的请人代写之需，不足以产生一个整天靠撰写状词、助人诉讼谋生的人。最有可能的是，乡村诉讼当事人的所谓‘自稿’词状，实际上都是非专业或半专业人员所作。这些人通常帮人写分家单、借款契据、田契、书信以及其他书面材料。他们中间有村镇塾师、童生或生员、通文字的村中头面人物、乡保乃至四处巡游的算命先生或风水先生。其中有些人也许会用它来补助生计，在小镇的交通要道处摆个摊子，写上服务项目，或者在集市上搭个铺子，招揽生意"①。

二　打击与召唤：讼师形象的官方塑造

文字记载呈现的讼师形象，有其倾向性，唯利是图的讼棍形象即是官方强势话语权的结果。官方视野中，讼师形象绝大多数是负面的，笔者翻检相关资料发现，《清朝历代上谕档》中明确批判"讼师之恶"的有54处，《大清会典》中类似的记载有47处，《清实录》中有58处。

在官方看来，"民间讼牍繁多，最为闾阎之患，而无情之词纷纷赴诉，则全由于讼棍为之主谋"。讼师不但从中取利，且攀诬致人家破，并能自我保全："此等刁恶之徒，陷人取利，造作虚词，捏砌重情，具控者听其指使，冒昧呈递，迨审出虚妄诬告反坐之罪，皆惟控诉之人是问，而彼得以置身事外，至被诬之人一经牵涉，业已陷身失业，即幸而审明昭雪，而其家已破，因此伤生殒命者更不知凡几。在讼棍反局外旁观，自鸣得意，种种鬼蜮情形，实堪痛恨。"②

"讼牍繁多、健讼成风"亦"总出于讼师唆使"，他们"或捏虚以成实，或借径以生波，或设计以报宿嫌，或移祸以卸己罪。颠倒是非，混淆曲直，往往饰沉冤负痛之词，逞射影捕风之术"，只有"严拏惩办"，才能"清讼源"③。《大清律例》因而沿袭《大明律》的规定，"凡教唆词讼，及为人作词状，增减情罪诬告人者，与犯人同罪。

---

① ［美］黄宗智：《清代的法律、社会与文化：民法的表达与实践》，上海书店出版社2001年版，第155页。

② 中国第一历史档案馆：军机处上谕档，第2条，盒号907，册号1，嘉庆二十五年（1820）七月初九。也见于祝庆祺纂修，鲍书芸参订《刑案汇览》卷49，道光十四年（1834）刊行，第26页。

③ 《清宣宗实录》卷306，道光十八年（1838）二月，中华书局1986年影印本。

（至死者，减一等）若受雇诬告人者，与自诬告同。（至死者，不减等）受财者，计赃，以枉法从重论"①。嘉庆帝在上谕中亦要求审理词讼各衙门严究讼师："凡遇架词控诉之案，必究其何人怂恿，何人招引，何人为之主谋，何人为之关说，一经讯出，立即严拏重惩，勿使幸免。再地方官于接收呈词时，即先讯其呈词是否自作自写，如供认写作出自己手，或核对笔迹，或摘词中文义，令其当堂解说，其不能解说者，即向跟究讼师姓名，断不准妄称路遇卖卜、卖医之人代为书写，勒令供明，立拏讼师到案，将造谋诬控各情节，严究得实，一切重罪，悉以讼师当之，其被诱具控之人，转可量从宽减，如此探源究诘，使刁徒敛戢，庶讼狱日稀，而良善得以安堵矣。"② 当事人供出讼师，讼师就要承担"一切重罪"，当事人反而可以"量从宽减"，既分化了讼师与诉讼者的关系，且将讼师与诬告捆绑治罪，让欲为讼师者不寒而栗。

清朝历代统治者都有关于要求地方官严拿讼师的上谕，诸如：

> 雍正时期："凡赴内外问刑衙门控告事情，应写录实情呈诉，若有讼师教唆词讼及代写词状增减情罪诬告人并驾词越诉者，令地方官严拏，照律例从重治罪，如徇畏不报，经该上司官访奏，将该地方官，交与该部议处。"③

> 雍正元年议准，在京书吏提塘人等，串通图利讹造无影小钞，借端吓诈，交与都察院给事中、五城巡城、御史司坊官、顺天府、大宛二县不时严行访拏，若不行严拏事发，该巡城给事中、御史各罚俸一年，司坊两县官员各降二级调用。④

---

① 田涛、郑秦点校：《大清律例》卷30《刑律·诉讼》"教唆词讼"条，法律出版社1999年版。

② 《清仁宗实录》卷373，嘉庆二十五年（1820）七月上，中华书局1986年影印本。也见中国第一历史档案馆军机处上谕档，第2条，盒号907，册号1，嘉庆二十五年（1820）七月初九日。《刑案汇览》卷49《刑律·诉讼》中也有相类内容。

③ 雍正朝《大清会典》卷179（刑部三十一）十四，见《续修四库全书·史部·政书类》。

④ 乾隆朝《钦定大清会典则例》卷20，见《续修四库全书·史部·政书类》。

雍正三年奏准，凡写呈辞之人，止令写录实情控告，若教唆词讼、增减情罪、诬告并驾辞越告以致伤财害俗者，令地方官严拿，照律例从重治罪；若地方官失于觉察，该督抚访闻题参，将不报之地方官，照生监包揽钱粮该管官不行察出例罚俸一年，若明知讼师诱惑愚民、教唆诬捏等事，仍复徇畏不报，经上司访拿，将该地方官照奸棍不行察拿，例降一级调用。①

乾隆元年议准，嗣后如有讼师为害扰民，该地方官不能查拿禁缉者，如止系失于觉察，仍照定例议处；若明知讼师诱惑愚民，教唆诬告等事，仍复徇畏不报，经上司访拿，将该地方官照奸棍不行查拿例，降一级调用。如此则该地方官，各知自顾考成，自必实力查拿，而奸徒知警，良善可安矣。②

道光五年，"地方官不据实究办，该管上司查明参处，讼师包揽词讼案件，多方挑唆，以致一案化为数案，小案变成大案者，更为可恶。除访拿惩治外，凡案件审系虚诬者，必追究主唆之人，从严讯究。至京城辇毂之下，尤应肃清。前三门内外如有奸棍讼师包揽京控之事，着步军统领、顺天府五城一体，严拿务获，从重办理。"③

道光九年皇帝指出："省城多有讼师潜匿唆控，查拿分别究办。地方官失察讼师在境，例有处分。现当查拿究办之时，各该州县倘有明知故纵，着该督照例严参，如能遇案详审，自行拿获，着即将该州县失察处分，奏明加恩宽免。"④

道光十七年："劣生宜革，蠹役宜除，讼师宜禁，土棍宜拿，皆地方官分应办理之事。若不实力整饬，必致流害闾阎。该御史所奏，皆系积弊相沿，亟应查办。着通谕各省督抚、学政及在京

---

① 嘉庆朝《钦定大清会典事例》卷90（吏部）三，见《续修四库全书·史部·政书类》。

② 同上。

③ 中国第一历史档案馆：军机处上谕档，第4条，盒号937，册号2，道光五年（1825）九月二十。

④ 《清宣宗实录》卷161，道光九年（1829）十月，中华书局1986年影印本。

步军统领衙门、顺天府五城，各饬所属，认真访缉，查有刁衿、蠹胥、讼师、土棍，每犯必惩，严拏究办，以端风化而靖地方。"①

"严拏"讼师、"照律例从重治罪"，事实上也是各级官员日常治理的重要活动。上述上谕均表示，不能究出讼师的官吏，要受到惩罚。如果不能"查拏禁缉（讼师）"，要被"罚俸一年"，"若明知讼师诱惑愚民，教唆诬捏等事，仍复徇畏不报，经上司访拏，将该地方官，照奸棍不行查拏例，降一级调用"②。大清律例中也明确规定了官吏失察失职的责任："讼师教唆词讼为害扰民，该地方官不能查拿禁缉者，如只系失于觉察，照例严处。若明知不报，经上司访拿，将该地方官照奸棍不行查拿例，交部议处。"③

乾隆元年，河南道监察御史毛之玉上奏，"请严地方官疏纵讼师处分，将明知讼师唆讼、徇畏不报之条，改罚俸一年为降一级调用"④。乾隆三十九年，浙江道御史王宽指出，虽然官方对官吏失察讼师的情况屡加严饬，却仍普遍存在原告反坐而讼师逃脱法律制裁的现象："查教唆词讼，律有专条，失察讼师，例有明禁。而唆讼之案，惟赴京捏控者，情节尤重。历查各省钦差驰审之事，近年较多，其中诬告反坐者，亦复屡见，一经审虚，止坐原告之罪，而讼师则案内无名，破案殊少。此等奸徒，架词耸听，挟制株连，所关于吏治民生者不小。"因此，他向朝廷建议，根据讼师参与案情的轻重对地方官吏进行不同的惩戒："请嗣后遇有奏审重案，如果虚诬即交原审大臣，

---

① 《清文宗实录》卷7，道光三十年（1850）四月上，中华书局1986年影印本。

② 光绪朝《钦定大清会典事例》卷112，见《续修四库全书·史部·政书类》。《大清律》中对官吏惩处讼师也有着相应的规定，"讼师教唆词讼，为害扰民，该地方官不能查拿禁缉者，如止系失于觉察，照例严处。若明知不报，经上司访拿，将该地方官照奸棍不行查拿例，交部议处。"（田涛、郑秦点校：《大清律例》卷30《刑律·诉讼》"教唆词讼"条，法律出版社1999年版。）

③ 田涛、郑秦点校：《大清律例》卷30《刑律·诉讼》"教唆词讼"条，法律出版社1999年版，第490页。

④ 《清高宗实录》卷14，乾隆元年（1736）三月上，中华书局1986年影印本。

将有无唆使扛帮情弊，严行根究，按律问拟。至外省讼师，惟地方繁剧，尤易藏奸，大率盘踞公署左右，勾通书吏，非若贼匪远匿，难于缉获。请嗣后钦差案件，究出讼师，讯明潜居何地，即将该地方官，照寻常失察讼师例，分别从重议处，均应如所请办理，但查吏部处分则例，内开讼师遇有诬告等事，将失察之地方官，罚俸一年。明知讼师诱惑愚民，教唆诬告，降一级调用，此指寻常失察而言。至钦差驰审，案情重大，其失察之地方官，照寻常例议处，未为允协，请嗣后各省寻常诬告案内，失察讼师之地方官，仍照向例查议外，至奏审重案，当经审出诬告实情者，即令钦差大员，根究讼师，将地方官声明查参，如止于失察，地方官照不实力稽查例，降一级留任，明知唆讼诬告，不行查拏，即照不能缉奸例，降二级调用。"①

部分地方官吏即因查拿讼师不力而被惩处，如福建省巡抚汪志伊，任内"省控案滋多，总由讼师挑唆播弄，而地方官以所控多虚，并不速为清理，因循延搁，讼师愈得肆其伎俩，借此渔利肥己，以唆讼为营生之计，无所底止"，该巡抚不但不能严究讼师，还导致积案如山，"汪志伊着加恩改为革职留任"②。但总的来讲，朝廷对地方官吏纠察讼师还是以抚慰、鼓励为主。除了处罚之外，对于审办讼师不得力的官吏，朝廷还给予将功补过的机会。道光九年，"前因四川讼棍唆控多案，已降旨令地方官遇案拏获，即奏明宽免处分。兹据该督查明绵州等十八州县，先后报获讼棍多名，确有案据，着加恩将各该州县应得失察处分，准了宽免，嗣后遇有获办讼棍之案，所有地方官处分邀免，仍着汇案具奏。该部知道"③。地方官在后续案件中，对于

---

① 《清高宗实录》卷967，乾隆三十九年（1774）九月下，中华书局1986年影印本。

② 《清仁宗实录》卷186，嘉庆十二年（1807）十月，中华书局1986年影印本。

③ 中国第一历史档案馆：军机处上谕档，第3条，盒号962，册号2，道光十年（1830）六月初三。《刑案汇览》中也记载，道光九年，琦善调任四川总督，上任后他认为地方诉讼增多，都是由于讼师暗中唆使，命所属各地严拿讼师。随即有成都、华阳二县访获程赞元等六名。琦善将此上奏。上谕称：地方失察讼师在境，例有处分。该州县如明知故纵，该督照例严参，如自行拿获，可免处分。随后，四川各州县又报获讼棍三十案，共犯三十三名，已咨题完结。琦善以州县官"尚知振作"为由奏请将绵州等十八州厅县应得处分宽免。道光帝于十年六月初三日准奏，并谕以后遇有办获讼棍之案，所有地方官处分邀免，仍著汇案具奏。并以"通行"发下全国（《刑案汇览》卷49，《刑律·诉讼》）。

讼师如能"遇案详审,自行拏获,着即将该州县失察处分,奏明加恩宽免"①。而究办讼师得力的官员,则会得到褒奖。河南署开封府知府邹鸣鹤即因审案"均能究出实情,且能追出讼师,即时究办,审谳尚属出力"受到奖励。② 道光十七年,"山东济南府知府王镇于□委审办命盗并京控奏咨及省控情重案件,一年之间审结二百余起,并随案究出讼棍,尽法惩办,审虚各案,照例坐诬,刁诈健讼者知所儆畏,尚属始终奋勉出力,王镇着送部引见,以示鼓励"③。

查拿讼师的力度与仕途紧密的结合,是官吏们力究讼师的重要驱动力。而在具体的参讼过程中,官吏们亦的确认为讼师的"狡智"增加了案件审理的难度。正如前文所述,为了引起官府的重视,讼师所作状词大多夸大其词。《福建省例》即指出当地讼师架词捏情混控的情况:"闽省民情刁悍,讼狱繁多,皆由讼棍教唆,以致捏情混控。或雀角微嫌,架捏大题。或砌款妄告,罗织多人;或因争殴而混称凶杀;或遇命盗而牵控无辜;田土未明,动称纠党抢割;山场互控,辄指毁坟灭尸;或畏罪而使妇女出头;或避审而饰情越诉,甚至审结之案,冀图翻异。批驳之词,改情复控。惟图幸准一时,不知坐诬严例。总缘无赖讼师,倚恃刀笔,逞其刁唆之能,遂其诈骗之计。卒之两造受累,而讼师逍遥事外,实堪痛恨。"④ 由于民事案极少用刑,部分讼师并不担心付出多大代价,故而"以假作真,以轻为重,以无为有,捏造妆点,巧词强辨"⑤,使衙门面对杂乱的情节而无所适从。讼师的攀诬行为,使"原本一二人"的案件,"动辄数十人,甚至及其妻女"⑥,或"包揽词讼案件,多方挑唆,以致一案化为数案,小案

---

① 《清宣宗实录》卷 161,道光九年十月,中华书局 1986 年影印本。

② 中国第一历史档案馆:军机处上谕档,第 4 条,盒号 1009,册号 1,道光十七年(1837)十一月初十。

③ 中国第一历史档案馆:军机处上谕档,第 7 条,盒号 1008,册号 2,道光十七年(1837)十月十六。

④ 《福建省例》,《台湾文献史料丛刊》,台湾大通书局 1987 年版。

⑤ 白如珍:《论批呈词》,载陈生玺辑《政书集成》第 9 辑,中州古籍出版社 1996 年版,第 804 页。

⑥ 杨昱:《牧鉴》卷 6,载陈生玺辑《政书集成》第 6 辑,中州古籍出版社 1996 年版,第 82 页。

变成大案"①。

当然，最令官吏难以容忍的是讼师"藉端挟制，聚众抗官"②，"健讼把持，抗粮多事"③。尤其是漕粮事务，往往成为讼师要挟官吏的软肋。"漕务积弊，其不公者莫如大、小户之分，自缙绅之家以致刁生劣监好讼包揽之辈，往往与州县相持，非特不能多收，甚则升合不足，于是摊之民户，惟所诛求漫无定限，大率以小户之浮收，抵大户之短价。"④ "讼户"不正常缴粮的情况也普遍存在，"每临收漕，县署必有人报盗案、贼案者，若非立时往勘，以究虚实，亦交本色米若干担不休"⑤。在实际操作中，"缙绅之米仅止不能多收，其刁生劣监、好讼包揽之辈，非但不能多收，即升合不足，米色潮杂，亦不敢驳斥，并有无能州县虚收拾串，坐吃漕规，以图买静就安，遂致狡黠之徒视为利薮，成群包揽，讦讼不休，州县受制于刁衿讼棍，仍取偿于弱户良民"⑥。一些"逞刁架词"的讼师带头抗粮，"以致欠粮无知愚民随声附和"⑦，由此引发群体性事件，"粤省抗粮致将官员乘轿挤碎"⑧。"好讼抗粮"的讼师多为生员或监生，有时地方上充当讼师的生监甚至联合把持，声势极为浩大。道光六年，江苏的"刁生劣监，平日健讼者，则为讼米，完纳各有成规，而讼米尤甚。稍不遂意，非逞凶闹仓，即连名捏告，藉控为抗，包揽分肥，人数最多之处，生监或至三四百名，漕规竟至二三万两，实骇听闻"⑨。

参与漕粮事务为官方所厌憎，即便是我们现在看来极有进步意义

---

① 光绪朝《钦定大清会典事例》卷112，见《续修四库全书·史部·政书类》。

② 王凤生：《刁风宜戢》，载陈生玺辑《政书集成》第9辑，中州古籍出版社1996年版，第1004—1005页。

③ 中国第一历史档案馆：军机处上谕档，第11条，盒号1007，册号1，道光十七年（1837）八月二十三。

④ 《浙西减漕纪略》，戴盘：《裁漕粮浮收记》，同治五年刊本。

⑤ 段光清：《镜湖自撰年谱》，中华书局1960年版。

⑥ 蒋攸铦：《拟更定漕政章程疏》，载贺长龄编《清经世文编》漕运上，中华书局1992年版。

⑦ 祝庆琪等：《刑案汇览三编》第1册，北京古籍出版社2004年版，第412页。

⑧ 中国第一历史档案馆：军机处上谕档，第1条，盒号793，册号4，嘉庆五年（1800）六月二十四。

⑨ 《清宣宗实录》卷111，道光六年（1826）十二月上，中华书局1986年影印本。

的讼师伸张正义的行为，由于官吏对之一贯的恶感，也会因立场迥异而将之归为讼棍的角色。如在状告粮差案中，临潼县讼师薛含瑞、季学忠等上控不法粮差李星胜诉，使之丢掉差事并吐出了从花户①那里剥削来的"好处"。这样为普通民众出头并不畏强暴状告官方胥吏的行为，在官吏樊增祥的眼中，则有截然不同的认识："薛含瑞及季学忠均非安分之徒，其上控粮差之意，全在夺粮差之利以利己，而借为民除害为词，为耸听邀准之计，此等情态吾见多矣。"鄙夷不屑的姿态一览无余。其如此认定的原因，则是"革差李兴吐出之一百三十七金，仍由联名上控者朋分，而花户不但未得此银，亦并不知其事"。将讼师们为民出头的行为完全归结为谋利，并诘问："试问众花户出钱之事，何以数人出而控理，赴省要盘缠，候审要缴裹，代书要戳费，票差要草鞋钱，彼受害者安坐家园，一钱不出，独彼数人既赔钱而又受累，果何乐而为此哉？"他甚至认为讼师的胜诉行为弊大于利："夫劣差可恶则诚可恶矣，而敢于上控差役之讼棍，其毒尤十倍于差。问其名则平民也，问其事则公理也，彼先自立于不败之地，以打此百讼百胜之官司，稍一驳诘，彼即坐听讼者，以袒差之名以为历控上台之地，一经得直，归而号于众曰：去蠹免累，皆我上控之力。可以勒收讼费，从此声名一出，狡黠之吏役反结纳之，庸恶之官长亦畏惮之，而良民之受其鱼肉者较贪官污吏、劣丁蠹役而更甚十倍矣。"经过其分析后，最终决定将"薛含瑞等所得之一百七十余金，除在省花用姑免追交外，其余……着一并缴出，充作临潼小学堂经费"。薛含瑞被判定"锁系铁杆巨石五年，期满察看禀夺"，季学忠"着枷号三个月，满日责释，仍取保管束"②。

官吏对讼师参与漕粮事务，抓住契机即严厉处置。嘉庆三年，白景圣等"好讼抗粮"，在县令访拿之下，又令其孙白勇善"贿托讼师孙洪泉等，作词呈控该县讹借不遂，捏欵监禁"。如此"捏词妄控，

---

① 指户口册上的户口。
② 樊增祥：《樊山批判》卷18"批临潼县禀"，中华书局2007年版，第508—509页。

异图倾陷官长，自应从严惩治，以儆刁风。"①

　　事实上，官员从自身的立场出发，对讼师图利的认识并非毫无根据。我们用现代的眼光来审视当时的讼师，也可发现其在参与公共领域事务的诉讼中有着无法避免的弊端，尤其是他们具有双重的身份：表面上是当地的读书人、承担缴纳漕粮义务的一部分，暗地里才是讼师，或者说，他们既是当事人，又是貌似主持公道者，这就无法撇开其为己谋利的嫌疑。其诉讼行为客观上可能有利于普通大众，但自己同时也是受益人，甚至是最大的受益人。与之相比，律师则有着明确的行业规范，如民国《律师暂行章程》中就规定了律师的从业资格，要求律师不得充任公职或从事商业以及不能与两造之间有利益关系等，这就对律师从业的基本道德做了考量，也从法律上对之参与诉讼中应当回避的情况做了具体规定。但"专制集权的司法模式不允许民间存在任何与国家权力相抗衡的体系，包括可能约束官员审判案件的角色，因而也禁止讼师出现在衙门与官府分庭抗礼或躲在当事人背后出谋划策"②，可以说，这是时代赋予讼师无可纠正的缺陷。即便讼师已然成为现实存在的群体性且有专业化倾向的法律服务者、参与者，却不可能得到官方的认可，更谈不上有效的管理和规范。在此情况下，讼师诉讼表现中的优与劣，基本取决于自身道德素养的约束，而这种自觉性充满了偶然性，虽然讼师中的一些有识之士也尝试着做出向官方靠拢的努力，最终其近代性还是被扼杀在前行的过程中。

　　漕粮事务及抗粮事件，有着其独特的时代及现实背景，主要因素还是由于漕务弊端百出，官吏胥吏勒索浮收，加在人们身上的负担过于沉重，从而使得讼师有机可乘。对此，官方亦有所认识，一方面他们宣传"漕粮为天庾正供，在民不准稍有拖欠，在官不得任意浮收，自应遵照旧章，无任丝毫增添滋弊，以示限制。……其刁劣粮户，如不慎选好米，强以低丑潮杂之米，赴仓挼交，甚至健讼把持，抗粮多

---

　　① 中国第一历史档案馆：军机处上谕档，第 6 条，盒号 774，册号 1，嘉庆三年（1798）八月初三。

　　② 赵晓耕、沈玮玮：《健讼与惧讼：清代州县司法的一个悖论解释》，《江苏大学学报》2011 年第 6 期。

事，着即从严惩办，无稍宽纵"①。同时对造成这种现象的原因也做了自省："各省征收钱粮，皆小民惟正之供。如有刁劣衿民，把持抗纳，或敢挟制官长，播弄乡愚，原不应姑息养奸，致长刁风。若地方官吏，有重征苛敛，扰累闾阎之事，即当严行惩办；倘地方官平时任听吏胥多方勒索，架辞耸禀，迫粮户上控，率多委曲弥缝，调停徇庇，以致健讼之徒，有所借口，讼狱日滋，为督抚者所司何事？着通谕各督抚，凡特交咨交案件，务须一秉大公，确切究办，如系刁衿恶棍，藉端妄告，即从严究坐，以惩刁诬。"②

讼师参与公共事务的这些行为无疑增加了官府治理地方的难度，对官方的威望也是一种漠视和挑衅，必然为官府所厌憎。这对官方口径中讼师形象的污名化，有着至关重要的影响。

总之，上谕、法律条文及官吏感观的高度契合，形成了"禁绝"讼师的社会环境，讼师因讼受罚的案例时有发生。《刑案汇览》中，讼师因"教唆""帮讼""滋讼""包讼""代书""健讼""好讼""代作呈词"而受"杖责""徒刑"及"褫革功名"者，达29例。③即便是入狱的讼师，也为官方所忌惮，主张应将之单独关押，防止其在牢房内教唆生事："健讼之人，在外则教唆词讼，在狱若与余囚相近，朝夕私语，必令变乱情状，以至翻弄。故健讼者须独匣，不可使与余囚相近。"④

---

① 《清宣宗实录》卷300，道光十七年（1837）八月，中华书局1986年影印本。
② 《清宣宗实录》卷99，道光六年（1826）六月，中华书局1986年影印本。
③ 诸如：《诬告应视所诬情罪分别留养》《捏奸诬蔑情实改缓应准留养》《假捏诡名一人兼充两处代书》《冲突仪仗控诉得实从宽免罪》《包讼不遂强搬窑柴致酿三命》（第1册）；《刨高祖以上坟三冢开棺见尸》（第2册）；《越赴邻省督抚诬控并求转奏》《诬执根卷两次京控藩司受贿》《唆令图诈未成涉讼致酿人命》《其子起意唆令伊父赴京诬告》《生员健讼屡次滋扰情类棍徒》《生员好讼多事斥革按律发落》《弓兵教唆妇女诬告亲翁调戏》《教令奸妇诬陷其子姊弟通奸》《获犯到官后又诬控毋庸准理》《见尸子怀疑即从旁怂恿诬告》《为人代作呈词五六次》《教唆诬告以致族叔尸遭蒸检》《殴死唆讼索诈及强借之人》《解役贿纵军犯自应与囚同罪》《县丞任听衙役故押平人自尽》（第3册）；《于世袭敕书内妄写奏诉》《挟嫌残尸唆令诬告尸遭蒸检》《家奴听从外人诬告家长》《生员教唆诬告调奸服亲》《奸夫听从奸妇诬告其子不孝》《代作词状教令翻供图脱罪名》《吏目将讼师从犯掌责致毙》《希图酬谢删减呈内所告重情》（第4册）。
④ 郑端等：《为官须知》"健讼者独匣"，岳麓书社2003年版。

　　然而，讼师并未因官府的打压而绝迹，反而时有"讼师之强有力者，声气广通，震慑州县，例案特熟，挟制院司，一喜一怒，万户股栗，生人死人，操其笔端"① 的情形出现，"厦门多讼师……富家无故请一人为谋主，平民又奉之如神明，到讼案已折服，究出讼师，问其姓名，犹不敢高声，厦民有不怕官怕讼师之语"②。除了社会经济的发展导致人们利益冲突加剧及"民鲜识字，士罕读律"③ 这些显见的原因外，官府息讼的政策导向与具体执行之间的错位，也是一个重要原因，部分官员也认为"许两造各请状师到堂，实为良法"④。此外，日趋完善的"审转复核"及官员考核制度，也为讼师的存在创造了条件，讼师有机会控告官员的审案不公正或是行政措施失当，他们在参与诉讼过程中便可以相互制衡的微妙心态寻求和官员的平衡关系。地方官出于自保的考虑，亦不愿严禁讼师，"不敢究惩，非无所见，抑不能化以德，而第治以法，适招致怨耶"⑤，讼师因而在"审转与审限制度的加严加密过程中，利用此种制度性变革契机而更紧密地嵌入当时的司法体系运作中"⑥。

　　三　落寞与回归：讼师的精神窘境及职业认同

　　应当说，明清时期，讼师公开活动的法律空间尚不具备，而在读书人的阵营中，讼师又往往被以正统自居的清高文人所排斥。

　　徐复祚在其《花当阁丛谈》中提到："乃其初亦曾为博士弟子也，冯元成先生家书房庭中立一石台，名施食台，每旦以米一升给童子，置台上饲鸟雀，童子则匿其米，少以数粒布台上，俟雀集辄掩而食

① 宋恕：《六字课斋卑议·民瘼篇·讼师章第四》，《宋恕集》，中华书局1993年版，第3—4页。
② 《新竹县采访册》卷2《廨署》，《台湾文献史料丛刊》第145种，台湾大通书局1987年版，第78页。
③ 宋恕：《六字课斋卑议·民瘼篇·讼师章第四》，《宋恕集》，中华书局1993年版，第3—4页。
④ 宋恕：《六字课斋卑议·变通篇·状师章第十四》，《宋恕集》，中华书局1993年版，第21页。
⑤ 汪辉祖：《病榻梦痕录》，台湾商务印书馆1980年版，第198页。
⑥ 邱澎生：《以法为名：讼师与幕友对明清法律秩序的冲击》，《新史学》第15卷第4期，2004年。

之，先生大怒欲挟之，曰：我之立台哀鸟乏食耳，岂为尔掩雀地耶？
余适在坐笑谓之曰：仓帝作字，素王立言，亦哀民之蚩蚩耳，何尝为
讼师计？而文学辈窃以作状资，何怪童子哉？先生笑而释之。"① 虽然
是风轻云淡的闲谈，言下将讼师与偷米的下人相类比，视之为读书人
中偷文窃字的败类，中间蕴含的鄙夷情绪显而易见。

形成于这一时期的文学作品，对讼师亦多持讽刺、鄙夷立场，明
末小说家方汝浩，在其《新镌出像批评通俗奇侠禅真逸史》中即塑造
一位讼师管贤士的反面形象，记载了其为诬告、冒充家人抱告、作硬
证逼死人命等情事，后被正面人物所杀。作者还借用昔人口吻做"唆
讼赋"一篇，将讼师恶行描述得淋漓尽致：

> 世道衰而争端起，刁风盛而讼师出。横虎狼之心，悬沟壑之
> 欲。最怕太平，唯喜多事。靠利口为活计，不田而农；倚刀笔作
> 生涯，无本而殖。媒孽祸端，妄相靠讦；联聚朋党，互计舞文。
> 阀阅婚姻，一交构遂违秦晋之好；公平田地，才调弄便兴鼠雀之
> 词。搬斗两下相争，捏证打伤人命，离间同胞失好，虚装罥占家
> 私。写呈讲价，做状索钱，碎纸稿以灭其踪，洗牌字而泯其迹。
> 价高者，推敲百般，惟求耸动乎官府；价轻者，一味平淡，那管
> 埋没了事情。颠倒是非，飞片纸能丧数人之命；变乱黑白，造一
> 言可破千金之家。捞得浮浪尸首，奇货可居；缉着诡寄田粮，诈
> 袋在此。结识得成招大盗，嘱他攀扯冤家；畜养个久病老儿，挽
> 渠跌诈富室。设使对理，则硬帮见证而将无作有；或令讲和，则
> 抵银首饰，而弄假为真。律条当堂可陈，诰令随口而出。茶罢闻
> 言，即鼓掌而欢笑曰：老翁高见，甚妙！甚妙！吾辈真个不及。
> 酒阑定计，乃侧首而沉吟曰：学生愚意，这等这等，执意以为何
> 如？以院司为衣钵，陆地生波；籍府县为圆媒，青天掣电。朝来
> 利在于赵，乃附赵以毙钱；晚上利在于钱，复向钱以倾赵。又能
> 餂李客之言，送于张氏之耳；复探张氏之说，悦乎李客之心。刚

---

① 徐复祚：《花当阁丛谈》卷 3《朱应举》，上海古籍出版社 1995 年版。

强辈图决胜，则进嘱托之谋；愚弱者欲苟安，则献买和之策。乘打点市恩皂快；趁请托结好吏书。倘幸胜则曰：非人力不至于此。倘问输则曰：使神通其如命何。或造不根谤帖，以为中伤之阶；或捏无影访单，以贾滔天之祸。彼则踞华屋，被文衣，犹怀虎视之心；孰敢批龙鳞，撩虎须，声彼通天之恶？故欲兴仁俗，教唆之律宜严；冀挽颓风，珥笔之奸当杀。①

文学作品中因为恶遭报应的主角也多为讼师，"冥中定罪，莫严于刀笔，而骨肉相残者即次之"②，清代龚炜的《巢林笔谈》中多有此类故事。"有市牙赵某者，病疫，为鬼卒摄至冥司。一绯衣者坐堂皇上，先有二人参差伏阶下，视之，则素熟诸生诸某，后则其子也。绯衣者拍案大怒，数其刀笔构讼，喝卒以戈舂之，肠出于腹，其子为乞哀，曰：'尔助恶，亦无生理，差几日耳'。次及赵，卒亦捽而殴之，伤其目及臂。赵惺，眚一目，不觉臂忽短。即侦诸消息，日前已腹痛死，越数日其子亦毙。"③ 又"有叶某者，尝以揽讼诳重贿，讼败，其关说人无辞于贿者，自缢死。死而见诸途，叶忘其死也，与之语，寻灭，悸而病，且死，连呼'汝蔑我'。审之，则又女子声。女子者，娄东人死于兄嫂者也。其兄嫂将出，有支粟者，以属妹曰无过予，反则过与焉，诟詈不止，女愤死。叶造语坏其声，故亦祟及之，叶遂毙"④。

纪昀在其《阅微草堂笔记》中也以类似故事教化世人，其中一则是说："古书字以竹简，误则以刀削改之，故曰刀笔。黄山谷名其尺牍曰刀笔，已非本义，今写讼牒者称刀笔，则谓笔如刀耳，又一义矣。余督学闽中时，一生以导人诬告戍边。闻其将败前，方为人构词，手中笔爆然一声，中裂如劈，恬不知警，卒及祸。又文安王岳芳

---

① 清溪道人编著，江巨荣、李平校点：《禅真逸史》卷5，第25回，上海古籍出版社1990年版，第402—403页。
② 龚炜：《巢林笔谈》卷6，《清代史料笔记丛刊》，中华书局1981年版，第146页。
③ 同上书，第145页。
④ 龚炜：《巢林笔谈》卷5，《清代史料笔记丛刊》，中华书局1981年版，第140页。

言，其乡有构陷善类者，方具草，讶字皆赤色，视之乃血自毫端出，投笔而起，遂辍是业，竟得令终。"① 由是教化讼师，如"辍是业，竟得令终"，若"恬不知警，卒及祸"，"余亦见一善讼者，为人画策，诬富民诱藏其妻，富民几破家，案尚未结，而善讼者之妻竟为人所诱逃"②。

乾隆年间杂记小说《谐铎》中记载一传奇故事，读之令人印象深刻：

讼师说讼

江以南多健讼者，而吴下为最。有父子某，性贪黠，善作讼词，一日，梦鬼役押赴阎罗殿，王凭案先鞫其父，曰："士、农、工、商，各有恒业，尔何作讼词？"答曰："予岂好讼哉？人以金帛啖我，姑却之，而目眈眈出火，不得已诺之。"继鞫其子，曰："是汝之过也！使我生而手不仁，乌乎作状词？"

王曰："尔等挟何术，能颠倒黑白若此？"曰："是不难。柳下惠坐怀，作强奸论，管夷吾受骈邑，可按侵夺田产律也。"王曰："是则诬直为曲矣！而拗曲作直则何如？"曰："是更不难。傲象杀兄，是遵父命；陈平盗嫂，可曰援溺也。"

王曰："是则然矣！其如听讼者何？"曰："欺以其方，则颜子拾尘，见惑于师，曾母投杼，亦疑其子。况南面折狱者，明镜高悬有几人哉？排之阖之，抵之伺之，多为枝叶以眩之，旁为证佐以牵之，遇廉善吏挟之，贪酷吏伙之。我术无不济矣！"

王怒，命牛首抉其父双眼，而断去其子两臂，仍令鬼役押回。

比醒，父子各如所梦。闻于当事，谓若辈既遭冥谴，讼词沄可少息。越数日，命胥吏往瞰之，见赴诉者，捧金执币，环伺堂下。其父南向趺坐一榻，阖双眼喃喃口授，而其子旁横一几，以脚趾夹五寸管，运写如风。胥吏归述之，当事者叹曰："使州县尽作活阎罗，此

---

① 纪昀：《阅微草堂笔记》卷8《如是我闻二》，天津古籍出版社1994年版。
② 同上。

辈亦不能除也。可惧哉！"①

　　综合以上文人作品中的描述，无非是抹黑讼师的面目，将之书写为见利忘义、不顾廉耻之徒，在诉讼中挑唆、设计，颠倒是非，变乱黑白，不择手段以满足自己敛财的欲望，实在是读书人中的斯文败类。同时也认为讼师是健讼之风、社会风气败坏的根源，这与官方的口吻有着一致性。这些文人作品对讼师的鄙夷，表明讼师不仅被"国法予以严厉的禁止，而且在官方舆论的导向下，遭到人们的唾弃"②。而因果报应的思想在古代社会占据着人们的头脑，"民间生活中的面子意识与老百姓心目中的报应观念，同官方意识形态中的德、礼、刑、政思想，共同构成传统社会控制的思想基础。正像在制度层面国法未必比家法族规更有效，在思想层面，孔孟之道未必比报应更能使人们安分守己。……中国传统的社会控制手段有阴阳（或明暗）两个平行线。阳线是从天理到国法到人情到脸面，阴线则是从皇（昊）天上帝到鬼神到报应。这两条相辅相成的线共同维系着社会秩序与精神秩序，维系着国人对公正的信念"③。同为读书人的讼师，面子意识和报应观念本就强烈于普通人，文人作品中的反感情绪与诅咒让他们陷入思想上的尴尬境地。

　　而在现实中，讼师的诉讼活动充满了凶险。除了要应对官府的严厉打击，还要面对地方官吏强权下的侮辱。陕西按察使樊增祥对付著名讼师陈思周即采取非常手段，因陈思周脸上已刺"讼棍"二字，"毋庸再刺"，而又"重责一千板，锁系铁杆巨石十五年，期满察看"④。即便是讼师的从犯，也无法逃脱被轻视的命运：讼师徐汉萧唆讼潜逃，其侄子"徐二崽图分赃银，听从代誊呈词"，吏目侯代仁在

---

　　① 沈起凤：《谐铎》，乔雨舟校点《明清稀见小说坊》，人民文学出版社 2006 年版。

　　② 段啸虎：《中国古代衙门百态》，东方出版中心 1997 年版，第 187 页。

　　③ 张守东：《鬼神与脸面之间——中国传统法制的思想基础概观》，载许章润主编《清华法学》第 1 卷第 1 期，清华大学出版社 2003 年版，第 305 页。

　　④ 樊增祥：《樊山政书》卷 15 "批汉中府禀"，中华书局 2007 年版。

追问徐汉萧下落时，"徐二崽出言顶撞，该吏目饬役掌责，致伤殒命"①。

诉讼活动中，讼师助讼也是利益与风险同在。矛盾一旦激化，道义大多支持对讼师进行报复甚至残害：道光七年，"胡世陇戳死雷世俸"一案中，胡世陇因讼师雷世俸唆令何金珑赴县捏控，向其父胡学顺索诈，复向胡世陇索钱，胡将雷殴伤身死。② 周某唆赵某诉讼的案例中，周某成功唆讼并讹诈赵某钱财，最后与赵某反目并设计将赵送入牢狱，赵某年老气苦，死于狱中。"赵子商于外，闻之则亟归，纠诸无赖，夜涂面持火炬利刃，破周户入，擒周，缚之柱，遍淫其妇女，乃尽杀之。复以火烧杀周，劫其财，纵火焚屋而遁。是役也，周氏歼焉。"③ 这些现实中的真实例子，与文人作品中的因果批判，正可相互呼应，成为讼师心头之刺，喉中之梗。

压抑的政治、社会环境下，部分讼师不得不迁徙躲避，与官方打游击。"京师地方宽广讼案繁多，总由于讼师唆使，此等奸民，以刀笔为生，或造设陷阱，或捏饰重情，迨至到案讯明而纷纷拖累者不少，惟讼师等迁徙无常，易于避匿……"④ 部分讼师被打压后，则选择更名改姓以进行新的生活，如嘉庆八年两江总督的奏折中提到涉讼的两名官员中，其中"金之煌本属有名讼师"，因为行止不端"褫革，复改名朦捐"⑤。

事实上，作为知识阶层的组成部分，讼师中不乏"奇胜之材"，"观其笔下妙文，虽一字一笔，俨若刀剑，在在足以左右其事，生杀

---

① 祝庆祺等：《刑案汇览三编》第 4 册，北京古籍出版社 2004 年版，第 505 页。

② 祝庆祺等：《刑案汇览三编》第 3 册，北京古籍出版社 2004 年版，第 2040 页。

③ 徐珂：《清稗类钞》第 3 册《狱讼类》"周某唆赵某诉讼"，中华书局 1984 年版，第 1196 – 1197 页。

④ 中国第一历史档案馆：军机处上谕档，第 4 条，盒号 1010，册号 3，道光十八年 (1838) 二月十五。也见于《清宣宗实录》卷 306，道光十八年二月，中华书局 1986 年影印本。

⑤ 中国第一历史档案馆：军机处上谕档，第 4 条，盒号 808，册号 2，嘉庆八年 (1803) 十二月初二。

其人。自非材大心细，曷克臻此？"① 出于职业建构的需要，讼师对时事、官场有着超乎寻常的洞察力，往往能在具体案例中表现出非凡的智慧。诸如某县水患，"饥民抢掠作乱，县令屡次向上峰请兵弹压皆不准"，不得已请讼师"代作详文"。时至清末，各级官吏对涉及教堂的事件比较紧张，讼师王方诚即以此为突破口，"窃饿民啸聚之地，密迩教堂，万一有变，谁尸其咎？事出非常，急于星火，苏常相距非遥，朝发夕至，不胜屏营待命"②，详文一上，重兵即下。"某将军丁祭之时绊倒，臬司告其大不敬之罪"案中，负责详查的知府不想得罪任何一方，又无计可施，讼师李某语之"臣礼宜先行，不遑后顾"，案件遂不了了之。③

一些讼师还在诉状中卖弄文字，诙谐口吻，表现了讼师无法脱离舞文弄墨的癖好和内心清高的读书人本质。如乾嘉年间的讼师顾佳怡，曾为其友徐某作状，告其欠户张腊塌避债不还之事，状中指出欠户借钱前后不同的态度："窃思昔日借银，释迦口吻；今朝索债，悟空脚跟。无赖之尤，殊堪痛恨。"④ 以释迦牟尼、悟空做比，活灵活现地描述了张腊塌避债不还的面孔。讼师诸馥葆因为新令尹汪公上任没有拜见他而心怀不满，而汪公有点大舌头，诸馥葆便在代一石姓刻图章人所作诉状中故意饶舌，使之难堪："有石雪泽者，勒刻劣木约日不出，掷石击额，额裂血出。恳即核夺。"⑤ 讼师对自己书写状词的威力也颇为自信："字字从锻炼而得，欲生之，欲死之，端在我之笔尖，诚足以横扫千军也。"⑥

① 衡阳秋痕楼主：《刀笔余话》，载虞山襟霞阁主编辑《刀笔菁华正编》第 1 册，上海中央书店 1934 年版。
② 虞山襟霞阁主编辑：《刀笔菁华正编》第 1 册《讼师恶禀菁华》，上海中央书店 1934 年版，第 12 页。
③ 衡阳秋痕楼主：《刀笔余话》，载虞山襟霞阁主编辑《刀笔菁华正编》第 1 册，上海中央书店 1934 年版。
④ 虞山襟霞阁主编：《刀笔菁华正编》第 1 册《讼师恶禀菁华》，上海中央书店 1934 年版，第 8 页。
⑤ 同上书，第 18 页。
⑥ 诸馥葆：《解铃人语》，载虞山襟霞阁主编辑《刀笔菁华正编》第 1 册附录，上海中央书店 1934 年版。

　　然而，讼师的清高乃至自负并未对其尴尬角色有所改善，毕竟他们没有像幕宾那样虽未入仕却立身于官府的阵营，而是以事主代言人的姿态出现在诉讼中，被官方所反感打击。这样尴尬的角色，显然与他们寒窗苦读追求"学而优则仕"的最初理想有着巨大落差。其诉讼活动也与儒家的"息讼""调人""调处"思想背道而驰，作为儒生，其内心的苦闷与落寞可想而知。为了实现思想上的自我救赎，讼师不断寻求与儒家思想的契合点，甚至把自己从事讼师行业的因由与儒家的救世理想结合起来："予之为此，恨下愚无智，屈于强有力者下。……予实非导人以斗志竞巧，实为人解铃耳。"① 面对民众因为状子限字而难于申诉的情形，"予甚悯之，是以忘其僭悖，即生平所经历者，逐类叙之"，并强调自己所著秘本"得之者，宜珍秘之，慎勿传于逞刁好事之人，庶几不失予意云尔"②。这些自我诉说或是对"破民家，坏民俗，不复顾天理人心为何物"③ 及"且有两造俱不愿终讼，彼此求罢，而讼师以欲壑未盈不肯罢手者，为害于民，莫此为甚"④ 等言论的微弱反击。

　　明代讼师秘本《新镌法家透胆寒》在阐述作者微意时，也表达了其儒法兼修、治平天下的理想。"读书不读律，治术非尧舜之资也。读书专读律，修身以萧曹之技也。以萧曹为角胜之书，则不必读。以萧曹为致平之书，而与治理，则未始不同于尧舜之书也。萧曹之书同于尧舜，不可不读。士君（己）（子）欲与天下共绳于法度之中，不越于礼仪之外，安得不以萧曹之书补禹谟、周诰、孔论缺脱也哉。"表明了学习法家律法之术，与儒家学术相得益彰、互补有无的观点，事实上，这一观点与古代统治者"外儒内法"的统治术也是相契合的。讼师能将自己的学习方略与治国之术联系起来，可见其较高的文

① 诸馥葆：《解铃人语》，载虞山襟霞阁主编辑《刀笔菁华正编》第 1 册附录，上海中央书店 1934 年版。

② 觉非山人：《珥笔肯綮·序》，邱澎生点校本，《明史研究》2009 年第 13 期。

③ 高攀龙：《高忠宪公责成州县约》，载陈生玺辑《政书集成》第 8 辑，中州古籍出版社 1996 年版，第 144 页。

④ 刘衡：《庸吏庸言》，载陈生玺辑《政书集成》第 10 辑，中州古籍出版社 1996 年版，第 695 页。

化素养及较强的现实思考能力。该作者还指出学习律法不能以投机取巧为能，要求学习法律的讼师能够"不售其智，不害其和，不伤其元，不逞其机巧"，并反问"夫奉锾书而著词状，岂必教人以诪张，劳人以庭鞫，俾嘉肺之石不［不］空，桁杨之权当折，而称奇道快为能事也哉？"这就对讼师的德行或者说从业道德做了基本的规范，他从讼师秘本的名称谈起，指出讼师从业的目标是惩恶扬善："观弁名，则知作者之意矣。昔曰霹雳手，警人之心，使不妄为也；又曰快刀笔，劫人之恶，使不胡行也；更曰萧曹遗笔，援律以惕人之梦魂也，种种难以枚述。兹编目之为透胆寒者，抑何意哉？不亦警人之心乎？劫人之恶乎？惕人之梦魂也乎？犹未也。夫奸盗诈伪，酒色财气，皆生于欲之炽，而见之于行，则生于胆。盖制其欲者，先制其胆。夫胆不尽寒，则不生畏；不生畏，则生欲矣。故名透胆寒者，在不炽其欲而已耳。观是书者，能不以角胜为旨，故于命题之意，皆世必有之事，而其措笔运词，皆必致之情，不悖于事，则理易见而律自当矣。至于朱语从新，叙事即断，曾不（眸）［侔］于诸前人之所撰。"①

除标榜自己的"救世"行为外，讼师也在不断强化自己的职业操守。"凡作状词之人，甚不可苟（商）［图］一时润笔之资，飘空望砌，妄陷生灵，致两家荡业结仇，大小惊惶不宁。眼前虽得钱渡活，而自己方（才）［寸］有亏，阴骘损坏"②。除了要求不能唯利是图之外，讼师对参与诉讼的性质也较为敏感，尤其不愿涉及人命案件以及为明显理屈的当事人助讼。在讼师秘本《新镌法家透胆寒》中，收录状词共计 159 词，其中首淫类 16 词，贼盗类 15 词，叛逆类 10 词，人命类 14 词，坟墓类 12 词，房屋类 14 词，婚姻类 17 词，田土类 16 词，耕种类 6 词，钱粮类 7 词，讹塌网利类 9 词，苗木竹菓类 11 词，刁拐赌博类 7 词，贪官墨吏类 5 词，大部分都是婚

---

① 湘间补相子：《新镌法家透胆寒·透胆寒自叙》，载杨一凡主编《历代珍稀司法文献》第 11 册，社会科学出版社 2012 年版，第 83 页。

② 管见子注释：《新刻法家萧曹雪案鸣冤律·兴讼入门要诀》，载杨一凡主编《历代珍稀司法文献》第 12 册，社会科学出版社 2012 年版，第 397—398 页。

姻、钱财等与人们日常生活密切相关的诉状，基本上是常见冲突引起的诉讼，人命类的仅占 8.8%。讼师自己的助讼原则也在与现实的契合中逐步提炼："刀笔可为，但须有三不管耳。无理不管。理者，讼之元气，理不胜而讼终吉者未之前闻。命案不管。命案之理由，多隐秘繁赜，恒在常情推测之外，死者果冤，理无不报，死者不屈，而我使生者抵偿，此结怨之道也。积年健讼为讼油子，讼油子不管。彼既久称健讼，不得直而乞援于我，其无理可知，我贪得而助无理，是自取败也。"①

现实中，讼师也积极向官方治理地方的要求和思想靠拢，从而探寻行业的生存之道。在许多讼师秘本中均出现与官方要求相近的诉讼指导思想，如在《新刻法笔惊天雷》里的"古箴十忌"："一忌混沌不洁；二忌繁枝乱叶；三忌（忘）［妄］空招回；四忌中间断绝；五忌错用字眼；六忌状后无结；七忌失律主意；八忌词无紧切；九忌收罗杂沓；十忌妄空扯拽。"②《新刻法家萧曹雪案鸣冤律》中的《法门箴规》及诸馥葆《解铃人语》中的"诉讼十忌"都有极为相似的表述。③ 这些讼师付诸实践并广为宣传的经验，与官方一事一告、状词简洁、不牵扯攀诬等④要求都是相吻合的。讼师秘本中甚至经常倡导息讼："讼之一道，身家所系。非抱不白之冤，不是戴天之仇，切戒

---

① 徐珂：《清稗类钞》第 3 册《狱讼类》"讼师有三不管"，中华书局 1984 年版，第 1190 页。

② 《新刻法笔惊天雷》，载杨一凡主编《历代珍稀司法文献》第 11 册，社会科学出版社 2012 年版，第 241 页。

③ 《新刻法家萧曹雪案鸣冤律》的《法门箴规》：不可浑浊不洁；不可繁枝粗叶；不可妄控招非；不可中间断节；不可错用字眼；不可收后无结；不可失律主意；不可言无紧切；不可收罗杂砌；不可妄空扯拽。（管见子注释：《新刻法家萧曹雪案鸣冤律·兴讼入门要诀》，载杨一凡主编《历代珍稀司法文献》第 12 册，社会科学出版社 2012 年版，第 397 –398 页。）诸馥葆《解铃人语》也说，凡作讼词，"尤宜力避十忌。十忌者，一忌混沌不洁，二忌繁枝乱叶，三忌妄空招回，四忌错用字眼，五忌中间断隔，六忌状后无结，七忌失律主意，八忌词无紧切，九忌收罗杂沓，十忌妄空扯拽。十者均避，其为讼词必大有可观者焉。"（诸馥葆：《解铃人语》，载虞山襟霞阁主编辑《刀笔菁华正编》第 1 册附录，上海中央书店 1934 年版。）

④ 《大清律例》规定："凡词状止许一告一诉，告实犯实证，不许波及无辜，及陆续投词，牵连原状内无名之人。……倘波及无辜者，一概不准。仍从重治罪。"（田涛、郑秦点校《大清律例》卷 30，《刑律·诉讼》"诬告"条例，法律出版社 1999 年版，第 484 页）

轻举，以贻后患。若睚眦之隙，牙角之非，切宜暂退一步，少忍片时，自然风恬浪静，海阔天高，不至裸体受刑，倾家荡产矣。慎之！慎之！"① 如果必要兴讼，则要占据情、理、法，"讼之一字，从言从公，谓言非至公，切不可以致讼也。故致讼之道有三要，情、理、法而已。度情我必真，度理我不亏，度法我无犯，三者缺一，不能全其必胜矣。"② 诸馥葆的《解铃人语》中的"诉讼十说"，相类的主张显得更为全面："人有罔法为非，关名犯义之事，方可鸣公理论……弗致为横道之徒，而变乱是非。……更不宜作谎状以渎有司也。……与小人有小隙，即张大其事而诬之者，因愚不按法，听讼师之架语，满纸荒唐。……越诉者终必大败，盖越告者已与长官作敌已。……事情无论巨细，既已涉讼，长官必使和而息之，庶可免人胜负不休，此一断讼之一道也。在涉讼者亦宜得休便休，不可固执不化。……历阅古今智士，岂能万举万全？如有无为之争，悉凭亲友劝谕，即有些微委屈，务宜容忍，则亦临崖转辔、江心补楫之道也"。这些主张，其实是企图通过"不轻讼、不作谎状、不诬告仇隙、不越诉、不缠讼"等自我约束实现诉讼与息讼的内在统一，尤其"不可与官府为敌"成为讼师共识，"不领公庭三尺法，是又岂明哲保身者之所宜耶？我人切宜戒之"③，表现了讼师对政权的依附和妥协。

　　除内心的自我救赎外，讼师亦渴望得到制度的认可，他们对"见人愚而不能伸冤，教令得实，及为人书写词状而罪无增减者，勿论"④ 的律法条文充满期待，甚至天真地认为"圣上功令，禁讼棍不禁讼师。……讼师为人鸣不平，为人反冤狱，奖之不遑"⑤。制度

---

① 《新刻法笔惊天雷·法家须知》，载杨一凡主编《历代珍稀司法文献》第11册，社会科学出版社2012年版，第243页。

② 《新刻法笔惊天雷·格言》，载杨一凡主编《历代珍稀司法文献》第11册，社会科学出版社2012年版，第243页。

③ 诸馥葆：《解铃人语》，载虞山襟霞阁主编辑《刀笔菁华正编》第1册附录，上海中央书店1934年版。

④ 田涛、郑秦点校：《大清律例》卷30，《刑律·诉讼》"教唆词讼"条，法律出版社1999年版。

⑤ 虞山襟霞阁主编辑：《刀笔菁华正编》第1册《讼师恶禀菁华》，上海中央书店1934年版，第19页。

的定义与认可是讼师专业化的必要条件，然而官方在实践操作中，对于所谓讼师、讼棍并没有区分的兴趣，导致该条件事实上一直是缺失的。

在具体案例中，即便是按照当事人原意书写状子的讼师，同样受到官府的制裁，因为"在很多情况下，对于代写诉状、代提诉讼请求等行为，官府所关注的不是所提请求是否符合事实，而是该诉状的书写及诉讼请求的提出，是否由他人代行"①。在徐愿远教唆翻供一案中，徐愿远于李恩赐供认铳毙陈言莲之后，代作呈词，教令犯父李长青翻供，希图辩脱李恩赐罪名。"惟所作词状仅止删减情罪，并未诬告于人，与教唆诬告律②意未符，此外亦无治罪明文。"但"教令犯属翻异，即与教令本犯变乱事情者无异，徐愿远除计赃轻罪不议外，比照教令罪因反异成案，减罪者以故出人罪，全出者以全罪论，囚未决放减一等律，于李恩赐满徒罪上减一等，系属外人，照律再减一等，拟杖八十，徒二年"③。讼师陈玉田"先后为人代作呈词六次，应照积惯讼棍拟军例，量减一等，满徒"；讼师徐学传，"代人作词五纸，皆系寻常案件，并无串通吏胥、播弄乡愚、恐吓诈财情弊。应于'积惯讼棍、军罪'上量减一等，满徒。（虽）年逾七十，系讼师为害闾阎，不准收赎（嘉庆二十五年案）"④。只是在寻常案件中代人作词，没有其他恶行，仍被认定是"为害闾里"，"年逾七十却不允许

---

① ［美］D. 布迪、C. 莫里斯：《中华帝国的法律》，朱勇译，江苏人民出版社1995年版，第337页。

② 《刑案汇览》中记载："教唆词讼诬告人之案，如原告之人并未起意诬告，系教唆之人起意主令者，以主唆之人为首，听从控告之人为从，如本人起意欲告，而教唆之人从旁怂恿者，依律与犯人同罪。注云：若仅止从旁谈论是非，并非唆令控告者，科以不应重杖，不得以教唆论等语。是诬告案内从旁怂恿教唆之人，应否与诬告本犯同罪，总以有无唆令控告情节为断，如仅止从旁谈论是非，本无唆讼之心，虽听者因疑致诬，究止多言肇衅，故仅予以杖责，若从旁媒蘖启人疑惑，复怂令控告，则被诬者之受其拖累，诬控者之罹于法网，皆由唆怂所致，其罪与本犯等自应一例同科。至二人共犯一事，如所犯并非不分首从，及非与犯人同罪为从，原应减正犯一等，若应与本犯同罪者，即无首从可分，自应各依本例定拟。律称：同罪者其罪应与正犯同，非至死罪则不能减等也。"参见祝庆祺等《刑案汇览三编》第3册，北京古籍出版社2004年版，第1842—1843页。

③ 祝庆祺等：《刑案汇览三编》第4册，北京古籍出版社2004年版，第501—502页。

④ 祝庆祺纂修，鲍书芸参订：《刑案汇览》卷49，道光十四年刊行，第26页。

以钱代罚"，折射出讼师理想与现实错位的生存窘境。

根源于农耕社会的明清法律，着眼点在于维持一元化的价值观念，打压讼师、抑制健讼风气是其实现社会强制性稳定的外在表现，"在法律制度经过两千多年的高度发展的中国，人们将法律看作是政府用来自上而下地惩罚那些破坏社会和政治秩序的行为的手段，而不是将其作为维护自身权利、主张个人要求、并排除他人或政府对自身权利的侵犯的工具"①。健讼非源于讼师，但讼师的诉讼活动，"提供了一种'进行'法律与社会赋权的可怕手段"，"将国家拖入了他们希望由自己主导的纠纷解决之中"②，从这点来讲，讼师的行为在某种程度上已然侵犯了统治者行使法律的专利，在旧有的法律、制度框架内及官吏眼中，讼师的存在本身就是犯罪。

第五节　群体、职业与地方社会

讼师群体的专业化发展过程，融会在地方社会潜移默化的变迁中。讼师活动对明清时期的法律常识传播、诉讼技巧提炼及司法审判体系的制度化形成，有着重要影响，亦为近代律师职业化奠定了坚实的基础，"民国初期的律师，多来源、演变于清末的讼师"③，但在明清时期，讼师毕竟没有转化成律师，且与律师有着本质的区别。地方社会是讼师的活动场所，以地方代言人的身份出现的讼师，亦是地方社会的重要组成部分。

一　讼师对明清诉讼活动的双重影响

讼师对明清的诉讼活动有着双重影响：推进了律法的普及，在客观上起到了助人维权的作用，增强了人们的权利意识，对诉讼活动的

---

① ［美］D. 布迪，C. 莫里斯：《中华帝国的法律》，朱勇译，江苏人民出版社 1995 年版，第 336 页。

② ［美］梅丽莎·麦柯丽：《社会权力与法律文化：中华帝国晚期的讼师》，明辉译，北京大学出版社 2012 年版，第 326 页。

③ 阎志明主编：《中外律师制度》，中国人民公安大学出版社 1998 年版，第 24 页。

影响有着积极的一面。诚如日本学者夫马进所言："地方官对讼师视同蛇蝎般地厌恶以及国家一贯视讼师为非法的态度，与讼师在民众社会生活和诉讼制度中所占据的重要地位是完全不同的问题。……如果讼师总是在吸普通人的血，那么即使是地方官不起来加以禁止，民众自然会与其疏远。然而，事实上一向并未出现这种情况，这只能说明，讼师还具有与地方官表面上的非难完全不同的存在意义。"① 而唯利是图的讼师恶行，冲击了正常的司法程序，给社会稳定带来不良影响也是客观存在的。

首先，涉讼当事人能否得到公正审判抑或得到申诉的机会，以及能否顺利诉讼，与所请讼师有着紧密的关联。拦轿喊冤、击鼓告状是影视作品及戏曲传递给我们的古代诉讼方式，事实上，这只是艺术作品彰显的极端形式。通常情况下，明清时期的诉讼活动，需遵循一定的流程，并强调诉讼的书面化——原告需要提交书面的状词，被告应答也要书面的诉状。"他们的审判与我们是没有甚么不同，但过程和判决不那么繁杂；每件事都通过申请即上诉去完成，允许每个人竭力为自己申诉。有些人只靠草拟这类文字，例如为犯人草拟诉状而谋生。"②

并且，明清时期的诉讼，告状、诉状均具有"唯一性"，如果状词不被受理，诉讼活动也就结束了，因此，状词的书写在诉讼中至关重要。诉讼案件的判决，虽有询问及两造听讼程序，但主要通过阅读状词进行，"处理一个案件所需要的劳力，阅读文书大约占七分，而听讼只占三分而已"③，状词直接关系官司的胜负。民众自书或依其口述加以记录而没有技术加工的状词很难在诉讼活动中取胜，不得已求助具有专门技巧的讼师，"刀笔作家（讼师），颇能于简练中，装点

① ［日］夫马进：《明清时代的讼师与诉讼制度》，载［日］滋贺秀三等《明清时代的民事审判与民间契约》，王亚新等编译，法律出版社 1998 年版，第 390、391、398 等页。
② ［葡］曾德昭：《大中国志》卷 28《中国人的监狱、审判和刑法》，何高济译，上海古籍出版社 1998 年版。
③ 王亚新、梁治平：《明清时期的民事审判与民间契约》，法律出版社 1998 年版，第 424 页。

埋伏，使看者遂信以为真"①。此外，明清时期的司法主审官多为府、县的行政长官，他们很少会在庭审前阅读全部的案件材料，更多的情况是根据幕友提供的信息进行案件判断，"幕友对于那些只通制艺、不晓律例的官吏，在进行司法审判中起着重要的作用"②。为赢得诉讼，很多情况下当事人需要与幕友、差役等办案人员进行交涉以及必要的贿赂，"奸胥、劣幕有得以问官不甚熟谙律法，辄肆上下之手，以行其贿赂之谋"③。对不谙内中详情的当事人来讲，求助讼师的帮助就显得尤为必要。④

其次，诉讼活动中，讼师的广泛参与推动了法律常识的普及，对于增强人们的维权意识有着重要作用。讼师参与诉讼是明清时期的常态，"所收词讼中十有八九系讼师在背后教唆"，"十成讼案中有七到八成是由于讼师在背后虚构其词与兴风作浪"⑤。讼师参与的案件类型亦涉及田产、钱债、婚姻、商贾、刑事等方方面面，《刀笔菁华》中讼师代写的状词即涉及婚姻、债务、产业、刑案等。

表4-9　　　　　　　《刀笔菁华》中状词类型一览⑥

类别	聘者	事由	讼师姓名
婚姻类	杨惠芬（寡）	为请求保全节操事	冯执中
婚姻类	张甲	诉为强奸朋友颠倒乾坤事	谢方樽

---

① 王亚新、梁治平：《明清时期的民事审判与民间契约》，法律出版社 1998 年版，第 425 页。

② 张晋藩：《中国法律史》，法律出版社 1995 年版，第 463 页。

③ 金匮阙铸补斋辑：《皇朝新政文编》卷 6，文海出版社 1987 年影印本。

④ 中国古代百姓视公门为畏途，不愿涉讼的原因除官府的专横无理、官官相护等因素外，另一重要原因就在于害怕跟衙门里的幕友、胥吏和差役之流打交道。这些人以讼案为生财之道，在官司的整个阶段向当事人索取各种规费。以清代为例，原告需交纳挂号费、传呈费、买批费、送稿纸费、出票费、铺堂费（即开庭费）、踏勘费、结案费、和息费，等等。如果是命案，并有命案检验费。除规费外，胥吏和差役还借端向原被告敲诈、索贿，因此胥吏总是尽量将更多的人牵扯进诉讼中去，以便勒索。而讼师因业务关系熟悉此种门道，当普通百姓不得已涉讼时处于失胜诉的考虑让其代为交涉确是十分自然的事。参见瞿同祖《瞿同祖法学论著集》，中国政法大学出版社 1998 年版，第 407 页。

⑤ Melissa A. Macauley，"Civil and Uncivil Disputes in Southeast Coastal China，1723 - 1820"，in Kathryn Bernhardt and Philip C. C. Huang（eds.），Civil Law in Qing and Republican China，Stanford University Press，1994，pp. 89 - 90.

⑥ 虞山襟霞阁主编：《刀笔菁华正编》第 1 册《讼师恶禀菁华》，上海中央书店 1934 年版。

续表

类别	聘者	事由	讼师姓名
婚姻类	李乙	为冤遭捏砌事	谢方樽
婚姻类	徐翁	诉为媚死女逝无由赠奁事	吴墨谦
婚姻类	妇人（寡）	告邻恶强奸幼女事	王汝望
婚姻类	教师	诉并未强奸之事	卜林望
婚姻类	妻	告夫宠妾	卜林望
婚姻类	妾	诉妻诬己事	张惠民
婚姻类	中年男	告合屋宝成窝赌	赵元卿
婚姻类	宝成	诉同屋捏词诬告事	孙大尹
婚姻类	婿	为勒写笔据，图勒婚姻事	杨瑟严
婚姻类	王士舜	告胡少调女致死	钱延伯
婚姻类	兄弟二人	为杀淫僧通母之事	诸福宝
婚姻类	邵姓女子	为赖婚离异之事	诸福宝
婚姻类	王子猷	为和奸卸罪事	谢方樽
婚姻类	曹小二	为奸拐婢女脱罪事	王惠舟
婚姻类	何氏	通叔不成，谋杀夫弟事	诸福宝
婚姻类	张子成	为争妻夺女事	谢方樽
婚姻类	岳父	为匿女反诉婿事	谢方樽
婚姻类	无赖某	为逼奸杀妻事	诸福宝
债务类	徐生	为索债不偿事	顾讼师、虞山人
债务类	某人	为赖租事	谢方樽
产业类	江子谦（孤）	告遗产保存事	玉惠舟
产业类	李甲	恶告王乡董掘毁祖坟	诸福宝
产业类	李氏媳妇（寡）	告族人争产	杨瑟严
产业类	某富翁	告无赖争葬祖坟	谢方樽
产业类	某甲（孤）	告叔吞家绝食	谢方樽
刑案类	王甲	为殴赵乙死脱罪	谢方樽

　　讼师的活跃无疑会带动讼学的传播，诸如明清时期流行的公案小

说——《廉明公案》《新民公案》《包公案》《施公案》等，及以私密方式传抄的讼师秘本。四民社会中的行业规范，乡土社会中的家谱、族规，塾学教育中的童稚蒙训等，亦有诉讼规则的相关内容。

讼学的传播，提高了明清法律的普及程度，诸如问刑条例、十恶律条、八议条例、五刑定律、纳纸条例、六赃辨、七杀辨、金科玉律解、例分八字释义、例分之外十六字义、词家体要、词家手镜等，既归纳了律法的实体内容，又涉及具体的程序规则，既有法理理论的抽象综合，又有实践案判的切身体会。①

明清时期的律法条文已十分庞杂，即便是府县的主审官员也很难娴熟于心，需"退庭后再详检法条"②。对普通百姓来讲，熟习政府颁行的所有法律不可能也不必要，对他们来讲，了解什么是罪、如何判罚才是最迫切的。讼师秘本、公案小说以歌谣、问答的通俗形式传播晦涩的律法常识以及鲜活的诉讼案例，极为有效，"一口说尽六曹，便是刑侯手段"③。诸如《新刻法笔惊天雷》中的《律例总括歌》，"稽古条目三千，至刘惟谦等以四百十有六条之中删定百四十有一条"④。

> 强盗未得财，依律拟流罪。砍伐坟园树，减等杖九十。偷盗耕牛卖，律载充军役。杀人并放火，死罪不赦定。盗（卖在官）马，充军不足惜。借物不问主，亦该盗窃拟。擅食田园果，依律杖八十。违律不完粮，减等九十拟。侵其官钱粮，充军而已矣。僧道无度牒，杖罪还俗去。无故相赌博，枷号杖八十。指官诓人财，引例问充军。伪造印信者，一斩无他议。放军去歇役，访运米七石。违禁放（私）〔扣〕回，赚音慊，以手取物。拐男和

---

① 闲闲子订注：《新刻校正音释词家便览萧曹遗笔》卷1，清代石印本，上海图书馆藏本。

② 余自强：《治谱》，《官箴书集成》第2册，第115页。

③ 琴堂卧龙子汇编：《新刻平治馆评释萧曹致君术》卷首，清代刻本，江西省图书馆藏本。

④ 《新刻法笔惊天雷》上之《律例总括歌》，载杨一凡主编《历代珍稀司法文献》第11册，社会科学文献出版社2012年版，第238页。

女，白日抑人财，同是充军役。诡名支月粮，犯罪计赃拟。偷盗鸡鸭等，杖责难饶你。白日动刀兵，依律斩首定。兄若收弟妻，律法该绞死。子将父切淫，绞首何须议。奴婢欺主人，罪在不赦矣。更深入宅院，非奸即是盗。登时而打死，到官不论罪。违禁取人利，该问七石米。违约债不还，杖罪律有议。监守自己典收。自盗粮，杂犯斩罪拟。闻丧不丁忧，律上许是（徒）［徒］。丧棺暴露者，律上杖八十。有因逼死人，律内杖一百。追粮若拒捕，徒罪相应拟。狱卒虐罪囚，勒钱克飧食。疾病遇庸医，误杀俱徒拟。决杖不如法，至死杖一百。私越渡关津，挚住杖七十。渡子勒船钱，该拟不应罪。（空）［它］掘平人塚，惊（鹿）［魂］杖八十。开塚见棺椁，杖百流三千。如若见尸首，绞斩定不饶。无头状与帖，律绞亦当知。畜肉若灌水，与米抽少比。不论身异殊，八十杖百体。损人一牙齿，该问七石（罪）［米］。坏人一眼睛，杖百徒三年。若是双目失，杖百徒三千。若系成笃疾，家私分半与。如捐人一指，减律杖七十。私铸铜钱者，枷号仍绞罪。先嫁由父母，后嫁由自己。逐婿再嫁女，后夫仍断离。女归前夫。民人若娶妾，四十方为之。无子而娶者，到官不拟罪。若有男和女，不许娶妾定。替人去告状，枷号杖七十。妻妾作妹嫁，告官八十杖。逼嫁寡妇者，依杖七十详。服弟殴兄长，拟徒二年半。无兄欺压嫂，加等杖九十。兄在欺嫂者，只杖七十止。儿女打爷娘，犯法该问剐。鼓楼去了角，县官罢了任。若教唆讼者，枷号计赃矣。子孙骂长上，绞罪不用量，女婿不当家，投鸣里长商。亲属盗家财，免刺只问罪。弃毁农稼穑，计知徒罪止。强盗若得财，首从皆斩之。[①]

讼师的活跃及讼学的传播，强化了民众对诉讼技巧及程序的了解，"凡告户籍者，必以族长坟产为定；告婚姻者必以媒妁聘定为凭；

---

① 《新刻法笔惊天雷》上之《律例总括歌》，载杨一凡主编《历代珍稀司法文献》第11 册，社会科学文献出版社 2012 年版，第 238 页。

告田土者必以契据地邻为据"①。"大凡治世有情、理、法三者在，我兴讼告人须防彼人装情敌我，如小事可已则已，不宜起爨（衅）。必不得已，迫切身家，然后举纸。先原情如何，次据理按法何如，熟思审科，如与人对弈，然酌量彼此之势，攻守合闭之方，一着深子，一着未掉，如何结局，智烛机先。我谋出万全，则制人而不受制于人。此百战而百胜也。是故初投本县状词，须字字缜密停当，则长技在我，任他人机巧变诈，无隙可乘。谚云：百丈高台从地起是也。如县状疏略，次投府道，加密到台院，又加密恐吊卷审勘。事虽真实，词语参差，官府能不犹豫也耶！达此奥义方为作手。"②

传统的小农社会里，"和谐""无讼"是永恒的社会追求，亦是律法的内在立足点，"司法的最高境界不是判断是非，而是平息纠纷，息事宁人"③。与之类似，民间亦有"饿死不做贼、屈死不告状"的说法。但一味地强调秩序与和谐，忽略甚至打压个人权利的彰显，往往造成的只是表面的和谐，一旦矛盾爆发，反而造成更严重的后果。并且，和谐的话语环境下，弱势群体的利益常常得不到保护，并无处申诉，最终只有诉诸非理性的途径。④

诉讼技巧的掌握，讼师的案例示范激发了民众参与诉讼的热情，某种程度上提供了一个消除社会戾气的排泄口，"士品莫善于不争，莫不善于健讼"⑤，并呈现出诉讼活动的坚韧性，"状不准，不止；讼

---

① 黄六鸿：《福惠全书》卷 11《刑部·总论·词讼》，《官箴书集成》，黄山书社 1997 年版。

② 《萧曹遗笔》卷首《词家体要》，上海校经山房石印本，上海图书馆藏本。

③ 谢晖主张，中国的司法判决是"平息矛盾模式"的，即不论当事人间有何巨大争议，只要设法能使二者放弃争执或将其争执限缩到最小的范围内，最终使矛盾得以平息，并在此基础上解决两者之间"世世修好，永不争讼"的问题就是司法的最高境界。它不同于西方的"判断是非" 54 政法论丛 2012 年模式，即它不管两造之间因为此案的判决将来会发生什么，只针对当下的案件事实做出是非曲直（谁胜谁负）的决判，从而使模糊的权利义务关系通过判决得以明晰。参见谢晖《判断是非与平息矛盾·象牙塔上放哨》，法律出版社 2003 年版，第 216 页。

④ 林端：《儒家伦理与法律文化》，中国政法大学出版社 2002 年版，第 5 页。

⑤ 李因培：《请立稽词讼之法以端士品疏》，《皇清奏议》卷 51。

不胜，不休"①。

再次，讼师的参讼活动，促进了明清时期审判体系的制度化形成。明清时期的法律体系，存在着"对立面的缺乏和司法过程中的超职权主义倾向"，审判的目的是获得口供，只需抛出诸般证据反复诘问甚至拷打即可，不看重诉讼双方的庭审辩解，②并且，定罪量刑取决于主审官的自由心证，其司法独断地位容不得别人说三道四。③事实上，明清时期的法官在诉讼活动中往往以不具有定性的个人"感觉"为标准，以"情理"推理事实，诸如用强迫方式"今断令君持再出银三十二两，付张朱氏养生送死之资，以斩葛藤"④，甚至"焚香拈阄，断之以天……天理自明，生死皆可无憾"⑤。并且，明清司法关注的不是审判程序是否符合法律规定，及审判结果是否符合法律规定，而是更注重审判结果是否与社会民俗或习惯相符，或者是否更有助于社会的稳定和谐，故而，审判过程中，"与其屈兄，宁屈其弟；与其屈叔伯，宁屈其侄；与其屈贫民，宁屈富民；与其屈愚直，宁屈刁顽。事在争产业，与其屈小民，宁屈乡宦，已救弊也"⑥。

但讼师的参与一定程度上抑制了官员审案的随意性。对讼师来讲，获得诉讼活动的胜利是其唯一目的。为达此目的，讼师往往会以官员审案中的人情因素为突破口，利用明清时期的审转制度，寻求官员最初查证不足的疏忽失误，向上级官员提出有利于己方"翻案"的

---

① 赵申乔：《赵恭毅公（申乔）滕稿》卷 6《严饬无知健讼以杜棍扰以安生民示》，浙江书局 1892 年版。

② 有关中国古代审理过程中口供作为证据的地位可参见〔日〕滋贺秀三《中国法文化的考察》，载〔日〕滋贺秀三等《明清时期的民事审判与民间契约》，王亚新等译，法律出版社 1998 年版，第 18 页。

③ 中国法律的儒家化运动即所谓引理入法、儒法合流直接对古代法律的适用产生了作用，其特出的表现就是影响中国整个帝制时期的经义决狱。官员在审判中并非严格依照法律条文，而常常根据情理、情势等方面的因素对案件进行出入。参见贺卫方《中国的司法传统及其近代化》，载苏力、贺卫方主编《20 世纪的中国：学术与社会》（法学卷），山东人民出版社 2001 年版。

④ 戴兆佳：《天台治略》，《官箴书集成》第 4 册，黄山书社 1997 年版，第 104 页。

⑤ 吴恕斋：《兄弟一贫一富拈阄立嗣》，《名公书判清明集》卷 7，中华书局 2002 年版。

⑥ 陈义钟编校：《海瑞集》，中华书局 1962 年版，第 117 页。

上控事由，因而，官员在"承审案件、听断词讼"过程中很容易被讼师"持官之短长，而挟制逞刁"①。日益严密的审转、审限制度，使得"州县官如琉璃屏，触手便碎，诚哉是言也，一部吏部处分则例，自罚俸以致革职，各有专条"。故而，有关"失察、迟延"审判与征税期限等"公罪案件，断断不宜回护"，否则"以计避之，则事出有心，身败名裂"②。并且，"勿因原被各执一词，而依违两可，勿过于浮躁而使懦弱者不能尽言；勿任其争辩，而使强词得以夺理；勿因前官断定，而不为平反；勿因上司驳查，而强为回护；兵役与百姓争讼，勿偏袒兵役；绅衿与百姓争讼，勿偏袒绅衿；审系虚诬，则治以反坐之本罪，勿以宽原告而长刁讼"③。进而达到审判活动的"引律断狱"，"勘核案情、援引确当"④，"必公、必明、必平、必允，下求以活愚民，上求以寿国脉"⑤。

当然，讼师的参讼活动，不可避免会掺入夸大、谎言成分，"他们在文字中假话太多，曼达林（地方官）则必须很有经验和慎重才能从众多的谎言中查明真相。当他们的谎言在文字中被察觉，他们为此饱受杖刑"⑥，"词讼到官，类是增撰事理，妄以重罪诬人。如被殴必曰杀伤，索财必曰劫夺，入其家必诬以作窃，侵坟界必诬以发墓"⑦，从而失去诉讼"以其情有不平而欲求其平也"⑧ 的本意。虽然讼师也有告诫人民不要轻易言讼的一面，"非抱不白之冤，不是戴天之仇，

①　程含章：《通饬各官熟读律例》，贺长龄编《清经世文编》第 2 册，中华书局 1992 年版。

②　汪辉祖：《学治臆说》，刘金泽主编《官鉴》第 1 部，经济日报出版社 1998 年版，第 291 页。

③　田文镜编著：《州县事宜·听断》，《官箴书集成》，黄山书社 1997 年版。

④　姚雨芗原纂，胡仰山增辑：《大清律例会通新纂》卷首，文海出版社 1964 年影印光绪年间刊本，第 16 页。

⑤　朱豹：《朱福州集》卷 5《题为陈愚悃裨圣政以副休省祈天眷事》，续修四库全书本。

⑥　［葡］曾德昭：《大中国志》卷 28《中国人的监狱、审判和刑法》，何高济译，上海古籍出版社 1998 年版。

⑦　胡太初：《昼帘绪论·听讼篇第六》，《官箴书集成》，黄山书社 1997 年版。

⑧　潘月山：《未信编》卷 3《刑名上·章程》，《官箴书集成》，黄山书社 1997 年版。

切戒轻举"①。但更常见的情况是讼师唆讼以获利，"此辈在乡不士不农，辄以笔墨自雄，构生小讼"②，"因而讼师藉隙挑唆，棍徒乘机播弄，刁生劣监出而扛帮，猾吏奸胥阴行串诈，或就中取利，或节外生枝"③。

个别讼师为获得诉讼胜利，不惜捏造事实并要求原（被）告配合，甚至教其配合的方法，"在衙门则照牌号，在街道则拦马攀舆，俱要把定脚跟，稳定心神，颜容凄怆，语言哀切，方见准理。纵有大刑喝斥，亦须忍耐片时坚端辞色，若有一毫震怯之心，则问官生疑，难期必准"④。并自行寻找与己有利的"证人"，"各处词讼，止有三造，江西独有四造。三造者，原、被、中证也，江西则原被各请其私人为中证，以此应审之人更多"⑤。

如果诉讼活动达不到既定目的，讼师大多会选择上诉，甚至反复上诉，"闽俗包揽越诉，只须附铺兵传达。则人未出县境，而词已准于府；迹未至府门而词已准于道矣。层累而上，以司制道，以院压司，光棍告善良，盗贼告失主。行关提究，困民于千里之外，此八闽之通局也"⑥。

更有甚者，"黠者往往因薄物细故，藉兴讼端，以拖累为得计。一纸到官，或延数年不结。所以有'图准不图审'之语。又或平空架害，谓之'搭台'"⑦，被涉及人为排除自身嫌疑，不得已向其提供财食，号为"拔名东道"⑧。"此中恶习，辄以人命为奇货，都昌往时乘

---

① 《新刻法笔惊天雷》（下）《法家须知》，载杨一凡主编《历代珍稀司法文献》第11册，社会科学文献出版社2012年版，第243页。
② 李榕：《十三峰书屋批牍》卷1《湘阴县监生柳春融控殷竹坞一案批》，载蒋德钧辑《李申夫（榕）先生全集》卷7，近代史资料丛刊本。
③ 裕谦：《裕靖节公遗书》卷2《察吏类·清理积案檄》，成文出版社1969年版。
④ 《新刻法笔惊天雷》（下）《法门趋向》，载杨一凡主编《历代珍稀司法文献》第11册，社会科学文献出版社2012年版，第242页。
⑤ 包世臣：《齐民四术》卷7（刑一下）《与次儿论谳狱书》，黄山书社1997年版。
⑥ 沈长卿：《沈氏日旦十二卷》卷7《说填诬关》，明崇祯刻本。
⑦ 舒梦龄：《治巢琐言》，载沈粹芬、黄人、王文濡等辑刊《国朝文汇》丙集卷3，上海国学扶轮社刊印本。
⑧ 裕谦：《裕靖节公遗书》卷8《戢奸类·禁拔名东道示》，成文出版社1969年版。

风鼓煽，百十为群，而告词之不情，则有杯酒谇言，直架瞒天之谎者，既不胜其反坐，遂尔习为故常，讼师刁民唾于风波，其间亦有愚鲁无知为代书所误，只求状准，后悔无及"①。

这些负面的行为，无疑给了官方打压的口实，将讼师的形象定格为不被认可的黑暗角色，"在传统的社会里面，讼师素来受人轻贱，他们的形象……是贪婪、冷酷、狡黠、奸诈的，最善于搬弄是非，颠倒黑白，捏词辨饰，渔人之利"②。在现实中讼师的某些行为也的确对正常司法程序造成了无端干扰，成为社会的不稳定因素。

不过，部分官吏也认识到讼师之恶毕竟是少数，"良民千百，莠民不过一二，地方官甚畏莠民。因而不爱良民，莠民得肆其诪张之术，递呈不□"③，认为打击诬告"不过于奸讼之后遏止其流之一法"，清理讼源的根本在于"地方官公正廉明，勤于听断"，"凡闾阎一切户婚田土之事，均令曲直分明，各得其理，即险诈之徒，亦无从生心构衅"④，"业令恪遵定例，于三八放告日期遵式递呈，老幼妇女不许无抱告，诬控者反坐越，诉者递响应审，衙门收审出示详晰晓谕，往往有意□违，应请旨饬遵，俾莠民不敢生心摇夺，良民多所保全"⑤。同时，及时解决讼案也是官方眼中消弭诬告的良方，"令之不善莫如雍滞狱词，每见小民之讼有数年不断者，民失其业而冤莫能伸。或家已倾而讼未了。夫公道自在人心，曲直不难立断，阅月逾时徒使胥役需索耳。或谓狙诈之民，早为决断，彼必奔控上司，益繁案牍，迁延时日，彼忿争之意气自消，此直不通之论，断狱患己之不廉不明耳，断一事而无冤则无情之词自靖，彼又安能翻案哉？若以迁延时日阴为释忿之计，犹壅川蓄毒，奸民之利而良民之害也，故以决讼

---

① 李应升：《落落斋遗集》卷8《理署书牍上·上巡道陆景邺》，丛书集成续编本。
② 梁治平：《法意与人情》，中国法制出版社2004年版，第275—276页。
③ 中国第一历史档案馆：军机处上谕档，第9条，盒号904，册号1，嘉庆二十五年（1820）正月二十八。
④ 中国第一历史档案馆：军机处上谕档，第1条，盒号836，册号1，嘉庆十三年（1808）正月二十八。
⑤ 中国第一历史档案馆：军机处上谕档，第9条，盒号904，册号1，嘉庆二十五年（1820）正月二十八。

之迟速卜令之贤否，十得八九"①。

二　讼师在地方社会中的地位与作用

作为社会群体，讼师要活动于地方社会②之中。地方社会是在社群、社团的活动及相互间的网络中形成的，"中国地域社会中的各种社团通过其指导人物的媒介作用而维持着相互间的关系，形成互相竞争和共存的局面。虽然个别社团的命运时有沉浮，而城市以会馆、公所，农村以宗族为中心，地域社会始终得以延续下去"③。而明清的地方社会，同时也是宗族社会。

宗族观念始于商周时代的宗法制度，后经儒家思想的整合、统治者的鼓吹推行，在古代中国盛行不衰。明清时期，宗族组织趋于平民化，主要是由缙绅甚至平民主持宗族事务，进入"绅衿宗族制时代"④。明清时期的宗族组织，主要工作内容是尊祖、敬宗、睦族等，但其对政治事务、公共事务亦有明显的参与及影响。

宗族势力有调解、息讼的功用，"族长实等于族内的执法者及仲裁者，族长在这方面的权威实是至高，族内的纠纷往往经他一言而决，其效力绝不下于法官。有的权力甚至为法律所承认。例如族中立嗣的问题，常引起严重纠纷，有时涉讼不清，法官难以判断，断亦不服。只有族长及合族公议才能解决这种纠纷，往往一言而决，争端立

---

① 余元遴：《庸言》卷4《理讼》，光绪三十二年（1906）刊本。

② 日本学者研究中国明清史时称之为地域社会，见［日］森正夫《中国前近代史研究における地域社会の视点》，《名古屋大学文学部研究论集》，1982年；［日］山田贤《中国明清时代史研究における"地域社会论"の现状与课题》，《历史评论》1998年第580期；［日］伊藤正彦《中国史研究の"地域社会论"》，《历史评论》1998年第582期。王笛在《茶馆——成都的公共生活和微观世界（1900—1950）》一书中描述的地方文化——"所谓地方文化，就是由于地理、生态和生活方式所形成的地域的一种文化现象。由于过去交通不发达，社会相对分离，所以文化具有各自的独特性"，其实等同于本书所说的地方社会。

③ ［日］小浜正子：《近代上海的公共性与国家》，葛涛译，上海古籍出版社2003年版，第4—5页。

④ 冯尔康认为，明清时期"宗族的首领基本上不是高官厚禄者，而是绅衿和平民，这也是宗族民众化的内容和表现。绅衿是明清时代的重要社会阶层，是区域社会的主宰力量，因这一时期主要由他们主持宗族事务，所以说这一时期是绅衿宗族制时代。"冯尔康：《中国宗族史》，上海人民出版社2009年版，第23页。

息"①。兄弟讼田案中,兄弟二人及其妻子们皆有悔意,想要息和,在公堂上,"阿明妻郭氏,阿定妻林氏,邀其族长陈德俊、陈朝义当堂求息"②。婆媳上告李阿梅悔赖赡养约定的案件中,郑氏的儿子因与李阿梅之间争执寻了短见,为了息讼宁人,"族中李晨、李尚诸人,劝我(李阿梅)代为殡殓"。郑氏也说:"李阿梅恳族中生监李晨、李尚,家长李童叔等,劝我无讼,为我敛埋,赀我住屋,养我老幼"③。

上述两则案例,族长或族中士人都充当了调解息和的角色。部分地方甚至形成一个有序的解决族内纠纷的程式:"户长同宗正上座,各房长左右座。两造对质毕,静听户长宗正剖决。"④ 族长在诉讼活动中的作用,官方亦有明确的认定:"本司查斗殴及戏杀、误杀各犯,如有亲老丁单并孀妇独子,例应留养承祀者,无论理曲伤重,定案时讯取族保、邻佑甘结,地方官加具切实印结呈送,俟秋审时再行取结办理。如有知情捏结等弊,即将混行出结之族保人等及地方官分别议处治罪。"⑤ 从这个意义上讲,宗族的息讼功用⑥与讼师的兴讼获利是冲突的。

但一旦涉讼,宗族势力也会充当族人背后的支撑力量,"聚族而居,一经犯事,家长族长,藏匿纵放,甚或恃众拒捕"⑦。在姚绍聪等抢劫案中,姚绍聪"出巨族,势力蟠结,堂上方发一言,外间已知趋避,百足之虫,扶之者众"。在其余党自行投讯时,"忽阶下有乡音相语者:'此必良民也。若是盗贼,焉敢自来送死?'"知县蓝鼎元"昧

---

① 瞿同祖:《中国法律与中国社会》,中国政法大学出版社1998年版,第24页。

② 蓝鼎元:《鹿洲公案》,群众出版社1985年版,第124页。

③ 同上书,第62—63页。

④ 朱勇:《中国法律的艰辛历程》,黑龙江人民出版社2002年版,143—144页。

⑤ 《福建省例》,《台湾文献史料丛刊》,台湾大通书局1987年版。

⑥ 当然,宗族的息讼、调解功能也不能过于夸大。部分读书人对涉讼比较谨慎,其实际效果也不甚理想,"读书学道四十年矣,从无一事涉讼。去年春,不幸有操戈同室者,予以房长苦心调解,累千万言不从,只得置身事外,忽被与讼者词连。稍持公,致嫁祸反陷,必死之而后快。然当诬逼保辜之日,上天震怒,雷击示警,一时见者闻者,莫不与之吐舌。嗟乎,精诚有所感,造化为悲伤,自昔然矣。区区之心,可以格天,独不可见谅于人乎?后日有书其事者,正恐不能为曲予者讳也"。参见龚炜《巢林笔谈·调解讼事》,《清代史料笔记丛刊》,中华书局1981年版,第159页。

⑦ 《清宣宗实录》卷219,道光十二年九月上,中华书局1986年影印本。

其语意，似故使余闻知者"。姚绍聪到案，"姚族生监多人林立阶下，请释善良，以安本业"，"复有惠潮道差员李姓者，扣扉诣见"，称"姚绍聪、王阿协、范阿义皆善良，请早释"。保正郑茂纪在供述中也称："我畏其族大强凶，是以不敢言也。"即便到结案发现还有一干从犯嫌疑人的时候，蓝鼎元也因为"惟范阿喜、姚阿相等，迹甚可疑，难以掩饰，而亦有生监多人保结求宽。且有道差为之左右，稍一究诘，则波及富厚良民，必欲直穷到底，恐无辜株累者必多"。最终从宽对一干从犯"创惩示儆"①。宗族对族人涉讼的帮助，主要表现为代写词状、出谋划策等，并通过族内读书人来实现，这与讼师助讼又无明显的抵触。

从某种意义上来看，宗族甚至成了讼师活动的场所支撑，"今宗祠变为讼馆，祭资竟成讼费"②。很多讼师即为宗法社会中的不仕文人，官本位思潮的影响下，不仕文人企图以"讼事"扩大其在地方社会的影响力，进而谋求个人利益。宗族中的公产、公费，成了他们的演练经费，"每有族中讼事，均取给于公费。出告者恃有公费可以挥霍，妄兴雀鼠之争，扛帮者恃有公费可以侵渔"③，"好事者据此为利，微嫌小忿莫不凭恃公资以为讼本，上诬下告，讦讼无休"④。一些地方的讼师，甚至借维护宗祠公产为由头，借故兴讼，发宗族之财。"江西民人有合族建祠之习，本籍城乡暨其郡郭并省会地方，但系同府同省之同姓，即纠敛金钱，修建祠堂，率皆栋宇辉煌，规模宏敞。其用余银两置产收租，因而不肖之徒从中觊觎，每以风影之事妄起讼端，籍称合族公事，开销祠费。县讼不胜即赴府翻，府审批结又赴省控，何处控诉即往何处祠堂，即用何处祠费，用竣复按户派出私财，

---

① 蓝鼎元：《鹿洲公案》，群众出版社 1985 年版，第 131—134 页。
② 江西《万载辛氏幼房谱》卷尾《总祠各件附载案件节载》，民国甲寅重修本。
③ 江西按察司辑：《西江政要》，道光三年（1823）九月初六，《民间选立族正劝化章程》，光绪后期江西按察司衙门刊印。
④ 凌燽：《两江视枭纪事》卷 2《平钱价禁祠本严霸种条议》，载中国社会科学院历史研究所清史研究室编《清史资料》第 3 辑，中华书局 1982 年版。

任意侵用。是祠堂用费，实为健讼之资，同姓立祠，竟为聚讼之地。"①

问题的严重性使得官府、族约不得不限制："所有祠费但充祠中正用，永不许取作兴讼之资"②。并且，"从官府方面讲，一旦士绅势力与家族势力紧密结合，官府对于基层社会的统治就不能不流于名存实亡。因此，他们不得不用'省例'即法律的形式，来反对士绅干预地方事务，控制家族权力"③。如《福建省例》中即有"禁革生员公呈保结干预官事"④：

一、生员不准公呈保结也。凡地方有举报名宦、乡贤、孝子、节妇及乡饮、大宾等事，原准绅衿联名具呈。至于命盗及一切案件，应听地方官审拟具详。虽同官一城，无承审之责者，尚不得越俎而代，今以绅士公呈一纸，欲擅夺州县之权，从此植党营私，势必流为门户声气。我世宗宪皇帝御制"朋党论"，颁发学宫，诚欲化士习之嚚凌，不使蹈前明恶习也。各该府宜转饬所属州县教职，多张告示，严切晓谕，嗣后有犯此者，系进士、举人、职员、贡监、由州县详革，系生员由教官详革。事之是非，言之曲直，俱所不论，但治其朋比为奸，越分妄言之罪。若承审官派令地方绅士公呈保结，一经查出，并予严参。庶鉴有前车，士气可静。

一、生员不准派充调处公亲也。据学院恩条称：乡邻诟谇，该生秉公剖诉，释忿息争，诚为善事。至于已形讼牍，或官徇情面、或吏受苞苴、或若葛藤、或懒听断，辄令生员充作公亲调处，是驱之武断乡曲，且灭词讼也。此后生员不得干预外事，地

① 江西巡抚辅德：《请禁祠宇流弊疏》，载贺长龄编《清经世文编》"宗法"上，中华书局1992年版。

② 清江西按察司辑：《西江政要》，道光三年（1823）九月初六，《民间选立族正劝化章程》，光绪后期江西按察司衙门刊印。

③ 陈支平：《近500年来福建的家族社会与文化》，上海三联书店1991年版，第110页。

④ 《福建省例》，《台湾文献史料丛刊》，台湾大通书局1987年版。

方官不得漫相批饬等语。查例载民间词讼细事，如田亩之界址沟洫、亲属之远近亲疏，许令乡保查明，呈报地方官亲加剖断，不得批令处理。是批且不可，岂有派之之理？凡在有司，闻之当熟。但情有顺逆，事有变迁，或衅起一时之雀角而忿气旋消，或私图一己之便安而公评早屈，若不准其调处，必令匍匐公处，批根引蔓。在两造已无终讼之心，而胥差遂作注金之穴，滋讼累民，窃为不取。应听地方官酌量事体轻重，如果调处之人实系本人亲族，其事又属细微，准其递呈请息，仍不得奉批理处，致干例禁。

一、生员不准派充族房家长也。据学院恩□条称：一切催粮拘摄等事，与公私杂役无异。士子身列胶庠，自应各尊所业，免其派充家长，弹压族众等语。查族房、家长乃一定之齿序，非无凭之称号。行辈尊，虽韦布犹家长也；行辈小，虽贵显犹卑幼也。至一切杂役差徭，生员例应免派，地方官如有擅行调拨及派作家长，令其弹压族众，承管公事者，告发之日，照例参处，并即严行饬禁。

当然，地方社会的存在、延续，"必须要具有对于地域共同意识的认识"，"它不仅是指相对于外部而言的内部利益，相对于整体而言的部分利益，也指更加普遍和广泛意义上的连带感和相互扶助意识，以及支撑这些意识的、包含公开性的公共性"①。在明清时期的抗粮、抗捐活动中，以地方代言人的身份出现的讼师，其出发点亦"以公领域作为活动场所"②。只是这种行为大多被官方语境视为"劣监刁讼"，诸如前文涉及的道光年间江苏讼师抗粮京控事件，官方先是解

---

① ［日］小浜正子：《近代上海的公共性与国家》，葛涛译，上海古籍出版社 2003 年版，第 5 页。

② 公领域是国家与社会之间的中间领域，包括"制定、维持经济秩序、地方防卫、维持治安、救济社会弱者、水利建设并维护教育、道路桥梁，以及消防"等公共职能所能涵盖的领域。［日］小浜正子：《近代上海的公共性与国家》，葛涛译，上海古籍出版社 2003 年版，第 7 页。

释"漕务疲已久，闾阎每苦浮收，而各州县用度浩繁，不能不藉资津贴"，进而指责讼师"捏告藉控"，"包揽分肥"，导致"各州县费无所出，自必取偿于乡曲之淳良，小户为牵长补短之计，而穷民不堪朘削，乐于诡寄粮名大户，生监等包揽愈多盘剥并吞势所不免，至小户之粮田日少，办漕之经费日绌，不酿成巨案不止"，要求"衿棍陋规痛行裁革"，"遇有控告漕案者，即查其有无抗欠，是否粮户，如实系生监包揽或大户绅士恃符刁抗，或有漕而米未交清，或集审时原告藏匿，或不候讯结潜逃蓦控，均即提拏严审，奏明分别治罪，朕必从重惩办，并着该抚移咨学政一体查察"①。

立足于"公领域"的社会活动无疑会增强讼师在地方社会中的影响力，进而形成地方势力的合力，"连阡广陌，皆郭内世家大族之田。阖邑乡绅举贡，文武生员，不下七八百人；捐纳监生，一千三四百人；院司道府书吏裕安役，势豪大棍，不知几千百人，皆威权煊赫，如虎如狼。持檄催粮之差，孰有过其宅而问者，见之惴惴，莫敢仰视，稍有片言获戾，丛殴公庭之上，由来久矣。而图差亦遂与和同舞弊，有钱纵释，毫不以催征为意。每逢比较，拘亡户饿殍一二人，代责抵塞，无有确实粮户，得以见官。且比较轻笞，百不当一，稍示之以严刑，则有前任魏使君故事：各役哄堂一声，溃然走散，登东山石洞，二三百人蜂聚弗返，诛之不可胜诛"②。

部分讼师甚至发展到对"署县拘审搜出的词稿"，"咆哮不服"③。而地方官出于自保的考虑，不得已"恋纸赎则偏护原告，羡生祠则党护学霸与土豪"④，否则就会出现"掀翻公案，扭结命官，毁衣夺帽，法纪荡然"⑤ 的局面。这种情况也可以从讼师与地方官的交往中窥得一斑，诸如某讼师写给地方官的信函："昨佅婿所告词，蒙垂念拘提，

---

① 中国第一历史档案馆：军机处上谕档，第 1 条，盒号 943，册号 1，道光六年（1826）十二月初六。

② 蓝鼎元：《鹿洲公案》，群众出版社 1985 年版，第 2 页。

③ 马世璘：《成案所见集》卷 12《诉讼·教唆词讼》，乾隆刻本。

④ 沈长卿：《沈氏日旦十二卷》卷 7《公平讯鞫》，崇祯刻本。

⑤ 王廷抡：《临汀考言》卷 14《清流县劣衿曾之撰殴本管长官》，四库未收书辑刊本。

已获其人,付差役矣。而差役至中途,径放之去。盖敝邑之各役,其敢于欺公一至此乎?伏望严究原役,拘到监追,便可立完,而亦不虚台下之厚意矣,伏祈台裁不尽"①。从信函的语气及行文来看,不仅没有对父母官的敬畏心情,反而有一种居高临下的气势。

与地方代言人的角色对应,"社会之害"是讼师在地方社会中的另外一面,"间阎苦累,莫甚于词讼"②,讼师、寇盗与苛税系地方三害,③ "刀笔祸人最烈,砚池即是血池。笔头快若刀头"④。所谓"害",系指讼师借讼获利,"坐地分肥"⑤,小民却因讼师教唆败家。"民情剽悍,刁讼成风,往往砌款妄告,罗织多人。惟思幸准一时,不顾水落石出。总由轻听讼师唆哄,遂得逞其刀笔,以遂诈骗之计。愚民坠其术中,甚至亲戚为仇。"⑥ "讼师包揽到手,视为奇货,先问原被家计,辄驾大题,希图耸准,遂指官诓骗,无所不为。若两造不愿终讼,而讼师反刁难不息,挟之以不得不讼之势,彼得于中取利,不饱不休。富则荡产倾家,贫则拖累毙命。"⑦ "戒后人,莫结讼,告状先要银钱用。赔了功夫受辛苦,诸凡忍耐休轻动"⑧ 的民间歌谣,亦为讼师之恶的直观反映。

讼师的揽讼活动——"诸生中不安分者,每日朔望赴县恳准词十张,名曰乞恩,又揽富户钱粮立于自名下隐吞,故生员有'坐一百,走三百'语"⑨,及其"辄便出入衙门乞恩网利,议论官员贤否者"⑩的行为,对地方社会形成冲击,是其"害"的又一个表现。"夫讼师

---

① 沈长卿:《沈氏日旦十二卷》卷7《抄白·福清乡宦叶山台山阁下来书》,崇祯刻本。

② 丁日昌:《清理积案以甦民困疏》,《皇朝经世文统编》卷44《内政部十八·讼狱》。

③ 谭纶:《谭襄敏公遗集》卷2《与江西方伯应公书》,大雅堂藏书本。

④ 张经田:《励治撮要》之《附录戒刀笔文》,《官箴书集成》,黄山书社1997年版。

⑤ 张经田:《励治撮要》之《严拿讼棍》,《官箴书集成》,黄山书社1997年版。

⑥ 《福建省例》,《台湾文献史料丛刊》,台湾大通书局1987年版。

⑦ 张泰交:《受祜堂集》卷7《饬拿讼师土豪牌》,续修四库全书本。

⑧ 石成金编著:《传家宝》卷12《天基遗言》,岳麓书社2002年版。

⑨ 顾公燮:《消夏闲记摘抄》卷中《明季生员》,辽宁教育出版社2000年版。

⑩ 不著撰者:《州县须知》卷2《约束生监》,乾隆五十九年(1794)刻本,四库未收书辑刊本。

本系赋性狡猾之徒，刀笔营生，衙门情熟。遇有户婚、田土之事，捏造捕风捉影之词，诱惑愚民，教唆控告，指陈线索，包准包赢，希图射利，以致薄物细故结讼连年，皆讼师之所为也。虽管词讼各衙门设有官代书人，而暗中构衅，悉由此辈。"①

讼师是健讼社会的产物，但讼师的参讼及唆讼活动，亦是形成讼风日炽这一局面的重要因素。"大凡市井人民，乡村百姓，本无好讼之心。皆是奸猾之徒教唆所至，幸而胜，则利归己；不幸而负，责害归别人"②，"乡民争讼，虽由讼师教唆，然又有无赖之徒，充当歇家，唆使成讼"③，"亦有地保人等希图分肥，幸灾乐祸，唆使成讼者；又有两造不愿兴词，因旁人扛帮，误听谗言而讼者；更有平素刁健，专以斗讼为能，遇事生风者；或有捕风捉影，凭空讦讼者"④。诸如"细故"争讼、累讼、诬告、京控等健讼表现，大多有讼师参与其中。

"细故"争讼。诉讼的缘起多是一些小事，"讼之起也，未必尽皆不法之事。乡愚气量褊浅，一草一木动辄竞争，彼此角胜，负气构怨……"⑤诸如某人因"因争买姜氏不得而兴讼，讼累五年之久"。在投诉中，还"挟嫌捏诬，故意拖累"，其目的不过是"想姜氏，想不到手，尚欲在公堂多见一面"，而姜氏已经"与李武举数年夫妻，情同胶漆，生子数龄"⑥。旗人乌能依因"细故争控历年"，在盛京户部委员审办尚未断结的情况下，"竟公然怂恿伊母匍匐叩阍"，"如有屈抑亦应俟审断之后再行控告，况行在岂无扈从大臣可诉？""实属刁诈健讼"，"交行在刑部发往伊犁充当苦差"⑦。

---

① 《唐明清三律汇编》之《刑律·诉讼·教唆词讼》，载田涛、马志冰点校，杨一凡、田涛主编《中国珍稀法律典籍续编》第 8 册。

② 《名公书判清明集》卷 12《惩恶门》"把持"，中华书局 2002 年版，第 476 页。

③ 《清高宗实录》卷 257，乾隆十一年正月下，中华书局 1986 年影印本。

④ 王又槐：《办案要略·论批呈词》，载陈生玺辑《政书集成》第 10 辑，中州古籍出版社 1996 年版，第 1021 页。

⑤ 同上。

⑥ 《老吏批判大全》之"多见一面之妙批"，1924 年排印本，第 4 页。

⑦ 中国第一历史档案馆：军机处上谕档，第 2 条，盒号 669，册号 2，乾隆四十三年九月十三。

诬告。"民间无籍之徒，好兴词讼"，为了告准告赢，健讼者不择手段，不但"令老幼残疾男妇诬告平人"①，且"攫利嫁祸，为害滋多……至于傍观出首多属倾诬。百姓告讦官长，尤为刁悖。且民间妇女辄拘讯公庭，亦伤廉耻之化"②。诸如江陵县民人朱如标，因"索诈未遂"，赴京控告"黄义迁等贿阻要工、私筑洲垸及官吏扣赈加征各款"，后经审理实为"希图陷害"，"向来楚省民情刁悍，好讼者甚多，此风断不可长"，朱如标因而被枷号三年，满日再行"发往伊犁，给兵丁为奴"③。《刑案汇览》中亦有类似的记载：福建民人赖仙积与邢颜氏通奸，被邻人吴邢氏说破奸情，"邢颜氏羞愧自尽"。赖仙积因恨吴邢氏说破奸情，到案捏供与吴邢氏亦有奸情，希图污蔑，"依奸赃污人名节例发附近充军"④。

京控。"讼师从而教唆，书役因而诈索，丛生枝节，颠倒是非，捏大题以耸听，隐小事涛张，前案未清，后案复起，纷纷上控，至于京控而不已"⑤，"民人进京控案日渐增多，每月除奏事，外咨交十余件至二三十件不等"⑥。出于消弭社会矛盾的初衷，官方对京控事件非常看重，却发现子虚乌有的控告比比皆是："近日不安本分之徒，见来京者控无不准，准无不办，赴愬求理者，遂觉接踵而来。及钦差大臣提集案犯，认真研鞫，所控情节多属子虚，不过挟嫌逞忿妄砌诬捏之词，冀遂其拖累之计，即被控之人讯明省释，而辗转审解拘禁囹圄，胥役等又复藉事生风，从中吓诈，事虽得白而身家已破，情形殊堪怜悯"⑦。诸如李承宰因私买官为封禁山场，被邓姓控告，经官断结，复挟邓德桐等拆棚伐树之嫌，起意翻控泄忿。忆及现任广东巡抚

----

① 《明史·刑法志》，宣德二年（1427），江西按察史黄翰言。
② 《清世祖实录》卷7，顺治元年（1791）八月，中华书局1986年影印本。
③ 《清高宗实录》卷1329，乾隆五十四年（1791）五月下，中华书局1986年影印本。
④ 祝庆祺等：《刑案汇览三编》第3册，北京古籍出版社2004年版，第1668页。
⑤ 江西按察司辑：《西江政要》，道光五年（1825）七月十一日，《督宪通饬上控词讼赶紧审录切供实究虚坐详候核结》，光绪后期江西按察司衙门刊印。
⑥ 中国第一历史档案馆：军机处上谕档，第1条，盒号830，册号1，嘉庆十一年（1831）十二月十一日。
⑦ 嘉庆朝《钦定大清会典事例》卷756（都察院）二十，见《续修四库全书·史部·政书类》。

韩曾任湖南藩司，该犯商同陈昌炽并伊弟李白珩等照依历控情节，捏叙买山造屋被邓姓捏称盗买，州审枉断，并以邓冠英等统众抄抢焚烧屋宇等情，令李白珩赴广东巡抚衙门呈控，并另缮叩阍词状。"由广东解回湖南审明，全属虚诬"，"将李承宰依赴督抚告重事不实，并全诬十人以上例发边远充军，陈昌炽照强占官民山场律拟流，李白珩照为从拟徒"①。

诬告或荒诞不经的状告也见于京控。河南通许县民人徐运开因"平日好讼"被县里收监，出狱后在道旁叩阍告御状，状告前任通许赵知县、书办、衙役、家人等六十多人在其牢狱期间诱奸其妻子苏氏，又言"我妻子先曾用毒药谋死前夫，嫁与我后又屡次与人通奸"，状中"语无伦次，语言颠倒，忽明忽昧，似属疯癫"，而"其所告情节尽属荒唐"，如此荒诞事件又胆敢冲突叩阍，"实属不法"，"将该犯先行责打四十板，交与直隶总督解赴河南，交李奉翰将呈内情节严审究拟办理"②。

京控的增加，毋庸置疑会冲击既定的社会秩序，民众及地方官吏均备受煎熬。"乡蛮不畏官法而惧京控。原告启程，消息潜通，西赴粤，南渡台，而官署尚不及知。会营围拿，积日累月，兵费数千，凶犯难获，即使全获解省，尸亲刁狡，抗不结服。奏限迫促，讯官亦为所难，不得已听民相习于调和。而原告得意，京控滋多，地方官益疲惫矣。"③。

京控的处理过程中，也有不法官吏借机敛财，导致了案件的复杂化。讼师到京师正式向刑部提出奏文后，很快就会有很多委员前来调查案件，所谓"奏交大府，委员络绎而至矣。委员之廉能者为上，恬静寡欲而短于才者次之，有欲有为者又次之；至籍宪札为居奇张本，

---

① 祝庆祺等：《刑案汇览三编》第 3 册，北京古籍出版社 2004 年版，第 1664 页。
② 中国第一历史档案馆：军机处上谕档，第 1 条，盒号 759，册号 1，嘉庆元年（1796）五月十八。也见于《清宣宗实录》卷 459，道光二十八年（1848）九月，中华书局 1986 年影印本。
③ 陈盛韶：《问俗录》卷 4《诏安县》"京控"，书目文献出版社 1983 年版，第 89 页。

假公馆为行乐之地，论公事，痴人说梦，造谣言，蜂虿有毒，斯下矣"①。

翻控、累诉。"民情诈伪，多以健讼为能，凡有户婚田土等事，经州县审明定案，毫无疑义者，犹复赴上司衙门告官告吏。有自尽病毙人命，更视为奇货可居，悬梁自尽者，则称殴死之后假装自缢。"②如孙铠等控告该县藉差派累、殴抢村民一案，经朝廷钦差审办，流放了一干人犯，但第二年孙又上京控称，"钦差审办不公等"。"该处民人□敢于定案后□思翻控，并敛凑□费雇人赴京晓渎，此等刁风断不可长，必应根完主使之人，按律惩办，以儆健讼"③。

值得注意的是，反复诉讼与政权建构中的职权重复有关，如"盛京将军一缺改为管理兵刑两部，兼管奉天府府尹事务"，健讼者到京诉讼，"原告方控于府尹，被告又控于刑部，而部中司员复不遵定章任意收呈，随处提案，问官亦有偏袒，胥吏因而作奸，审结无期，互传不到。其中命盗重案竟使待质囹圄多至一二十年，微论瘐死，纷纷无从呼诉，而挟仇勒贿，被害尤深。④

乡土中国里，无讼是永恒的追求，即稍有争端，亦希望能消弭在宗族内部。讼师的参讼及健讼社会的形成，事实上影响到传统社会的秩序建构，"浏阳富户好养打手，好招讼师，愿以千金结交官吏，不愿以一钱周济穷乏，此风俗之大坏者"⑤。并且，大量争端的诉讼到官，亦使官绅互动的传统二元社会结构疲于应付，"嗣后倘有小衅各房约本各房，就地寝事，万一有重大之件，则合数房而经理之，慎勿

---

① 陈盛韶：《问俗录》卷4《诏安县》"京控"，书目文献出版社1983年版，第89页。
② 嘉庆朝《钦定大清会典事例》卷654（刑部）十六，见《续修四库全书·史部·政书类》。
③ 中国第一历史档案馆：军机处上谕档，第1条，盒号831，册号2，嘉庆十二年（1807）二月二十四。
④ 中国第一历史档案馆：军机处上谕档，第6条，盒号1338，册号1，光绪元年（1875）十二月二十二。
⑤ 李榕：《十三峰书屋批牍》卷1《浏阳县知县钱绍文到任及地方情形禀批》，载蒋德钧辑《李申夫（榕）先生全集》卷7，近代史资料丛刊本。

稍分畛域，为要该生等须念地方官为阖县之主，非止为一家而设"①。

此外，"因讼而至械斗"② 也是讼师及健讼对地方社会的冲击，讼师的存在即是地方上的不安定因素，"粤东沿海地方械斗顶凶之案，相习成风，莫如潮州为甚。而械斗之最甚者，莫如连乡纠众，总由土棍讼师，勾串播弄等语"，故而，"遇有械斗顶凶之案，务究明首祸及主唆之人"③。"境内有无赖少年，谓之闯棍……其缠讼也，或假关节以求胜，或听讼师以恣弄刀笔，布成陷阱。更有一时弄事，事主莫能自由。祸至，则殷实之家受累，无赖之徒可免，万一致毙人命，控告者每舍正凶而指控殷实之家及平时与己有怨者。原告一口咬定，官长明知被诬，莫敢代为出脱，只得将错就错，按定罪名，坐视其呼冤入地而无可奈何！"④

部分讼师甚至本身就是流氓。诸如绍兴府嵊县的钩刀会⑤匪，"百十为群，横行乡曲，联盟聚伙"。其成员即有讼师裘大炳及裘朝象、王全老、马明珠等，"皆自立为伪官，书差大半系其党羽，勾结各乡各镇游手好闲之徒，捐资入会，不下一二千人，起有老三十六太保、小三十六太保等绰号。每年于十月十六日，各带二尺长钩刀，聚集村庄，赛神演戏。七月二十七日，以迎元帅会为名，经由处所，恣意勒派。如居民有红白事件及年节等日，横索钱财，稍不满欲，则打抢劫夺，甚而奸淫妇女，焚掠乡村，拒捕伤人，无所不至闻"⑥。江苏徐州府邳州的凶棍吴当运，"在洪泽湖清江浦河口一带地方，聚众为匪"，

---

① 何品玉：《两龙琐志》卷 5《谕太平堡赖姓宽端渊富四房》，光绪二十六年（1900）刊本。

② 吴文镕：《吴文节公遗集》卷 37《公牍·批上饶县郑守诚等呈控马廷芝等聚众制械由》，咸丰七年（1857）刊印本。

③ 《清宣宗实录》卷 255，道光十四年（1834）八月，中华书局 1986 年影印本。也见于中国第一历史档案馆：军机处上谕档，第 2 条，盒号 988，册号 2，道光十四年（1834）八月初四。

④ 戴凤仪：《松村诗文集》，中国文联出版社 2001 年版，第 231 页。

⑤ 入会者各给凭帖一纸，钩刀一把，故谓之钩刀会。

⑥ 中国第一历史档案馆：军机处上谕档，第 2 条，盒号 968，册号 1，道光十一年（1831）五月二十二。又见于《清宣宗实录》卷 189，道光十一年（1831）五月下，中华书局 1986 年影印本。

其谋主系讼师姚宣信，系山西太谷人。爪牙有草上飞徐可宗、白面宋三、天不怕王同，并现充邳州捕役魏大汉等。"有抬枪数杆，重二百余斤，鸟枪数十杆，长枪数十杆，勾结亡命数百人，出没于阜河堰头泡车龙池等镇"①。

士绅在地方社会中的作用，一直是学界探讨的热门话题。传统的观点认为，明清时期的士绅已成长为地方社会的保护人、代言人，"士绅以民众为后盾，民众借士绅而彰势"，"忘其分际，动辄挟持（官府）"②。也有学者指出，膨胀的"绅权"同时会侵夺民众的利益，传统的绅民一体对抗官府演变为激烈的绅民冲突。③ 不过，把士绅的作用固定化、模式化，非此即彼的界定方法，事实上并不能反映出士绅的真实面目，亦把复杂的历史简单化了。从讼师在地方社会中的表现观察，绅民一体、绅民冲突均是其表现的一个方面，包括不同个体的不同表现，或同一个体的不同表现。正是这看似矛盾的对立统一，才勾勒出鲜活的明清讼师群体。

三 讼师专业化与近代司法转型

知识社会化是讼师专业化的前提。明清时期，科举制度巨大的淘汰率导致多数读书人无法进入仕途，出于生存及自我价值、社会价值实现的需要，在社会角色的定位上，"在明清社会大变局的总体格局下，知识群体不再将仕途作为他们唯一的选择，原有的社会结构难以适应新的需求"④，读书人开始自觉或不自觉地将已有知识与社会功用结合起来，寻求仕途之外新的出路，如从事幕宾、讼师、塾师、儒医等。事实上，多数读书人希望从事的活动还是紧紧依附着国家政权或服务于国家政权，或从事与知识有关的比较体面的文人活动，这是读

---

① 中国第一历史档案馆：军机处上谕档，第 3 条，盒号 1001，册号 2，道光十六年（1836）八月初十。也见于《清宣宗成实录》卷 287，道光十六年（1836）八月，中华书局 1986 年影印本。

② 饶怀民、藤谷浩悦编：《长沙抢米风潮资料汇编》，岳麓书社 2001 年版，第 95 页。

③ 王先明：《士绅阶层与晚清"民变"——绅民冲突的历史趋向与时代成因》，《近代史研究》2008 年第 1 期。

④ 吴琦：《近世知识群体的专业化与社会变迁——以史家、儒医、讼师为中心的考察》，《学习与探索》2012 年第 7 期。

书人的成长过程及其内心需求所决定的。而讼师则由于不被官方认可，其知识社会化、专业化路径走得分外曲折，身份上的尴尬便是一个重要体现，其往往以塾师或其他身份为掩盖，暗地里从事助讼的活动。但正是这些多数隐藏于诉讼背后的讼师暗流涌动的活动，合力推动着讼师到律师的近代化进程。从诉讼技能的专业化到诉讼技能理论成果的层出不穷，从讼师社会形象的艰难塑造到从业意识与道德的逐步凝练、提升，讼师与政权、地方社会的频繁交接与磨合等，这些都是讼师群体逐渐成长、成熟的见证，也推动了该群体不断向近代化、职业化迈进，其群体行为客观上促使司法制度的细致化、规范化，对司法从业人员专业素养提出了高标准，为近代律师的出现做了坚实的铺垫。讼师在诉讼活动中的广泛参与，"有其合理性、必然性和必要性，他们在一定范围内代表了对司法公正的朦胧追求，有效满足了民众的正当诉讼需求，对维护普通民众的诉讼权益、增强人们权利意识、促进民间法律思想的发展有着推动作用，也为司法体制向近代转型提供了有力的契机"①。

但不可讳言，作为近代司法转型的重要推动力量，讼师"尚处于知识技能逐渐向专业化发展转化的初级阶段，其专业观念虽然在不断丰富和形成，但与近代意义的职业观念与职业活动尚有较大差异"②。从职业化的标准出发，③ 讼师尚不能归为职业群体，只能算是趋向于职业的法律从业人员，其和律师有着本质的差异。"他们没有经过国家的资格认可，也不一定有法律知识；他们的活动也没有法律依据，他们的行为具有自发性和无序性。而律师职业应当是一种相对独立、

① 同上。
② 同上。
③ 在西方学术界，对职业化的定义，有两种模式——属性模式和过程模式。属性模式认为，自由职业需符合三个属性：通过高等教育而获得理论和专业知识；不计报酬而为公众服务的职业道德；以自我管理和通过职业社团控制入业标准取得在提供某种职业服务方面的自治和垄断。过程模式强调将职业化作为一个历史过程来分析，而这一过程是受阶级结构，国家的作用，和自由职业者对职业权力的获得和使用所制约的。具体到中国，笔者认为，职业化应是职业群体及其社团试图建立职业标准，获得职业地位并得到国家和社会的普遍认可的过程。以这个标准观察，讼师甚至没有资格被称为职业者，他们不仅不被政府承认，还时刻被打击，只能生活在黑暗角落里。

固定和正规的社会职业，因为律师职业首先是国家机器通过立法手段予以认可或规定的，同时这种职业又缘于社会普遍公众对律师所从事的法律服务活动的要求。"①

律师是在法官职业化的过程中诞生的，"与法官专业化互为因果，同步发展的是律师阶层的出现"②。和律师相比，讼师一直得不到官方的承认，亦没有一定的职业标准，弊端丛生："及庭审时，虚诬毕露，诘问主唆之人（讼师），该犯则一口咬定坚供并无其事，复究其状为何人所作，非称过路外客，即云算命先生。反复根究，抵死不吐。"③讼师谢方樽为侄控叔"吞夺家产"所写的状词——《为吞家绝食事》，及某律师为母诉子"夺养赡田"所写的诉状——《争夺赡田之控诉状》，虽案属同类，但书写体例、用语格式及对案情的解读等均有明显的差异。

为吞家绝食事

矜怜孤幼，虽有教养之恩；吞占田屋，实有虎狼之暴。窃民早失怙恃，年只七龄，依叔婶而居，蒙教养之恩。然先人遗业甚丰，概归叔婶执管。民托庇宇下，不至耗及叔婶之家资。而婶氏相待，颇少亲爱之意。衣则破旧，食则粗粝。民得有护庇，安敢分争？荏苒之间，民年十八。叔父为民授室，即行当中宣言："凡民父之遗资，悉已消耗殆尽。频年衣食，已经出入相衡。婚礼所需，应以田房作低（抵）。自今日以后，侄夫妇即当迁出外间。念手足之情，当以余之市房一所，假至夫妇居住。一年衣食所需当自为计。余年已迈，不能为侄代谋，侄已成人，亦应速寻生理，余死后，亦可以告无罪于长兄"。当场亲友闻此数言，不胜惊骇。金以万今家产，岂一人之衣食所能费用无余？而以他人家事，未便预闻。面面相看，莫肯出首。

---

① 徐家力、吴运浩编著：《中国律师制度史》，中国政法大学出版社 2000 年版，第 23 页。

② 程汉大：《12—13 世纪英国法律制度革命性的变化》，《世界历史》2000 年第 5 期。

③ 《雍正硃批谕旨》，"楼俨折"，第 6 函第 6 册，文海出版社 1965 年影印本，第 1884 页。

民见此时愤激万分，即与叔父理论。叔父恃在尊长，一味专横。谓："余实吞没家产，尽可告诉当官"。民见此情形，知难理论，默然无语，任其主张。惟念余年幼，未谙世事，今为叔父所逐，使民怅怅无依。营业既无资本，坐食又苦无资，势必饥寒交迫，危急性命。

民生命不辰，父母早背，生固无乐，死亦何悲？而新妇何辜，无端坠入罗网，红颜少妇弥复堪怜。因此邀同母舅张紫宸，撰词呈请宪天，俯予鉴核。民父遗产，既已为民衣食耗尽，叔父必有账据可凭。望准词饬役，吊账检查。民受叔婶长养之恩，不欲过为己甚，但求略得遗产，可资谋生，祖遗房屋，可以栖身为蔽风雨。感恩无既，戴恩靡穷。上告。①

争夺赡田之控诉状

为声明控诉事。

窃氏前在如皋县知事公署呈诉逆子裕庆、裕庸忤吞赡田一案，后经堂谕判决，仍偏听该逆子及贿证之何长泰等一面之词，氏心不甘服，特于上诉期内遣长子裕广为代诉人，依法投厅声明控诉。兹将控诉理由列下：

（一）氏之第七子裕庚死，子亡无后。氏尚未为之立嗣，乃被控诉人等主张，已立彼等二人之子并继。试问立嗣之事，何等重大？有生母及长兄之人，未得母兄同意，何得任指己之子作为弟后？且亦无二人并继之理。被控诉人等既不能呈出嗣书以为立嗣之证，复主张二人并继，此等与真实相反之主张，原判反承认之。此氏所以不服者一。

（二）前清光绪三十年，氏将先夫所遗之田，指给诸子分种。时曾提田五十五亩，作为氏残年养赡之用，余田摊归六房分种。当时因氏养赡之田与被控诉人等之田近，特委彼等代为经管。讵料彼等于数年以后，即任意更换佃户，捐租不缴。氏迭与理论，竟不听从。氏不

---

① 虞山襟霞阁主编，王有林、史鸿雯校注：《刀笔菁华》，中华工商联合出版社 2001 年版，第 42—43 页。

得已赴县控诉，不意彼等反谓此田乃其子承嗣七房之产。不知氏至今尚未为七子裕庚立嗣，安有将此田拨为嗣产之事？乃彼等凭空混指氏养赡之田，谓为其子所有，不知果何所据？原判不问理由，竟将此田判归彼等，以致氏养赡无着。此氏所以不服者二。

据上列理由，特投厅声明控诉，伏乞查卷，传集被控诉人等，及氏之内侄孙梅、周庚氏之女婿张树深并目睹分田之徐子木。再氏之第六子裕庸、次房之孙修槐、五房之孙修治，均在原县，呈请参加诉讼。应请传集讯明实情，撤销原判，仍将此田判归氏养赡之用，并追偿历年所欠之租。实为德便。谨状。①

单从状词的内容来看，《为吞家绝食事》的言语较为夸张，"先人遗业甚丰"，但求"栖身蔽风雨"等明显想以情理耸告来影响官府的判决，这也是讼师的惯用伎俩，"此系小事多难告准，故词内叙事闲话多者，布情以动人也"②。至于案件的证据，多是道义和逻辑的推理，并没有翔实的"契据地邻为据"，反而要求叔父提供不可能存在的日常生活的开销账单，为缠讼埋下伏笔。《争夺赡田之控诉状》虽不能提供"时曾提田五十五亩，作为氏残年养赡之用"的契书，但列出了控诉的原因及证据，并有切实的证人参与，大致可以反映出案件的基本情况。

缘此考量，国人开始探讨律师、讼师之优劣，及中国没有出现职业律师的原因，"泰西则务伸民气。谓人人有自主之权。彼此相争，专借律师为枢纽。尚有一端之善，一节之长，务当代为争辩。必至理屈词穷，智尽能索而后已。在承审，陪审者，转若置身事外，作壁上观。直待胜负既分，坐受其成而已。其不能不用律师者，势也。然则中国之严禁，恶其挠上之权，西国之重用，欲其伸民权。明乎君权、

---

① 虞山襟霞阁主编，王有林、史鸿雯校注：《刀笔菁华》，中华工商联合出版社2001年版，第284—285页。

② 小桃源觉非山人：《珥笔肯綮》之《户·财本私债·负本坑生事》，载杨一凡主编《历代珍稀司法文献》第11册，社会科学文献出版社2012年版。

民众之别，非唯可定讼师、律师之异同。而于一切西政亦思之过半矣"①。

官方对国人于律师的讨论也进行了积极响应，"一律师制度也。欧美虽法派不同，要使两造各有律师。无力用律师，法庭得助以国家之律师。盖世界法理日精，诉讼法之手续尤繁，断非常人所能周知。故以律师辩护，而后司法官不能以法律欺两造之无知。或谓我国讼师刁健，法律所禁。不知律师受教育与司法官同一毕业于法律。其申辩时，凡业经证明事实，即不准妄为矫辩。是有律师，则一切狡供及妇女，废疾之紊乱法庭秩序在我国视为难处者，彼皆无之。因律师之辩护而司法官非有学术及行公平之裁判，不足以资折服，是因有利无弊者也"②。"今宜延明于律法者，以为律师，代两造申诉，按律辩论。辩而得直，讼自理长，律师不居功也，辩而不直，讼自理短，律师不任咎也。似此，则案情不揣摩于斗室之中，而显达于公堂之上。贿赂之弊既可以除，而挑唆之风亦不能肆，此足以昭公允也。"③

但皇权独断的中国，最终没有衍生出具有近代特质的律师群体，"中国人的民事制度中有一个显著的特点，就是没有陪审，因而也没有律师"④。直至鸦片战争后，华洋纠纷的频繁出现，才使律师走进中国人的生活。1896 年，张之洞因武器采购问题与经销商易斯·司派特泽尔公司对簿公堂（英国驻上海高级法庭）时，代张出庭的即是外国律师 J. C. Hanson。苏报案中，清廷代表亦为外国律师担文（William Venn Drummond），"逆党既有律师代为曲辩，亟应由遵处速延律师如担文者与之抗辩"⑤。

为捍卫权益，部分国人提议培养自己的律师，"我中国不乏颖秀人才，现在通西文者既多，宜令往西国律例学堂用心研究，学之既

---

① 顾家相：《中国严禁讼师外国重用状师名实异同辨》，《皇朝经世文新编续集》卷 4 "法律"。

② 《两广官报》（辛亥闰六月第八期），宣统三年（1911）六月。

③ 金匮阙铸补斋辑：《皇朝新政文编》卷 6，文海出版社 1987 年影印本。

④ ［美］亨特：《旧中国杂记》，沈正邦译，广东人民出版社 1992 年版，第 131 页。

⑤ 中国史学会编：《辛亥革命》（一），上海人民出版社 1957 年版，第 448 页。

久，尽可从西人考试，充作律师。他日航海回华，经人延致，其费较轻，而律意精通，案情熟悉，以之博辩，不致受亏。岂不一举而两得耶"①。"'宜用律师也'，拟请嗣后凡各省法律学堂，俱培养律师人才，择其节操端严，法学渊源，额定律师若干员，卒业后考验合格，给予文凭。然后分拨各省，以备辩案之用……总之，国家多一公正之律师，即异日多一习练之承审官也。"② 时任两广总督的袁树勋亦上奏清廷，"饬下法部，悉心核意，准用律师参与审问"，"不独保卫人民正当之利益，且足防法官之专横而剂其平，用能民无隐情，案成信獻，法至美也"③。

1906 年 3 月，修订法律大臣沈家本、伍廷芳上奏的《刑事民事诉讼法草案》，其第四章《刑事民事通用规则》的第一节就是"律师"。该草案虽因反对激烈未能颁行，但清政府随后颁行的《各级审判厅试行章程》《法院编制法》等，均有律师代理、律师辩护的相关规定。1912年 9 月 16 日，《律师暂行章程》颁行，中国的律师制度正式确立。

对于社会群体的理解，不同领域、不同学科的认识必然存在差异。但一般认为，其内涵有着广义和狭义之分，"广义的社会群体是指一切通过某种社会关系结合起来进行共同活动，并有着共同利益的个人集合体。狭义的社会群体是指由持续的直接交往而联系起来的具有共同利益和情感的人群"④。也有社会学的学者指出，社会群体必须是发生社会互动、进行密切交往的群体，同时应具有：群体成员达到一定数量（至少两人）、群体成员有共同目标、群体成员的关系明确并形成归属感、群体中规范明确（有些是明文规定，有些是约定俗成）、群体在时间上有持续性等特点。⑤ 吴琦认为："历史学领域中的社会群体，应该是在更大的时空范围内，具备身份一致感，并有着共

---

① 马菊生：《华人宜习西律说》，《皇朝经济文新编·西律》卷 2，上海慎记书庄石印本。

② 张国华、李贵连：《沈家本年谱初编》，北京大学出版社 1989 年版，第 112 页。

③ 《拟开律师研究班以资练习》，《政治官报》第 881 号，宣统二年（1910）三月。

④ 《社会学概论》编写组：《社会学概论》，人民出版社 2011 年版，第 112 页。

⑤ 钟玉英主编：《社会学概论》，华南理工大学出版社 2011 年版，第 76—77 页。

同利益的人群，群体中的成员，并非一定发生直接的交往联系，但一定生存在一个大的场景之下。"①

以这些社会群体理论为指导，我们可以看到，明清讼师的群体形态是非常明显的。讼师最晚出现于宋代，直至清末民国初出现律师时，还有一些旧有讼师活动的痕迹，其存在的时空持续性是毋庸置疑的。明清时期，讼师阵容庞大且活动频繁，他们虽然不具备合法地位和公开活动的权利，以至于我们能看到的群体性活动的记载非常有限，确乎其无法形成群体意识及共同的诉求。但实质上，讼师往往具有相似甚至相同的表面身份，相互之间不但有较多的认识和交往，且在诉讼活动中存在竞争与联合的互动，多个讼师共同参与合力完成诉讼的案例也不鲜见，而讼师社会团体的构建，不仅表明他们有着身份一致感，且具有一致的利益诉求，甚至表现出了组织化、规范化的群体倾向。讼师秘本的撰写与传承，不但是讼师群体活动的经验总结，更是讼师内部思想文化的结晶与交流，其中朴素的基本从业道德倾向的流露，是一个群体在实践基础上形成共同意识形态的突出表现。而在具体的活动中，讼师在专业素养、法律服务、社会形象、与国家社会的互动等各方面都显示出知识社会化、专业化的倾向，是其个体融入群体中来合力推动群体发展的结果。因此，笔者认为，将讼师纳入群体考察的范畴是符合历史实际的。

讼师专业化问题是一个崭新的课题，与地方社会的变迁紧密联系在一起。讼师多数来源于士人，这是知识群体分化重组的结果，也是知识群体在剧烈的社会内部变化中对价值观重新审视与思考的抉择。讼师的专业化不仅仅表现在其自身素养的标准化、排他化以及内部互动表现出的竞争联合甚至组织化，与外部环境的互动也是其专业化的重要层面，总的来讲，即通过对内外部社会资源的整合利用，构建专业化的社会资源网络，争取群体的生存发展以及社会地位的确立。讼师在长期助讼的过程中，将已有知识与参讼实践相结合，实现了知识社会化，也开拓了一个专业知识的新领域，这就使得讼师成为一个非

---

① 吴琦主编：《明清社会群体研究·序言》，中国社会科学出版社 2009 年版。

有一定的专业化素养就不能跻身其中的特殊知识群体。讼师内部的互动关系，尤其是讼师内部的联合乃至类似团体组织的构建，是讼师群体内部资源相互交流合作的典型表现，这不仅仅是形式上的专业化倾向，更表明讼师群体在意识形态上有了高度的相互认同。讼师与诉讼当事人、政权代言人（如官员、胥吏、保长等）、地方社会的积极交集与碰撞，构建了讼师活动的社会资源网络，将讼师活动展现到国家、社会的层面，不仅塑造了特有的群体形象，同时也是讼师群体获得社会反响、对地方社会产生影响的重要过程，这是一个群体存在并被认可的明证，是其走向专业化的必由之路。

讼师群体在明清时期的活动并不局限于简单的助讼，讼师活动已经介入到国家事务、地方公共领域中，最典型的即是漕粮事务以及在这一场域下出现的讼师"吃漕饭"的"怪相"，这一地方领袖式的形象乃至气势凌驾于官府之上、迫使对方给予利益妥协的成果，与被官方抵制打压的情形完全相悖。可见，讼师在法律上见不得光的身份，在现实层面中应是有所不同的，至少我们可以说，讼师中的一部分，其表面身份在地方社会是有着一定权威和号召力的，这些优势都有助于讼师群体专业化及影响力的提升，也可以看作是讼师群体活动逐渐专业化的成果。

讼师专业化还表现在其逐步的近代化。如讼师群体意识和从业意识的逐步凝练就为近代律师职业道德的形成做了重要铺垫。讼师或讼棍的众多个案，毕竟具有太多偶然性，从中提取归纳讼师的群体意识不过获得了诸多偶然的集合。从历史积淀的角度来看，能够代表一个群体声音的，往往是形成章程或最起码是理论性著述的文字。笔者认为，正如官箴书是官方代言人从事仕途的经验总结，讼师秘本则能体现出讼师群体意识和从业意识的不断沉淀与积累。明清时期流传下来的讼师秘本林林总总，却有着诸多的相似性：一是传播法律知识，说明讼师注重法律修养的学习与提高，并保持了讼师教人诉讼的基本功能；二是不断强调与官方思想的契合，其中有许多内容与官箴书中几乎一致，说明讼师在参与诉讼中讲究有法可依，按规矩办事；三是提醒讼师不可贪财为恶。这些观点贯穿于明清两代的讼师秘本中，至少表明部分讼师对自己作为讼师群体的一分子的认同，能够以一名讼师的身份为群体的发展完善提出要求建议，反映了讼师自觉的群体意识的形成，更彰显了讼师群体从业意识的基本格调。而讼师秘本的传抄，不仅仅局限在讼师群体的范围内，也会扩散到社会大众及精英群体的手中，这对于宣传讼师群体的道德形态、获得其他群体的认同无疑也有着积极的意义。群体意识和从业意识的逐步形成是讼师群体走向专业化、职业化、近代化的重要步骤。当然，时代的局限将讼师群体的活动定格在近代化的进程中，并未真正实现近代化，但近代化的历程也并非一蹴而就的，讼师在古代社会漫长的活动是其近代化历程不可省略的量变过程。

值得注意的是，官方从上至下对讼师进行打压的一致态度，并不仅仅是因为有所谓"讼棍"的存在，而主要是因为讼师的活动侵犯了官方法律使用权的专利。与现代不同，古代社会的法律是为了制裁犯罪、管理民众而定，而不是为了维护民主或大众的基本权利。从这个意义上来讲，讼师的活动则有了权利意识萌生的近代意义，这与皇权社会的专制统治是背道而驰的。而夹杂在民众的需要与官方的规制中，讼师的价值体现与生存需求都无可回避，于是官方与讼师其实都选择一种相互妥协的态度，譬如在官方口径下"讼师"与"讼棍"的微弱区分，给讼师群体的存在打开了缺口；而讼师群体则以官方良讼师的标准或行为方式自我标榜并将自己的行为小心翼翼局限在律法范围内，甚或将真实身份隐藏在诉讼的背后，以避免与官方的正面冲突。当这种隐性的默契一旦形成，讼师活动或被打压或被容忍的现状便成为常态，讼师活动得以充分展开，讼师与政权代言人的具体互动乃至共同取利便不足为奇，而基于利益的共同认识，必然使得讼师的社会活动空间更为宽松。

结　语

在社会的剧烈变动中，明清时期的群体、集团、阶层都在发生着前所未有的变化，这种变化既包括分裂与组合，又包括纵向与横向的流动，同时还包括新因子的不断涌现。作为庞大而复杂的社会群体，知识群体对于社会变动的反应最灵敏，也最深刻。本书从专业化的角度考察知识群体的变动，其实质仍是意在揭示社会的变动。

明清知识群体规模庞大，人数众多，且分属不同的阶层和不同的领域，其与社会的接触面也各异。因此，知识群体的专业化既是明清时代一个整体性、趋势性的问题，又是一个各专业群体各具专业化特色的问题，不同领域的知识群体，其专业化的程度、表现以及与社会关联的层面、方式、路径等均存在明显的差异。本书所选取的史家群体、儒医群体、讼师群体较为典型地体现了这一特征，三者均属知识群体的重要组成部分，专业化的表现皆为社会变动的直接反映，但其关联的领域、方式、路径皆有不同，专业化的内涵和程度也多有差异。史家群体更多地着力于思想、学术、观念的领域，其关联的范围在于知识与政治群体层面，其专业化主要体现在知识体系、学科意识以及方法等方面的专业化，以及其中蕴含的责任感和使命感；儒医群体关联着社会的各阶层，其专业化则主要在于行业的认同与规范，对于诸如职业出身、医术水平、医学认知、医道医风等专业化标准而开展的努力；讼师群体重在关联社会大众，其专业化主要表现在素养、技能、知识体系的专有性以及其广泛的社会关系与活动网络。

明清时期，史家群体的专业化在学科意识、自我意识、史学方法等方面有着充分体现。明清史家在理论探索上有不少突破，这些理论建树在史家们的著述中得到充分的论说，其中，"六经皆史"说的提出，鲜明地表达了史学脱离经学、走向学术自主的重大认识，可视为史家为厘清史学学术边界、知识体系而进行的重要努力，其重要性不言而喻。

明清史家对"史学"内部知识体系有一个更深入、具体的认识。从杨士奇主持纂修的《文渊阁书目》，到焦竑的《国史经籍志》，再到《四库全书总目》，史部分类经历了一个不断探索的过程，在扩充、整合、创新的基础之上，这一时期的史部分类对于原有的四部分类有了明显的突破。这些突破既有效地规整了明清时期丰富的文献，对当时和其后人们的认识产生了很大影响，充分反映了"史学"的发展，史学知识体系趋于成熟。

无疑，史学学术边界的外部划定，史学知识体系的内部确立，当属明清史家群体在专业发展领域取得的重要成就，有力地促进了史学的专业化发展。

明清史家们将史学视为专门之学，追求成为"专门史家"，这是史学与史家群体在专业化追求上的重要步伐。明清时期，"史学"常与经学等诸学相提并论，显然已被视为专门学问。史家通过各种方式明确史学为专门之学的旨意，以及史家、史学的重要性，并由此极大地重视史学素养。从明到清，史学表现出来的经世致用的取向，便是史家群体提升史学品质而做出努力的重要反映。

明清时期重视史学，史学成为十分重要的素养，上至朝廷择士，下至民间用名，尤不体现史学在明清时代的重要意义。史学直接指称人的身份和职业，尤其是李贽和章学诚关于史家类传的构想与实践，明确勾勒出了一个史家群体，充分表达了以李贽和章学诚为代表的史家群体的身份意识，与此同时，史家群体的建构无疑隐含着二人对于史家群体边界的认识，以及对于史家群体的群体意识、史家素养的认识。

史学方法的专业化也是史家群体专业化的重要表征，明清时期这一变化也得到了鲜明地呈现。明清史家在历史编纂方法方面提出了不少超越前人的见解，如章学诚的"史意"说，对于确立史学独特的学术属性做出了重大贡献，为史家的专业化提供了有力的理论思想。又如浦起龙肯定了史表的价值，钱大昕提出修史当合史法，等等。这些都从方法论的方面不断地充实史学的学科体系。正如前文所言，历史考据方法的精密化与确定史实可靠性的能力提升是明清史家走向专业化的重要表现。明清时期是中国古代历史考据学发展的繁盛期，至乾嘉而盛极一时，如学者所认为的，中国史学进入纯学术研究阶段，从而紧紧地关联着中国古代史学与现代史学。

明清史家群体的专业化表现在多方面，从学科边界的逐渐厘到厘到学科体系的建构，从史家身份意识的树立到史家素养系统化要求，从史学方法的不断提出到方法论系统的建立，均表明明清史家群体已经具备了十分鲜明的专业意识、专业修养，这是促成史家群体专业化的核心要素。明清史家群体的专业化从一个侧面关联并且揭示近世知识群体及其思想认识、学术观念、社会文化活动等的转型与变动。

明清时期的儒医群体，较之史家群体，存在共性，但其差异性更值得关注。明清儒医人数有显著的增长，其儒医的身份与形象源自于其职业出身、医术医著、社会关怀等。儒医群体的出现无疑是明清士人分化与裂变的结果，该群体广泛活跃在医疗救助、教育教化、医术承传等领域，对明清社会发挥了巨大的作用和深度的影响。相对于史家群体，明清时期儒医群体的知识化、社会化趋向更为鲜明。

儒医是整个医家队伍中文化素养和知识水平俱优的群体，这是明清医派林立、医学团体不断出现的重要条件，并由此带动专业性的讲学、研究等活动以及大量的医书刊刻、专业刊物面世。

明清时期（尤其是明清之际）儒医群体通过大量的对医学典籍的整理工作，竭力将医学经典化，从而达到构建"医宗"的目的，以加强个体与群体的身份认同，提升其在地方社会的地位。借由医学典籍的编纂和整理，推动标准化、系统化的医学专业知识体系的构建和形成，并通过专业文本的刊刻，向社会和大众流通、推广，为习医、行医者提供可资依据的专业典籍，同时客观上又在大众中起到普及的作用。

明清儒医群体的这些作为，既是儒医群体专业化趋向的表现，又不断地推动儒医群体的专业化转向，然而更需要重视的是，部分颇具专业责任感和行业忧患意识的医家不懈地努力，希望通过编纂医宗典籍、传承医学理论、建立医学组织等一系列努力，引导医生步入专业化的道路，尤其是整体提升医疗队伍的专业水平和道德水准。

明清医学可谓繁盛，但繁盛现象的后面存在危机，门户问题、重术轻道问题、庸医问题、医患关系问题等一系列所谓的"医之病"，困扰着医界以及儒医群体的整体发展与自我完善。

这种状况引发了部分具有责任意识的医家力图匡正行业之弊病。明清儒医通过总结医典、成立学会等一系列活动，努力引导医家群体走上专业化的轨道，并着力提升业医队伍的专业和道德水平，改善医者的整体形象，以推动医学的发展。医家自医的努力成效并不理想，在缺乏革新的背景中，医学专业并未发生实质性的突破。不过，明清儒医所做的努力，乃是近世知识群体在医学专业化的历程中的重要尝试。

明清讼师无论从国家制度层面还是社会地位层面而言，皆不具备合法性质，但由于社会的需求以及讼师职业的专业特性，讼师积极而主动地活跃在广大的社会舞台与民众之中。

明清时期的诉讼具有很强的专业性，因此讼师必须具备良好的专业素养。作为知识群体的重要组成部分，讼师有着普通大众不具备的知识修养和写作能力，并熟知法律和相关条文，在健讼社会中，具有广泛的社会需求。同时，在不断的诉讼实践中，他们越来越熟悉人情世故，精通词状之术，善用诉讼技巧，通过各种诉讼活动，把知识、技能运用于社会，实现知识的专业化与社会化。

明清讼师群体的诉讼活动包括代写诉讼词状、制定诉讼策略、处理诉讼关系、直接出头代讼等，均具有很强的专业化特性。当然这里所谓的专业化特性并非现代意义的专业性，但一定是中国法律及其专业群体走向现代的阶段性表现，其重要性与必要性不言而喻。

代写词状是讼师的基本活动，但具有极强的规范性、专业性，并需要讼师极具智慧，一纸优秀的词状应是集合讼师对于各方面因素的准确把握，并使己方处于有利的地位。代作词状必须熟悉法律规定、诉讼规则、对方当事人的情况甚至人情关系等多方面因素，包括把握诉讼涉事各方的优劣形势，等等。一份词状实则为集知识、技能、经验、思想等一体的复杂系统，普通大众甚至一般读书人都是难以达成的，这是明清专业化讼师群体知识技能的独有性。除了代写词状之外，明清讼师代讼的案例明显增多，他们虽是出于利益或其他方面的目的，积极地出头代讼，但在这个过程中仍有效地推动了诸如辩论等诉讼环节的发展。

讼师通常深度地参与到诉讼的其他活动中，诸如为当事人出谋划策，尽量为当事人开脱或降低当事人的罪名。与此同时，为达到胜诉的目的，讼师常利用自己的"熟人"关系，努力为当事人梳理各种关系。然而，这些广泛的、经常性的幕后活动，混杂着大量的弄虚作假甚至违法的手段。这也恰是明清讼师群体的局限性，在迈向近代的历程中所表现出来的另类专业能力，这种专业能力并不符合近代法律的专业化要求，但确是明清讼师群体专业化表现的重要组成部分。

讼师群体的活跃，带动了世俗读物类和讼师秘本类讼学文献的流行和传播。世俗读物类主要包括部分日用类书中相关内容和明清时期广泛流传的公案小说。而讼师秘本则是明清时期讼学文献的主体部分，作者多为讼师。明清时期，讼师秘本的刊刻和传播是不合法的，为当时的律例所禁。

明清讼学文献对于状词有着十分明确的专业区分和分类，对于状词的书写格式亦有程式化的要求，因而讼师秘本具有极强的示范作用，这实则从一个侧面宣示写状具有规程。当然，与此关联，词状用语亦有规范和要求。

讼学文献对于诉讼知识、技能等方面的总结，一方面是源于讼师群体长期、大量的诉讼实践经验和认知；另一方面，也有效地结合了王朝律例、地方官吏处理案件的习性，甚至结合了区域性的地方法律习惯。因此讼学文献具有很强的指导性、实践性，专业化倾向十分明显。

明清时期的史家、儒医、讼师群体的专业化及其职业化、社会化均存在个性与差异，但都是社会结构性变化的反映，都与社会变动紧密关联。群体与社会形成强烈的互动关系；在我们的学术探究中，则必须对群体与社会进行双向关照。就本书的史家、儒医和讼师三个知识群体而言，其与社会的关联及互动或可从三个维度进行考察。

其一，明清知识群体的社会资源网络。

中国古代社会，人们普遍重视社会资源的获取，或者说，个体的发展、诸多人生目标的实现、群体的团聚与维系，皆需依赖广泛的社会资源。这种现象在明清时期尤甚。师生、同年、部属、亲缘、同乡、同行、朋友等社会关系，皆是个人发展不可或缺的社会关系资源，各种群体也往往是在这些社会关系资源的基础上建构与形成，当然我们也不能忽视价值观与学术观点对于群体形成的意义。人们在自觉不自觉、主动或被动地不断地编织这张社会资源网，每个人既是网络的编织者，又是网络中的一个结点。因而，一个人物关联着群体，一个事件牵连着众多的社会关系，一个社会问题连带着或衍生出更多的社会问题，而社会的变动则深潜在每一个社会群体及其关联的个体之中。

明清时代，史家群体（包括学术流派）的社会资源依托，主要在于师生、地缘等社会关系和家学传承、价值取向和学术观点方面的因素；儒医群体（包括医学流派）的社会资源依托主要在于师徒（生）、家学、地缘以及医医、医患关系；讼师群体的社会资源依托，则主要在于同行、官府与官吏、民众等。在这些社会资源的支撑之下，各群体皆致力于将各种社会资源转化为专业资本，以推动本专业领域的不断发展。

其二，明清知识群体的社会活动及其社会意义。

明清时代的知识群体活动于各自的社会领域或阶层，然而均属于社会成员的一个组成部分，其行为从不同的领域与层面作用于社会，并对社会的演进与变动产生不同程度的影响，正面或负面，积极或消极，浅层或深层。明清时期，在诸如国家事务、社会事件、社会运动中，我们可以发现大量群体活动的身影，也常见多个利益集团及群体之间的频繁角逐与互动。群体对于事件的介入程度及其社会活动的意义，主要取决于其价值取向与利益诉求。

明清史家群体的社会活动具有强烈的政治取向与思想学术的内

涵，前者通常表现出对于时局、国运的关怀以及对于政局、国事等的批评，体现出一种责任感与使命感，后者则以著书立说、学术探讨、文献编纂等文化活动为主，或通过学术研究表达观点与立场，或致力于纯然的学术研究。明清史家群体属于意识形态领域的主体力量。明清儒医群体的社会活动，一则履行医者的身份与角色，并具有强烈的职业化意识；二则整理文献，著书立说，厘清医道与医术的正途与领域；三则传授医术，培养门徒，甚至开宗立派。儒医群体的社会活动具有鲜明的技术特征，并深度切入民生。明清讼师群体广泛地活跃于社会，群体社会活动的特征更多地表现在群体成员将独具的知识、经验、能力运用于诉讼活动之中，该群体活跃于官民之间，并通过编纂文献传播相关知识。该群体具有广泛的社会基础，对于社会运行、社会秩序具有重要的意义。

其三，明清知识群体的近代性。

群体的近代性主要是指群体的性质或特征所具有的近代化因素，群体发展具有近代化趋向，或者群体对于近代中国社会具有重要影响。明清时期处于前近代的历史时期，社会群体从诸多方面表现出鲜明的时代性及近代性趋向，成为中国近现代社会的先导。一方面，某些社会群体具有了某些近代的因子，另一方面，出现了一些具有近代特质的社会群体。就本书涉及的三个代表性群体而言，其强烈的社会认同感与责任感，鲜明的学科边界意识、行业治理意识，各专业领域理论、方法与技能的总结、完善乃至于创新的努力，以及知识群体不断的分化与组合，加速推进的社会化与地域化进程，都反映出明清时代知识群体在不断酝酿新的社会因子。

明清时期，传统与现代的交织、传统向现代的转换在知识群体中集中体现。明清知识群体的近代性是研究明清社会群体不可忽视的重要问题，更是深入研究明清社会历史必须重视的视点与路径。

总之，揭示与认识明清时代知识群体的专业化的特性，有助于理解中国从传统向近代转型的种种问题。

参考文献

1. 古籍

《旧唐书》，中华书局 1975 年版。

《宋史》，中华书局 1977 年版。

《元史》，中华书局 1976 年版。

《元典章》，台湾"故宫博物院"，1972 年影印版。

《明实录》，"中研院"历史语言研究所影印本。

《明会典》，中华书局 1989 年版。

《明史》，中华书局 1974 年版。

《明史纪事本末》，中华书局 1977 年版。

《清实录》，中华书局 2008 年版。

《清史稿》，中华书局 1977 年版。

《大清会典》，《续修四库全书》史部第 794 册，上海古籍出版社 2002
年版。

《康熙起居注》，中华书局 1984 年版。

《雍正起居注》，中华书局 1993 年版。

《大清十朝圣训》，北京燕山出版社 1998 年版。

《清代文字狱档》，上海书店出版社 2007 年版。

《御纂医宗金鉴》，人民卫生出版社 1998 年版。

乾隆《吴江县志》，载《中国地方志集成·江苏府县志辑二十》，江
苏古籍出版社 1991 年版。

同治《苏州府志》，载《中国地方志集成·江苏府县志辑七》，江苏
古籍出版社 1991 年版。

光绪《周庄镇志》，载《中国地方志集成·乡镇志集成第六卷》，江

苏古籍出版社 1991 年版。

光绪《宝山县志》，载《中国地方志集成·上海府县志辑》第 9 册，上海书店出版社 1991 年版。

光绪《昆新两县续修合志》，载《中国地方志集成·江苏府县志》，江苏古籍出版社 1991 年版。

光绪《常昭合志稿》，载《中国地方志集成·江苏府县志》，江苏古籍出版社 1991 年版。

民国《吴县志》，载《中国地方志集成·江苏府县志》，江苏古籍出版社 1991 年版。

民国《巴溪志·盛无咎传》，载《中国地方志集成·乡镇志集成》第 8 卷，江苏古籍出版社 1992 年版。

《湘成小志》，载《中国地方志集成·乡镇志集成》第 8 卷，江苏古籍出版社 1992 年版。

四川大学历史系、四川档案馆编：《清代乾嘉道巴县档案选编》（上下），四川大学出版社 1989、1996 年版。

四川档案馆编：《清代巴县档案汇编》（乾隆卷），档案出版社，1991 年版。

《治浙成规》，清刻本，上海图书馆藏本。

安徽省博物馆编：《明清徽州社会经济资料丛编》（1），中国社会科学出版社 1988 年版。

宝辉：《医医小草》，《珍本医书集成》第 4 册，中国中医药出版社 2012 年版。

曹禾：《医学读书志》，中医古籍出版社 1981 年版。

曹溶：《崇祯五十宰相传》，上海古籍出版社 1995 年版。

曹溶：《静惕堂诗集》，清雍正三年李维钧刻本，《四库全书存目丛书》集部第 198 册，齐鲁书社 1997 年版。

陈芳生：《疑狱笺》，清康熙刻本，《续修四库全书》子部第 974 册。

陈宏谋辑：《在官法戒录四卷》，清乾隆八年培远堂刻本。

陈梦雷等编：《古今图书集成医部全录》，人民卫生出版社 1991 年版。

陈修园：《医学三字经》，清嘉庆九年南雅堂刻本，《续修四库全书》

子部第 1026 册。

陈生玺辑：《政书集成》（全十册），中州古籍出版社 1996 年版。

陈实功：《外科正宗》，明万历刻本，《续修四库全书》子部第 1013 册。

陈士铎：《辩证录》，清乾隆十二年黄晟槐荫草堂校刻本，《续修四库全书》子部第 1023 册。

陈维崧：《妇人集》，上海商务印书馆 1936 年版。

陈自明：《外科精要》，中国医药科技出版社 2011 年版。

程世爵：《笑林广记》，齐鲁书社 1996 年版。

崔述：《崔东壁遗书》，上海古籍出版社 1983 年版。

戴良：《九灵山房集》，明正统影印本，《四部丛刊》集部，商务印书馆 1936 年版。

戴名世：《戴名世集》，中华书局 1986 年版。

邓复旦编：《医宗宝镜》，上海文瑞楼据清嘉庆三年刊本石印本。

丁耀亢著，李增坡主编，张清吉校注：《丁耀亢全集》，中州古籍出版社 1999 年版。

董宿：《奇效良方》，天津科学技术出版社 2003 年版。

方象瑛：《健松斋集》、《健松斋续集》，清康熙四十年世美堂刻本，《四库全书存目丛书》集部第 241 册。

方有执：《伤寒论条辨前序》，《四库全书》子部第 775 册，台湾商务印书馆 1986 年版。

方祖猷主编：《万斯同全集》，宁波出版社 2014 年版。

费密：《荒书》，浙江古籍出版社 1983 年版。

冯梦龙：《笑府》，上海古籍出版社 1993 年版。

冯兆张：《冯氏锦囊秘录》，中国中医药出版社 1996 年版。

傅恒：《御批历代通鉴辑览》，《四库全书》史部第 335—339 册。

傅维鳞：《明书》，商务印书馆 1936 年版。

傅岩：《歙纪》，黄山书社 2007 年版。

高攀龙：《高子遗书》，《四库全书》集部第 1292 册。

高谦：《中州战略》，书目文献出版社 1990 年版。

高世栻：《伤寒大白》，中国中医药出版社 2012 年版。

龚廷贤：《龚廷贤医学全书》，载《明清名医全书大成》，中国中医药出版社 1999 年版。

龚炜：《巢林笔记》，中华书局 1981 年版。

顾炎武：《顾炎武全集》，上海古籍出版社 2012 年版。

官箴书集成编纂委员会编：《官箴书集成》，黄山书社 1997 年版。

广东社会科学院等编：《明清佛山碑刻文献经济资料》，广东人民出版社 1987 年版。

郭成伟、田涛点校：《明清公牍秘本五种》，中国政法大学出版社 1999 年版。

韩愗：《韩氏医通》，《中国医学大成》第 22 册，上海科学技术出版社 1990 年版。

何古心：《春煦室医案》，学林出版社 1989 年版。

何柬：《医学统宗》附《杂录》，载郑金生主编《海外回归中医善本古籍丛书》第 4 册，人民卫生出版社 2001 年版。

何良俊：《四友斋丛说》，中华书局 1959 年版。

贺长龄、魏源编：《皇朝经世文编》，中华书局 1992 年版。

弘历撰、侯德仁译注：《乾隆御批通鉴》，中华书局 2008 年版。

侯方域：《壮悔堂文集》，中国图书公司 1909 年版。

胡文炳：《折狱龟鉴补》，清光绪四年兰石斋刻本，《续修四库全书》子部第 973 册。

胡荧：《卫生易简方》，人民卫生出版社 1984 年版。

怀效锋点校：《大明律》，辽沈书社 1990 年版。

黄百家：《学箕初集》，清康熙箭山铁灯轩刻本，《四库全书存目丛书》集部第 257 册。

黄凯钧：《友渔斋医话》，《中国医学大成》第 40 册，上海科学技术出版社 1990 年版。

黄六鸿：《福惠全书》，载刘俊文主编《官箴书集成》，黄山书社 1997 年影印本。

黄宗羲：《黄宗羲全集》，浙江古籍出版社 1985 年版。

计六奇：《明季北略》《明季南略》，中华书局 1984 年版。

纪昀：《阅微草堂笔记》，天津古籍出版社 1994 年版。

江藩：《国朝汉学师承记》，中华书局 1983 年版。

江苏省博物馆编：《江苏省明清以来碑刻资料选集》，生活·读书·新知三联书店 1959 年版。

江西臬司编：《西江政要》，光绪年间江西按察使司刊本。

姜春华：《历代中医学家评析》，上海科技教育出版社 2010 年版。

蒋良骐：《东华录》，中华书局 1980 年版。

蒋示吉：《医宗说约》，中国中医药出版社 2004 年版。

襟霞阁主编：《清代名吏判牍七种汇编》，台湾老古文化事业股份有限公司 2000 年版。

蓝鼎元：《鹿州公案》，群众出版社 1985 年版。

雷丰：《时病论》，清光绪十年雷氏慎修堂刻本，《续修四库全书》子部第 1005 册。

雷梦麟著，怀效锋、李俊点校：《读律琐言》，法律出版社 2000 年版。

李宝嘉：《官场现形记》，中华书局 2013 年版。

李秉新等校勘：《清朝野史大观》，河北人民出版社 1997 年版。

李冠仙：《知医必辨》，《中国医学大成》第 43 册，上海科学技术出版社 1990 年版。

李濂：《医史》，明刻本，《续修四库全书》子部第 1030 册。

李清著，华东政法学院法律古籍整理研究所编：《折狱新语注释》，吉林人民出版社 1989 年版。

李时珍：《本草纲目》，《四库全书》子部第 772—774 册。

李逊之：《三朝野记》，上海书店出版社 1982 年版。

李渔编：《资治新书初集》，浙江古籍出版社 1991 年版。

李元弼：《作邑自箴》，商务印书馆 1934 年版。

李中梓：《李中梓医学全书》（明清名医全书大成），中国中医药出版社 1999 年版。

刘承干：《明史例案》，文物出版社 1982 年版。

刘昉：《幼幼新书》，李志庸《钱乙刘昉医学全书》，中国中医药出版社 2005 年版。

刘献廷：《广阳杂记》，中华书局 1957 年版。

庐宜：《续表忠记》，明文书局 1991 年版。

陆林主编：《清代笔记小说类编》（案狱卷），黄山书社 1994 年版。

陆陇其：《三鱼堂日记》，《续修四库全书》史部第 559 册。

陆以湉：《冷庐医话》，清光绪二十三年刻本，《续修四库全书》子部
　　第 1029 册。

吕坤：《新吾吕先生实政录》，明末影钞本，《官箴书集成》第 1 册，
　　黄山书社 1997 年版。

吕留良：《吕晚村先生文集》，清雍正三年天盖楼刻本，《四库禁毁书
　　丛刊》集部第 148 册，北京出版社 1997 年版。

毛奇龄：《西河集》，《四库全书》集部第 1320 册。

毛祥麟：《对山书屋》，上海古籍出版社 2008 年版。

缪希雍：《缪希雍医学全书》，载《明清名医全书大成》，中国中医药
　　出版社 1999 年版。

潘耒：《遂初堂文集》，上海古籍出版社 1995 年版。

彭孙贻：《茗香堂史论》，清光绪三十四铅印本，《续修四库全书》史
　　部第 450 册。

钱澄之：《所知录》，浙江古籍出版社 1987 年版。

钱谦益著，钱曾笺注，钱仲联标校：《牧斋初学集》，上海古籍出版社
　　2009 年版。

钱谦益著，钱曾笺注，钱仲联标校：《牧斋有学集》，上海古籍出版社
　　1996 年版。

钱谦益著，钱曾笺注，钱仲联标校：《牧斋杂著》，上海古籍出版社
　　2007 年版。

钱肃润：《南忠记》，中华书局 1959 年版。

钱仪吉编：《碑传集》，中华书局 1993 年版。

清波逸叟编：《新刻摘选增补注释法家要览折狱明珠》，明万历三十年
　　序抄本。

屈大均：《屈大均全集》，人民文学出版社 1996 年版。

瞿共美：《东明闻见录》，上海书店出版社 1988 年版。

全祖望：《鲒埼亭集》，清嘉庆九年刻本，《续修四库全书》集部第 1429 册。

全祖望撰，朱铸禹汇校集注：《全祖望集汇校集注》，上海古籍出版社 2000 年版。

邵廷采：《思复堂文集》，浙江古籍出版社 2010 年版。

沈德潜：《归愚文钞余集》，人民文学出版社 2011 年版。

沈家本：《历代刑法考》，中华书局 1985 年版。

沈家本：《沈寄簃先生遗书》（甲编），中国书店 1959 年版。

沈起凤：《谐铎》，人民文学出版社 1985 年版。

沈之奇著，怀效锋、李俊点校：《大清律辑注》，法律出版社 2000 年版。

施闰章：《学余堂文集》，《四库全书》集部第 1313 册。

宋濂：《宋学士文集》，明正德中刊本，《四部丛刊》集部第 102—1515 册，商务印书馆 1936 年版。

宋恕：《宋恕集》，中华书局 1993 年版。

孙承泽：《畿辅人物志》，清初刻本，《续修四库全书》史部第 540 册。

孙承泽：《山书》，上海古籍出版社 1995 年版。

孙一奎：《赤水玄珠》，《四库全书》子部第 766 册。

孙一奎：《医旨绪余》，《四库全书》史部第 766 册。

谈迁：《北游录》，中华书局 1960 年版。

谈迁：《国榷》，清光绪三十四年铅印本，《续修四库全书》史部第 358—363 册。

汤斌：《汤斌集》，中州古籍出版社 2003 年版。

唐大烈：《吴医汇讲》，清光绪三十四年铅印本，《续修四库全书》子部第 1028 册。

唐文基等编：《明清福建经济契约文书选辑》，人民出版社 1997 年版。

陶华：《伤寒六书》，清光绪三十四年铅印本，《续修四库全书》子部第 985 册。

田涛、郑秦点校：《大清律例》，法律出版社 1999 年版。

涂绅：《百代医宗》，明万历三十五年刻本，《中医古籍孤本大全》第 1 辑，中医古籍出版社 1996 年版。

万斯同：《石园文集》，1936 年本，《续修四库全书本》集部第 1415 册。

汪辉祖：《病榻梦痕录》，上海古籍出版社 1997 年版。

汪辉祖：《病榻梦痕录》卷下，梁文生、李雅旺校注，江西人民出版社 2012 年版。

汪辉祖：《佐治药言续佐治药言》，商务印书馆 1937 年版。

汪天锡：《官箴辑要》，中国商业出版社 2010 年版。

汪琬：《尧峰文钞》，《四库全书》集部第 1315 册。

王达士：《医权初编》，《珍本医书集成》第 4 册，中国中医药出版社 1999 年版。

王夫之：《读通鉴论》，中华书局 1975 年版。

王国平、唐力行主编：《明清以来苏州社会史碑刻集》，苏州大学出版社 1998 年版。

王鸿绪：《横云山人明史稿》，清乾隆刻本，国家图书馆出版社 2014 年版。

王肯堂：《灵兰要览》，《中国医学大成》第 43 册，上海科学技术出版社 1990 年版。

王纶撰，薛已注：《明医杂著》，江苏科学技术出版社 1985 年版。

王明德：《读律佩觽》，法律出版社 2001 年版。

王鸣盛：《十七史商榷》，上海书店出版社 2005 年版。

王绍隆：《医灯续焰》，《中国医学大成》第 11 册，上海科学技术出版社 1990 年版。

王燕昌：《王氏医存》，江苏科学技术出版社 1983 年版。

王又槐：《刑钱必览钱谷备要》，清嘉庆十九年刻本，《四库未收书辑刊》第 4 辑第 19 册，北京出版社 1997 年版。

王源：《居业堂文集》，清光绪刻本，《续修四库全书》集部第 1418 册。

王钟翰点校:《清史列传》,中华书局 1987 年版。

王宗显辑:《医方捷径指南全书》,《珍本医籍丛刊》,中医古籍出版社 1999 年版。

温睿临:《南疆逸史》,中华书局 1959 年版。

文秉:《烈皇小识》,上海书店出版社 1982 年版。

文秉:《先拨志始》,上海书店出版社 1982 年版。

吴乘权:《纲鉴易知录》,中华书局 2009 年版。

吴炽昌:《客窗闲话初集》,河北人民出版社 1985 年版。

吴楚:《医医十病》,上海科学技术出版社 1993 年版。

吴德旋:《初月楼闻见录》,明文书局 1985 年版。

吴光主编:《刘宗周全集》,浙江古籍出版社 2007 年版。

吴昆:《脉语》,《中国医学大成》第 3 册,上海科学技术出版社 1990 年版。

吴崐撰述,罗周彦增订:《医宗粹言》,明万历四十年新安罗氏刊本,新文丰出版公司 1982 年版。

吴麟瑞:《中国四大恶讼师传奇》,中国华侨出版社 2003 年版。

吴球:《活人心统》,《海外回归中医善本古籍丛书》第 5 册,人民卫生出版社 2003 年版。

吴任臣:《十国春秋》,中华书局 1983 年版。

吴殳、戴笠:《怀陵流寇始终录》,《续修四库全书》史部第 441—442 册。

吴瑭:《温病条辨》,福建科技出版社 2010 年版。

吴瑭:《吴鞠通医学全书》,《明清名医全书大成》,中国中医药出版社 1999 年版。

吴伟业,李学颖集评标校:《吴梅村全集》,上海古籍出版社 1990 年版。

歙县政协文史资料工作委员会:《歙县文史资料》第 3 辑,1989 年。

夏完淳:《夏完淳集》,中华书局 1959 年版。

夏完淳:《续幸存录》,上海书店出版社 1988 年版。

夏允彝:《幸存录》,上海书店出版社 1988 年版。

肖京：《轩岐救正论》，《中医珍本丛书》，中国古籍出版社 1983 年版。

熊文举：《雪堂先生文集》，《北京图书馆古籍珍本丛刊》，书目文献出版社 1995 年版。

熊煜奎：《儒门医宗总略》，同治十年崇训堂刻本。

徐秉义：《明末忠烈纪实》，浙江古籍出版社 1987 年版。

徐春甫：《古今医统大全》，《新安医籍丛刊》，安徽科学技术出版社 1995 年版。

徐复祚：《花当阁丛谈》，上海古籍出版社 1995 年版。

徐珂：《清稗类钞》，中华书局 1984 年版。

徐灵胎：《洄溪医案》，清咸丰刻本，《续修四库全书》子部第 1027 册。

徐灵胎：《难经经释》，清刻本，《续修四库全书》子部第 983 册。

徐灵胎：《慎疾刍言》，清光绪本，《续修四库全书》子部第 1028 册。

徐灵胎：《医贯砭》，《四库全书存目丛书》子部第 1028 册。

徐灵胎：《医学源流论》，《四库全书》子部第 785 册。

徐乾学：《憺园文集》，清康熙刻本，《四库全书存目丛书》集部第 242—243 册。

徐松：《宋会要辑稿》，中华书局 1957 年版。

薛雪：《医经原旨》，清乾隆刻本，《续修四库全书》子部第 982 册。

颜俊彦著，中国政法大学法律古籍整理研究所整理标点：《盟水斋存牍》，中国政法大学出版社 2002 年版。

杨椿：《孟邻堂集》，清嘉庆二十四年刻本，《续修四库全书》集部第 1423 册。

杨凤苞：《秋室集》，清光绪十一年刻本，《续修四库全书》集部第 1476 册。

杨陆荣：《三藩纪事本末》，中华书局 1985 年版。

杨时泰：《本草述钩元》，上海科学技术出版社 2011 年版。

杨一凡、刘笃才编：《中国古代地方法律文献》，世界图书出版公司 2006 年版。

杨一凡、徐立志主编：《历代判例判牍》，中国社会科学出版社 2005年版。

杨一凡主编：《历代珍稀司法文献》，社会科学文献出版社 2012 年版。

杨昱：《牧鉴》，商务印书馆 1937 年版。

姚润纂辑，陆枚增修：《大清律例增修统纂集成》（40 卷），浙江五三舍堂道光十一年版。

姚雨芗：《大清律例会通新纂》，《近代中国史料丛刊》第三编第 22辑，文海出版社 1987 年版。

叶天士：《临证指南医案》，清乾隆三十三年刻本，《续修四库全书》子部第 1027 册。

叶天士：《叶选医衡》，人民军医出版社 2013 年版。

雍正：《大义觉迷录》，中国社会科学院历史研究所清史研究室编《清史资料》第 4 辑，中华书局 1983 年版。

永瑢、纪昀等撰：《四库全书总目》，中华书局 1960 年版。

永瑢等：《四库全书总目》，中华书局 1965 年版。

尤侗：《西堂文集》，清康熙刻本，《续修四库全书》集部第 1406 册。

俞弁：《续医说》，《中国医学大成三编》第 12 册，岳麓书社 1994年版。

俞震：《古今医案按》，《中国医学大成三编》第 12 册。

虞山襟霞阁主编，王有林、史鸿雯校注：《刀笔菁华》，中华工商联合出版社 2001 年版。

虞山襟霞阁主编辑：《刀笔菁华正编》，上海中央书店 1934 年印行，南京大学图书馆收藏。

虞抟：《医学正传》，明嘉靖刻本，《续修四库全书》子部第 1019 册。

喻昌：《寓意草》，《四库全书》子部第 783 册。

曾大奇：《治平言》，明刻本，《四库全书存目丛书》子部第 91 册。

曾衍东：《小豆棚》，齐鲁书社 2004 年版。

查继佐：《罪惟录》，浙江古籍出版社 1986 年版。

袁枚：《小仓山房诗集》，上海古籍出版社 1998 年版。

《御制大诰三编》，杨一凡、田涛主编：《中国珍稀法律典籍初编》，科学出版社 1994 年版。

张岱：《琅嬛文集》，岳麓书社 1985 年版。

张岱：《石匮书·石匮书后集》，上海古籍出版社 2008 年版。

张煌言：《张苍水集》，上海古籍出版社 1985 年版。

张景岳：《景岳全书》，《四库全书》子部第 777—778 册。

张景岳：《类经图翼》，《四库全书》子部第 776 册。

张景岳：《张景岳医学全书》，载《明清名医全书大成》，中国中医药
出版社 1999 年版。

张璐：《张璐医学全书》，载《明清名医全书大成》，中国中医药出版
社 1999 年版。

张璐：《张氏医通》，清康熙间宝翰楼刻本，《续修四库全书》子部第
1022 册。

张履祥：《杨园先生全集》，中华书局 2002 年版。

张书才主编：《雍正朝汉文朱批奏折汇编》，江苏古籍出版社 1989
年版。

张廷骧编：《入幕须知五种》，光绪壬辰十八年浙江书局刻本，文海出
版社 1968 年版。

张志斌整理：《温热论湿热论》，人民卫生出版社 2007 年版。

张志聪：《侣山堂类辩》，清刻本，《续修四库全书》子部第 1028 册。

章学诚：《文史通义》，上海古籍出版社 2008 年版。

长孙无忌等编：《唐律疏议》，中华书局 1993 年版。

赵晴初：《存存斋医话稿》，《珍本医书集成》第 4 册。

赵献可：《医贯》，人民卫生出版社 1982 年版。

郑端等：《为官须知》（外五种），岳麓书社 2003 年版。

中国第一历史档案馆：军机处上谕档。

中国第一历史档案馆编：《中国明朝档案总汇》，广西师范大学出版社
2001 年版。

中国社会科学院历史研究所：《明清徽州社会经济资料丛编》（2），
中国社会科学出版社 1988 年版。

中国社会科学院历史研究所隋唐五代宋辽金元史研究室点校：《名公

书判清明集》，中华书局 2002 年版。

周中孚：《郑堂读书记》，民国吴兴丛书本。

朱察卿：《朱邦宪集》，江苏巡抚采进本。

朱国祯：《涌幢小品》，北京文化艺术出版社 1999 年版。

朱鹤龄：《愚庵小集》，上海古籍出版社 1979 年版。

朱彝尊：《曝书亭集》，《四库全书》集部第 1317 册。

朱震亨：《局方发挥》，《四库全书》子部第 746 册。

祝庆祺等编：《刑案汇览三编》，北京古籍出版社 2004 年版。

祝庆祺纂修，鲍书芸参定《刑案汇览》，道光十四年刊行。

　　2. 今人著作

［美］D. 布迪、C. 莫里斯：《中华帝国的法律》，朱勇译，江苏人民
　　出版社 1995 年版。

Melissa Macaule *y. Social Power and Legal Culture*：*Litigation Masters in
　　Late Imperial China*，Stanford University Press，1998，北京大学图
　　书馆藏本。

［美］保罗·唐纳顿：《社会如何记忆》，纳日碧力戈译，上海人民出
　　版社 2001 年版。

［美］费侠莉：《繁盛之阴：中国医学史中的性，960—1665》，甄橙
　　主译，吴朝霞主校，江苏人民出版社 2006 年版。

［美］高居翰：《画家生涯——传统中国画家的生活与工作》，杨坚
　　宗，马琳、邓伟权译，生活·读书·新知三联书店 2012 年版。

［美］黄宗智、尤陈俊主编：《从诉讼档案出发：中国的法律、社会
　　与文化》，法律出版社 2009 年版。

［美］黄宗智：《民事审判与民间调解：清代的表达与实践》，中国社
　　会科学出版社 1998 年版。

［美］黄宗智：《清代的法律社会、社会文化：民法的表达与实践》，
　　上海书店出版社 2001 年版。

［美］梅尔清：《清初扬州文化》，朱修春译，复旦大学出版社 2004
　　年版。

［美］梅丽莎·麦柯丽：《社会权力与法律文化：中华帝国晚期的讼

师》，明辉译，北京大学出版社 2012 年版。

［美］史景迁：《雍正王朝之大义觉迷》，吴家恒译，广西师范大学出版社 2011 年版。

［美］魏斐德：《洪业：清朝开国史》，陈苏镇、蒋小莹译，江苏人民出版社 2008 年版。

［美］席文（Nathan Sivin）：《科学史方法论演讲录》，任安波译，北京大学出版社 2011 年版。

［日］夫马进：《明清时期的讼师与讼师制度》，《明清时代的民事审判与民事契约》，法律出版社 1998 年版。

［日］森正夫等编：《明清时代史的基本问题》，周绍泉、栾成显译，商务印书馆 2013 年版。

［日］织田万撰，何勤华主编：《清国行政法》，中国政法大学出版社 2003 年版。

［日］滋贺秀三等：《明清时期的民事审判与民间契约》，王亚新等编译，法律出版社 1998 年版。

《明清时期福建经济契约文书研究》，远方出版社 1999 年版。

《全国中医图书联合目录》，中国中医研究院图书馆编，中医古籍出版社 1991 年版。

Chao, Yuan-ling, *Medicine and Society in Late Imperial China : a study of Physicians in Suzhou, 1600 - 1850*, New York：Peter Lang Publishing, Inc. , 2009.

Hanson, Marta, *Speaking of Epidemics in Chinese Medicine：Disease and the Geographic Imagination in Late Imperial China*, London and New York：Routledge, 2011.

Scheid, Volker, *Currents of Tradition in Chinese Medicine 1626 - 2006*, Seattle：Eastland Press, 2007.

Unschuld, Paul, *Medical Ethics in Imperial China：A Study in Historical Anthropology*, Berkeley：University of California Press, 1979.

白寿彝：《中国史学史》，上海人民出版社 2006 年版。

柏桦：《明清州县官群体》，天津人民出版社 2003 年版。

包遵彭：《明史编纂考》，台湾学生书局 1968 年版。

卞僧慧：《吕留良年谱长编》，中华书局 2003 年版。

蔡冠洛编著：《清代七百名人传》，中国书店 1984 年版。

陈宝良：《明代社会生活史》，中国社会科学出版社 2004 年版。

陈宝良：《中国流氓史》，中国社会科学出版社 1993 年版。

陈永明：《清代前期的政治认同与历史书写》，上海古籍出版社 2011
    年版。

陈元朋：《两宋"尚医士人"与"儒医"——兼论其在金元的流变》，
    台湾大学出版委员会 1997 年版。

陈祖武：《清初学术思辨录》，中国社会科学出版社 1992 年版。

陈祖武：《清儒学术拾零》，湖南人民出版社 2002 年版。

党江舟：《中国讼师文化——中国古代律师现象解读》，北京大学出版
    社 2005 年版。

杜维运：《清代史学与史家》，东大图书公司 1984 年版。

段润秀：《官修明史的幕后功臣》，人民出版社 2011 年版。

范行准：《中国医学史略》，中医古籍出版社 1986 年版。

方祖猷：《黄宗羲长传》，浙江大学出版社 2011 年版。

方祖猷：《万斯同评传》，南京大学出版社 2011 年版。

冯尔康、常建华：《清人社会生活》，天津人民出版社 1990 年版。

冯贤亮：《明清江南地区的环境变动与社会控制》，上海人民出版社
    2002 年版。

葛兆光：《中国思想史》第 2 卷，复旦大学出版社 2004 年版。

高道蕴，高鸿钧，贺卫方编：《美国学者论中国法律法院》，清华大学
    出版社 2004 年版。

龚汝富：《明清讼学研究》，商务印书馆 2008 年版。

顾诚：《明末农民战争史》，光明日报出版社 2012 年版。

顾诚：《南明史》，光明日报出版社 2011 年版。

何冠彪：《戴名世研究》，稻香出版社 1987 年版。

何冠彪：《明末清初学术思想研究》，台北学生书局 1991 年版。

何冠彪：《明清人物与著述》，台湾商务印书馆 1996 年版。

何冠彪：《生与死：明季士大夫的抉择》，台北联经出版事业有限公司
　　1997年版。

胡旭晟：《狱与讼：中国传统诉讼文化研究》，中国人民大学出版社
　　2012年版。

胡益民：《张岱研究》，安徽教育出版社1998年版。

黄炳垕：《黄宗羲年谱》，中华书局1993年版。

黄云眉：《明史考证》，中华书局1979年版。

江庆柏：《清代人物生卒年表》，人民文学出版社2005年版。

姜胜利：《清人明史学探研》，南开大学出版社1997年版。

金毓黻：《中国史学史》，河北教育出版社2000年版。

阚红柳：《清初私家修史研究——以史家群体为研究对象》，人民出版
　　社2008年版。

孔定芳：《清初遗民社会》，湖北人民出版社2009年版。

赖玉芹：《博学鸿儒与清初学术转变》，中国社会科学出版社2010
　　年版。

雷梦辰：《清代各省禁书汇考》，北京图书馆出版社1989年版。

李青：《清代档案与民事诉讼制度研究》，中国政法大学出版社2012
　　年版。

李瑄：《明遗民群体心态与文学思想研究》，巴蜀书社2009年版。

梁洪生：《江西公藏谱牒目录提要》，江西教育出版社2002年版。

梁峻：《中国医政史略》，内蒙古人民出版社1995年版。

梁其姿：《面对疾病：传统中国社会的医疗观念与组织》，中国人民大
　　学出版社2011年版。

梁启超著，朱维铮校注：《清代学术概论》，中华书局2010年版。

梁治平：《法意与人情》，中国法制出版社2004年版。

廖斌、蒋铁初：《清代四川地区刑事司法制度研究：以巴县司法档案
　　为例》，中国政法大学出版社2011年版。

刘伯骥：《中国医学史》，台北华冈出版部1974年版。

刘凤云、刘文鹏：《清朝的国家认同——"新清史"研究与争鸣》，
　　中国人民大学出版社2010年版。

马伯英:《中国医学文化史》,上海人民出版社 1994 年版。

马志冰主编:《中国传统法律意识与和谐理想》,中国政法大学出版社 2009 年版。

毛国权:《宗法结构与中国古代民事争议解决机制》,法律出版社 2007 年版。

孟森:《清史讲义》,中华书局 2006 年版。

那思陆:《明代中央司法审判制度》,北京大学出版社 2004 年版。

那思陆:《清代中央司法审判制度》,北京大学出版社 2004 年版。

南炳文:《南明史》,故宫出版社 2012 年版。

潘喆编:《清入关前史料选辑》第 1 辑,中国人民大学出版社 1984 年版。

钱茂伟:《明代史学编年考》,中国文联出版公司 2000 年版。

钱茂伟:《明代史学的历程》,社会科学文献出版社 2003 年版。

乔治忠:《清朝官方史学研究》,台湾文津出版社 1994 年版。

乔治忠:《增订中国史学史资料编年·清代卷》,商务印书馆 2013 年版。

乔治忠:《中国官方史学与私家史学》,北京图书馆出版社 2008 年版。

清史编委会编:《清代人物传稿》,中华书局 1984—1988 年版。

裘沛然主编:《中国医籍大辞典》,上海科学技术出版社 2002 年版。

瞿林东:《中国史学史纲》,北京出版社 1999 年版。

瞿同祖:《清代地方政府》,法律出版社 2003 年版。

瞿同祖:《中国法律与中国社会》,中华书局 1981 年版。

饶宗颐:《中国史学上之正统论》,上海远东出版社 1996 年版。

尚小明:《清代士人游幕表》,中华书局 2005 年版。

尚小明:《学人游幕与清代学术》,社会科学文献出版社 1999 年版。

沈起:《查继佐年谱》,中华书局 1992 年版。

沈时誉:《医衡》,中原农民出版社 2012 年版。

童光政:《明代民事判牍研究》,广西师范大学出版社 1999 年版。

王尔敏:《明清时代庶民文化生活》,岳麓书社 2002 年版。

王汎森:《晚明清初思想十论》,复旦大学出版社 2004 年版。

王记录：《清代史馆与清代政治》，人民出版社 2009 年版。

王俊义、黄爱平：《清代学术探研录》，中国社会科学出版社 2002
　　年版。

吴光酉：《陆陇其年谱》，中华书局 1993 年版。

吴吉远：《清代地方政府的司法职能研究》，中国社会科学出版社
　　1998 年版。

吴麟瑞撰，高天平编译：《中国四大恶讼师传奇》，中国华侨出版社
　　2003 年版。

吴琦主编：《明清社会群体研究》，中国社会科学出版社 2009 年版。

吴泽、杨翼骧主编：《中国历史大辞典·史学史》，上海辞书出版社
　　1983 年版。

武玉梅：《傅维鳞与〈明书〉》，北京大学出版社 2009 年版。

谢观：《中国医学源流论》，上海中医书局 1935 年版。

谢国桢：《明清史谈丛》，辽宁教育出版社 2000 年版。

谢国桢主编：《增订晚明史籍考》，华东师范大学出版社 2011 年版。

谢正光、范金民等：《明遗民录汇辑》，南京大学出版社 1995 年版。

谢正光：《明遗民传记索引》，上海古籍出版社 1992 年版。

谢正光：《清初诗文与士人交游考》，南京大学出版社 2001 年版。

徐茂明：《江南士绅与江南社会：1368—1911》，商务印书馆 2004
　　年版。

徐荣斋：《读书教学与临证》，人民卫生出版社 1985 年版。

徐文博、石钟扬：《戴名世论稿》，黄山书社 1985 年版。

徐忠明：《案例、故事与明清时期的司法文化》，法律出版社 2006
　　年版。

许华安：《清代宗族组织研究》，中国人民公安大学出版社 1999 年版。

严世芸主编：《中国医籍通考》，上海中医院出版社 1992 年版。

杨念群：《何处是"江南"？：清朝正统观的确立与士林精神世界的变
　　异》，生活·读书·新知三联书店 2010 年版。

杨念群等主编：《新史学：多学科对话的图景》，中国人民大学出版社
　　2003 年版。

殷啸虎：《中国古代衙门百态》，东方出版中心 1997 年版。

袁瑜琤：《讼师文化解读：一种法律工具主义样本》，中国法制出版社
　　2011 年版。

张晋藩主编：《中国法制史》，中国政法大学出版社 1999 年版。

张仁善：《法律社会史的视野》，法律出版社 2007 年版。

张舜徽：《清儒学记》，华中师范大学出版社 2005 年版。

张晓蓓：《冕宁清代司法档案研究》，中国政法大学出版社 2010 年版。

赵世瑜：《小历史与大历史》，生活·读书·新知三联书店 2006 年版。

赵园：《明清之际士大夫研究》，北京大学出版社 1999 年版。

赵园：《制度？言论？心态——〈明清之际士大夫研究〉续编》，北
　　京大学出版社 2006 年版。

郑秦：《清代法律制度研究》，中国政法大学出版社 2000 年版。

郑秦：《清代司法审判制度研究》，湖南教育出版社 1988 年版。

周可真：《顾炎武年谱》，苏州大学出版社 1998 年版。

朱端强：《万斯同与〈明史〉编纂纪年》，中华书局 2004 年版。

朱建平：《中国医学史研究》，中医古籍出版社 2003 年版。

朱希祖：《明季史料题跋》，中华书局 1961 年版。

　　3. 论文

［日］夫马进：《讼师秘本〈萧曹遗笔〉的出现》，载杨一凡主编《日
　　本学者考证中国法制史重要成果选译·明清卷》，中国社会科学
　　出版社 2003 年版。

［日］夫马进：《讼师秘本的世界》，李力译，《北大法律评论》2010
　　年第 1 辑。

［日］岸木美绪：《清初上海的审判与调解——以〈历年记〉为例》，
　　载"中研院"近代史研究所编《近世家族与政治比较历史论文
　　集》，1992 年。

［日］滨岛敦俊：《明代之判牍》，《中国史研究》1996 年第 1 期。

Brettelle – Establet, Florence, "Chinese Biographies of Experts in Medi-
　　cine: What Uses Can We Make of Them", *Technology and Society*,
　　3：4 (2009), pp. 421 – 451.

Brettelle – Establet, Florence, "The Construction of the Medical Writer's Authority and Legitimacy in Late Imperial China through Authorial and Allographic Prefaces", *Journal of the History of Science, Technology and Medicine*, 19：4 (2011) pp. 249 – 390.

Hymes, Robert P., "Not Quite Gentlemen? Doctors in Sung and Yuan", *China Science*, 8 (1987), pp. 9 – 76.

Leung, Angela Ki – che, "Medical Industrantion and Populariation in Ming – Qing China", *Late Imperial China*, 24：1 (2003), pp. 130 – 152.

Leung, Angela Ki – che, "Medical Learning form the Song to the Ming", in Paul Jakov Smith and Richard von Glahn eds., *The Song – Yuan – Ming Transition in Chinese History*, Cambridge and London：Harvard University Asia Center, 2003, pp. 374 – 398.

白一瑾：《论清初贰臣士人的生存罪恶感》，《河北师范大学学报》（哲学社会科学版）2010 年第 5 期。

暴鸿昌：《清初私撰明史风气》，《史学集刊》1990 年第 2 期。

卞利：《明清徽州民俗健讼初探》，《江淮论坛》1993 年第 5 期。

曹文婷：《温睿临与〈南疆逸史〉》，硕士学位论文，内蒙古师范大学，2009 年。

陈劲松：《传统中国社会中"道统"的功能及其式微》，《天津社会科学》2006 年第 1 期。

陈景良：《讼师与律师：中西司法传统的差异及其意义——立足中英两国 12—13 世纪的考察》，《中国法学》2001 年第 3 期。

陈峻岭：《希冀道统、治统之合膺——康熙玄烨独尊程朱理学的文化选择探赜》，《满族研究》2001 年第 2 期。

陈剩勇：《明代浙江：乡村社会、农家生活和社会教化》，《浙江社会科学》2000 年第 1 期。

邓建鹏：《健讼与息讼——中国传统诉讼文化的矛盾解析》，《清华法学》第 4 辑。

邓建鹏：《清朝诉讼代理制度研究》，《法制与社会发展》2009 年第 3 期。

邓建鹏：《清代健讼社会与民事证据规则》，《中外法学》2006 年第 5 期。

邓建鹏：《清代讼师的官方规制》，《法史研究》2005 年第 3 期。

邓建鹏：《清代诉讼费用研究》，《清华大学学报》（哲学社会科学版）2007 年第 3 期。

邓建鹏：《讼师秘本与清代诉状的风格———以"黄岩诉讼档案"为考察中心》，《浙江社会科学》2005 年第 4 期。

丁国锋：《论明清时期徽州地区司法官的思维特点及其影响》，《南京大学法律评论》2010 年秋季卷。

董强：《讼师与江南健讼之风》，《百科知识》2008 年第 2 期。

杜书冠：《汤斌〈明史稿〉研究》，硕士学位论文，河南师范大学，2011 年。

杜正胜：《作为社会史的医疗史——并介绍"疾病、医疗与文化"研讨小组的成果》，《新史学》第 6 卷，1995 年第 1 期。

段润秀：《姜宸英与〈明史〉修纂考述》，《廊坊师院学报》（社会科学版）2010 年第 3 期。

段润秀：《易代修史中的史学批评问题探论——以清朝〈明史〉修纂为例》，《廊坊师范学院学报》（社会科学版）2008 年第 8 期。

范秀君：《试论清初南方贰臣文人的愧疚自赎心态——以清初"江左三大家"为例》，《学术交流》2011 年第 2 期。

方志远：《明清时期湘鄂赣地区的讼风》，《文史》2004 年第 3 期。

冯丽梅：《医学地域化——明清吴中医家与新安医家比较研究》，博士学位论文，北京中医药大学，2007 年。

冯玉荣：《儒道医风：明清医者画像中的理想形象》，《华中师范大学学报》（人文社会科学版）2016 年第 3 期。

冯玉荣：《医籍、医名与医理：明末李中梓的儒医形象及知识传承》，《华中师范大学学报》（人文社会科学版）2014 年第 4 期。

付颖光、崔士岚：《〈阅微草堂笔记〉中讼师现象及当代启示》，《辽宁工程技术大学学报》（社会科学版）2011 年第 3 期。

傅维康：《〈医宗金鉴〉之编撰与清廷颁奖》，《医古文知识》1997 年第 3 期。

高峰雁：《从讼师问题看清代地方司法的表达与实践》，《史学月刊》
　　2007 年第 6 期。

高峰雁：《从诉讼观念看清代地方司法中的官民互动》，《河南大学学
　　报》（社会科学版）2007 年第 6 期。

高翔：《清军入关与士人队伍的分化》，《紫禁城》2004 年第 6 期。

高远：《清初文化秩序重建与〈宋史〉改修》，《北方论丛》2012 年
　　第 2 期。

龚汝富：《江西古代"尚讼"习俗浅析》，《南昌大学学报》（人文社
　　会科学版）2002 年第 2 期。

龚汝富：《明清的尚讼现象和职业"律师"》，《文史知识》2002 年第
　　8 期。

龚汝富：《明清讼师秘本制作的经验与素材》，《江西师范大学学报》
　　（哲学社会科学版）2007 年第 1 期。

龚汝富：《浅议明清讼师秘本的法学价值》，《光明日报》2003 年 12
　　月 30 日。

龚汝富：《浅议讼学传播对明清地方司法的潜在挑战》，《南昌航空大
　　学学报》（社会科学版）2008 年 3 月第 10 卷第 1 期。

龚汝富：《清代江西赋税讼案浅探——以〈名花堂录〉为例》，《中国
　　社会经济史研究》2005 年第 2 期。

龚汝富：《中国古代讼学撷议》，《华东政法大学学报》2009 年第
　　6 期。

郭义贵：《讼师与律师：基于 12 至 13 世纪的中英两国之间的一种比
　　较》，《中国法学》2010 年第 3 期。

韩秀桃：《〈教民榜文〉所见明初基层里老人理讼制度》，《法学研究》
　　2000 年第 3 期。

何邦武：《中国古代的讼师及其与当事人的关系初论》，《西华师范大
　　学学报》（哲学社会科学版）2005 年第 3 期。

何冠彪：《清高宗对南明历史地位的处理》，《新史学》1996 年第
　　1 期。

何冠彪：《顺治朝〈明史〉编纂考》，《大陆杂志》1988 年第 8 期。

洪浩：《论清代的讼师》，博士学位论文，吉林大学，2004 年。

侯德仁：《杨椿与〈明史〉、〈明纪纲目〉的纂修》，《南开学报》
2002 年第 5 期。

侯仁之：《王鸿绪〈明史列传〉残稿》，《燕京学报》1939 年第
25 期。

胡瓷红：《中国古代"讼师"正名论——以明清时期为例》，《中共中
央党校学报》2011 年第 1 期。

黄爱平：《〈明史〉纂修与清初史学——兼论万斯同、王鸿绪在〈明
史〉幕修中的作用》，《清史研究》1994 年第 2 期。

黄爱平：《万斯同与〈明史〉纂修》，《史学集刊》1984 年第 3 期。

黄云眉：《〈明史〉编纂考略》，《金陵学报》1931 年第 1 卷第 4 期。

霍存福：《从业者、素养、才能：职业与专业视野下的清代讼师》，
《辽宁大学学报》（哲学社会科学版）2006 年第 1 期。

霍存福：《唆讼、吓财、挠法：清代官府眼中的讼师》，《吉林大学社
会科学学报》2005 年第 6 期。

姜胜利：《明遗民与清初明史学》，《安徽大学学报》2003 年第 1 期。

蒋冬梅：《论传统语境中的讼师及其与律师的关系》，《河南省政法管
理干部学院学报》2008 年第 2 期。

阚红柳：《清初史学史上的贰臣——兼谈贰臣的社会文化功能》，《学
术研究》2009 年第 8 期。

阚红柳：《清初私家修史状况研究——以维护明王朝的史家群体为中
心》，《辽宁大学学报》（哲学社会科学版）2005 年第 4 期。

阚红柳：《私家修史刍议》，《辽宁大学学报》（哲学社会科学版）
2004 年第 2 期。

孔定芳：《明清易代与明遗民的心理氛围》，《历史档案》2004 年第
4 期。

孔定芳：《明遗民与"博学鸿儒科"》，《浙江学刊》2006 年第 2 期。

孔定芳：《清初朝廷与明遗民关于"治统"与"道统"合法性的较
量》，《江苏社会科学》2009 年第 2 期。

赖玉芹：《论博学鸿儒〈明史〉之独特价值》，《湖北大学学报》（哲学社会科学版）2006 年第 4 期。

李传印、陈得媛：《康熙帝与〈明史〉》，《求是学刊》2002 年第 1 期。

李建民：《中国医学史研究的新视野》，《新史学》2004 年 15 卷 3 期。

李小林：《万历官修本朝正史对清朝明史馆的影响》，《明史论丛》，中国社会科学出版社 1997 年版。

李瑄：《存道：明遗民群体的价值体认》，《学术研究》2008 年第 5 期。

李瑄：《明遗民与仕清汉官之交往》，《汉学研究》2008 年第 2 期。

李瑄：《清初五十年间明遗民群体的嬗变》，《汉学研究》2005 年第 1 期。

李艳君：《清人的健讼与缠讼——以〈冕宁县清代档案〉吴华诉谢昌达案为例》，《大理学院学报》2012 年第 1 期。

立新、许翰信：《纠葛，讼师与中国古代法律文化》，《浙江大学学报》（人文社会科学版）2003 年第 6 期。

刘冰雪：《明清讼师及讼学文献研究》，《法律文献信息与研究》2011 年第 3 期。

刘方玲：《清朝前期帝王道统形象的建立》，博士学位论文，南开大学，2010 年。

刘家楠：《思想史视域下的清代调处息讼制度解析》，《齐齐哈尔大学学报》2012 年第 1 期。

刘丽：《甲申之际明朝士人心态与选择》，《北方论丛》2009 年第 1 期。

刘文英：《吴任臣生年及事迹考》，《史学史研究》2009 年第 3 期。

刘小朦：《医与文，仕与隐——明初吴中医者之形象与社会网络》，《新史学》第 26 卷，2015 年第 1 期。

鲁萍：《晚清西医来华及中西医学体系的确立》，硕士学位论文，四川大学，2003 年。

路彩霞：《清末京津庸医问题初探》，《中国社会历史评论》第 8 卷，

2007 年。

路伟东：《羊头会、乡绅、讼师与官吏：同治以前关中地区的回、汉冲突与协调机制》，《回族研究》2010 年第 3 期。

吕利：《从讼师到律师——兼论中国近代律师制度的确立》，《枣庄师范专科学校学报》2004 年第 4 期。

吕欣：《对古代讼师的法文化考察——以民间法与国家法的两分为视角》，《山东大学学报》（哲学社会科学版）2007 年第 4 期。

马作武：《为讼师辩护——兼与梁治平先生商榷》，《比较法研究》1997 年第 3 期。

孟燕宁：《汤斌与〈明史〉的纂修》，《紫禁城》1991 年第 3 期。

潘宇：《明代讼师秘本研究》，《美中法律评论》2004 年第 1 期。

潘宇：《明清及民初的讼师与讼学研究》，博士学位论文，吉林大学，2006 年。

潘宇：《明清讼师秘本中的状词解析》，《法制与社会发展》2007 年第 3 期。

潘宇：《清代州县审判中对讼师的禁制及原因分析》，《法制与社会发展》2009 年第 2 期。

钱茂伟：《论晚明当代史的编撰》，《史学史研究》1994 年第 2 期。

乔治忠、杨永康：《清代乾嘉时期的官方史学与私家史学》，《学术月刊》2007 年第 8 期。

乔治忠：《论清顺治朝与康熙朝初期对〈明史〉的纂修——兼与香港大学何冠彪博士商榷》，《河北学刊》2003 年第 3 期。

邱志红：《从"讼师"到"律师"——从翻译看近代中国社会对律师的认知》，《近代史研究》2011 年第 3 期。

屈宁、王曼：《清初官修〈明史〉与私修明史之间的互动关系》，《人文杂志》2012 年第 5 期。

瞿林东：《"道统""治统"与历史文化认同》，《群言》2005 年第 4 期。

瞿林东：《探索民族间的心灵沟通——深入研究中国历史上历史文化认同的传统》，《史学史研究》2010 年第 4 期。

瞿林东：《中国历史上历史文化认同的传统》，《河北学刊》2005 年第
　　3 期。

孙家红：《走近讼师秘本的世界———对夫马进〈讼师秘本〈萧曹遗
　　笔〉的出现〉一文若干论点的驳论》，《比较法研究》2008 年第
　　4 期。

汪毅夫：《讼师唆讼：清代闽省内地和台地的社会问题》，《厦门大学
　　学报》（哲学社会科学版）2006 年第 2 期。

王荻：《从"讼师"到"律师"——谈我国近代律师制度的产生及发
　　展》，《谈古论今》2008 年第 11 期。

王宏志：《论"贰臣"》，《社会科学研究》1988 年第 5 期。

王记录、李艳：《汉学、宋学和清代史学》，《山西师范大学学报》
　　（社会科学版）2005 年第 1 期。

王记录、闻明怒：《正统论与欧阳修的史学思想》，《贵州社会科学》
　　1996 年第 1 期。

王记录：《帝王·史馆·官方史学——从清代帝王对史馆修史的干预
　　看官方史学的特征》，《郑州大学学报》（哲学社会科学版）2009
　　年第 5 期。

王记录：《论清代史馆修史、幕府修史及私家修史的互动》，《史学史
　　研究》2007 年第 2 期。

王记录：《明史馆馆臣的史学见解和清初史学思想的特征》，《郑州大
　　学学报》（哲学社会科学版）2004 年第 5 期。

王记录：《清代史馆制度的演变及其阶段性发展的特点》，《史学史研
　　究》2008 年第 2 期。

王记录：《史馆修史与清代帝王文治——以乾隆朝为中心》，《山西师
　　范大学学报（社会科学版）》2006 年第 3 期。

王嘉川：《徐元文与〈明史〉纂修》，《史学史研究》1995 年第 2 期。

王敏：《清代松江"医、士交游"与儒医社交圈之形成——以民间医
　　生何其伟为个案的考察》，《社会科学》2009 年第 12 期。

王世光：《试析康乾时期清廷对待程朱理学的矛盾心态》，《孔子研
　　究》2007 年第 5 期。

王思治、刘凤云：《论清初"遗民"反清态度的转变》，《社会科学战线》1989 年第 1 期。

王文景：《明代的儒医》，台湾《通识教育年刊》2002 年第 4 期。

王亚军：《明清徽商的诉讼研究》，博士学位论文，华东政法大学，2009 年。

王忠春：《清代无讼思想研究——以秩序建构为视野》，博士学位论文，南开大学，2010 年。

吴航：《论潘耒的治史主张》，《云南民族大学学报》（哲学社会科学版）2009 年第 4 期。

吴吉远：《清代的代书与讼师》，《文史杂谈》1994 年第 3 期。

吴琦、杜维霞：《讼师与讼棍：明清讼师的社会形象探析》，《学习与探索》2013 年第 7 期。

武玉梅：《傅维鳞〈明书〉史事缺略与回避考》，《故宫博物院院刊》2007 年第 2 期。

向燕南：《清统治者的历史文化认同与历史文献整理和历史编纂》，《廊坊师范学院学报》（社会科学版）2012 年第 6 期。

谢贵安：《睿宗、崇祯及南明诸朝〈实录〉纂修考述》，《史学史研究》1999 年第 2 期。

谢佑平：《差异与成因：中国古代"辩护士"、"讼师"与现代职业律师》，《比较法研究》2003 年第 2 期。

修云福：《论清朝讼师对司法秩序的维护功能》，《边疆经济与文化》2005 年第 9 期。

薛晓蔚：《〈唆讼赋〉—研究中国古代讼师难得的史料》，《山西大学师范学院学报》（哲学社会科学版）1998 年第 4 期。

杨林：《试析庄氏史案对清初私家修史的影响》，《清史研究》1992 年第 2 期。

杨绪敏：《论明末清初私家修史的成就及特点》，《江海学刊》2008 年第 3 期。

杨绪敏：《明末清初私家修史之分类及对传统史书体裁的改造》，《徐州师范大学学报》（哲学社会科学版）2009 年第 3 期。

杨阳:《从传统诉讼法律文化看讼师到律师的嬗变》,《新学术》2008
　　年第 4 期。

叶建华:《论清初明史馆馆臣的史学思想》,《史学史研究》1994 年第
　　4 期。

叶乾:《从叶墉包讼案看讼师的活动方式及特点》,《北大法律评论》
　　2009 年第 1 辑。

叶乾:《讼师对法秩序的冲击与清朝严治讼师立法》,《清史研究》
　　2005 年第 3 期。

尤陈俊:《话语竞争与社会变迁:明清区域性诉讼社会中的讼师形
　　象》,博士学位论文,北京大学,2010 年。

尤陈俊:《明清日常生活中的讼学传播——以讼师秘本与日用类书为
　　中心的考察》,《法学》2007 年第 3 期。

尤学工:《"明史"修纂群体与清初文化秩序》,《中国社会科学报》
　　2011 年 2 月 10 日第 8 版。

余新忠:《"良医良相"说源流考论——兼论宋至清医生的社会地
　　位》,《天津社会科学》2011 年第 4 期。

余新忠:《扬州"名医"李炳的医疗生涯及其历史记忆——兼论清代
　　医生医名的获取与流传》,《社会科学》2011 年第 3 期。

余新忠:《医圣的层累造成(1065—1949)——"仲景"与现代中医
　　知识建构系列研究之一》,《历史教学》2014 年第 14 期。

袁瑜峥:《讼师、神鬼和山头上的大王》,《读书》2007 年第 2 期。

张小也:《健讼之人与地方公共事务——以清代漕讼为中心》,《清史
　　研究》2004 年第 2 期。

张小也:《清代的地方官员与讼师——以〈樊山批判〉与〈樊山政
　　书〉为中心》,《史林》2006 年第 3 期。

张学谦:《从朱震亨到丹溪学派——元明儒学和医学学派的社会史考
　　察》,《中央研究院历史语言研究所集刊》第 86 本,第 4 分,
　　2015 年 12 月。

张雅斐:《中国古代讼师文化现象简述》,《商情》2008 年第 4 期。

张毅:《明遗民群体的消失——现象背后的文化意义》,硕士学位论

文，北京大学，2006 年。

张玉兴：《明清易代之际忠贰现象探赜》，《清史论丛》第 18 辑，
　　2004 年。

张玉兴：《明清之际反民族压迫斗争中历史人物的褒善贬恶》，《清史
　　研究》1998 年第 2 期。

章薇：《讼师性质考——以明清时期为例》，《财经政法》2009 年第
　　5 期。

赵连稳：《黄宗羲与〈明史〉的编纂》，《山东师范大学学报（社会科
　　学版)》1996 年第 5 期。

赵林冰：《〈（御纂）医宗金鉴〉辨证论治学术特色及其传承研究》，
　　硕士学位论文，中国中医科学院，2008 年。

周瑞芳：《我国的讼师为何没有转化为现代律师》，《中国司法》2007
　　年第 10 期。

周娅：《讼师命运与律师制度》，《山西省政法管理干部学院学报》
　　2003 年第 3 期。

朱端强：《万斯同史学平议》，《云南师范大学学报》（哲学社会科学
　　版）1992 年第 4 期。

朱端强：《万斯同与〈明史〉修纂思想条辨》，《南开大学学报》（哲
　　学社会科学版）1996 年第 4 期。

朱良好：《黑暗中的被放逐者——传统诉讼文化中的讼师地位考》，
　　《理论界》2006 年第 9 期。

朱玉：《明代史学家群体研究》，硕士学位论文，延安大学，2012 年。

祝平一：《宋明之际的医史与"儒医"》，《中央研究院历史语言研究
　　所集刊》第 77 本，第 3 分，2006 年。

后　记

　　本书是教育部重点研究基地重大项目"近世知识群体的专业化与社会变迁——以史家、儒医、讼师为中心的考察"的终期成果，历经5年的研究、撰稿和修改，今天终于完成了全部文稿的统稿工作。

　　一直以来，我对于历史上的社会群体有着十分浓厚兴趣，在漕运研究的同时，兼顾思考着明清社会群体的若干问题，并间或发表一些文章。21世纪初，我开始实施了一个想法：结合博士与硕士的培养，开展明清社会群体的系列研究。大凡我培养的明清史专业的博士硕士研究生，只要他们没有自己感兴趣或已具研究意向、研究基础的选题，我都会引导他（她）们涉猎明清社会群体方面的文献，思考相关问题，最后确立学位论文选题。自此，一批研究生纷纷投入到明清社会群体的研究中，到目前为止，大概已有数十篇学位论文致力于明清社会群体研究，数量最多的是士人群体，其次是官僚群体和女性群体，其他群体则由于资料的局限，研究不多。但明清社会群体研究无疑已经成为我们引导硕、博研究生开展学术探索的重要领域，2009年由中国社会科学出版社出版《明清社会群体研究》《明清地方力量与地方社会》两部著作，其中不少内容正是这些研究的阶段性成果。

　　尤学工一直从事史学理论与史学史的研究，大概也是进入21世纪之后，开始系统而深入地考察明清时期的史家群体，对诸多问题有着独到、深刻的见解。在本项目的研究中，他对于明清史家群体专业化问题的认识颇具新意和思想性。冯玉荣一直从事明清士人群体的研究，正是结合这一课题的研究，她把学术研究的重心放在了儒医群体这一领域，近年来持续开展儒医群体及医疗社会史的研究，本书的儒医群体部分，视角新颖，思路独特。杜维霞是我培养的博士研究生，入读以后便确定了讼师的研究领域，本书的讼师群体部分，是她博士学位论文的主体部分，体现出了内容系统、笔触细腻、观照社会等特点。课题组的这几位成员目前都是高校的骨干教师，在各自的专业学术领域也取得了很好的成绩，该项研究仅是他（她）们一个阶段研究心得的一个部分，他（她）们将在自己的研究领域取得更多更优秀的学术成果。

明清社会群体的研究方兴未艾，学界不少学人正在持续耕耘。而明清知识群体专业化问题的考察也只是一个开端，后续仍有不少课题值得进一步探讨，诸如史家、儒医、讼师之外的其他知识群体的专业化问题，各知识群体的专业化趋向的异同之处，明清知识群体专业化与中国现代知识群体的专业化究竟是怎样的启承关系，明清知识群体专业化的地域属性，明清知识群体的流动与专业知识群体的形成，等等。这些问题的持续有效开展，将有助于我们更深刻地认识近世中国的知识群体，以及中国的近代转型问题。

本书的研究得到了华中师范大学中国近代史研究所以及朱英、郑成林、付海晏、魏文享等老师的大力支持和帮助，在此一并致以深深的谢意！

吴琦

2018 年 6 月于南湖之滨